丝绸之路考古

第3辑

罗 丰 主编

中国考古学会丝绸之路考古专业委员会
宁夏文物考古研究所 编

科学出版社
北京

图书在版编目(CIP)数据

丝绸之路考古.第3辑/罗丰主编；中国考古学会丝绸之路考古专业委员会，宁夏文物考古研究所编.—北京：科学出版社，2019.9

ISBN 978-7-03-062103-0

Ⅰ.①丝… Ⅱ.①罗… Ⅲ.①丝绸之路-考古-文集 Ⅳ.①K928.6-53

中国版本图书馆CIP数据核字（2019）第179210号

责任编辑：孙 莉 / 责任校对：邹慧卿

责任印制：肖 兴 / 封面设计：张 放

科 学 出 版 社 出版

北京东黄城根北街16号

邮政编码：100717

http://www.sciencep.com

中国科学院印刷厂 印刷

科学出版社发行 各地新华书店经销

*

2019年9月第 一 版 开本：889×1194 1/16

2019年9月第一次印刷 印张：14

字数：392 000

定价：158.00元

（如有印装质量问题，我社负责调换）

目　录

书　评

金银器说铃

罗杰伟

一草芽贱士，既无得位，又鲜时势，其将何以转移之哉。书画自古及今，作伪者亦终有数。尽心力而考之，且以此无关重轻之一端，归于真实，绝其虚罔，使是非明而黑白定也。

——陆时化《书画说铃》(1776年)[1]

一、弗利尔/赛克勒之唐代金银器收藏

美国国家博物馆有关亚洲艺术的收藏，集中于华盛顿特区的弗利尔美术馆（the Freer Gallery）和赛克勒艺术馆（the Arthur M. Sackler Gallery）(以下简称弗利尔/赛克勒)。这两家博物馆里的唐代金银器收藏，主要是在1929～1931年入藏弗利尔的，其他各件则是来自捐赠以及赛克勒建馆初期所得。尽管数量不大，仅约20件，却是西方唐代金银器收藏品中最为有趣的。

弗利尔/赛克勒的唐代金银器藏品曾在很多展览和目录中出现过，也曾被三种研究唐代金银器的综合性著作提及[2]。然而，它们一直没有得到任何一种文字的深入研究。已发表的对于弗利尔/赛克勒藏品唯一的概述，是由当代研究唐代金银器最出色的学者、陕西省考古研究所前所长韩伟先生所写[3]。这篇附有线描图但缺少照片的短文，只是对每件器物做了简单的介绍。

1993年5月9日以后，弗利尔/赛克勒的唐代金银器收藏品一直在连续展出。直到最近，这些藏品才停止陈列，笔者才有机会进行细致观察和深入研究。这样的细致观察使某些有趣的问题得以展现，并向中外艺术史学家和考古学家们提示一些教训。本文所述，便是这一细致观察的某些成果。

二、赝品与唐代金银器的研究史

如今我们生活在伪造唐代金银器的第二个大时代。中国在20世纪70～80年代的一系列重要发掘，重新唤起了西方收藏家对唐代金银器的兴趣。和以往一样，经济需求决定了供应。所谓的唐代金银器，从中国潮水般持续地涌入西方，贯穿整个90年代，直到今天。当西方中间商得不到来自

中国的盗掘品时，他们中的一些人就出售赝品，据说很多赝品都来自澳门的一家作坊。

不幸的是，当代有些赝品的质量非常高，因而要把这些赝品与近来盗自墓葬和窖藏者区分开来并不容易，这就需要对发掘品具备精深的知识。韩伟论述当代赝品的力作是艺术史研究的一个范例，可惜西方对此文不甚了了[4]。该文近已收入韩伟的论文集《磨砚书稿》，带有图版和附例，这样也许可以让西方的博物馆馆长、收藏家和学者们了解得多一点了[5]。Pierre Uldry 的收藏中至少三分之二是赝品，这个例子已经清楚显示，收集唐代金银器却缺乏专门知识，在当今时代是如何的危险[6]。

对于收藏家、艺术史家、博物馆馆长们而言，在第一个伪造唐代金银器的大时代里——20 世纪 20～30 年代，境况比现今更为困难。在 20 世纪 60～70 及 80 年代中国的科学发掘之前，明确知道出处的唐代金银器标本，仅有日本正仓院的藏品和 1926 年大英博物馆（British Museum）购入的所谓北黄山收藏。所谓的巴林墓的五曲杯藏品，现在知道显然是唐中期的，可是 1930 年发现时，曾被误判为宋代[7]。缺乏可靠的发掘品资料，收藏家、艺术史家和博物馆长们就缺乏鉴定器物的坚实基础。和当代的情形一样，从中国盗取文物的现象在 20 世纪 20～30 年代广泛存在，而西方的中间商在出售真文物的同时，还出售赝品，这使得分辨真伪更加困难。在这方面，这一时期山中商会（Yamanaka & Co.）设在中国及西方的诸多分支机构的活动，可谓臭名昭著。尽管早期的很多赝品工艺粗糙，但出土样本的缺乏使得这些赝品被当作真品。

发掘时代之前对唐代金银器最有影响力的研究，出自瑞典的俞博（Bo Gyllensvard），其里程碑式的著作就是 *T'ang Gold and Silver*[8]。俞博通过分析风格，试图确立对唐代金银器的分期。由于缺乏出土资料，他的研究不可避免地缺乏坚实基础。缺乏坚实基础的后果是，俞博几乎对所有的器物都信以为真，所以他的研究中有很多赝品存在。反过来，他的研究又被用以鉴定可疑器物的真实性，于是情况就变成一件赝品被当作范本以鉴定其他的赝品[9]。

当生活在 20 世纪 30 年代的收藏家们去世后，其藏品都留赠给了西方博物馆，问题也就随之恶化。不幸的是，那时和现在的西方博物馆的馆长们对唐代金银器所知甚少，所以这些捐赠都被视为真品。在西方，唐代金银器一直都是专门学问，而在俞博之后就再也没有对已知的器物有切实了解的学者[10]。诚然，对西方学者而言，要发展出对唐代金银器的特殊眼光是不容易的。这要求他们不仅要访问陕西省的主要博物馆，还要观察其他各省的博物馆、考古所和文物主管部门的藏品，此外，还要阅读 45 年来的考古报告和其他中文研究。过去 30 年间西方所依据的唐代金银器知识，不过是几十年间陈旧的中文发掘报告的摘要而已[11]。在过去的 20 年中，很多最著名的发掘品曾在西方展出，可是西方缺乏原创性的研究，这从展览目录便一望可知。西方的器物陈列及其相应的展览目录，都显示缺乏对中国相关工作的了解[12]。从而，在西方的博物馆里，存在着大量未经专业鉴定就被当作真品的藏品。

在某些方面，第一个伪造唐代金银器的大时代（20 世纪 20～30 年代），是比第二个（当代）更充满陷阱和欺骗性的，西方博物馆里的很多赝品都因长期陈列和展览而获得了假定的权威身份。西方博物馆的馆长们很不情愿对这些历史悠久的藏品产生怀疑，而收藏家们当然更不愿意对他们自己购买或捐献的藏品发生疑问。糟糕的是，当代中国学者中仅有数位对唐代金银器研究精深而别具慧眼，韩伟就是其中之一。而且，中国学者很少有机会访问西方博物馆，对器物作个别的观察。大多数情况下，判定博物馆藏品的真实性，需要仔细观察，仅仅依靠照片是不够的。由于西方博物馆里的藏品具有假定的权威资历，以及缺乏训练有素的中国学者的仔细观察，遂使西方博物馆早期的赝品被当作真品收藏着。

将来问题会更糟。当今这个伪造唐代金银器的第二个大时代的收藏家们去世时，他们也会把自己的收藏留给博物馆。一个疑问是，如同 Pierre Uldry 的藏品一样混合着许多赝品的现代收藏，在收藏家去世后分散流传，那么会发生什么呢？可能会汇入西方的博物馆中。于是就开始了恶性循环：赝品被购买或捐赠进博物馆，被视为真品，从而导致更多的赝品。

三、弗利尔 / 赛克勒的高足杯

关于以上讨论的一个精彩例证，就是弗利尔 / 赛克勒编号 F1981.9 的高足杯（图一，1）。按照博物馆登记入册的编号所显示的，此杯于 1981 年入藏弗利尔 / 赛克勒，可是在那之前，此杯在西方陈列、展览并被西方学者研究已有长达数十年的历史[13]。就笔者所知，它作为 Frederick M. Mayer 那杂有许多赝品的收藏的一部分，首次公开出现于 1951 年；1974 年作为著名的收购的一部分，为 Christie，Manson & Woods 购入[14]。这个杯子出现在前述三种综论性的著作中，未被怀疑[15]。

对于一件发掘品来说，第一个问题可以是：“这是什么？”对于非发掘品来说，最好是问：“它希望被当成什么？”这件高足杯是希望被当成一件典型的有着狩猎纹和花草纹装饰主题的初唐或盛唐银杯[16]。然而，这个杯子几乎所有的方面都是错误的——纹饰、形制和工艺都证实它是一件赝品。

例如，这匹马（图一，2），并不是唐代的马。马在唐代是一种常见的图示，总是呈现出某种特定的形态，不论媒质是什么，不论是刻凿在银器上、画在墓葬的墙壁上，还是雕刻在石头上，或制作成陶瓷。图一中 3 是著名的正仓院藏银器上的马[17]，二者相较，区别显然。弗利尔骑手的衣饰也相当怪异，这种薄弱而松软的服饰图案广泛出现在 20 世纪 20～30 年代的许多赝品上。

高足杯的形制也是错误的。张口喇叭形及奇怪的花瓣，都不是唐代形制。杯足与干柄也不对——看看干柄中部的环缘，比较一下典型的初唐或盛唐的杯足（图一，4）。典型的初唐和盛唐明快的连接方式也看不到（图一，5）[18]。

工艺也不是唐代的。首先，过于草率马虎。鱼子纹地看上去相当随意，不是那种常见于唐代金属器物上整洁精致的行列布局，而且鱼子纹大小和形状都不同。这里有一个因粗糙工艺而使鱼子错误置放的例子（图一，6）。当然，出土器物上也偶有鱼子纹错置的情况，但十分罕见。其次，环绕此杯的六曲，同样的装饰图案共重复了三次，每次重复完全一样，——不是近似，而是完全一样。初唐和盛唐工艺的一大特征，就是重复使用的图案主题会有精细的变化。真正的唐代器物上的装饰图案，会作为唐代工匠创造精神的成果而栩栩如生。而这个高足杯上的图案是死气沉沉的，——这是三次复制同一图案的结果。

图一 弗利尔 / 赛克勒高足杯辨析

1、2、4、6. 弗利尔 / 赛克勒银杯 F1981.9 3. 正仓院银壶 5. 何家村银杯

四、弗利尔 / 赛克勒带把杯

编号 F1930.51 的弗利尔 / 赛克勒带把杯于 1930 年从山中商会购入，是非常有趣的一件器物（图二，1）。这件双面锤揲的银杯，却带着一个铸造的银把。杯身部分极佳，工艺华美，纹饰主题显示该杯为盛唐之物。比如，杯身中部华美的葡萄纹，其极富创造力的卷曲的葡萄藤，在缠绕杯身时上下攀缘各两次（图二，2 显示了细部）。

然而，很多问题来自缺乏同样工艺质量的杯把。发掘出土的这类银杯共有两种变体。第一种是没有把的，如西安附近南里王村韦泂墓出土的银杯（图二，3）[19]；第二种是带有环形把的，通常情况下环形把铆接在杯的外壁。环形把有两种形式，一种把的顶部有个平板，另一种没有。发掘出土的金银器中有很多这类带环形把的杯子，包括何家村和沙坡村出土的著名例证[20]。这些环形把的形制显然源自中亚的金属器物，比如碗，并且杯子的其他形式中也出现这类环形把[21]。可是，发掘出土的金银器中没有见到弗利尔 / 赛克勒银杯这种形式的银把。这本身并不说明什么，但还存在着其他问题。首先，把的焊接相当粗率，与杯身的工艺不一致。其次，杯身内壁的垂直接缝清晰可见，出土的杯子中是看不到这种情况的。这显示把的焊接是在杯身完成以后进行的，说明把是后加的（图二，4）。更有甚者，把的铜含量只是杯身的一半。据弗利尔 / 赛克勒所做的 X 射线荧光（X-Ray Fluorescence）测试，杯身含铜量是 6.58%，把的含铜量是 3.37%。当然，仅凭这个是得不出什么结论的（许多古代银器都是由不同的合金制成的），但颇有参考价值[22]。最后，这个把是铸造而不是锤揲的银具。将铸造和捶揲的银具合为一器，这种做法是不寻常旳。

说明这个把是现代附加物的证据，来自对把形的分析。把形具有几个明确的特征：把的内侧是以一对对称的圆球为终端的反向弯曲的 C 形，外侧附有两个下垂的叶片，一个从顶部开始，一个从侧边开始（图二，5）。与环形把不同，这样的形制在中亚金属器物上是看不到的，因而它不是中国中古时代的舶来品。唐代艺术中也找不到这一形制，即使在模仿金银器形制的陶瓷上也找不到。这是很重要的，几乎所有的唐代金属器形，都会最终出现在陶瓷上。成为对比的是，中亚的环形把可以在中国陶瓷上找到很多例证。而弗利尔 / 赛克勒带把杯的把形，甚至在唐代以后的中国艺术品中也看不到[23]。

图二　弗利尔 / 赛克勒带把杯辨析

1、2、4、5. 弗利尔 / 赛克勒银杯 F1930.51　3. 南里王村韦洵墓银杯　6. 耶鲁大学船形调味汁壶 F1930.1222

这一点相当重要——形式具有超越实用功能和审美需求的力量。物质文化中的这一形式的力量，可以说明为什么各种形式能够长久存在，并被用在不同媒质上。这在唐代前半期是特别真实的，对奢侈品的政治利用，意味着非常有限的一些形式被反复使用在不同媒质上。

形式风格的分析，也指向同一方向。把上叶片有一种不雅的粗率，无法在唐代艺术风格中找到同类。

这种把是西欧的。具有前述特征的把，出现在西方德国巴洛克（Baroque）和洛可可（Rococo）时期的金属器物上，由此先后传到荷兰、英国和美国。图二中6是一个船形调味汁壶（sauce boat），1760年左右在美国波士顿制造，它具有弗利尔/赛克勒带把杯的把所具有的差不多主要的特征[24]，所不同的仅仅是第二个叶片落到了底部。这种把形在新古典（Neo-classical）时期继续保持活力，被简化并且被用在瓷器上。美国总统乔治•华盛顿（George Washington）1790年从法国工厂购买了一套瓷器，瓷杯的杯把是对称的C形，有双球，还有外缘上的退化了的双叶（图三，1）[25]。当然，弗利尔/赛克勒的杯把更大、更松弛。这是因为19世纪晚期的西方，在金属器和瓷器上，曾有过“洛可可复兴”（Rococo Revival）。洛可可复兴的风格是在基本形式上更加大、流线和松垂。这就导致出现了弗利尔/赛克勒银杯那种特定的松垂的把形。

1　2　3　4

图三　弗利尔/赛克勒带把杯辨析

1.Mount Vernon Ladies Association 陶瓷杯　2. 大都会博物馆明代瓷碗 23.263　3.Östasiatiska 博物馆银碗 102　4. 西雅图艺术博物馆银杯 42.5

一个有趣的问题是，为什么伪造者会认为这个把可以属于中国唐代的杯子呢？答案存在于巴洛克时代的欧洲，与西欧进口明代瓷器相关。16、17世纪进口到西欧的中国瓷器，往往置放在过分修饰的金银装饰框里。器物便成为中国产瓷器与西欧产装饰外框的混合物。这些装饰外框具有我们在弗利尔／赛克勒杯把上看到的那些特征，只是修饰更甚。图三中2这个例子，是来自纽约大都会博物馆（Metropolitan Museum of Art）的明代瓷碗，放置在16世纪晚期或17世纪早期德国生产的镀金的银装饰框里[26]。注意这个装饰框的把是C形的，把上还有小花枝。由于这一通常的现象，西方人的眼睛变得习惯于把这类的把看作是“中国的”，甚至欧洲制造的模仿中国装饰风格（Chinoiserie）的瓷器，也带有同样的C形把[27]。因此，伪造唐代金银器的作伪者，就加上了一个被认为与中国器物有关系的西方杯把，以迎合时代口味。

不过，这还没有回答有关动机的问题。为什么一个西方作伪者要在一件唐代真品银杯上加上一个把？这个问题不难回答——这一形制的无把的杯，对于西方的眼睛来说，有点奇怪。西方传统中无把杯是相当罕见的，除非它是非常高并且有个大口或长高脚形式。没有把，就不足以特别取悦西方收藏家。新的把有可能是取代了原有的中亚风格的环形把，也许这种环形把不能迎合20世纪20～30年代的西方收藏家们。当然，没有证据证明此杯原来是有环形把的。

有很多类似的事例，中国艺术品在卖给西方收藏家之前，就这样被“改进”了，特别是在20～30年代。各种中国艺术品的收藏家们的一个风尚，就是追求藏品的完整。有关此一行为的一个可笑的例证，就是这个时期西方收藏的中国佛教造像。最初，只是简单地从石窟寺的石壁上把佛头砍下来——佛头更易于运输。佛头的市场饱和之后，同一伙小偷又回到石窟寺去挖取佛身。中间商很快发现不完整的文物远不如完整的有利可图，于是他们便把他们所有的佛头安装在他们所有的佛身上[28]。如果佛头不够，就制造出来再安装上去。西方许多博物馆里的佛像，其佛头与佛身是不匹配的。

唐代金银器里也有几个真假混合的例证。一个例子来自卡尔·凯波（Carl Kempe）的收藏，这批藏品现在在瑞典的Ulricehamn的the Konst-o.Östasiatiska博物馆（图三，3）。卡尔·凯波的中国金银器收藏是1934～1935年得自中国，质量惊人得好[29]。尽管绝大多数是真品，但也有少数如本文所讨论的那样是赝品。Östasiatiska博物馆102号银碗是真正古代的，底部却是现代的，显然是制作来取代原来已经腐蚀的底座[30]。新的底座中部有个抱狗的人像，和弗利尔／赛克勒高足杯上那个骑马人同样的怪异（图一，2）。

西雅图艺术博物馆（Seattle Art Museum）有一件相似的焊接到真正唐杯上的把（编号Seattle 42.5），笔者近期对它做过考察（图三，4）。这个把与弗利尔／赛克勒那个把几乎一模一样，尽管杯身全然不同。杯内壁的接缝也与弗利尔／赛克勒杯一致[31]。西雅图杯的质量很高，是典型的盛唐之物，把却是用锯齿形錾子粗率地制作而成的。不幸的是，西雅图艺术博物馆没有任何有关此杯购买于何时何地的记录，它作为尤金·富勒（Eugene Fuller）收藏的一部分，于1942年进入博物馆，而尤金·富勒的藏品，主要是在20世纪30年代收集的。这正是20世纪20～30年代作伪者的典型做法，当然与当代的情形一样，如果某种作伪方法行得通了，他们就会一再地重复，直到市场饱和[32]。这也是那个时期赝品如此之多的理由：一旦某件赝品被收藏家或博物馆接受了，这件赝品就能够用来替后来同样的赝品买卖作担保。

五、弗利尔／赛克勒萨珊式八曲长杯

多曲长杯起源于中亚，唐代宫廷采用萨珊形长杯，已为学界所熟知[33]。这里我们要考察的不是这类长杯的一般问题，而是某一特定情况，代表性的器物就是如图四之1所示，即弗利尔／赛克勒的编号30.41的藏品。

这个特定的长杯有以下特征：有一系列纵向分布的三瓣一套的U形瓣，这种嵌套起来的三个曲瓣在杯缘相互衔接的地方又形成更大的曲瓣，共有八瓣。这一形式是真正唐代的——有许多发掘出土的金银器例证，而且陶瓷、石头甚至水晶也有很多复制这一形式的例证[34]。长杯内壁而不是外壁，以锤冲凸纹装饰着唐代式样的鱼子纹地。每边中间一瓣的内壁有纹饰。紧挨着中间那一瓣的各瓣，有花草纹饰或图案，杯底内壁有增加的纹饰和鱼子纹。仰瓣莲形底座焊接在杯子上。这种莲叶形底座与法门寺等地出土的器物相近似。

1921～1930年，山中商会公司卖给西方博物馆4件具有相同特征的长杯：1921年，大都会博物馆，编号21.46；1926年，大英博物馆，编号1926-3.19.4；1929年出售，1930年到达弗利尔／赛克勒，编号30.41；1930年，芝加哥艺术馆，编号1930.48。这4件长杯都有前述特征[35]，单凭这一点，就足以令人起疑了。

对弗利尔／赛克勒这件长杯的仔细观察，显示了许多问题。曲瓣内壁的鱼子纹是非常奇怪的——太疏松了，而且做得很不好（图四，2）。这可不是唐代作品。鸟也不对，比方说，只有两根简单的线条画腿，脚也只有一点小小的痕迹。主瓣内壁上的鱼子纹也很怪异，工艺粗糙，与旁边曲瓣上的大不相同（图四，3）。主瓣内壁上的图案很明显是希望让人联想起典型的唐代风景技法，其中的石头是从当时才知道的敦煌壁画上复制来的。杯座也是错的。铸造而成的沉重的花瓣，与那些发掘出土的唐代金银器非常不同。

对弗利尔／赛克勒这件萨珊式长杯的理论研究，其可靠性得到了大英博物馆里所谓“北黄山窖藏”的支援。而这个15件一套的所谓窖藏，本是大英博物馆在1926年所承受的山中商会的一场骗局，当时，所有这15件金银器，被当作是同时从西安附近某个不明唐墓里一起出土的。笔者近来有机会对15件器物中的14件做了仔细观察[36]。这个所谓的窖藏，其实是唐代真品、辽代器物和现代赝品的混合物。比如，编号1926.3-19.15圆盒的盖子（图五，1）不可能是唐代的。编号1926.3-19.1和1926.3-19.2的两个大花瓶，就更糟了（图五的2，图六是1926.3-19.1号瓶的照片）[37]。

尽管这批东西明显是在现代拼凑起来的，学术界还是给予它们以极大的信任，因为据说这批窖藏是有明确纪年的[38]。1926.3-19.11号长杯的底座上有相当于877年的纪年铭文（图六）[39]。即使这个铭文是真的，它也不能为这个所谓窖藏里的其他器物说明任何问题。每件器物要依照器物本身的情况进行具体评估。此外，写有铭文的杯座是附加于杯身的（图六显示，杯身是放置在杯座的顶端的）。可能这件长杯真是晚唐之物，而铭文也是真的。压凹痕所构成的曲瓣，的确也出现在其他晚唐的作品中，如丁卯桥和背阴村出土的几件。可是，杯座的简单和微微向外张开、整件器物的笨重，以及粗糙的设计，可能指示着这件长杯与后来的银器有更多的共同点。比如，这种工艺见于1993年四川彭州出土的宋代素面银器上[40]。当然，北黄山收藏里也有真正的唐代器物。例如，编

1

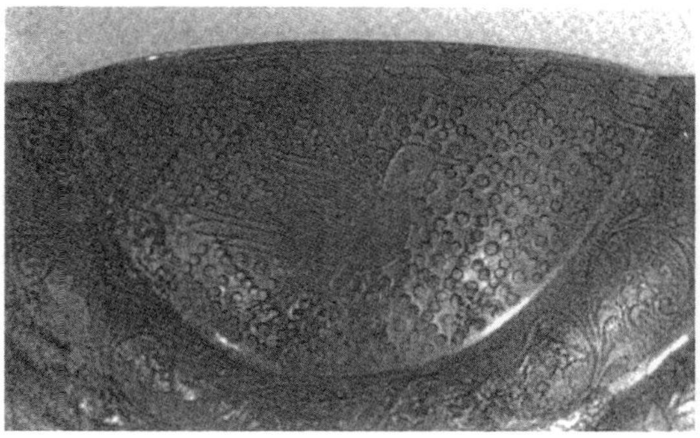

2

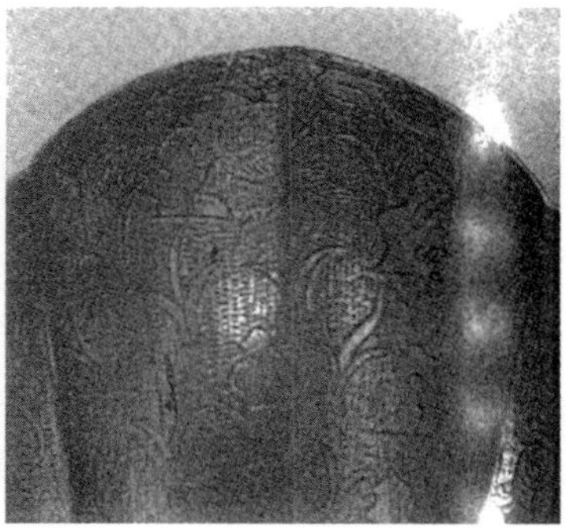

3

图四　弗利尔 / 赛克勒萨珊式八曲长杯 30.41

1

2

图五　大英博物馆藏金银器

1.1926.3-19.15　2.1926.3-19.1

号为 1926.3-19.3 的素银罐，与丁卯桥出土的素银罐相当近似。

承大英博物馆允可，笔者核查了 1926 年的入藏文件（acquisition documents），特别是 1926 年 1 月 6 日的“购买方案”（*Resolution of Purchase*）和 1926 年 1 月 1 日的“使用储备金申请”（*Request for Use of Reserve Fund*）。文件清楚地显示，这些器物被认为属于同一窖藏，才是这笔买卖的关

图六 大英博物馆藏萨珊式长杯 1926.3-19.11

键因素。文件还暗示，这套器物3200英镑的价格，被认为是非常高的。《大英博物馆季刊》（*The British Museum Quarterly*）上的报告提到“不少慷慨的捐助者的帮助”是必不可少的，此外还得动用储备金[41]。山中商会把不同时期的、有真有假的东西混杂在一起，就是为了作为一整套藏品出售，从而提高价格。

图七之1是大英博物馆编号1926.3-19.4的萨珊式长杯。形制与弗利尔/赛克勒八曲长杯一样，却有着它自己的问题。在较长的两头，各有一个叶形镶板，里面是风俗图画和一个牌板。这个叶形镶板与丁卯桥出土的那件著名的银花瓶上的很相像（图七，2）[42]。植物和鱼子纹背景，也和丁卯桥银花瓶相似。石头的形式也是正确的，这种形式的石头曾经出现在法门寺出土的茶坛子的镶板内[43]。然而，大英博物馆长杯的叶形镶板内的人物，却是非常奇怪的（图七，3）。这样的人物画，从没有出现在唐代——不管是银器，还是石雕、陶瓷和壁画上。

进一步讲，萨珊式长杯上的空白牌板是有疑问的。出土的晚唐银器上有一些带牌板的例子，丁卯桥银筹筒上有著名的铭刻在牌板里的“论语玉烛”[44]。1958年背阴村出土的三足壶也在它的三面图画上各刻有一个牌板，其中一个提到了《论语》[45]。然而，1926年时，为人熟知的唐代牌板的例子在敦煌。敦煌一些唐代壁画上配有牌板，多数是有意空白着，等待写下供养人的名字，有些则是由于氧化作用，使牌板上的色彩已不可见[46]。很有可能，作伪者据此而误以为空白的牌板就是唐代风格。一件唐代银器的牌板，在任何情况下都没有保持空白的理由。大英博物馆另一件所谓的北黄山窖藏器物，也有一个空白牌板。这是一件著名的菱形盘，图案有坐着的钓者、河流和骑马人[47]。这种形式就萨珊式长杯而言，也没有什么毛病——有许多出土品为证，陶瓷上也有仿制[48]。可是，图案细部及工艺都不对头。众多问题之中，只需要举出两个：马的形式太奇怪，水波的形式也不见于唐代艺术[49]。

这个萨珊式长杯的工艺也是有问题的。问题包括粗劣而明显的凿痕，以及笨拙的鱼子纹，这些鱼子纹常常叠压在其他图案上，或者相互之间自己叠压（图八）。在这个例子中，人物叠压在鱼子纹上，而鱼子纹又叠压在花卉上。由此可知，花卉是最先雕刻的，然后是鱼子纹，最后是人物。这非常奇怪。以上的考察使笔者得出这样的结论：大英博物馆所藏萨珊式长杯是一件赝品。

1 2 3

图七 大英博物馆藏萨珊长杯与江苏丁卯桥银花瓶

1、3. 大英博物馆 1926.3-19.4 2. 丁卯桥银花瓶虽然未曾反映在入藏文件中，但山中商会在向大英博物馆推销这件萨珊式多曲长杯时，一定利用了大都会博物馆的同样藏品来帮助促销（图九）。到 1926 年，大都会的长杯已经入藏五年了[50]。当你打算推销一件器物时，在某个主要博物馆收藏有同样的东西，这当然是非常重要的。可是，大都会这一件也是有很多问题的，有些问题与前面我们讨论过的一样。长杯底部内壁的鱼子纹，比侧边曲瓣上的鱼子纹大很多，笔者从未在任何出土唐代银器上见过这么大的鱼子纹。鱼子纹的质量和雕刻工艺，与大英博物馆那一件同样糟糕。侧边曲瓣上的鸟与弗利尔 / 赛克勒那一件同样不正常，同样只用两条线表示鸟腿，而且没有脚。两头没有叶形镶框，可是纹饰却比大英博物馆那件长杯更加奇异。一头是奇怪的蛇、行人、石头、草和一块牌板，另一头是鸟、石头、草、另一块牌板和抚琴的人。

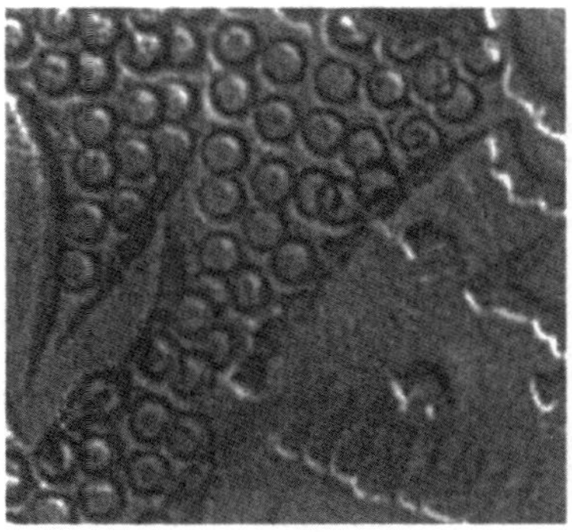

图八　大英博物馆藏萨珊式长杯 1926.3-19.4

图九　大都会博物馆藏萨珊式长杯 21.46

以上讨论指出了赝品的特征之一——它们都反映了当时（赝品被制作的时代）对中国艺术的理解。到 1920 年，通过陶瓷器物和正仓院的收藏，人们对唐代艺术形式已颇有所知。物质文化中艺术形式的长久能量，意味着早期赝品有时可能会有正确的形式。但是，当时对唐代纹饰系统的细节，还所知有限。正仓院藏品不能给人提供研究细节，而陶瓷上又不可能有精细如金属器物上那样錾刻的和锤冲的凸纹。那时候，还没有出土的唐墓壁画，也没有发掘出土的唐墓石雕、唐代金银器和唐镜。甚至直到 20 世纪 30 年代，非发掘的唐代银器才开始进入西方学术标准的中国艺术领域。这样作伪者不得不自己发明唐代装饰主题的词汇表。这份词汇表的资料是少数早期已知的装饰主题，如敦煌石窟壁画上的，以及那些西方博物馆得自敦煌的器物上的装饰主题（就像那些石头、花草和空白的牌板），还有就是很晚以后的中国艺术中的装饰主题。这种发明出来的词汇表，在人物形象上特别明显，如同我们在弗利尔 / 赛克勒和大都会长杯、弗利尔 / 赛克勒高足杯、卡尔 • 凯波收藏的伪造了杯底的杯上所见到的，这些东西到今天就显得十分怪异。当然，唐代图案的某些方面是为人熟知的。例如，鱼子纹被认识到是唐代金属器物上标志性的纹饰，所以它就总是出现在早期赝品上。

关于 1920～1930 年山中商会卖给西方博物馆和收藏家的萨珊式多曲长杯，我们最后要讨论的一件，是芝加哥艺术馆在 1930 年 2 月买入的（图一〇，1）。在我们所讨论的一共四件长杯中，这一件最引人注目。它不仅有弗利尔 / 赛克勒长杯那样的铸造的底座，而且它还有自己的底盘（图一〇，2）。长杯内壁和底盘一样，充满了水波和奇异的水族（图〇一，3）。幸运的是，相当数量的出土唐代器物，已经揭示了真正唐代图像的水波和水族。出土金银器带有水波和水族装饰图案的，包括何家村出土的一件杯的底部内壁（图一一，1）[51]，齐国夫人墓所出一件椭圆形长盘的内壁及一件杯子的底部内壁，丁卯桥所出一件盒子的盖顶和一件五曲碗的底座（图一一，2）[52]，背阴村所出一

1

2

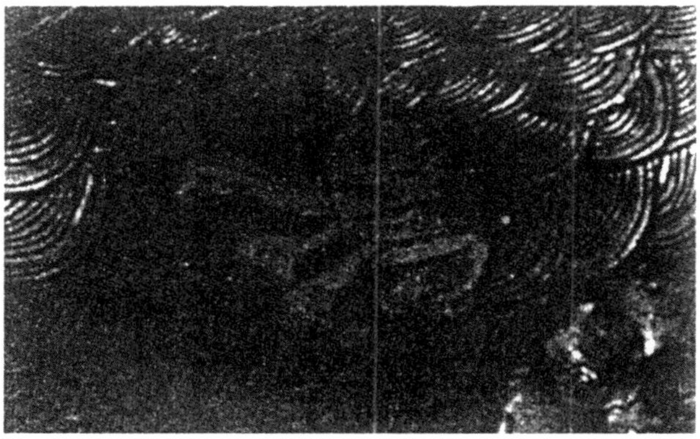

3

图一〇 芝加哥艺术馆藏萨珊式长杯 1930.480

1. 长杯 2. 底盘 3. 局部

1

2

图一一 金银器内部花纹

1. 何家村杯 2. 丁卯桥碗

件曲杯的底座，以及浙江省临安水邱氏墓所出一件容器的盖顶。芝加哥长杯上由规则的虹线所组成的水波纹，和顶部宽厚的镶边，与以上各器都不匹配。这种水波纹是作伪者借自后来的中国及亚洲艺术的例证。这种水波纹的形式，出现在清代的图像词汇表里，表现在清朝的瓷器和朝服上[53]。同样的水波也出现在晚期日本的屏风画上[54]。芝加哥长杯的水族也同样怪诞，绝不是唐代的。

注意看山中商会这四件作品的时间顺序，笔者被它们在“精美”方面的日益增长所震撼。大都会长杯较为朴素，大英博物馆长杯纹饰较为复杂并且从属于一个“窖藏”，弗利尔／赛克勒长杯就有了完整的鎏金和厚重的杯足，而芝加哥这一件还有了自己的盘子。这一事实颇有意味——在唐代金银器作伪的第一个大时代里，西方博物馆之间也存在着激烈的竞争。要把某件东西卖给一家博物馆，就得说它比另一家博物馆里相近似的某件东西好得多。笔者不知道1930年以后山中商会是否还出售过萨珊式多曲长杯。芝加哥艺术博物馆所收的这一件，就是此类作伪的终极顶点了。

一个尚未回答的问题是："这些长杯形制的范本是什么？"最近，在美国代顿艺术博物馆（the Dayton Art Institute）的展览里，笔者见到一件神秘的器物，现收藏于陕西历史博物馆（图一二）[55]。这件萨珊式长杯并非发掘品，而是1955年由西安市文管会转交给陕西省历史博物馆的。关于西安市文管会如何获得此杯，没有任何记录材料。很可能来自20世纪50年代初期查抄没收的私人收藏。此杯有着以上讨论过的多曲长杯的同样形制，有痕迹显示它原来还有一个底座。此杯的几何纹图案同样见于芝加哥、大都会（参看图九）和弗利尔／赛克勒长杯（参看图四，2）内壁镶边的上部。这种图案在唐代是很罕见的，不过在丁卯桥花瓶瓶嘴上有分层的几何纹线条，在一些墓内石刻上也可以看到（参看图七，2）。与前面讨论过的四件长杯不同，代顿展览上的长杯没有明显的毛病。该杯内壁上的两个摩羯图像与许多发掘品上的摩羯也很相像，例证之一是图一一之2所示丁卯桥长杯上的摩羯图案细部。陕西省历史博物馆这一件长杯中间的图案也是可以信任的唐代图案。西安市文管会收藏的一件唐碗上，也有水族图案和一个相似的圆牌[56]。曲瓣上的洞同样说明此器必非20世纪20～30年代所伪造，因为这个时期的伪造品全是完整的。有趣的是，这件长杯区别于前述四杯的地方，还在于它没有鱼子纹，如同多数出土的唐代金银器。已经不可能知道它是何时被发现的，可是如果它曾经作为伪造者的范本，那么对于作伪者来说，增加上鱼子纹就是很自然的想法了[57]。

图一二　陕西历史博物馆藏萨珊式长杯

图一三 芝加哥艺术馆银杯 1928.251

以上分析，对于在20世纪20～30年代卖出这些作品的山中商会各分支公司，看起来似乎太苛刻了。然而，迄今所讨论的，还只是山中商会较好的赝品。其粗劣者，从来就没有被出版。这里有一个例子，是山中商会卖给芝加哥艺术馆的一件杯子，编号1928.251，从未被陈列过（图一三）。注意杯缘附近的几何纹，以及显然不是唐代风格的人物图案。有一点很清楚，从山中商会购买的任何一件金银器，在接受其为真品之前，都会进行细致的审查。最近，关于20世纪20～30年代山中商会卖出的赝品佛像和造像碑的研究，也得出了相似的结论[58]。

赝品的鲜明特征之一，就是它们迎合它们被制造和销售的那个时代的艺术趣味。洛可可复兴时期的杯把，被安装到弗利尔／赛克勒银杯上，就是一个例子。另一个例子清楚地来自大英博物馆的入藏文件（acquisition documents）。当大英博物馆得到所谓的“北黄山窖藏”的时候，R.L.Hobson是该馆陶瓷与民族志分馆（the Department of Ceramics and Ethnography）的馆长（keeper），正是他说服了大英博物馆购买这批东西。在“使用储备金申请”（*Request for Use of Reserve Fund*）里，他写道：“很奇怪的是，这批器物（特别是那个椭圆形杯子）感觉上有一种欧洲味，可又绝对不是18世纪法国和英国的银器作品（These objects［notably the oblong bowl］are strangely European in feeling and would not be out of place among French of English silver work of the eighteenth century.）”[59]完全正确。

六、弗利尔／赛克勒蚌盒

某些情况下，判定一件器物是否可靠则要困难得多。这方面有个很好的例子，就是弗利尔／赛克勒编号F1930.50的蚌盒（图一四，1）。这件蚌盒是用一个铰链把两片铸银连接起来的很重的器物。上乘的工艺质量，完美的鱼子纹。还从没有一件出土蚌盒的工艺能与这一件相提并论。这件东西独一无二。这本身其实不要紧——比方说，正仓院所藏大型铸银壶也有上乘工艺，也是独一无二的（图一，3）。丁卯桥、法门寺、繁峙和其他地方出土的金银器中，有许多精美而且唯一的器物。

然而，韩伟就这件蚌盒的真伪提出了几个问题[60]。铰链比一般发掘的蚌盒的铰链微有不同。出土的铰链通常只是圆的，不过也有如弗利尔／赛克勒蚌盒的铰链那样是三叶形的。真正的铰链常常饰有鱼子纹，是铆接起来的，外两片而内一片，这和弗利尔／赛克勒蚌盒的铰链也很相像[61]。弗利尔／赛克勒蚌盒铰链的体形较大，也许是因为这件蚌盒出于铸造，因而比锤揲的蚌盒更重。韩伟还指出鸟的细部比起发掘品来更为简单。这当然是对的。比如，与何家村器物上的各种凤凰比起来，弗利尔／赛克勒蚌盒的鸟就缺少了一些内在于鸟身体的清晰与鲜明（图一四，2、3）[62]。相似的鸟尾羽毛在其他地方也可以看到，比如，在716年的一座唐墓墓门上的石刻[63]。翅膀向下指是不寻常的（几乎所有唐代凤凰的翅膀都是向上指），但也不是唯一的。然而，弗利

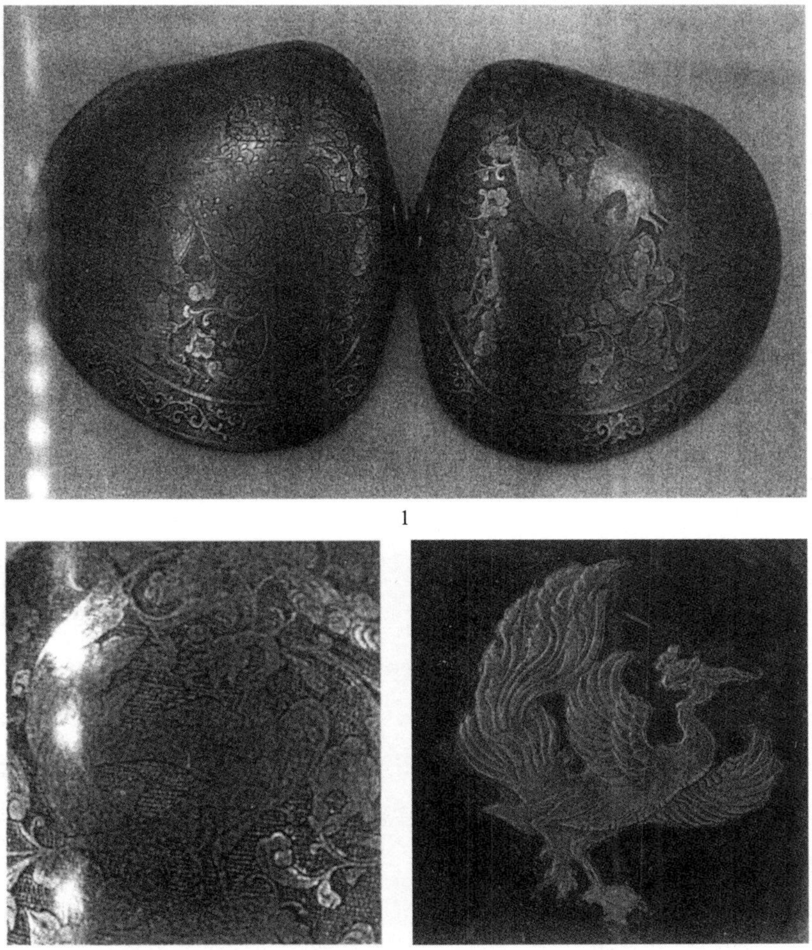

图一四　弗利尔／赛克勒银蚌盒 F1930.50 与何家村银盘
1、2. 弗利尔／赛克勒银蚌盒 F1930.50　3. 何家村银盘

尔／赛克勒蚌盒图案有一种总体的自由和原创，没有任何重复，处处闪耀光芒。这使笔者意识到，这才是唐代工匠的最佳状态。韩伟还指出蚌盒的两边不能精确地相互匹配[64]。在笔者看来，这可能是由于埋葬地下时受到挤压的结果。对于作伪者来说，如果犯下这样的错误，就太奇怪了。

总之，判定弗利尔／赛克勒蚌盒是否为赝品，还有争论的余地。在笔者看来，这和本文前面讨论的情况很不同，那些器物很明显都是赝品。如果这件蚌盒是在今天才第一次出现在市场上，也许笔者就会认定其为赝品。当代一些金银器赝品有着惊人的高质量。可是在唐代金银器作伪的第一个大时代里，情况并不是这样。20 世纪 20～30 年代明确的赝品中，还没有一件具有弗利尔／赛克勒蚌盒这样高的质量。另外一点，在图一四之 1 蚌盒左上部鸟头以上的地方，有明显可见的修补痕迹。修补处的工艺比不上蚌盒的其他地方。如果这件蚌盒是赝品，那么这处痕迹就是极为精巧的花招了。制造一个劣于器物其他部分的现代修补痕迹，以巩固该器物的可靠性，这对于 20 世纪 20～30 年代的作伪者来说，实在是过于聪明了。在那个时代，作伪者不需要采用如此微妙的办法，就可以卖出他们的作品。

七、早期赝品的典型问题

相较于韩伟所列举的当代赝品的一系列特征，早期赝品还是有自己的特点，尽管相同的地方也非常多[65]。唐代金银器作伪的第一个大时代的那些作品，常常在图案（形态与纹饰）、工艺或技术等许多方面存在问题。形制和纹饰方面的典型问题包括。

（1）非唐代形式。

早期作伪者有时使用我们今天认定不属于唐代的形式。这方面一个很好的例子是本文开始时所讨论的高足杯（参看图一，1）。有时则是采纳自后来中国历史中的某些形式。对此，我们举芝加哥艺术馆所藏从未进入陈列的1928.141号碗为例（图一五）。此碗的形式，直到晚唐才出现。形态也是借鉴自西方的，和弗利尔／赛克勒的杯把一样（参看图二，5）。这里重要的一点，是形式自有权威。一种形式在某种文化语境里变成正统，它就获得权威以表达正统，从而造成了形式的稳定。“存在的符号框架的变化，要比其功利需求的变化缓慢得多。”（The symbolic frame of existence changes much more slowly than its utilitarian requirements.）[66]在唐代，那些获得正统地位的形式，不加改变地、普遍地出现在各种不同的媒质上——金属器、陶瓷、石刻等。初唐和盛唐时期的形式非常有限，而且相当简单。中唐有了形式的自由拓展，而晚唐则出现了各种形式的大爆炸。有的时候，尤其是晚唐那些独一无二的艺术品，不只是形制本身，还有形制被建造起来的方式——线、面与体的运动——是需要好好评估的。

图一五 芝加哥艺术馆银碗 1928.141

和当代作伪者一样，早期作伪者会持续复制那些他们成功售出的东西，如同我们前面讨论过的萨珊式多曲长杯。一个当代的例子，是法门寺出土物在80年代晚期发表以后，西方就有了许多相似的金银茶具。

（2）非唐代纹饰主题。

同样地，早期作伪者常常使用非唐代的纹饰主题。正如前面所讨论的，整个纹饰主题词汇表，还有纹饰风格，都是由作伪者发明的。而唐代纹饰主题词汇表其实是有限的，这些主题反复出现在唐代物质文化中。就像形式一样，作伪者既使用非中国的纹饰主题，也使用较晚时候的中国纹饰主题。芝加哥 1930.48 号长杯的水波纹，就是使用作伪时代人们熟知的中国图案的一个好例证，然而这种图案在唐代是不存在的（参看图一〇，3）。

（3）正确的纹饰主题形式，不正确的制作。

即便形式与主题没有问题，其制作则可能是粗率的，或干脆就是错误的。本文讨论的第一个例子中的唐代的马，就是这样一个问题（参看图一，2、3）。更加微妙的例子，是弗利尔 / 赛克勒长杯中部曲瓣上的鸟（参看图四，2）和大都会博物馆的长杯（参看图九）。早期赝品也常常把形式搞错，如同弗利尔 / 赛克勒高足杯的杯足（参看图一，4、5）。

（4）纹饰主题与形制不匹配。

唐代金银器的形制与纹饰随着年代的不同而有一系列明显的变化。早期赝品常常是纹饰属于一个时期，而形制属于另一个时期，两者不相匹配。比如，盛唐的纹饰主题，可能出现在中唐或晚唐的形制上，反之亦然。

以上是形制与纹饰方面的问题。而早期赝品在工艺或技术方面的典型问题，包括以下六条。

（1）錾子形状或刀痕错误。

唐代使用一种特殊的角刃錾，会在器物上留下三角痕，这与现代使用的尖刃錾是不同的[67]。此外，唐代雕刻通常是用单一的连续的笔画。作伪者有时不具备同样的技巧或耐心以这个方式来雕刻图案，所以会在一个笔画的中间举起錾子。因而就造成线条上的锯齿形，这在图像放大后很容易看到。然而，对于锯齿形图案要小心对待。晚唐有些银器上，锯齿形图案往往是其精妙设计的一部分[68]。

（2）鱼子纹错误。

早期赝品会有一些鱼子纹方面的错误。有时候鱼子做得过大了，如弗利尔 / 赛克勒萨珊式长杯和大都会博物馆长杯的底座。这个问题也出现在一些当代赝品上。赝品上的鱼子纹通常制作粗率，要么出现在图案的前景，要么分布杂乱，如弗利尔 / 赛克勒 F1981.9 号高足杯（参看图一，6）。有时赝品上的鱼子纹没有真正的线条图案的设计。某些情况下，鱼子纹看起来很随意，好像只是为了填充空白。

（3）错误的鎏金技术。

一些早期赝品使用金叶，而不是唐代的汞齐鎏金技术。一个例子是弗利尔 / 赛克勒 F1930. 39 号蟾蜍盒（图一六，1）。

（4）不正确的焊接或扣件。

复制真品的时候，作伪者常常是依据发表的照片。这些照片极少展示焊接或扣件的细部，所以这也成为作伪者犯下错误的区域。

（5）不寻常的材料。

早期赝品有很多是鎏金的青铜器。虽说唐代的鎏金青铜器皿并非没有，但相当少见。20 世纪 20～30 年代，作伪者常常用这种低廉的材料制造赝品。典型的例证是 1994 年的一件拍卖品，这件粗劣的赝品出自赛克勒（Sackler）的私人收藏（图一六，2）[69]。这个杯子并没有要伪装成唐代的，但有相当多的鎏金青铜器被看作唐代作品[70]。

1

2

图一六

1. 弗利尔 / 赛克勒蟾蜍盒 1930.39　2. 赛克勒收藏的青铜杯

（6）工艺质量总体低劣。

与当代赝品不同，较早的赝品在质量上差异不大。有些当代赝品有着令人吃惊的工艺水平。而20世纪20～30年代制造的东西就不是这样了。从商业角度看，这是合乎逻辑的，在那个时代，没有必要浪费财力去制作高质量的赝品。

八、弗利尔 / 赛克勒十四莲瓣碗

当然，弗利尔 / 赛克勒的唐代金银器藏品中，既有有问题的，也有很伟大的。编号F1931.8的十四莲瓣鎏金银碗，就是初唐形制与工艺的杰出样板（图一七）。已知相近的出土器物，如著名的何家村金碗（图一八）。在这类碗的莲瓣之上，有花卉和鸟兽。作为高质量工艺的样板，特别是初唐和盛唐时期的，请注意为表示不同的鸟羽和兽毛而采用的不同的技术——每一只鸟、每一头兽都是独一无二的（图一九）。同样地，底层的葡萄藤也并不完全对称，当葡萄藤绕碗移动时，给人的感觉是一种有微妙变化的假定的对称。碗底有四花的葡萄藤，有相同的特征——假定的对称与秩序，掩藏着自由创造的个性（图二〇）。这是最好的唐代工匠特有的品格。

图一七　弗利尔 / 赛克勒银碗 F1931.8

十四莲瓣碗形制的构造设计，也很有趣。正如经常被注意到的，中国人吸收的这种曲瓣长杯的基本形制，其原型是中亚的，而起源甚至在更早的西亚和希腊[71]。这件碗整体形式的不同元素在垂直方向有韵律地连接的方式，是初唐所特有的。这与艺术形式全面中国化以后的何家村的碗比起来，是不同的（参看图一七、图一八）。

弗利尔/赛克勒莲瓣碗对于不作个别细致观察就评估唐代金银器的做法，是另一个警示。仅仅依据照片，或未对具体器物作细致观察，即便是最好的学者，也会犯错误。有一篇文章把这件碗

图一八 何家村金碗

图一九 弗利尔/赛克勒银碗 F1931.8 上的图案

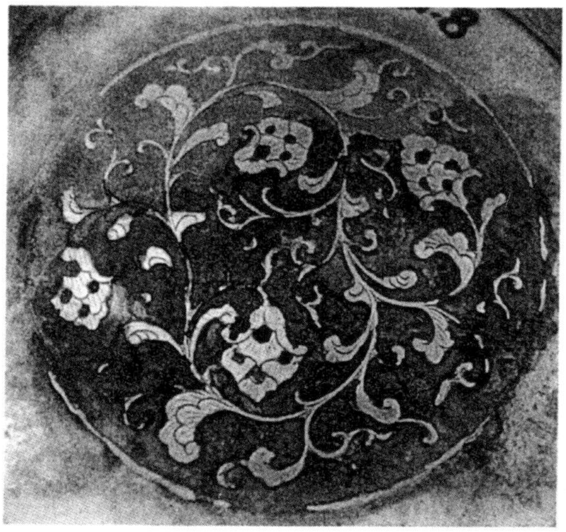

图二〇 弗利尔 / 赛克勒银碗 F1931.8

描述为十三莲瓣，而不是十四莲瓣[72]。这一差异是非常要紧的。初唐和盛唐形制的一个鲜明特征，就是横向的两边的对称（bi-lateral symmetry）。关于左右与上下总有一种强烈的辨识。直到中唐以后，杯、碗和盘才会出现奇数的曲瓣[73]。真正径向的对称（radial symmetry）表明那是一个形式自由的时期，尽管初唐和盛唐有关三个部分的纹饰主题的例证并不多。

最后，应当注意到，弗利尔 / 赛克勒莲瓣碗也是从山中商会购入的。真品与赝品被同一个人，以同样的方式，卖给同样的机构，这个事实使本文反复提倡的应当具体地、个别地评估每一件器物，变得更加重要了。

九、结　　语

本文主题讨论的背景之一，是过去50年间中国与西方在学术和艺术史领域的推进。不幸的是，我们所生活于其中的中国考古的黄金时代，恰好又是西方艺术史教学与实践的基本方法发生重大变化的时期。以视觉为本的方法论（visual based methodologies），本是西方艺术史的学术基石，在过去30年间已经被“新艺术史”（the new art history）所代替，这个“新艺术史”对于细致观察器物的兴趣比较小，其主要兴趣在于阐释（interpretation）。当新出土的宝藏需要我们对早已存世的器物作持续的重新评估时，急需的以视觉为本的方法论，却落后于时尚了。

同样不幸的是，这个时期内的中国学界，专注于考古学而不是艺术史。即使是处理同一个器物，考古学家和艺术史家也各以不同的方法，分析不同的问题。只是到最近，中国的艺术史才开始崭露头角，并成为有着自己的方法论的独立学科。即便如此，这些新的中国艺术史家们，似乎也在追逐那些西方时髦的理念和方法论，对传统的艺术史方法很少感兴趣。

在可以预见的未来，西方的情形不可能发生改变。打断本文第二部分所述的“恶性循环”的，只能是中国学者。本文写作的部分目的，就是强调对西方收藏的中国器物进行重估的必要，并且鼓励中国学者承担这种重估责任。尽管陆时化讲了下面要引述的那些话，中国学者还是有必要更有力地发表意见，以教育西方的学者、博物馆馆长和收藏家们。

> 勿与门外人争真伪，徒费唇舌。多一物，添一累；多一事，不如少一事。自亦不讲为安，无奈觉得俗气逼人。
>
> 陆时化《书画说铃》，1776年[74]

附记：笔者希望感谢韩伟先生，在很多年里他花费了很多时间帮助笔者研究唐代金银器。当然，本文所有的观点、思想和错误，都由笔者负责。笔者还想感谢以下博物馆的工作人员，感谢他们从陈列中取出器物并允许笔者对器物作细致观察：The Freer Gallery of Art and Arthur M. Sackler Gallery，the Art Institute of Chicago, the British Museum, the Ulricehamn Konst-o. Östasiatiska Museum, and the Seattle Art Museum. 笔者还想感谢北京大学的罗新先生翻译这篇文章，不过译本如有错误都由笔者负责。

注 释

[1] 陆时化《书画说铃》书画说一，载许增辑《娱园丛刊》第四册，1886年。说铃一词，见扬雄《法言》："好书而不要诸仲尼，书肆也；好说而不要诸仲尼，说铃也。"李轨注曰："铃以谕小声，犹小说不合大雅。"汪荣宝疏曰："说铃，谓声小而众，……大者为铎，小者为铃 说铃与木铎相对也。"参看汪荣宝《法言义疏》卷四，陈仲夫点校，中华书局，1987年，第74页。

[2] 这三种著作是韩伟《海内外唐代金银器萃编》，三秦出版社，1989年；齐东方《唐代金银器研究》，中国社会科学出版社，1999年；Bo Gyllensvard. T'ang Gold and Silver, in: *The Museum of Far Eastern Antiquities, Bulletin* No.29, 1957。

[3] 韩伟《美国华盛顿弗利尔美术馆收藏的唐代金银器》，《考古与文物》1989年第3期。

[4] 韩伟《唐代金银器辨伪举例》，《考古与文物》1997年第2期。

[5] 韩伟《磨砚书稿》，科学出版社，2001年，第159～183页。为了便于比较，韩伟此文的第二部分包含了20～30年代一些藏品的资料。

[6] 这批藏品见于Helmut Brinker与Francois Louis的*Chinesisches Gold und Silber, Die Sammlung Pierre Uldry*, Zürich: Museum Rietberg Zürich, 1994. 韩伟在上述文章的第二部分分析了这批赝品中的12件，见《磨砚书稿》，第172～183页。

[7] 请参看Horace H F Jayne. *The Chinese Collections of the University Museum, A Handbook of the Principal Objects*. Philadelphia: The University Museum, 1941, p. 40. 巴林窖藏一般认为出自1930年由O. Karlbeck在内蒙古发掘的两座墓葬。

[8] Bo Gyllensvard. T'ang Gold and Silver, in: *The Museum of Far Eastern Antiquities*, *Bulletin* No. 29, 1957.

[9] 例如Clarence W Kelly. *Chinese Gold & Silver in American Collections*. Dayton, Ohio: The Dayton Art Institute, 1984.

[10] 在Bo Gyllensvard之后，西方学者唯一有深度的研究，是Francois Louis在其博士论文基础上的著作*Die Goldschmiede der Tang-und Song-zeit*. Bern: Peter Lang A G, 1999.

[11] 英国的罗森（Jessica Rawson）的论文Tombs or Hoards: The Survival of Chinese Silver of the Tang and Song Periods, Seventh to Thirteenth Centuries A. D., 见Michael Vickers所编*Pots and Pans, A Colloquium in Precious Metals and Ceramics*, pp. 31-56. 还可参看韩森（Valerie Hansen）的文章The Hejia Village Hoard: A Snapshot of China's Silk Road Trade, *Orientations*, 2003, Vol. 34, No.2, pp. 14-19.

[12] 例如Paul Singer. *Early Chinese Gold & Silver*. New York: China House Gallery, 1972; Clarence W Kelly. *Chinese Gold & Silver in American Collections*. Dayton, Ohio: The Dayton Art Institute, 1984.

[13] 例如*Exhibition of Ancient Chinese Silver*. New York: China House, 1951; *Mostra d'Arte Cinese*. Venice: 1954, No. 270; *Arts of the T'ang Dynasty*. Los Angeles: Los Angeles County Museum, 1957, No. 343, p. 120.

[14] Christie, Manson & Woods, Ltd. *The Frederick M. Mayer Collection of Chinese Art, Illustrated Catalog*, London: 1974, p. 283.

[15] Bo Gyllensvard. T'ang Gold and Silver. In *The Museum of Far Eastern Antiquities, Bulletin* No. 29，1957. 图45e，说明见p.85；韩伟《海内外唐代金银器萃编》，图39，说明见第177页；齐东方《唐代金银器研究》，图1～46，第40页。

[16] 对这一主题的评论，请看齐东方《唐代银高足杯及其狩猎图》，《艺术史研究》第一辑，第353～361页。

[17] 石田茂作、和田军一编《正仓院》，东京，1954 年，图 110.

[18] 韩伟主编《中华国宝——陕西珍贵文物集成 • 金银器卷》，陕西人民教育出版社，1998 年，第 43 页。

[19] 陕西省考古所编《陕西新出土文物选萃》，重庆出版社，1998 年，图 107，108 页；参看韩伟主编《中华国宝——陕西珍贵文物集成 • 金银器卷》，第 50、51 页。

[20] 沙坡村出土银杯有一个极好的图版，见李健主编的 *The Glory of the Silk Road, Dayton*, Ohio: The Dayton Art Institute, 2003, p. 197，no. 106. 何家村的银杯已经出版过很多次了，最近的见齐东方、申秦雁主编《花舞大唐春——何家村遗宝精萃》，文物出版社，2003 年。另外一个新近发表的例子出自姚无陂墓，年代是 697 年，见西安市文物保护考古所《唐姚无陂墓发掘简报》，《文物》2002 年第 12 期。

[21] 关于这类环形把金银杯的讨论，请参看齐东方《唐代金银器研究》，第 346～351 页。还可参看齐东方较早的论文《唐代粟特式金银器研究》，《考古学报》1998 年第 2 期，第 153～169 页。关于中亚原型的研究，请看俄国马尔萨克（Marschak, 即 Б .И.МарШak）的两部著作：*Silberschätze Des Orients*，Leipzig: VEB E. A. Seeman Verlag，1986，图 48～54；*Соòиŭсое Сереópо*, Mockba, 1971.

[22] 依据 2003 年 5 月 14 日弗利尔 / 赛克勒的保管与科学研究部（the Department of Conservation and Scientific Research）负责人 Paul Jett 的 e-mail.

[23] 在 17～19 世纪的中国出口陶瓷上出现这一形式，并不令人吃惊，因为这是针对当时西方收藏家的。

[24] Barbara McLean Ward, Gerald W R Ward, ed. *Silver in American Life*. Boston: David R. Godine, 1979. p. 160, fig. 168.

[25] Susan Gray Detweiler. *George Washington's Chinaware*. New York: Harry N. Abrams, Inc., 1982. p. 128, pl. 105.

[26] John Carswell. *Blue and White, Chinese Porcelain and Its Impact on the Western World*. Chicago: The University of Chicago, 1985. p. 144, no. 56.

[27] 例如，1814 年 Flight，Barr and Barr 制作的小碗，图片见 John Sandon. *The Dictionary of Worcester Porcelain*. Volume I, 1751-1851, Suffolk, UK, 1993. p. 265.

[28] 比如，芝加哥艺术馆（the Art Institute of Chicago）编号为 1922. 4351 的一件大理石菩萨像，是收藏家 Robert Allerton 捐赠的。经仔细考察后发现，这具菩萨像的头与身体不相匹配。博物馆缺乏这一雕像原始来历的资料。这件文物发表于 Osvald Sirén. *Chinese Sculpture from the Fifth to the Fourth Century*. New York: Charles Scribner's Sons, 1925, Volume IV, pl. 570.

[29] 关于这批文物是如何从中国获得的，没有任何相关记录。

[30] Leif Petzäll, Eric Engel. *Kinesiskt Guld och silver*. Ulricehamn Konst-o. Östasiatiska Museum, 1999, No. 102, pp. 142-143. 唐碗底部的腐蚀，在发掘品中是相当典型的。

[31] 然而，就焊接技术而言，这一件比弗利尔 / 赛克勒那一件做得好些。

[32] 韩伟提到第三件同样的杯子，出自詹姆斯 • 盖 • 索的收藏，不过这一件笔者尚未考察。参看韩伟《海内外唐代金银器萃编》，图 78，19 页，说明文字见第 185 页。

[33] 齐东方在《唐代金银器研究》里讨论过萨珊式金银多曲长杯在中国的流传和演变，见第 50～53、383～397 页。对于中亚金属器物及其对中国文化的一般性影响，请看齐东方《输入 • 模仿 • 改造 • 创新——粟特器物与中国文化》，载荣新江、张志清主编《从撒马尔干到长安——粟特人在中国的文化遗迹》，北京图书馆出版社，2004 年，第 27～33 页。齐东方在《何家村遗宝与丝绸之路》一文里也讨论过这一问题，文载《花舞大唐春——何家村遗宝精萃》，第 41～43 页。

[34] 例如，背阴村出土了一个没有纹饰的这种形制的银杯。有三张很好的照片，见李健主编 *The Glory of the Silk Road*, p. 204，no. 112. 玉石和石头的仿制品，请看卢兆荫、古方《略论唐代仿金银器的玉石器皿》，《文物》2004 年第 2 期。

[35] 齐东方把这四件长杯，外加卡尔 • 凯波（Carl Kempe）收藏中的一件，作为一组，列为 B 型 Ⅱ 式，用以说明萨珊式金银多曲长杯在中国的演变。本文此处不讨论卡尔 • 凯波编号 121 的长杯，是因为它只有四个曲瓣。见齐东方《唐代金银器研究》，图 3-94，第 390 页。同样形制而纹饰不同的萨珊长杯还有很多，下面将会提到。

[36] 第 15 件器物是一件普通银器，在笔者拜访大英博物馆的那一天，无法找到。

[37] 这个照片是从 Bo Gyllensvard 的文章 T'ang Gold and Silver 里转拍的，见 *The Museum of Far Eastern Antiquities, Bulletin* No. 29，1957, pl. 23d. 还可参看 Hobson R L. A T'ang Silver Hoard. *The British Museum Quarterly*, 1926, No. 1 p. 21, figs. Ⅷ a and b.

[38] Jessica Rawson. Silver Decoration on a Chinese Lacquered Box. *Arts of Asia*, 1986, Vol 16, p. 97, fig. 36. 罗森这篇文章所附萨珊式长杯的照片，其题目就写着“8～9 世纪”。

[39] Hobson R L. A T'ang Silver Hoard. *The British Museum Quarterly*, 1926, No. 1 p. 19.

[40] 成都市文物考古研究所、彭州市博物馆《四川彭州宋代金银器窖藏》，科学出版社，2003 年。

[41] Hobson R L. A T'ang Silver Hoard, *The British Museum Quarterly*, 1926, No. 1 p. 18.

[42] 这个照片是从齐东方《唐代金银器研究》上转拍而来，见图 48。

[43] 韩金科主编《法门寺》，陕西旅游出版社，1994 年，第 118、119 页。

[44] 带有该牌板的高质量的照片，见 Han Wei（韩伟），Christian Deydier. *Ancient Chinese Gold*. Paris: Les Editions d'Art et d'Histoire, 2001, pl. 576, p. 247.

[45] 韩伟条列了这三件铭刻，见《海内外唐代金银器萃编》，第 233 页。

[46] 敦煌石窟有唐代牌板的，有 45、103、85、158、159、217、329 及 323 等窟。

[47] 大英博物馆编号 1926.3-19.10.

[48] 唐代菱形银盘在丁卯桥（《文物》1982 年第 11 期）、繁峙（《文物季刊》1996 年第 1 期）出土过。还有一件被西安市文管会收藏。

[49] 尽管形制没什么问题，罗森（Rawson）照片中的三件有两件是赝品。参看 Jessica Rawson. Tombs or Hoards, The Survival of Chinese Silver of the Tang and Song Periods, Seventh to Thirteenth Centuries A. D. in Michael Vickers, ed. *Pots and Pans, A Colloquium in Precious Metals and Ceramics*, Oxford: 1986, ng. 8, p. 45.

[50] 这件长杯被宣称为“唐代银杯”，见 *Bulletin of the Metropolitan Museum of Art,* no. 5（May 1921）, pp. 111-112. 这份启事注意到该杯与正仓院藏品的相似。

[51] 齐东方、申秦雁主编《花舞大唐春》，第 115 页。

[52] Han Wei, Christian Deydier. *Ancient Chinese Gold*. Paris: Les Editions d'Art et d'Histoire, 2001, pl. 568, p. 239.

[53] 有许多例证。瓷器上的例证之一，是 Victoria & Albert 博物馆所藏梅瓶上的龙水图，见 Victoria & Albert Museum. *Chinese Porcelain of the Ch'ing Dynasty*. London: Her Majesty's Stationery Office, 1957, fig. 25. 朝服上的例子，见 Zhou Xun, Gao Chunming. *5000 Years of Chinese Costumes*. Hong Kong: The Commercial Press, Ltd., 1984, figs. 298, 299, pp. 176-177.

[54] See Rolling Waves by Kano Tsunenobu（1636-1713）, reproduced in Taizō Kuroda, Melinda Takeuchi, and Yūzō Yamane, *Worlds seen and Imagined*. New York: The Asia Society Galleries, 1995, pp. 144-147.

[55] *The Glory of Silk Road*, Dayton, p. 203.

[56] 保全《西安市文管会收藏的几件唐代金银器》，《考古与文物》1982 年第 1 期，第 57 页，图 3-4。

[57] 20 世纪 60 年代 Hugh Scott 的收藏中有一件相似的器物，这一件曾经由中间商 T. C. Loo 在 1942 年展出过。参看 Hugh Scott. *The Golden Age of Chinese Art*. Rutland, Vermont: Charles E. Tuttle Company, 1967, fig. 77. 还可参看 C. T. Loo & Co. *Exhibition of Chinese Arts*. New York: 1942, 183 号，无页码。这一件同样缺乏鱼子纹，同样有各自独立的纹饰以及几何图案。笔者未见过此杯，也不知道它现在何处。Victoria & Albert 博物馆也有一件，不过笔者未曾寓目。从照片判断，这一件也没有鱼子纹。参看 Finley McKenzie. *Chinese Art*, London: Spring Books, 1961, plate IXA, description p. 85.

[58] 请参看中国佛教雕塑的专家 Stanley K. Abe 的评论文章 A Freer Stele Reconsidered, in: *Freer Gallery of Art, Arthur M. Sackler Gallery, Occasional Papers 2002/vol. 3*, Washington D. C.: Smithsonian Institution, 2002, p. 37.

[59] Hobson R L. *Request for Use of Reserve Fund*, in: *Reports 1921-1927*, London: British Museum, 1926, p. 196.

[60] 韩伟《磨砚书稿》，第 179、180 页。

[61] 众多的蚌盒例子中，有两个出自 733 年的韦美美墓。参看呼林贵、侯宁斌、李恭《西安东郊唐韦美美墓发掘记》，《考古与文物》1992 年第 5 期，第 58～63 页。或请参看吴镇烽主编《陕西新出土文物选萃》，重庆出版

社，1998年，图97，98页。

[62] 齐东方、申秦雁主编《花舞大唐春》，141页。

[63] 参看〔日〕網干善教原著，汪幼军、尹夏青编译《墓葬壁画、墓志上所见朱雀凤凰图像》，《考古与文物》2002年增刊，第408～424页，图30。

[64] 韩伟认为“左右蚌大小不一”，见《磨砚书稿》，179页。

[65] 韩伟《唐代金银器辨伪举例》，第64～67页。

[66] George Kubler. *The Shape of Time, Remarks on the History of Things*, New Haven, Connecticut: Yale University Press, 1962, p. 80. 对于笔者来说，这个思想似乎与Otto Pächt. 的 *Gestaltungsprinzip* 里的概念有关，或“design principle”——主导着结构与形式的选择。参看Otto Pächt. *The Practice of Art History, Reflections on Method,* translated by David Britt. London: Harvey Miller Publishers, 1999. 本文第八部分关于初唐和盛唐银器纹饰对称性的讨论，是 *Gestaltungsprinzip* 的一个例子。

[67] 参看韩伟《唐代金银器辨伪举例》，第64页，第5号。

[68] 例如法门寺出土茶具中的坛子。参看韩金科主编《法门寺》，第118、119页。

[69] *Important Chinese Works of Art from the Arthur M. Sackler Collection*. New York: Christie's, 1994, pp. 64-65, lot #61.

[70] 对于艺术史家来说，仔细考虑材料问题是非常重要的。韩伟和齐东方都把卡尔·凯波收藏里的一件器物当作银器引用，实际上它是鎏金青铜器。参看韩伟《海内外唐代金银器萃编》，图33，13页，说明文见第182页；齐东方《唐代金银器研究》，第399、402页。

[71] 参看齐东方《唐代以前外国输入的金银器》，见《唐代金银器研究》，第248～260页。

[72] 韩伟《美国华盛顿弗利尔美术馆收藏的唐代金银器》，《考古与文物》1989年第3期，第50页，第1号。

[73] 比如，丁卯桥、繁峙、和平门、蓝田县、法门寺、背阴村等地出土的五曲的杯、碗和盘。

[74] 陆时化《书画说铃》书画说二十九，载许增辑《娱园丛刊》第四册，1886年。

（本文原载于《唐研究》第十卷，北京大学出版社，2004年）

中国境内出土带铭文的波斯和中亚银器

林梅村

中国古代金银器的研究历来受到海内外研究者的高度重视，许多学者对此做了有益的探讨[1]，我们今天能对中国古代金银器有如此丰富的知识首先应感谢他们的研究。

古代中国本不以金银为容器，王公贵族后来用金银制器明显受北方游牧民族或西方文化影响。中国境内出土的金银器有些原本就是外来之物，因而为研究中西文化交流提供了重要标本。中亚、西亚诸国和欧亚草原游牧人很早就开始在金银器制作工艺方面进行技术交流。单凭器物类型或纹饰，有时难以确定其文化属性。所以那些带有铭文，尤其是带有胡语铭文的金银器标本显得弥足珍贵。本文将讨论中国境内出土的5件带有粟特、中古波斯或大夏铭文的银器，希望这项研究能有助于推动中国古代金银器研究的深入。

标本一：长安出土鹿纹十二瓣银碗

这件带粟特铭文的银碗是1963年春在西安东南郊沙坡村出土的，同出的还有14件唐代银器。据调查，这批银器的发现地点在唐长安城范围内，位于唐兴庆宫遗址正南1.5千米左右。在唐长安城春明门与延兴门之间[2]。现在这批唐代银器分藏北京中国历史博物馆（8件）、故宫博物院（3件）和西安市文管会（4件），我们讨论的这件现藏中国历史博物馆，编号Y1930。

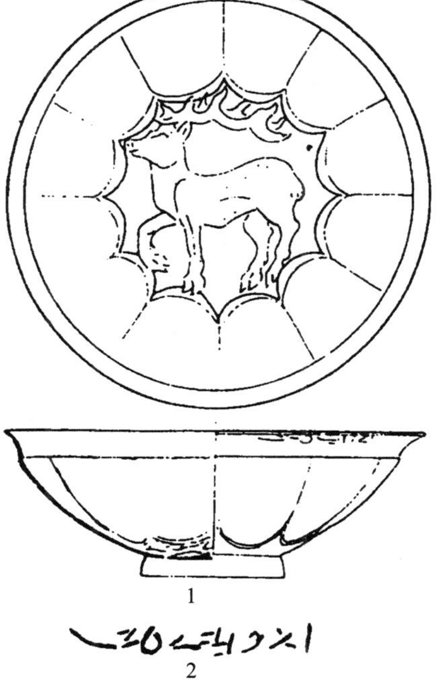

图一　西安东南郊沙坡村出土鹿纹十二瓣银碗
1. 碗　2. 铭文

据发掘简报介绍，这件银碗为“圈足，圆口，腹部十二曲，高4、口径14.7、底径4.8厘米。碗底正中有阴雕长角鹿的图案，鹿高6.7厘米”，但原报告未提到其上有铭文。韩伟最先注意到这件银器口沿下有一行铭文，他在讨论唐代金银器的一本书中在这件银器的线图旁做了摹文（图一，1）[3]。这个银碗，特别是碗心的鹿纹图案，和马尔沙克刊布的OS136号粟特银碗基本相同，后者打制一粟特王族族徽符号，类似的符号亦见粟特王发行的钱币，马尔沙克将这种银盘的流行年代定在7～8世纪[4]。

1991年8月，我到北京中国历史博物馆再次核对了铭文，重新做了摹文并拍摄了铭文照片（图一，2）[5]。从文字体系看，这件银器上的铭文属于阿拉美文字母体系，波斯、粟特和花拉子模等民族都使用这个体系的文字。由于我国没有学者能释读这类文字，所以我把这个铭文的摹文和照片寄给了英国语言学家西姆斯·威廉姆斯（N. Sims-Williams）博士，请他帮助释读。他很快回信告诉我，这行铭文是粟特文，读作Zrwmβntk（祖尔万神之奴仆）。但他怀疑这行铭文的第一个字母或许读δ或n，即采用古粟特语或Z的交替读法[6]。

祖尔万神，波斯语作Zurvān[7]。这位神灵本是古代波斯万神庙中崇祀的主神之一，后来成为琐罗亚斯德教崇祀的重要神祇。因为琐罗亚斯特德崇拜火神，中国史籍称其为火祆教。萨珊波斯时期，特别是波斯王沙普尔一世在位时（242～272年），祖尔万神受到一批西亚火祆教徒的特别推崇，形成所谓Zur vanism（祖尔万教派），以至被视为琐罗亚斯德教正统教派的异端[8]。英国语言学家亨宁在研究粟特宗教文献时发现祖尔万教曾在中亚粟特传播[9]。海德堡大学教授耶特马尔（K. Jettmar）领导的德国考察队近年所做考古调查证实了这一点。该考察队在印度河上游丝绸古道旁的摩崖上发现粟特商人刻写的粟特文祖尔万神的名字Zrwm[10]。既然我们讨论的这件银器上的粟特铭文意为“祖尔万神之奴仆”，作器者一定是位火祆教祖尔万教派的粟特教徒，那么这件银器的发现地点值得我们特别注意。

据唐宋文献记载，唐长安城内有祆祠4所。宋敏求《长安志》卷九提到唐长安城“靖恭坊街南之西”有祆祠一所。这个记载为80年代初的考古发现证实。1980年西安东郊西北发现了一座在长安为质的波斯王孙墓葬。墓中所出《大唐故陇西郡李公墓志》记墓主人曰：“公讳素，字文贞，西国波斯人也。……公本国王之甥也……天宝中衔自君命，来通国好，承我帝泽纳充质子……拜银清光禄大夫……特赐姓李，封陇西郡，因以得姓也。……元和十二年（817年）岁次十二月十日终于静恭里也。”[11]波斯王以火祆教为国教，李素既然为波斯王甥，当是火祆教徒。隋唐所谓“里”或称“坊”[12]。因此李素卒地“静恭里”显然就是唐长安城内设有祆祠的“靖恭坊”。由此可证，唐长安城靖恭坊确有火祆祠堂。据考古调查，靖恭坊即兴庆宫正南第三坊，位于春明门与延兴门之间[13]。因此我们讨论的这件火祆教徒所用银器或许出自唐长安城靖恭坊那座祆祠遗址。如果这个推测成立，则为我们寻找唐长安城内祆祠遗址提供了重要线索。

标本二：焉耆出土粟特银碗

这件粟特银碗是1990年在新疆焉耆七个星乡老城村出土的。当地村民在这里烧砖取土时无意中挖出6件银器，两件带有铭文。其中一件带铭文的银器即本文标本三（详下）。1991年我到新疆进行考古调查时，巴州文管所何德修所长向我介绍了上述情况，后来该文管所副所长覃大海作了铭文的摹文寄到北京，委托我解读这些铭文。铭文刻写在银碗的口沿下（图二）。

西姆斯·威廉姆斯博士根据我转给他的这个银碗的摹文，鉴定这行铭文是粟特文，读作ZNHZY y’mk Zkwy txs’ ycyhγ’δp’-nynyh xr’ ryh Zkwyh δrsm’ tyh xypδ 30s n’ krtk，意为“这件器物属于得悉神……达尔斯玛特神，银重30斯塔特（staters）”。他解释说，铭文中的txs’ycyh源于粟

图二　焉耆出土粟特银碗口沿下铭文摹本

特神祇 txs'yc（得悉神）之名，但采用阴性语尾，他分析这里或用作女性的人名。δrsm'tyh 则源于另一位粟特神祇 δrsm't（达尔斯玛特神）之名，也采用阴性语尾。后者还以粟特人名 δrsm'tβntk（达尔斯玛特神之奴仆）的形式出现在印度河上游丝绸古道摩崖石刻中[14]。只是他一时不能确定 γ'δp'nynyh 和 xr'ryh 的确切含义[15]。亨宁《粟特神祇考》提到一位粟特神祇，名曰 xārθ nah[16]。其名和这件银碗上的神名 xr'ryh 相近，不知是否为同一神。这三位神祇的名字都采用阴性词尾，或表明她们是三位女神。如此之多的神灵出现在这行铭文中，使人怀疑这件银碗或为宗教祭器。

需要讨论的还有这件银器采用的度量衡。古希腊标准（Attic standard）度量衡是：1 斯塔特 = 4 德拉克麦（drachma），每德拉克麦重 3.411 克[17]。古代中亚也采用希腊度量衡体系，但中亚出土文物的实测数据表明，中亚度量衡和希腊略有不同。据美国梵学家邵瑞祺（R. Salomon）近年研究，中亚流行的希腊度量衡是：1 斯塔特 =15.08 克；1 德拉克麦 =3.77 克[18]。我曾在巴州文管所见到这件粟特银碗，基本无锈。何德修用天平测得其重量约为 534.5 克。那么作器者采用的度量衡是：1 斯塔特 =17.81 克；1 德拉克麦 =4.454 克（534.5÷30×4）。这个重量既超出了古希腊标准度量衡，也超出了中亚流行的希腊度量衡。不过近年发现粟特人采用的希腊度量衡的比值较高。例如，乌兹别克斯坦的达利维尔津 • 塔佩遗址出土的带佉卢文度量衡单位的金条和银器，表明粟特人采用的度量衡是：1 斯塔特 =17.08～17.89 克，也即每德拉克麦重 4.27～4.47 克[19]。那么焉耆出土的这个粟特银碗采用的度量衡仍在粟特流行的度量衡每德拉克麦重 4.27～4.47 克的范围之内。

关于银器上提到的粟特神祇，《新唐书 • 西域传》记载："西曹者，隋时曹也，南接史及波览，治瑟底痕城。东北越于底城有得悉神祠，国人事之。有金具器，款其左曰：'汉时天子所赐。'" 亨宁博士曾在《粟特神祇考》一文中指出，粟特神祇 txs'yc（读作 taxŏīc）就是《新唐书 • 西域传》所谓"得悉神"[20]。众所周知，粟特人以火祆为国教，得悉神当是粟特火祆教神祇。因此这件提到得悉神的粟特银器可能是粟特火祆教徒的祭器。《北史 • 西域传》记载，焉耆"俗事天神"[21]。尽管文献一再提到焉耆历史上曾流行火祆教，但这里从未发现过和火祆教有关的遗址或文物。焉耆发现的这件粟特银器首次提供了火祆教流行于焉耆的考古学证据。

火祆教传入焉耆显然与粟特人在西域的活动有关。《旧唐书·突厥传》载："统叶护可汗（619～630年在位），勇而有谋，善攻战。遂北并铁勒，西拒波斯，南接罽宾，悉归之，控弦数十万，霸有西域。据旧乌孙之地。又移庭于石国北之千泉。其西域诸国王悉授颉利发，并遣吐屯一人监统之，督其征赋。"西突厥派往西域诸国的吐屯大都是粟特人，如唐初在鄯善建立移民点的康艳典就是西突厥派往西域的一位粟特吐屯[22]。彼得格勒收藏的一件新疆出土粟特残文书还记录了下嫁焉耆王的一位西突厥公主——焉耆可敦（'rkc'nchx't' wnh）[23]。这个材料披露出粟特人不仅在焉耆替西突厥监督税务，而且对焉耆王室有影响，并代为书信。既然有这样一个背景，火祆教之所以被粟特人传入焉耆就不难理解了。

标本三：焉耆出土波斯银碗

这件波斯银碗是和标本二同时发现的。巴州文管所工作人员为它清洗除锈时发现碗上有铭文。据巴州文管所副所长覃大海来信介绍，这件银碗口径20.5、通高7.4、圈足高2厘米。除锈后，器重826.4克（另一次测重是830.35克）[24]。西姆斯·威廉姆斯博士根据我转给他的何德修的拓片和摹文（图三），鉴定这件银器上的铭文为一组中古波斯文数字，但读法不易确定。从银器重量看，他的第一种读法可能是正确的，圈足上的铭文读作d 100 20 20 10 2，意为"152德拉克麦"[25]。以此推算，作器者采用的度量衡是每德拉克麦重5.43克（826.4÷152）。这个数字大大超出了印度和波斯采用的希腊度量衡每德拉克麦重3.264克[26]。这件银碗的碗底尚有一个中古波斯文数字20。如果这个数字是补充圈足上的数字，这件银器上的铭文意为"器重172德拉克麦"。那么作器者采用的度量衡是每德拉克麦重约4.80克（826.4÷172）。这个重量仍然超出了印度和波斯采用的度量衡每德拉克麦重3.264克，但和粟特流行的希腊度量衡每德拉克麦重4.27～4.47克相近。另一可能性是，这行铭文是说这件银器价值152或172德拉克麦。我们的后一推测似乎可能性更大。

图三 焉耆出土波斯银碗圈足上的铭文拓片

这件银器曾于1992年送到日本参加楼兰王国文物展，它的一组彩色照片刊予朝日新闻社编写的新疆文物展览目录上。日本朋友在该书介绍说，据林梅村鉴定，这件银器圈足上的文字为粟特文云云[27]。显然他们把这件银器铭文和未参展的标本二的铭文混淆了。事实上，银器铭文的鉴定者为英国语言学家西姆斯·威廉姆斯博士，而碗上文字为中古波斯文。所谓中古波斯文属于中古时期波斯南部方言，西亚和中亚火祆教和摩尼教经典即用这种文字书写[28]。

标本四：大同出土大夏八曲银洗

这件大夏八曲银洗是70年代在山西大同南郊北魏平城遗址一个窖藏出土的，“高4.5、口径9.6、足径5.4厘米……洗心在椭圆形环内锤出二海兽”。与其共同出土的还有鎏金高浮雕人物纹高足鎏金铜杯、镶嵌高足鎏金铜杯、线雕人物纹高足银杯（高足佚失）、锤雕缠枝葡萄纹高足鎏金铜杯各1件[29]。据北京大学宿白教授分析，这批颇具西方艺术特色的银器和鎏金铜器当来自西亚、中亚，埋葬时间约在5世纪末6世纪初[30]。这件银洗的突出特征是它的八曲造型，艾米尔塔什博物馆收藏的一件萨珊波斯的八曲银盘的造型和它很相似，但两者圈足、口沿和壁面纹饰均不同。所以夏鼐认为这个窖藏中的“三件鎏金高足铜杯和一件部分鎏金银碗，也是输入的西亚或中亚的产品，带有强烈的希腊化的风格，但不是萨珊式的”[31]。80年代末大同出土文物送到日本参加丝绸之路文物展，日本学者对这批文物的产地执不同意见，并在展览说明中提出它们是386～500年东罗马艺术品[32]。

由于没有除锈，大家起初不知道这件银洗上有文字。1993年我在美国访问时承蒙北大同学熊存瑞邀请，到他任教的西密西根大学访问。他找出当年在大同实习时从一个北魏银盘上摹写的胡书文字请我帮助释读。这件银盘用锤揲技法在盘心打制出海兽纹，盘形呈八曲状，文字写在银盘口沿下，这正是70年代初在大同出土的那件八曲银洗[33]。

银洗上所书文字并非我所通晓的印度雅利安语系统的文字。我起初怀疑是粟特或婆罗钵文，故写信向德国伊朗学家松德曼（W. Sundermann）博士请教。他很快回信告诉我这行铭文是大夏文（图四）。他读出这行铭文最后四个字母是xobo（拥有），其前铭文读作xošo或xašo。所以他怀疑该词可能是这件银器所有者的名字。大概由于铭文开头部分摹写得不够规范，他不能释读这部分铭文[34]。关于这个铭文目前只能提供上述情况。

这件文物的重要价值在于首次向我们披露了5～6世纪大夏银器的形制。众所周知，公元前4世纪中希腊雄主亚历山大远征中亚和北印度，将希腊文化带入大夏，此后希腊移民成为大夏的统治者。据苏联、法国和美国考古团在阿富汗和乌兹别克斯坦的发掘，大夏的城市、建筑和文物都带有浓郁的希腊文化色彩。大夏遗址不仅有希腊神庙，还出土了希腊著名哲学家亚里士多德的哲学手稿[35]。5世纪30年代哌哒击败贵霜残部，入主大夏[36]。然而，哌哒人很快被大夏当地的先进文化所同化。他们放弃游牧生活，走向定居，放弃传统萨满教改奉大夏流行的火袄教即突出的两例。我们注意到，和这件大夏银洗同出的缠枝葡萄纹高足鎏金铜杯，“外壁饰浮雕缠枝葡萄和裸体儿童形象”[37]。所谓“裸体儿童”应是希腊神话中的厄洛斯，也即罗马爱神丘比特的艺术形象。1979年阿富汗西北发现的大月氏王陵中的黄金艺术品中罗马爱神丘比特的形象就是一个裸体小男孩[38]。类似的丘比特像还见于大

图四　大同出土大夏八曲银洗铭文摹文

夏出土的一个用锤揲技法制作的银碗残片[39]。517～552年，北魏僧人宋云和惠生曾访问嚈哒，据他们介绍，“十月之初，至嚈哒国……四夷之中，最为强大。不信佛法，多事外道，煞生血食，器用七宝”[40]。七宝系佛教名词，《法华经》以金、银、琉璃、砗磲、码瑙（玛瑙）、珍珠和玫瑰为七宝。其他佛经有不同说法，但都以金银为七宝之首[41]。由此可知入主中亚的嚈哒人使用金银器。目前所知嚈哒统治时期的大夏金银器甚少，或许混同于波斯或粟特银器，而山西大同发现的这件银器以及出于同一窖藏的其他几件明显带有希腊艺术风格的银器和鎏金铜器为我们研究这个时期大夏金银器的形制提供了重要标本。值得注意的是，日本奈良正仓院南仓收藏的一件鎏金八曲铜盘和大同所出八曲银洗的形制非常接近，只是没有盘心的图案[42]，估计是这类银盘的仿制品。倭国与北魏的交往文献失载，但是考古资料有所反映。据苏哲考证，日本奈良县藤之木古坟1985年出土的鎏金马具即肇源于北魏工艺技术[43]。正仓院珍藏的八曲鎏金铜盘则为我们研究北魏艺术之东渐提供了新的例证。

据《北史·西域传》记载，嚈哒鼎盛时期“西域康居、于阗、沙勒、安息及诸小国三十许，皆役属之，号为大国。与蠕蠕婚姻。自太安（455～459年）以后，每遣使贡献……永熙（532～533年）以后，朝献遂绝”[44]。1964年河北定县塔基所出北魏舍利石函中曾发现过一枚刻有大夏文的嚈哒钱币[45]。这枚嚈哒钱币和大同出土这批大夏文物当与459～533年嚈哒和北魏频繁交往有关。

北京大学宿白教授已经注意到内蒙古呼和浩特西郊一座北魏墓出土的高足银杯和大同出土的高雕人物纹高足银杯类似[46]。这两件高足银器可能都属于嚈哒统治时期大夏艺术品。它们有一共同特点，即普遍采用高足。这个风格似乎受到嚈哒艺术影响。嚈哒本为蒙古草原上的游牧民族，或以为系匈奴人的一支，西方史料称其为“白匈奴”。嚈哒人原来使用的金属容器大概是匈奴流行的那种高足的铜鍑[47]。大同和呼和浩特出土的这些高足银器和高足鎏金铜器的制作似乎都受这种高足铜鍑器型的影响。如果这个推测不误，嚈哒统治大夏后不仅入乡随俗，接受了当地文化，而且对当地希腊化大夏文化也产生了影响。法国学者格鲁赛早年推测大夏希腊化艺术毁于嚈哒人之手[48]。大同出土的这批嚈哒统治时期的大夏艺术品证明这个说法显然与事实不符。

标本五：甘肃靖远出土大夏鎏金银盘

这件鎏金银盘是1988年秋在甘肃兰州东北靖远县北滩乡一所农舍房基下出土的。甘肃省博物馆初师宾曾撰文讨论。银盘呈圆形，鎏金，直径31、高4.4厘米，重3180克；有一矮圈足焊接于盘底，并在圈足上用虚点鎏金写出一行文字。他绘制了此银盘线图，做了铭文摹文（图五），并推测此盘为东罗马艺术品。

这件银盘的鎏金技法以及银盘内壁主体花纹缠枝葡萄纹和大同出土北魏葡萄纹鎏金铜器相似，故两者当属同一时代。初文还正确考证出盘心周围的十二个人物当即希腊奥林匹斯山十二神，即太阳神阿波罗、月神阿耳忒弥斯、天帝宙斯、处女神雅典娜、海神波塞冬、天后赫拉、火神赫淮斯托斯、谷神得墨忒耳、战神阿瑞斯、美神阿芙洛狄忒、使者神赫尔墨斯、春神帕尔赛芙涅，凡六男六女，或称“宙斯十二神”。但他不能解释盘心神像究竟是谁，并推测说，“盘心神像，可能是阿波罗，也可能是酒神巴卡斯或希腊神话中别的人物”。

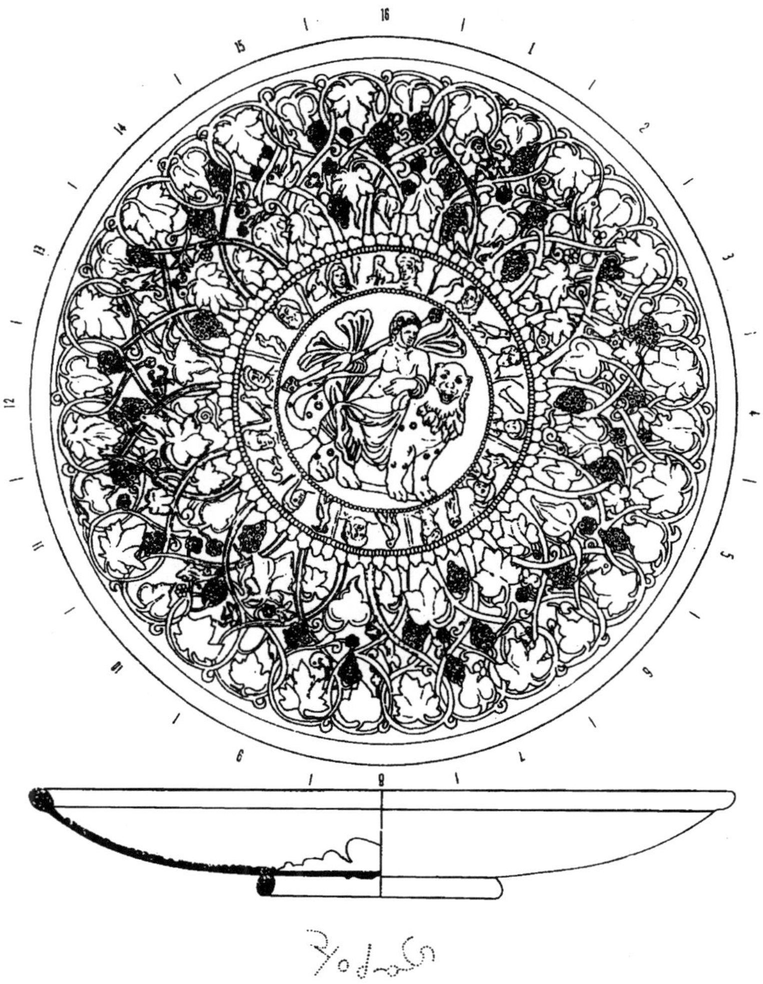

图五　甘肃靖远出土大夏银盘及其摹文

据介绍，银盘“内层直径9.5厘米，为一凸起的圆形银片……薄片经模压（或从反面锤打）呈高浮雕纹样。主体是一青年男神，面部漫漶，卷发，下颏无须，上身全裸，小腹及脐部以下掩裹大巾，巾角反绕双肘，飘拂体侧，肩扛两端装饰花蕾的‘权杖’，倚坐一雄狮之背，神态优雅。狮颈部鬣毛丛生，肢体饰圆斑纹”[49]。正如石渡美江和史蒂文森指出的，银盘上的这位“青年男神”无疑即罗马神祇巴卡斯（Bacchus）[50]，相当于希腊神话的狄俄尼索斯（Dionysus）。在古希腊宗教中，他是丰收与植物的自然神，特别以酒和狂欢之神著称。相传他首创用葡萄酿酒，并把种植葡萄和采集蜂蜜的方法传播各地。甘肃靖远出土的鎏金银盘内壁主体图案正是表现狄俄尼索斯的缠枝葡萄纹。《不列颠百科全书》介绍狄俄尼索斯神像特征时说：“他的个人表征是一个常春藤的花环，图尔索斯杖（杖端有松果形物）和一种叫坎撒洛斯的双柄大酒杯。在早期艺术中，他被描绘成一个蓄须男子，但后来他变成一个有女性味道的青年男子。”[51]古希腊建有许多狄俄尼索斯神庙。希腊早期戏剧源出对狄俄尼索斯的崇拜仪式，仪式为野蛮狂热的纵欲，以男性生殖器为崇拜目标，参加者多为女子[52]。当今欧美流行的所谓“狂欢节”盖源于此。在公元前310年希腊的佩拉遗址发现过一个用马赛克（Mosaic）拼成的狄俄尼索斯神像，图案是一个全裸的青年，手持杖端有松果形物的手杖，倚坐在一头花豹上[53]。其形象和甘肃靖远出土的银盘上的狄俄尼索斯神像基本相同。据实物照片，初文所说“肢体饰圆斑纹”的狮子，很可能是一头颈佩花环的花豹。

据《魏书》本纪记载，“普岚”（即东罗马）曾三次派使团访问北魏，可知北魏和东罗马确实有过交往。但据摹文，这件鎏金银盘口沿下所书文字和大同出土大夏八曲银洗上的文字完全一样，实系大夏文。石渡美江已经注意到这件银盘的铭文是大夏文，但是他把这行铭文倒过来读，以为是个人名，并推测说：这件银盘年代在2～3世纪，原产地在罗马东方行省北非或西亚，然后出口到大夏；3～4世纪被刻上大夏文，最后在4～5世纪传入中国甘肃[54]。石渡美江对这行大夏铭文的解读似有误。如果我们按照原报告的摹文正读，问题就不会有那么复杂。据我们研究，这行铭文应读作stadēr 400 90，意为“价值490斯塔特”或“价值490金币”[55]。

大夏语属于东伊朗方言，采用草体希腊文作为书面语言。“斯塔特”是大夏语中希腊语借词，本义为“金币”，或用来表示度量衡单位[56]。据阿富汗西北席巴尔甘发现的1世纪左右大月氏王墓所出大夏金银器铭文，大夏人采用的希腊度量衡是1斯塔特=15.56～15.64克[57]。如果这行铭文说的是器物重量，那么大夏文斯塔特后面的数字应是203（3180÷15.64）。据摹文，这段铭文中“斯塔特”后面的两个数字很清楚，应是表示数目字400的大夏字母u和表示数目字90的大夏字母q，也即490。那么这段铭文只能解释成这件鎏金银盘的价格。以此推算，这件鎏金银盘价格中的203金币当是材料费，余下的287金币大概是加工银盘的手工费。

早在罗马帝国晚期，基督教就被罗马皇帝君士坦丁立为官方宗教，340年阿瑟内希厄斯把隐士的修道生活引进西方，标志着一种以强烈的禁欲主义运动来反对西方腐朽生活的开始[58]。因此放纵无度的狄俄尼索斯崇拜在以基督教为国教的罗马帝国晚期和东罗马时代受到严令禁止。这个时期罗马人或罗马统治下的北非似乎都不会制作以狄俄尼索斯神为主题的艺术品。更说明问题的是这件鎏金银盘写有大夏文，所以我们相信甘肃靖远出土的这件颇具希腊罗马风格的艺术品当属大夏银器。目前在大夏本土发现的金银器有两批重要收集品。

其一，阿姆河宝藏：1877年在阿富汗北境阿姆河南岸昆都士附近发现的，几乎全是金器，只有少数银器、印章以及数以千计的古代钱币。据这批宝藏的整理者英国考古学家道尔顿（O. M. Dalton）统计，共有180件器物和1300枚古代钱币。容器类有金瓶、金盘、金碗等；雕像类有银制的人像，金制的人头、马、鹿、鱼、鹅像和四马齐驱的双人战车模型等；带浮雕的金牌饰和金纽扣种类繁多，其中锤揲打制的武士像和有翼狮子金牌有40多个。此外还有两件精致的手镯，一件两端装饰兽头，另一件两端为羚羊角状装饰有翼狮身鹰首。这些艺术品的文化内涵极其复杂，既反映了古波斯阿契美尼德王朝的文化传统，也有后来兴起的大夏希腊化文化因素以及中亚草原斯基泰艺术的特点[59]。

其二，大夏黄金宝藏：1979年由苏联和阿富汗考古学家组成的联合考察队在大夏古都（今阿富汗马扎里沙里夫）之西70千米处发掘出埋藏数万件黄金制品的大月氏王陵。此地位于阿富汗北境席巴尔甘东北5千米一个名叫“黄金之丘”的地方。古墓建在一个公元前1000年大夏史前神殿遗址之上，共有6座排列有序的墓葬，墓中随葬了成千上万件古代罗马、安息、印度、斯基泰和西汉艺术品。其中黄金制品多达两万件，可谓尽收天下宝物。大夏黄金宝藏中容器不多，计有花边口沿素面银钵、带盖圆形银盒、素面银钵、素面鼓腹大银盆、素面青铜钵、三十二曲金盘、提梁叶纹金桶、素面小金罐、鎏金葡萄纹银桶等[60]。

阿姆河宝藏的年代为公元前5～前2世纪，当时大夏艺术主要受古波斯文化影响；大夏黄金宝藏的年代在公元前1～公元1世纪，亚历山大带来的希腊文化这时已被大夏人普遍接受，成为大夏的主体文化；而甘肃靖远发现的这件大夏银盘和大同出土的大夏银器以及鎏金铜器表明：5世纪末至5世纪初希腊文化仍为大夏主体文化，但有些金银器的造型可能受到大夏新一代统治者哌哒游牧文化的影响。

注　释

[1] Bo Gyllensvàrd. T'ang Gold and Silver, BM-FEA, 1957; Marshak B I, Sogdiiskoe Serebro, gdavnaya redakniya v voctochnoi literature, Moskva, 1971；孙培良《略谈大同市南郊出土的几件银器和铜器》,《文物》1977年第9期；桑山正进《一九五六年以来出土の唐代金银器とその编年》,《史林》1977年第60卷第6号，第73～84页;《唐代金银器始源》,《ミエーヅアム》第337号，1979年；夏鼐《近年出土的中国萨珊朝文物》,《考古》1978年第2期;《北魏封和突墓出土的萨珊银盘考》,《文物》1983年第8期；段鹏琦《西安南郊何家村唐代金银器小议》,《考古》1980年第6期；Rawson J. The Ornament on Chinese Silver of the Tang Dynasty（AD618-906）. British Museum，1982；熊存瑞《唐代金银容器》，中国社会科学院研究生院，1982年；马雍《北魏封和突墓及其出土的波斯银盘考》,《文物》1983年第8期；杨泓《与中外交通有关的遗物的发现和研究》,《新中国的考古发现和研究》，文物出版社，1984年；陆九皋、韩伟《唐代金银器》，文物出版社，1985年;《中国境内发现的中亚与西亚遗物》,《中国大百科全书·考古学》，中国大百科全书出版社，1986年；宿白《中国古代金银器和玻璃器》,《中国文物报》1992年4月26日和5月3日连载（此文日文版收入中国文物交流中心编《中国の金银ガラス展——正仓院の故乡》，日本NHK大阪放送局，1992年）；卢兆荫《试论唐代的金花银盘》,《中国考古学研究——夏鼐先生考古五十年纪念文集》第一集，文物出版社，1986年；吴焯《北周李贤墓出土鎏金银壶考》,《文物》1987年第5期；韩伟《海内外唐代金银器萃编》，三秦出版社，1989年；甘肃省博物馆、初师宾《甘肃靖远新出东罗马鎏金银盘略考》,《文物》1990年第5期；姜伯勤《广州与海上丝绸之路上的伊兰人——论遂溪考古新发现》,《广州与海上丝绸之路》，广东省社会科学院，1991年；石渡美江《甘肃省靖远出土鎏金银盘の图像と年代》,《古代东方博物馆》第13卷，1992年；齐东方《李家营子出土的粟特银器与草原丝绸之路》,《北京大学学报》（哲学社会科学版）1992年第2期；齐东方《中国古代的金银器皿与波斯萨珊王朝》,《伊斯兰学在中国论文集》，北京大学出版社，1993年；史蒂文森（Michele Pirazzoli T'serstevens）《外部世界文化对中国的贡献——交流与融合》，北京大学赛克勒博物馆迎接二十一世纪的中国考古学国际学术讨论会论文，1993年；孙机《论近年内蒙古出土的突厥与突厥式金银器》,《文物》1993年第8期；孙机《中国圣火：中国古文物与东西文化交流中的若干问题》，辽宁教育出版社，1996年；赵超《略论唐代金银器研究中的分期问题》,《汉唐与边疆考古研究》第1辑，1994年；徐苹芳《考古学上所见中国境内的丝绸之路》,《十世纪前的丝绸之路和东西文化交流》，新世界出版社，1996年。

[2] 西安市文物管理委员会《西安市东南郊沙坡村出土一批唐代银器》,《文物》1964年第6期，第30～32页。

[3] 韩伟《海内外唐代金银器萃编》，三秦出版社，1989年，第18页、第41页线圈和第30页注[78]。

[4] Marshak B I. Sogdiiskoe Serebro, gdavnaya redakniya v voctochnoi literature. Moskva, 1971, p. 136.

[5] 这项调查得到历史博物馆保管部门的祁玉宽和吕长生先生的热情帮助，谨致谢忱。

[6] 此据西姆斯·威廉姆斯博士1992年1月15日给笔者的信。这里我们应感谢这位英国语言学家的热情帮助。

[7] Gignoux P. Noms Propres Sassanides en Moyen-Perse Epigraphique, Faszikel 2. Wien, 1986, nr. 1089.

[8] Gnoli G. Zoroaster's Time and Homeland. Naples, 1980, p. 211, 212 and 214.

[9] Henning W B. A Sogdian God, BSOAS. XXVIII. 2, 1965, pp. 252-253.

[10] Von Hinüber O. Zu einigen iranischen Namen und Titeln aus Brāhmī-Inscriften am oberen Indus, Studia grammatical iranica. Festschrifi für Helmut Humbach, Munich, 1986, pp. 147-162; N. Sims-Williams, Sogdian and other Iranian Inscriptions of the Upper Inus Ⅱ, 1992, p. 83.

[11] 陈国英《西安东郊三座唐墓清理记》,《考古与文物》1981年第2期，第25～31页。

[12] 徐松《两京城坊考》卷五《东京》记洛阳里坊曰：“凡坊一百十三，市三。隋曰里一百十三，市三。唐改曰坊。”但碑志和出土文书中唐代的坊有时也称“里”。

[13] 夏鼐等编《中国大百科全书·考古学》，中国大百科全书出版社，1986年，第497页，唐长安城复原图。

[14] Sims-Williams N. Sogdian and other Iranian Inscriptions of the Upper Indus Ⅱ, 1992, p. 50.

[15] 此据西姆斯·威廉姆斯博士1991年5月24日给笔者的信。这里我们应感谢这位英国语言学家的帮助。

[16] Henning W B. A Sogdian God. BSOAS. ⅩⅩⅧ. 2, 1965, pp. 252-253.

[17] 谢大任等编《拉丁语汉语词典》，商务印书馆，1988年，第179页。

[18] Salomon R. A Kharosthī Inscription on a Silver Goblet. Bulletin of the Asia Institute, n. s. 4, 1990, p. 152.

[19] Pugachenkova G A. Discovery of Kharosthī Inscription on the Gold Objects of the Dalverzin Hoard. VDI. I, 1976, pp. 64-71; Vorob'eye va-Desiatiovskaia M I. Kharosthī Inscriptions on Gold Objects from Dalverzin Tepe. VDI. I, 1976, pp. 72-79; Mhukherjee B N. A Note on Some Kharosthī Inscription. JLAS. 23, 1981, pp. 163-164; R. Salomon, 前揭文，第152、153页。本文采用的数据根据R. Salomon的解读。

[20] Henning W B. A Sogdian God. BSOAS. ⅩⅩⅧ. 2, 1965, pp. 252-253.

[21] 这条记载并见《魏书·西域传》和《周书·异域传》。

[22] 敦煌唐写本《沙州图经》，录文见池田温《沙州图经略考》,《榎博士还历东洋史论丛》，东京，1974年，第31～102页。

[23] 松崎光久《隋末唐初焉耆王统考》,《内陆アヅア史研究》第5号，1989年，第31～43页。

[24] 此据覃大海给笔者的信，这个银碗已经发表，参见朝日新闻社文化企画局东京企画第一部编《楼兰王国と悠久の美女》，东京，朝日新闻社，1988年，第328号。

[25] 此据西姆斯·威廉姆斯博士1992年1月15日给笔者的信。这里我们应再次感谢这位英国语言学家的帮助。

[26] 印度和波斯人采用的希腊度量衡，见夏鼐《“和阗马钱”考》,《文物》1962年第7、8期合刊，第60～63页。

[27] 朝日新闻社文化企画局东京企画第一部编《楼兰王国と悠久の美女》，东京，朝日新闻社，1988年，第328号。这件银器的文字解说见该书第176页。日本朋友使用这个材料没经过我们。如果他们能简单地写信到北京征求一下意见，或找日本伊朗学家伊藤义教授或吉田丰博士问一下，不至出此错误。

[28] 林梅村《丝绸之路上的古代语言概述》,《西域文明——考古、民族、语言和宗教新论》，东方出版社，1995年，第144～146页；林梅村《固原粟特墓出土中古波斯文印章及其相关问题》,《考古与文物》1997年第1期，第50～54页。

[29] 出土文物展览工作组《文化大革命期间出土文物》第一辑，文物出版社，1970年，152页图版及文字说明第15页。这个发现的最初报道见《文化大革命期间出土文物展览简介：山西省大同南郊北魏遗址》,《文物》1972年第1期。

[30] 宿白《中国境内发现的中亚与西亚遗物》,《中国大百科全书·考古学》，中国大百科全书出版社，1986年，第679页。

[31] Pope A U. A Survey of Persian Art. Ⅶ, London, 1938 (repr, 1967), pll. 221. A-B; 夏鼐《近年中国出土的萨珊朝文物》,《考古》1978年第2期，第113页。

[32] 日本奈良国立博物馆编《丝绸之路大文明展·佛教艺术之路》，奈良，1988年，No.88～91。

[33] 关于这批大夏文物的发现时间报道不一致，一说1971年，另一说1970年，不知孰是。陶正刚、柴泽俊《建国以来山西省考古和文物保护工作的成果》,《文物考古工作三十年，1949～1979》，文物出版社，1979年，第62页；中国文物交流服务中心编《中国文物精华》，文物出版社，1990年，图版115文字说明。

[34] 据W. Sundermann博士1994年11月25日给笔者的信。

[35] Schlumberger D. La Prospection Archeologique de Bactres (Printemps 1947) Rapprot Sommaire. Syria. ⅩⅩⅥ, Paris,1949, pp. 173-190; Rodney S. Young. The South Wall of Balkh Bactra. American Journal of Archaeology. 59-4, 1955, pp. 267-276; Staviskij B J. The Capitals of Ancient Bactiria. East and West, n. s. 23, 3-4, 1973, pp. 265-277.

[36] 嚈哒统治中亚的年代一般认为在5世纪30年代至6世纪70年代，参见余太山《嚈哒史研究》，齐鲁书社，

1986 年，第 74、163 页。
[37] 中国文物交流服务中心编《中国文物精华》，文物出版社，1990 年，图版 115 号文字说明。
[38] Sarianidi V. The Golden Hoard of Bactria. New York/Leningrad, 1985, pl. 87.
[39] Errington E, Cribb J. The Crossroads of Asia. London: The Ancient Indian and Iran Trust, 1992, p. 21, pl. 98.
[40] 杨衒之《洛阳伽蓝记》卷五所引。
[41] 任继愈等编《宗教词典》，上海辞书出版社，1981 年，第 13 页。
[42] 西川杏太郎编《昭和六十三年第十四回正仓院展》，奈良国立博物馆，1988 年，第 94、95 页，图 59。
[43] 苏哲《日本藤之木古坟出土马具纹饰初探》，北京大学考古系编《考古学研究》(一)，文物出版社，1992 年，第 318～415 页。
[44] 北魏与哌哒交往的详情，参见余太山《哌哒史研究》，齐鲁书社，1986 年，第 122～124 页。
[45] 夏鼐《河北定县塔基舍利石函中波斯萨珊朝银币》，《考古》1966 年第 5 期，第 269、270 页；林梅村《北魏太和五年舍利石函所藏哌哒钱币考》，《中国钱币》1993 年第 4 期，第 3～8 页。
[46] 宿白《中国境内发现的中亚与西亚遗物》，《中国大百科全书・考古学》，中国大百科全书出版社，1986 年，第 679 页。呼和浩特北魏墓共出高足银杯两件，照片见盖山林、陆思贤《呼和浩特市附近出土的外国金银币》，《考古》1975 年第 3 期，第 183 页图四。
[47] 关于欧亚草原游牧人使用的高足铜鍑，参见 Erdy M. Hun and Xiong-nu Type Cauldron Finds Throughout Eurasia, Eurasian Studies Year book, Continuation of Fortsetzung der Ural-Al-taische Jahrbücher/Ural-Altaic Yearbook 67, Berlin\Bloomington\London\Paris\Toronto, 1995, pp. 1-94.
[48] R. Grousset 著，常任侠译《印度的文明》，商务印书馆，1965 年，第 49～60 页。
[49] 初师宾《甘肃靖远新出东罗马鎏金银盘略考》，《文物》1990 年第 5 期，第 1～9 页。
[50] 石渡美江《甘肃省靖远出土鎏金银盘の图像と年代》，《古代东方博物馆》第 13 卷，1992 年；史蒂文森(Michele Pirazzoli T'serstevens)《外部世界文化对中国的贡献——交流与融合》，北京大学赛克勒博物馆迎接二十一世纪的中国考古学国际学术讨论会论文，1993 年。
[51] 参见《简明不列颠百科全书》第 2 卷，中国大百科全书出版社，1985 年，第 550 页。
[52] 任继愈等编《宗教词典》，上海辞书出版社，1981 年，第 527 页。
[53] Fox R L. The Search for Alexander, Boston/Toronto: Tittle Bronwnand Company, 1980, plate facing p. 60.
[54] 注 [50] 前一文，第 157、158 页。
[55] 本文的大夏文及其数目字转写体系采用目前学界通行的转写标准，参见 Djelani Davary G. Bak-trisch, Ein Wörterbuch auf Grund der In schriften, Handschrifiewn, Münzen und Siegel steine, Heidelbery, 1982, pp. 52-52.
[56] Thomas F W. Drachme and Stater in Khotan. JRAS, 1924, pp. 671-672; Bailey H W. Indo-Iranica. BSOS. Ⅻ, 1949, pp. 128-129.
[57] Sarianidi V. The Golden Hoard of Bactria, New York: 1985, p. 241, 251, nos. 3.41 and 4.31；林梅村《大夏黄金宝藏的发现及其对大月氏考古研究的意义》，收入《西域文明——考古、民族、语言和宗教新论》，东方出版社，1995 年，第 267～276 页。我写此文时没有注意到这件大夏银盘上有铭文，误以为是粟特银盘，敬请研究者引用时以本文最新研究为准。
[58] 威廉・兰格主编，刘绪贻等译《世界史编年手册》，人民出版社，1981 年，第 250～293 页。
[59] Dalton O M. The Treasure of the Oxus, 3rd edition, 1963; Barnett R D. The Art of Bactria and the Treasure of the Oxus. Iranica Antiqua, vol. Ⅷ, Leiden: E. J. Brill, 1968, pp. 34-132.
[60] Sarianidi V. The Golden Hoard of Bactria, New York/Leningrad, 1985.

（本文原载于《文物》1997 年第 9 期）

中国境内发现的东罗马金币

罗　丰

一、以往研究的简短评述

从汉代开始，由于帝国的强盛，对周边事务便产生了解的需要，有时所获得的情报，不限于与汉朝有联系的地区，连遥远的罗马帝国的情况这时也被一些汉朝探险家所探得，东西方两个庞大的帝国开始相互知道，并产生直接或间接的联系。这种东西方交流使一些学者兴奋不已，欲凭借汉文或西文资料直接证明汉朝与罗马帝国的密切联系，严谨的学者则希望有更多或可信的实物材料来说明这种密切联系的客观存在[1]。事实上，考古学上所能提供的证据十分有限，或者说尚不足以支持前者的看法，虽然文献的载录使中国人对西方这个庞大的帝国——罗马所知甚多。汉以后，中国与罗马尤其是与东罗马的往来日渐频繁，东罗马金币的频频被发现便是这种联系密切的标志之一。20世纪50年代以后，随着中国考古的长足进步，零星的出土变成了有一定规模的发现，使我们可以在21世纪初的第一年对流入中国的东罗马金币的发现与研究有所总结。

既然中国古代在很早以前就对罗马及后来的东罗马有了相当的了解，当然也对其国的货币情况有所注意。《后汉书・西域传》载：

> 大秦国（罗马）以金银为钱，银钱十当金钱一。与安息、天竺交市于海中，利有十倍。其人质直，市无二价[2]。

《三国志・魏书・东夷传》裴松之注引《魏略・西戎传》略同："作金银钱，金钱一当银钱十。"[3]北朝至隋唐，中国人对东罗马帝国的认识日渐丰富，但对于该国的货币的认识并无更多的增加，也许当时人们觉得并不需要更多的载录。有关东罗马钱稍为正确的记录来自宋代。《宋史・拂菻国传》载：

> 拂菻国铸金银为钱，无穿孔。面凿弥勒佛，背为王名，禁民私造[4]。

基本的钱币形式已经有了，所铸金银钱没有穿孔，面有像，有王名等，虽不准确，但也有一个大致形态。虽然中国在清朝末年已经有发现罗马钱币的报道[5]，但经过夏鼐的分析，山西的发现显得极不可靠[6]。

从20世纪初开始，西方探险家斯文・赫定（Sven Hedin）、斯坦因（A. Stein）等在新疆考察时发现零星东罗马金币及其仿制品[7]，这些西方的贵金属货币很快引起人们的注意，由于发现者的经验，金币的归属问题获得了准确的判定。50年代开始，中国大规模的考古发现，这类金币的出土数量逐渐增加。1953年陕西咸阳底张湾隋代独孤罗墓出土1枚东罗马查斯丁二世（Justin Ⅱ）铸造的金币，不久夏鼐以自己博学的西学素养发表了中国关于东罗马金币的第一篇论文[8]，这篇文章被译成俄文在1962年的《拜占庭杂志》上发表[9]，引起国际拜占庭学界的关注。60年代初，西安土门村出土1枚希拉克略（Heraclius）金币的仿制品[10]。70年代河北赞皇李希宗墓出土1枚狄奥多西斯二世（Theodosius Ⅱ）、2枚查士丁一世舅甥共治（Justi Iet Justinian Ⅰ）金币[11]，夏鼐都写文章发表了自己对这些金币的判定见解[12]。1995年徐苹芳以《考古学上所见中国境内的丝绸之路》为题[13]，将中国境内两京至西域、北方草原及海上丝绸之路三条丝绸之路上发现的外国制品做通盘性检讨，其中虽然没有对东罗马金币本身的研究，但对发现地点背景的讨论则很具启发性。陈志强的《咸阳底张湾隋墓出土拜占庭金币的两个问题》[14]，对夏鼐50年代关于咸阳底张湾隋墓出土的东罗马金币的研究提出质疑。其中有如图像特征及背面立像的解释，显然是对夏文的重要补充。但是关于金币上拉丁铭文释读的责难，却是陈氏忽略学术史进程所致。正面铭文PPAVI是Perpetuus Augustus的缩写，夏鼐根据汉弗莱（Humphrey）1897年的一本著作将其译为“祖国的父亲奥古斯都”，陈氏称其误，在皇帝名字之后加PERPET（Perpetuus）意为“万岁”“长生”，所言确实不错，但他没有注意东罗马钱币研究的进步，夏氏曾在后来的文章中纠正了他过去所引汉弗莱的说法，指出“PP二字母是Perpetuus的缩写，是长生不死的意思”[15]。陈氏又指“夏文误以为金币最下方的符号OB=Signata意为‘印铸于某地’。事实上，OB=OBRYZUM意为‘优质金’或‘足赤金’”。事实上，夏氏后来已按拜占庭钱币学界惯例译CONOB为“君士坦丁堡的标准（黄金）”，并称“从前认为是铸造地点，现下则一致认识是指黄金的纯度相当于京都君士坦丁堡的标准，有点像我国清代的‘京钱’、‘京秤’一类名称”[16]。另外，陈氏批评了夏鼐分析铭文AVCCC中三个相同字母CCC代表三位皇帝的观点，并称为庆贺阿纳斯塔修斯一世（Anastasios Ⅰ）新婚，并表示不忘先帝，他在新发行的金币上印铸CCC，以此代表皇帝、皇后和先帝[17]。其实，AVGGG也并非像陈文所描述的那样，按照一般拜占庭钱币界流行的观点，表示奥古斯都以来的罗马皇帝们，三个G字母表示其复数形式[18]。90年代中国罗马金币的仿制品问题也得到一些讨论[19]。最近法国学者F. 蒂埃里、C. 莫里森和日本谷一尚发表了研究中国东罗马金币及其仿制品的报告[20]，报告内容虽只涉及36枚金币，但已经代表了国外拜占庭钱币界对中国出土品的关注，有一些信息来源不甚准确，尚不能完全涵盖近年来中国境内东罗马金币的出土情况。现在，确有将中国新发现的东罗马金币全面梳理的客观需要，已有的国内外研究显然已经提供了良好的基础。

二、东罗马金币的发现

东罗马又称拜占庭，或称后罗马、次罗马，主要是区别于以前的罗马帝国。学术界对于东罗马是否完全等于拜占庭看法尚有不一，为方便行文，本文中将东罗马与拜占庭混称，并不选择其中之一作为固定称呼。拜占庭（Byzantine）帝国的建立在西方学术界有严重分歧，一般倾向以330年罗马帝国移居君士坦丁堡为开始，至1453年灭亡，共存在了1123年。拜占庭经过了10个王朝，共有107位皇帝被加冕[21]，由于时间很长，钱币的种类异常繁多，硬币有金、银、铜、铜和金银合金等数种。中国境内发现的东罗马钱币为金币，均属于较早者，其他币种如银、铜等则完全没有出土。君士坦丁大帝主持币制改革，用一种新的硬币来替代恺撒（Caesar）时期的奥勒斯（Aurers），称为索里得（Solidus），英文作 Bezant，在拜占庭著述中通常称作 nomisma，也就是中世纪所谓的“拜占庭金币”。其他币制较小的单位在10世纪已经开始停止发行。索里得是一种早期标准的计量单位，在帝国形成的初期其重量为68格令（G），即4.55克，大约折合六分之一衡量黄金单位，但稍后变得稍轻一点[22]，中国出土的金币基本上是索里得币制单位的金币。

中国境内发现的东罗马金币及其仿制品大体上可以分为两类，第一类是在墓葬中出土的，另一类则为征集品。在后者中从发表公布情况来看亦有二类，一是博物馆等机构征集的，另外是个人收藏品。其他一些明显的是近年由国外注入中国的东罗马钱币则不在我们讨论范围之列。我们根据以往公布的东罗马金币的材料编制出金币发现地点一览表（表一）。

表一 中国境内发现的东罗马金币

编号	发现时间	出土（发现）地点	金币时代	埋藏时间	数量/枚	出土情况	资料来源
1	1879	新疆于阗	君士坦丁五世		1		见注[20]
2	1905	新疆于阗	仿制品		1		同上
3	1905	新疆于阗	仿制品		1		同上
4	1905	新疆于阗	查士丁尼一世仿制品		1		同上
5	1915	新疆吐鲁番13号墓	查士丁尼一世仿制品		1	同出有2枚萨珊银币	同上
6	1915	阿斯塔那16号墓	仿制品	632	1	萨珊图案物品	同上
7	1915	阿斯塔那15号墓	查士丁尼一世仿制品		1		同上
8	1966～1969	阿斯塔那92号墓	不详	唐代	1		见注[20]
9	1966～1969	阿斯塔那138号墓	莫里斯仿制品	7世纪中叶	1		同上
10	1972	阿斯塔那188号墓	仿制品	唐代	1		同上
11	1975	新疆高昌102号墓	仿制品	唐代	1	开元通宝、韩元重宝	同上
12	1945	甘肃武威康阿达墓	不详		1		见注[6]
13	1990	甘肃清水县	佛卡斯		1		见注[23]
14	1998	甘肃陇西县城	狄奥多西斯二世		1		见注[24]
15	2000	青海乌兰遗址	查士丁一世	隋唐	1		见注[25]
16	2002	青海都兰吐谷浑墓	狄奥多西斯二世	北朝	1		见注[26]
17	1981	宁夏史道德墓	差诺仿制品	678	1	含在口中	见注[27]
18	1985	宁夏史索岩墓	仿制品	661	1		见注[28]
19	1986	宁夏史诃耽墓	仿制品	669	1		见注[29]
20	1995	宁夏史道洛墓	查士丁二世	658	1		见注[30]
21	1996	宁夏田弘墓	列奥一世	575	1		见注[31]
22	1996	宁夏田弘墓	查士丁一世	575	1		同上
23	1996	宁夏田弘墓	查士丁与查士丁尼一世共治	575	2		同上
24	1996	宁夏田弘墓	查士丁尼一世	575	1		同上
25	1998	宁夏固原	安那斯塔修斯一世		1		见注[32]
26	1953	陕西独孤罗墓	查士丁二世	600	1		见注[33]
27	1956	陕西土门村2号墓	斯一世仿制品	唐代	1		见注[34]
28	1966	陕西何家村	赫拉克里留斯一世	756	1		见注[35]

续表

编号	发现时间	出土（发现）地点	金币时代	埋藏时间	数量 / 枚	出土情况	资料来源
29	1969	陕西何家村	安那斯塔修斯一世		1		见注[36]
30	1979	陕西西安西郊飞机场	查士丁一世		1		同上
31	1979	陕西西安东郊	安那斯塔修斯一世		1	同出开元通宝	同上
32	1988	陕西贺若厥墓	查士丁尼二世	621	1	含在口中	见注[37]
33	1989	陕西西安唐墓	仿制品	9 世纪中叶	1		见注[38]
34	1993	陕西商洛隋墓	狄奥多西斯二世	6 世纪末 7 世纪初	1		见注[39]
35	1998	陕西定边安边镇	差诺		1		见注[40]
36	2000	陕西西安	查士丁尼二世		1		见注[41]
37	1981	河南安菩墓	佛卡斯	709	1	握于手中	见注[42]
38	1959	内蒙古土默特左旗墓	列奥一世	6 世纪	1		见注[43]
39	1980	内蒙古武川县	狄奥多西斯二世		1		见注[44]
40	1973	河北李希宗墓	狄奥多西斯二世	576	1		见注[45]
41	1973	河北李希宗墓	查士丁与查士丁尼一世共治	576	2		同上
42	1973	河北闾氏墓	查士丁与查士丁尼一世共治	东魏	1		见注[46]
43	1978	河北邻和公主墓	安那斯塔修斯一世	550	1		见注[47]
44	1978	河北邻和公主墓	查士丁一世	550	1		同上
45	1989	辽宁沈阳唐墓	赫拉克里留斯一世	唐代	1		见注[48]
46	1994	浙江杭州征集	列奥一世	隋唐	1		见注[49]

注：表中所列东罗马金币各皇帝名的辨释取原公布者结果，只有王名统一于本文通行译名，笔者的另行释读结果将在下文中指出，代之以序号，不再一一列举发现地点之全称

三、币面观察

墓葬中出土的金币所提供的信息最为丰富，窖藏、遗址中出土的金币则最具偶然性，数量较少，另外一些金币出土之后与之相关的材料损失殆尽，也有的落入收藏者之手，不在公开机构收藏给验证性研究带来许多不便。中国境内发现的 50 余枚东罗马金币，笔者只有缘目睹其中不足二分之一，其余只能借助印刷品或照片观察，另有个别的则连这种机会都没有，只能凭借他人文章转述。由于发现者对东罗马金币的认知程度有很大的差异，有时手头缺乏可靠的比对材料，并不一定能够观察到其中的细微区别，所以这些材料的可信度并不一致。鉴于金币材料的独特性，这些发现几乎都可以看作一个相对独立的个体，虽然有时它们同属一个皇帝，甚至同一皇帝的几枚金币同出在一个墓葬之中，在其他数据无法再次确认的情况下，只有采信首次发表者提供给的数字（表二）。

以上有数据的 36 枚金币中仅有 8 枚的重量在 4 克及以上，占 22%，假设 4 克左右符合原币重量，那么不合规定的金币则多达 78%。在此中仿制品有 5 枚，4 克及以上的仿制品只有 2 枚，这样约有 25 枚的真品金币中，只有四分之一左右的金币合乎真品重量，其余近 80% 的金币都与真品的重量相去甚远。45 号金币最重，4.4 克，38 号则最轻，只有 2 克，重量数据齐全的真品平均重 3.15

表二 东罗马金币有关数据

编号	直径 / 厘米	重量 / 克	改造情况	真品	仿制品
8	2.47～1.78				√
13	2.1，厚 0.1	4.5	3 个穿孔	√	
14	1.8			√	
15	1.2，厚 0.05	2.31	剪边	√	
16	1.4	2.36	剪边	√	
17	2.2	4	1 个穿孔		√
18	1.9	0.8	剪边		√
19	2.3	2			√
20	2.1，厚 0.095		2 个穿孔	√	
21	1.54	2.6	剪边，2 个穿孔	√	
22	1.67	2.9	剪边，3 个穿孔	√	
23A	1.62	2.6	剪边，4 个穿 孔	√	
23B	1.62，厚 0.095	3.3	剪边，3 个穿孔	√	
24	1.65	2.5	剪边	√	
25	1.76，厚 0.54	3.1	剪边	√	
26	2.1	4.4	1 个穿孔	√	
27	2.1	4.1			√
28	2	4.1		√	
29	1.8		剪边	√	
30	1.8	2.3	上部缺口	√	
31	1.7	2.4	剪边	√	
32	2	4.1	2 个穿孔	√	
33	2.1	0.8			√
34	1.8	2.8	1 个穿孔	√	
35			剪边	√	
36	1.74，厚 0.5	3.25	上焊一圆环	√	
37	2.2	4.3		√	
38	1.4	2	剪边	√	
39	1.2	2.3	剪边	√	
40	2.1	3.6	2 个穿孔	√	
41A	1.68	2.49	剪边	√	
41B	1.7	2.6	剪边	√	
43	1.6	2.7	剪边	√	
44	1.8	3.2	剪边	√	
45	2	4.4		√	
46	1.7	28	剪边	√	

克，有5枚金币的外观明显获得改变。改变外观的方式是剪边，剪边时或许存在着某种标准，即以不伤害金币图案正中的王像为原则，但是剪到周边的拉丁字母，显然不是持剪者所顾忌的内容，有的金币边被全部剪去。金币左侧剪去的机会大于右边，往往右边的铭文遗留下的情况多于左边。影响金币重量的不但有剪边，币面上打孔也会使金币的分量减轻。金币上的穿孔从1个到2个、3个，最多的23A号金币上有4个穿孔。一个穿孔或像35号金币焊有一小圆环，明显是为了防止遗失，用于悬挂时穿线，但3或4个穿孔很可能是为了缀合在某种物品、物件之上，衣物或许是应首先想到的。相当一些金币被剪边，币面上也有穿孔，很可能有过这样的经历，它们在某一地区先被剪去周边，流传至最后拥有者的手中又被打上穿孔，以防遗失或便于缀合。仿制品的重量较轻，最少的两枚只有0.8克，单面打压图案是仿制品常见的形态。金币没有受到改造的情况比较少，似乎与埋藏年代的早晚之间并无明显的联系，亦与拥有者身份也不相关，其中的规律尚需研究。表面磨损对金币来说最为常见，磨损的程度当然与流传的时间长短有关，在金币打造后的相当长的一段时间内，其作为货币参与流通环节，磨损是必然的。注入中国的外国金银币在退出流通后被拥有者收藏，埋入墓葬是一个经常性的选择，以同时流行的萨珊银币为例可以观察到，萨珊银币在外观改造上远不如东罗马金币，币面打孔的现象已经十分少见[50]，剪边的情况甚至称得上罕见，当然对于萨珊银币的剪边，萨珊王朝曾经采取过一些防范措施，如在银币周边打上某些符记[51]。在拜占庭帝国，我们尚不知有无类似的防止剪边的方法，不过以拜占庭金币的直径看，同样的方法可能没有。但用萨珊银币的例子可反推出贵金属货币被剪边是一个普通的现象，对数量众多的金币实施剪边，当然可以得到相当可观的黄金，拜占庭本土、萨珊地区及中亚是金币大量流通地区，金币剪边的可能性最大。相反，流入中国的金币数量十分稀少，即使剪边意义也不大，拥有者为防止遗失或缀合在他物之上，对金币采取了打孔的办法，使金币的形态、分量都大为减少，表明拥有者并不关心其中的分量，这样的推论使我们清晰地排出拜占庭金币在流传过程中币面被改造的程序。

中国境内出土的金币由于品种单一，基本上与东罗马本土的币制变革情况联系不大，索里得在重量、直径上的减少，不是币制改革的结果。5世纪末彻底完成的币制改革，出现一个结果，是一套新的铜币单位，并围绕此有一些变化，出现了一些特殊的符号，银币也有一些变革，但金币的变化却没有那样剧烈[52]。索里得从72年被铸造，到新的币制单位磅（Pound）出现，一直是东罗马帝国整个经济活动所依赖的主要币制单位。其纯度和重量一直保持到11世纪中叶，此后在国际贸易中的地位下降，形状上也有所变化，成了所谓的杯形金币[53]。中国境内出土的索里得金币都属早期。

四、图　　案

虽然拜占庭帝国建立可以从330年算起，拜占庭钱币却不能从这一年份计起。最初一些时间的拜占庭钱币看起来更像罗马帝国钱币，而尚未看到拜占庭帝国的特征，所以拜占庭钱币专家萨倍提（Sabatier）和托斯道尔（Tolstoi）提出，拜占庭钱币应以4世纪末作为起点，进行研究[54]。这种倡议的出发点当然是钱币上的图案。贵金属货币在贸易领域内充当主要交换角色时，能直接体现出当时风云变幻的政治格局和经济环境。帝国统治的不稳定，使一些皇帝像走马灯一样轮换，扩张、侵略、篡权、内战等使他们随时都陷于某种危机之中。当然我们所讨论的并不是拜占庭帝国钱币的全部，而只是最初的几百年钱币中的一种金币。

拜占庭钱币在千年的发展中，经历了许多变化，虽然这些变化在后人看来是突然的，实际存在却是一个逐渐演变的，或者说表现在金属钱币是极其缓慢的过程。早期的拜占庭钱币基本上沿用罗马帝国钱币的旧制，正面为拜占庭皇帝的半身像，先是头向右侧的侧面像，后来侧向四分之三的正侧面像流行，再以后完全正面的皇帝像出现在金币上。铜币上也很快跟进、但辅助金币直到7世纪末才不再见到那种侧面像[55]。

金币正面的拜占庭皇帝戴联珠纹样组成的王冠，真正的王冠则缀满各色宝石[56]。肩扛着象征权杖的中型矛，使人想起刺向敌人的长矛，据说拜占庭皇帝权杖上的矛是黄金制成的，并装饰有各种宝石[57]。从查士丁一世开始，金币的背面发生了一个重要变化，过去常见的胜利女神维克特丽（Victoria）即 Vica Pota 被男性天使所取代，天使图案变得非常普及，这种图案持续近一个世纪之久[58]。据说天使像后来演变成为君士坦丁堡的城标，名为安淑莎（Anthousa）[59]，但是其拉丁铭文则仍然作 Victoria。莫里斯（Maurice，582～602年）执政时，又将索里得背面的图案恢复为天使（守护神），而在塞姆西斯（Semissis）上使用了一个新的维克特丽形象。查士丁尼二世（685～695）执政时期在拜占庭金币肖像学上是一个转折点，692年，查士丁尼二世首次把基督半身像安置在金币上[60]。

1. 狄奥多西斯二世（Theodosius Ⅱ，408～450年）金币

39号金币为狄奥多西斯二世时的，他是拜占庭帝国的第8位皇帝，在位之时正是帝国势力上升的年代。正面皇帝半身胸像，头有三分之一侧向，头戴盔，盔额饰有两周联珠纹，盔顶两根翎羽饰被穿孔打破。脑后有两股冠缨翘起，冠下两侧珠子垂于双耳之下。身着无领皮革战袍，外饰铠甲，铠甲呈横竖条状，饰有甲片。右手举起，握一中型矛柄，扛于右肩上，矛尖露于左耳际，是权杖的象征。左手持一盾牌，盾牌上部呈圆三角形，挡住左肩，盾上有图，但并不清楚，一般认为是作战图之类。金币正面与背面图案打押正好相反，有人以为这是拜占庭金币印模排列的常例[61]，也有人说工匠心不在焉，转动上模，打出的钱币两面的图文就不都顺着一个方向[62]。后者显然有些想当然的成分。在一般研究东罗马金币的印刷品中，这一现象显然不易观察，因为它们的排列是按照图案调整，以正面为主调节背面图案，除非观摩实物才可发现。流入中国的金币有些打有穿孔，则有助于正、背图案相关察看，除这枚金币外，13、16、20、21、22、23A、23B、26、30、32、34、35号金币都是正背面案相反排列，显然可以看作这是拜占庭金币在印模排列上的一种惯例，例外的情况十分少见。背面为胜利女神，侧身向右做伫立状，头侧向右而身子呈正侧，右执一长十字架，头部与十字架间有一颗八芒的星，女神左侧有长翼，周有拉丁铭文。

2. 列奥一世（Leo Ⅰ，457～474年）金币

列奥一世在位的时期是拜占庭帝国空前繁荣阶段，他利用自己非凡的政治手段登上并巩固帝位，是一个虔诚的基督教徒。列奥一世的加冕礼是由安纳托利亚（Antolius）主教主持授予的，是拜占庭第一个从神父手中接过王冠的君主[63]。29号金币的正面是列奥一世的半身胸像，胸像亦转向三分之一，金币被小心地剪去一周，伤及个别字母。表面磨损较甚，王像的面容已经不清晰，眉目只有大体的轮廓。头戴王冠，冠中央嵌一圆形宝石，冠下有一周联珠，冠顶翎羽耸立，右耳际两条飘带飘起，下有卷发。右手握矛，矛尖露于左耳际。左手执盾牌，上饰花纹。身着铠甲，甲片由联珠纹构成。背面中央侧立一胜利女神，有磨损，侧身伫立，右手执一长形十字架，左手下垂，侧有翼状物。与该枚金币同为列奥一世金币者另有 45 号金币。1959 年内蒙古土默特左旗毕克镇出土的 1 枚金币，被鉴定为列奥一世金币，但最近有人对此产生怀疑，认为有再次确认的必要[64]。虽没有机会观察原币，但获得了非常清晰的照片，根据金币残存的铭文判断，我们以为这枚金币属列奥一世，谷一尚判定有错误之处，但这一错误的判断可能事出有因。

3. 差诺（Zeno，474～491 年）金币

列奥一世并没有儿子，473 年，当他感觉自己不行的时候，决心让自己的外孙即位，列奥二世（leo，Ⅱ），他是差诺与列奥一世女儿阿里亚埃（Ariaelne）的儿子。即位的时候他还很小，并且非常不幸的是不到六个月，他就死了[65]，差诺便登上了王位。他的原名叫 Trascslisseus，同列奥一世女儿结婚后改名 Zeno。差诺上台后受到他岳母维思（Verina）的挑战，很快王冠落到了巴西利古斯（Basiliscus）的头上，差诺被迫逃离，但仅至第二年，巴西利古斯被废，差诺回国。差诺所面临的是不断的暴动、动乱，对于这一切他显得束手无策，统治十七年后，他在四月的一天病死了[66]。35 号金币上部焊一金杯，币面磨损较甚，正面亦为半身胸像，形式装束亦同前，原报告此枚金币的发现者没有辨认金币所属皇帝，羽离子鉴定此币属差诺[67]，不过这一结果是根据原报告者的铭文误读推测而来的，并非由观察币面铭文获得，或许值得进一步确认。17 号金币曾被认为是差诺金币的仿制品，它的币面上有十分粗俗的拉丁铭文，有仿制品的特征[68]。

4. 安那斯塔修斯（Anastasisa，491～518 年）金币

安那斯塔修斯上台后实行严格的金融政策，整顿国家税收，使帝国的财政收入增加。在宗教斗争中，他公开支持耶稣单性派，比起差诺暗中支持单性派来有明显的变化。差诺没有儿子，帝国在没有男性继承人的情况下，皇帝的遗孀、女儿都可成为合法的继承政权者。列奥之女先嫁给差诺，后来又嫁给安那斯塔修斯，皇帝是东罗马连贯性的代表人。安那斯塔修斯改革货币政策，发行新的铜币，改革金币、银币与铜币之间的兑换比例，使拜占庭货币在平衡状态下运行。但金币本身的变化不大，铭文中个别字母有一些变更。他的金币是在中国境内发现最多的金币之一。

5. 查士丁（Sustin，518～527 年）金币

查士丁是位目不识丁的元老，但他却很有心计，虽然篡得了王位，但他执政的年代却是拜占庭帝国最混乱的时期之一。查士丁执政的时间虽然不算短暂，但他的金币也没有变化。除去王名之外，看不出他与以前皇帝有什么大的区分，人们对他的关注也少一些。但是金币的背面有一个重要的变化就是天使像的出现。

6. 查士丁与查士丁尼一世共治（Justin and Justinian Ⅰ，527 年）金币

虽然查士丁是一个平庸的皇帝，但他有一个聪明的侄子，并由查士丁带到君士坦丁堡接受良好的教育，留在身边担任副官长达 9 年之久[69]。在查士丁临终前的几个月，他提拔查士丁尼一世作为联合执政的国王，以确保继承权力的平稳过渡。短暂的联合执政的局面被固定在金币的图案上，

是非常吸引人的。正面是两个并肩坐立的皇帝[70]，查士丁在左，查士丁尼一世居右，他们都有光环，两人双手都屈握于胸前，查士丁左膝在前，查士丁尼一世则右膝向前。虽然他们共同执政的时间只有短短的几个月，但流入中国的金币仍然是最多的。

7. 查士丁尼一世（Justinian Ⅰ，527～565 年）金币

查士丁尼一世在整个拜占庭历史上都是一位重要的人物，正如历史学家所描述的那样，即使历史忘记了查士丁尼一世的战绩，都不会忘记《查士丁尼法典》[71]。这部整体性很强的法律，给帝国带来经久不衰的影响。随着对意大利、北非和西班牙的征服，地中海沿岸、巴尔干半岛的大片土地成了帝国的领土，必须用更多的钱币来满足日渐增加的新需要，查士丁尼一世时期有 10 多个铸币厂在不停地生产。值得注意的是，拜占庭钱币上的一个重要转折性的变化发生在查士丁尼一世时期，即正面皇帝像由过去的四分之三侧面转为完全正面形象。

8. 查士丁尼二世（Justin Ⅱ，565～578 年）金币

查士丁尼一世以后的拜占庭帝国迎来的大多是一些平庸之主，在政治方面基本上都没有太大的作为。金币上是查士丁尼二世的正面半身像，和以前肩扛矛的拜占庭皇帝不一样，他右手托着地球，左手握盾牌，背面的天使呈坐姿，手握地球，地球上有一十字架，是基督教统治世界的标志。这种 Constantinopolis 坐式图像是查士丁尼二世创造的，以后再也没有被采用过[72]。

9. 佛卡斯（Phocas，602～610 年）金币

佛卡斯是一个凶残的皇帝，他是通过政变上台的，国家在他的统治下很快陷入一种无政府状态，斯拉夫人、匈人和波斯人乘机占领了帝国大片土地。拜占庭金币从莫里斯（Maurce，582～602 年）开始将金币的背面恢复为天使形象，而在赛米塞斯（Semisses）铸币上使用了一个新维克特丽（Victoria）。银币上形成一个新的类型“Ceremonial”。

10. 赫拉克利留斯（Heraclius，610～641 年）金币

610 年，一个非洲总督的儿子赫拉克利留斯推翻了佛卡斯的统治，一度收复了巴尔干地区，使国人精神振奋，但是好景不长，阿拉伯半岛的伊斯兰教崛起，使拜占庭帝国的疆域受到极大的威胁，北非及美索不达米亚的省区在他手里丢失。金币却在赫拉克利留斯中留下了可以延续至下世纪的样本，阶梯上竖着十字架，皇帝手中所执的地球上也有十字架。铸币上开始出现二或三个人像替代单身的帝王肖像[73]。

在以上中国出土拜占庭金币莫里斯仿制品及我们没见到的君士坦丁五世（Constantine Ⅴ，741～775 年）铸币并不在我们讨论范围之内。

五、铭　　文

拜占庭钱币上的铭文，是一个非常复杂的问题，我们首先要了解帝国范围内的语言使用情况。罗马与东方和各省复杂的关系在语言方面表现得最为明显：东部各省机关政府使用拉丁语，希腊传统的名人讲希腊语，而老百姓则继续使用祖先的语言——亚美尼亚语、古叙利亚语、希伯来语、阿拉伯语和科普特语。帝国中心转移到君士坦丁堡后原则上使这个问题变得简单了，从5世纪起，只有部分官方文书及教会使用拉丁文，希腊语上升为商业交往中的通用语言，但仍然被看作外族语言。帝国把全体人民引入对主的信仰看成自己绝对的责任，大多数东方信徒不懂希腊语，东正教教会则鼓励用当地语言布道。因此，东罗马的基督教化导致了一场地方语言的复兴运动。希腊语成为535年第一批查士丁尼新法颁布时唯一正式语言[74]。这位讲拉丁语的皇帝承认了一种不可逆转的事实。拜占庭金币铭文早期使用的拉丁文，我们必须知道其字母系统，由字母组成的数字、缩写、称谓等以及一些经常出现的词汇，这样可以解决发行者名字、钱币单位、时代、造币发行所等具体问题。拉丁铭文中慢慢地掺入一些希腊文，先是个别字母，后来一些单词被译成希腊文，成为拜占庭钱币中一个普遍现象。从列奥三世（Leo Ⅲ，717～741年）开始这种现象突出起来，从11世纪开始，铭文则全部变成希腊文，这实际上是一个希腊转变成统治地位的过程。中国发现的金币属早期，希腊文渗入的情况亦不明显，铭文的内容一般是祝词性质。例如：

D[ominus]N[oster]IVSTINIANVS P[er]P[etuus]AVG[ustus]

我们的主上查士丁尼[,]我们永恒的皇帝（Our lord Justinian forever Emperor）

到了列奥三世时则已演变为：

S[omino]N[ostr]O LCON P[erpetuo]A[uyusto]MHL[tos Annos]

[愿上帝]让我们的列奥皇帝永恒（[May the Lord give]many years to our Lord Leo forever Emperor）!

“DN”已被“SN”所替代，变成祝福词汇：“愿上帝帮助某某吧！”[75]拜占庭帝国的钱币上的拉丁、希腊字母和后来人感到十分陌生的形式经常混合出现。经过几代拜占庭钱币学家的精心辨认，现在学术界已能正确地释读铭文。

在拉丁字母与希腊字母中经常相互使用的情况，如“U”被刻成“V”，“R”被刻成“P”，“NH”被刻成“ㄐ”，几乎大部分字母都有异体[76]。由于镌版的工匠并不能够正确地理解拉丁文中掺杂希腊语汇变化的意义，或粗心大意，所以常有刻错的现象。缩写（abreviations）、省略（omissions）是其最常见的铭文形式。背面维克特丽是胜利女神，是基督教成为国教的象征。但到后来，图像的内容已发生变化，由女神变成天使，但铭文的内容却没有任何变化，仍为Victoria，是夺取胜利的意思，可以说维克特丽所代表的是胜利的化身。右侧“AVGGG”是“Augustus”的缩写。奥古斯都是屋大维掌握罗马帝国大权后元老院授予他的一个称号，意思是“神所赞扬的”，给予元首政权某种宗教上的认可，之后奥古斯都又获得“祖国之父”（Patet Patriac）的称号，罗马皇帝是元首，即公民之首，但到东罗马却称为“主宰、主上”（Dominus Noster），背面铭文通常可译为“帝国的胜利”，“GGG”代表了自奥古斯都以来的罗马皇帝们，他们常常以复数的形式出现。

中国境内发现的拜占庭金币，由于流传时间普遍较长，大部分金币被改造过，如剪边、打孔等，伤及币面的完整性，当然，最受到影响的就是币面一周的铭文，有的甚至被全部剪去。流行时间长，磨损就比较严重，有的铭文大部分已磨损，只能根据残存字母、图案等判读。公布形式的缺陷，也是影响研究工作的因素之一，国外刊布这类照片，多采用原大和放大对比的形式，甚至只采用放大照片，使人们可以清晰地看到实物的全部，而中国目前大部分出版品，只恪守照片不能超过实物原大的原则，刊布一个很小的照片，有的采用拓片的方法，这一方法其实并不适合磨损较甚的金币，这些或许应引起出版者重视，以利于中国拜占庭钱币研究整体水平的提升。笔者在一些机构、朋友的帮助下，有机会观察到一些金币实物，并有一些不同于原刊布者的发现。

40号金币（图一），正面铭文“DN（Dominus Noste，我们的主上）THODO/SIVS（Theodosius，狄奥多西斯）PFAVG（Pirs Fius Augustus，虔敬、幸福的尊者、皇帝）”，背面铭文“VOTXX（Vota XX，宣誓典礼20年）MVLTXXX（MultiplicaXXX，增加至30年）”，中央铭文“CON（Constantinople，君士坦丁堡）OB（Obryzum，印记）”。

1　2

图一　40号金币

1. 正面　2. 背面

14号金币（图二），正面铭文“DN（Dominus Noste，我们的主上）THEODO/SIVS（Theodosius，狄奥多西斯）PFAVG（Pius Firs Augustus，虔敬、幸福的尊者、皇帝）”，背面铭文“VICTORI A /（Victoria，胜利女神）AVGGG（Augustus，皇帝们），Θ，第9发行所”，中央铭文“C ON（Constantinople，君士坦丁堡）OB（Obrysum，印记）”。

1　2

图二　14号金币

1. 正面　2. 背面

21号金币，正面铭文“DN（Dominus Noste，我们的主上）LEO（Leo，列奥）PE/RPETAV[G]（Perpetuus Augustus，永恒的皇帝）”，背面铭文“VICTOR□（Victoria，胜利女神）/AVGGG（Augustus，皇帝们），Ⅰ，第10发行所”，中央铭文“CON（Constantinople，君士坦丁堡）O[B]（Obryzum，印记）”。

38号金币，正面铭文“DN（Dominus Noste，我们的主上）LEO（Leo，列奥）PE/RPETAVG（Perpetuus Augustus，永恒的皇帝）”，背面铭文VITORA（Victoria，胜利女神）/AVGGG（Augustus，皇帝们），Ⅰ，第10发行所”，中央铭文“CON（Constantinople，君士坦丁堡）OB（Obryzum，印记）”。

46号金币，正面铭文“DN（Dominus Noste，我们的主上）LEO（Leo，列奥）PE/RPETVG（Perpetuus Augustorum，永恒的皇帝）”，背面铭文“VICTORA（Victoria，胜利女神）/AVGGG（Augustus，皇帝们），Θ，第9行所标记”，中央铭文“[C]ON（Constantinople，君士坦丁堡）”，OB两个字母已缺。

16号金币（图三），正面铭文“DN（Dominus Noste，我们的主上）ZENO（Zeno，差诺），[P][E]RPAVG（Perpetuus Augustus，永恒的皇帝）”，背面铭文“VICTO[R]A（Victoria，胜利女神）/[A]VGGG（Augustus，皇帝们），Ⅰ，第10发行所”，中央铭文“CO[N]（Constantinople，君士坦丁堡）OB（Obryzum，印记）”[77]。

35号金币（图四），正面铭文“DN（Dominus Noste，我们的主上）ZENO（Zeno，差诺）/PERPAVG（Perpetuus Augustus，永恒的皇帝）”，背面铭文“VICTOR/A（Victoria，胜利女神）AVGGG（Augustus，皇帝们），Γ，第3发行所，CON（Constantinople，君士坦丁堡），OB（Obryzum，印记）”[78]。

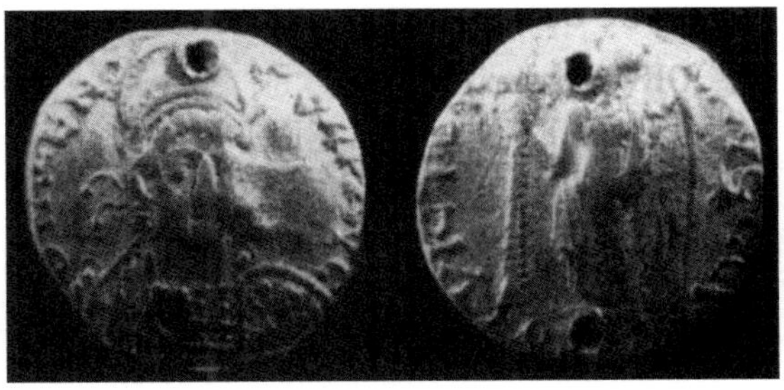

1　　2

图三　16号金币
1. 正面　2. 背面

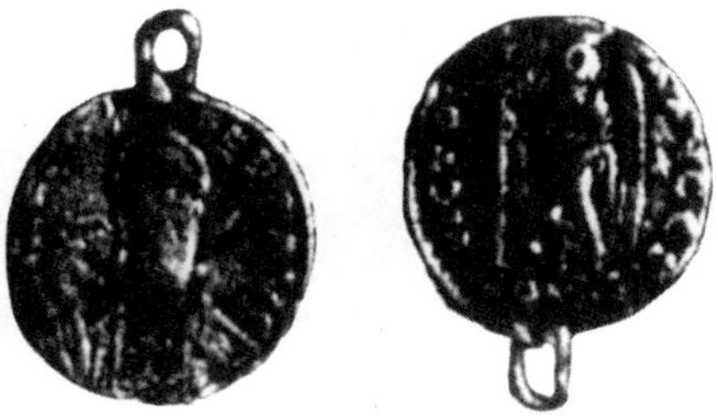

1　　2

图四　35号金币
1. 正面　2. 背面

25号金币（图五），正面铭文“DN（Dominus Noste，我们的主上）ANASIA/SIVS（Anastasius，安那斯塔修斯）PPAVC[G]（Perpetuus Augustus，永恒的皇帝）”，背面铭文“VICTORI/A（Victoria，胜利女神）AVGGG（Auggg，皇帝们），Ⅰ，第10发行所”，中央铭文“[C]ON（Constantinople，君士坦丁堡）OB（Obryzum，印记）”。

30号金币（图六），正面有一缺口铭文“DN（Domirus Noste，我们的主上）ΛNΛSTA/□IVS（Anastasius，安那斯塔修斯）PPAVIC[G]（Perpetuus Augustus，永恒的皇帝）”，背面铭文“VICTORI/A（Victoria，胜利女神），AVGGG（Auggg，皇帝们），A，第1发行所标记”，中央铭文

1 2

图五 25 号金币

1. 正面 2. 背面

1 2

图六 30 号金币

1. 正面 2. 背面

1 2

图七 31 号金币

1. 正面 2. 背面

“CON（Constainople，君士坦丁堡）OB（Obryzum，印记）”。

31 号金币（图七），正面由于剪边，铭文的字母上半部分缺少，不过根据残存字母仍可补全，为“DN（Dominus Noste，我们的主上）ANAST□/□SVS（Anastasius，安那斯塔修斯）PPAVC（Perpetuus Augustus，永恒的皇帝）”，背面铭文“VICTORI/A（Victoria，胜利女神）AVGGG（Auggg，皇帝们），Z，第 7 发行所标记”，中央铭文“CON（Constantinople，君士坦丁堡）OB（Obryzum 印记）”[79]。

39 号金币（图八），正面亦由于剪边，铭文字母被剪去大半，残存的一小半字母亦可复原部分字母，“DN（Dominus Noste，我们的主上）[A][N][S]□/□[S]□（很可能是 Anastasius，安那斯塔修斯）PP”，PP 只有下面一点，背面铭文“[V][I][C][T][O][R]□（Victoria，胜利女神）”，其余铭文多已不存[80]。

22 号金币（图九），正面铭文“DN（Dominus Noste，我们的主上）IVST□/□□□（Justin，查士丁）”，其余的铭文全部被剪去，背面铭文“VICTO[R][I]/（Victoria，胜利）PAVGGG（Auggg，皇帝们），I，第 10 发行所”，中央铭文“CO[N]（Constantinople，君士坦丁堡）□B（Obryzum，印记）”。

1 2

图八 39 号金币

1. 正面 2. 背面

1 2

图九 22 号金币

1. 正面 2. 背面

32号金币（图一〇），正面铭文“DN（Dominus Noste，我们的主上）IVST[I]/NVS（Justin，查士丁）PPSVG（Perpetuus Augustus，永恒的皇帝）”，背面铭文“Victori/□（Victoria，胜利）□□GGG（Auggg，皇帝们），B，即第2发行所标记”，中央铭文“CON（Constantinople，君士坦丁堡）OB（Obryzum，印记）”[81]。

1　　2

图一〇　32号金币
1. 正面　2. 背面

44号金币，正面铭文“DN（Dominus Noste，我们的主上）IVVSTI/NVS（Tustin，查士丁）PPAVG（Ptrpetuus Augustus，永恒的皇帝）”，背面铭文“Victor/□（Victoria，胜利）PPAVGGG（Auggg，皇帝们），Γ，第3发行所”，中央铭文“CON（Constantinole，君士坦丁堡）OB（Obryzum，印记）”。

23号A金币（图一一），由于金币被剪边，有一些字母剪去上半部分，正面铭文“DN（Dominus Noste，我们的主上）IVS/TINVS□TIVS/TINIANVS（Justin Iet Justinian，查士丁一世与查士丁尼一世）PPAVG（Perpetuus Augustus，永恒的皇帝）”，背面铭文“VICTRI（Victoria，胜利）AAVGGG（Augustus，皇帝们）I，第10造币发行所”，正面背面中央均有铭文“CON（Constantinople，君士坦丁堡）OB（Obryzum，印记）”。

23号B金币（图一二），正面铭文“DNIV（这几个字母已经磨损）STIN□TIVSTINAN（Justin Iet Justinian I，查士丁一世与查士丁尼一世）PPAVG（Perpetuus Augustus，永恒的皇帝）”，背面铭文“VICTO[R][I]/A（Victoria，胜利）AVGGG（Augustus，皇帝们），S，第6造币发行所”，正面背面中央均有铭文“CON（Constantinople，君士坦丁堡）OB（Obryzum，印记）”。

1　　2

图一一　23号A金币
1. 正面　2. 背面

1　　2

图一二　23号B金币
1. 正面　2. 背面

41号A、B金币（图一三、图一四），正面铭文“DN（Dominus Noste，我们的主上）IVSTINE-TIVAN（Justin Iet Justinian，查士丁一世与查士丁尼一世）PPAVG（Perpetuus Augustorum，永恒的皇帝）”，背面铭文“VICTORI（Victoria，胜利）AAVGGG（Augustus，皇帝们），Δ，第4发行所”，正面背面中央均有铭文“CON（Constantinople，君士坦丁堡）OB（Obryzum，印记）”。2枚金币发行所相同。

1　　2

图一三　41 号 A 金币
1. 正面　2. 背面

1　　2

图一四　41 号 B 金币
1. 正面　2. 背面

1　　2

图一五　24 号金币
1. 正面　2. 背面

24 号金币（图一五），正面铭文“DN（Dominus Noste，我们的主上）EVSTIVI/ANVS（Justinian Ⅰ，查士丁尼一世）PPAVG（Perpetuus Augustus，永恒的皇帝）”，背面左侧由于剪边，VICTOR 被全部剪去，右侧铭文“AAVGGG（Augustus，皇帝们），A，是第 1 造币所的符号”，中央“CON（Constantinople，君士坦丁堡）OB（Obryzum，印记）”。

15 号金币（图一六），由于金币剪边，正面左侧铭文被剪，根据右侧铭文“AVVS”可推知其前为 Justinian 一世的金币，“PPAVG”（Perpetuu Augustus，永恒的皇帝），背面左边铭文被剪去，右侧“AAVGGG（Augustus，皇帝们），Θ，第 9 造币所符记”，中央的铭文已被磨去[82]。

20 号金币（图一七），表面磨损甚重，左侧的字母已经完全看不清楚，右侧铭文“NVS（推知其为 Justin 王像亦为查士丁尼二世，PPA[V][G]（Perpetuus Augustus，永恒的皇帝）”，背面左侧铭文亦已磨去，仅留下右边一部分“[A] VGGG（Augustus，皇帝们），H，第 8 造币所的符记”，中央铭文也基本上看不清[83]。虽然这枚金币的重量与真币相差无几，但表面的磨损程度却超出同出金币许多，笔者怀疑有可能属于仿制品。

26 号金币（图一八），正面铭文“DN（Dominus Noste，我们的主上）IVSTE/NVS（Justinus

1　　2

图一六　15 号金币
1. 正面　2. 背面

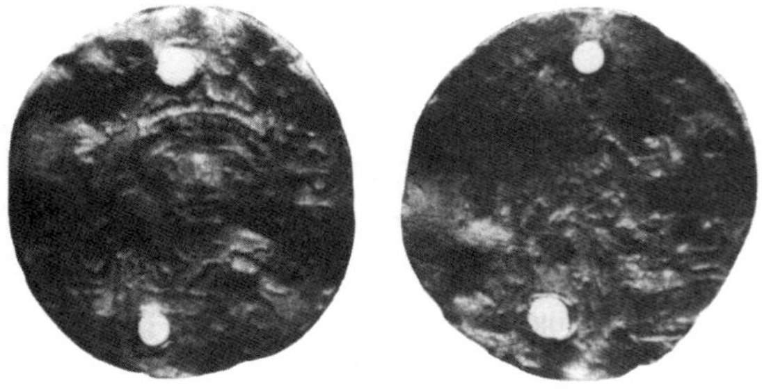

1　　2

图一七　20 号金币
1. 正面　2. 背面

Ⅱ，查士丁二世）PPAVG（Perpetuan Augustus，永恒的皇帝）”，背面铭文“VECTORI/A（Victoria，胜利）AVGGG（Augustus，皇帝们），ε，第5发行所符记”，中央铭文“CDN（Constantinople，君士坦丁堡）O字母被穿孔打破B（Dbrysum，印记）”。

36号金币，左右边有两穿孔，正面左侧“DN”字母被打穿，唯余“IVSTI/NVS（Justinus，即查士丁二世）P（Perpetuas，永恒开头字母）”，背面铭文“VIC”后几个字母被打穿，右侧“ΛAVGGG（Augustus，皇帝们），Θ，第九发行所符记”，中央铭文“CON（Constantinople，君士坦丁堡）OB（Obryzum，印记）”。

9号金币（图一九），这枚金币被F. 蒂埃里确定为莫里斯（582～602年）的仿制品[84]。笔者没有机会目验原币，不过从已发表的拓片来看，币面上的铭文似尚清晰[85]，完整的铭文应该是“DNMAVRCTIBPPAVG”[86]，背面铭文F. 蒂埃里释为“ΛHΛHDΛVU”。真币背面似乎无类似铭文。

1　　2

图一八　26号金币

1. 正面　2. 背面

图一九　9号金币

13号金币，正面铭文“DN（Dominus Noste，我们的主上）FOCAS（Focas，亦作Phocas佛卡斯）/AεRPAVG（Perpetuus Augustus，永恒的皇帝）”，背面铭文“VICTOR（Victoria，胜利）/AVGG（Augustus，皇帝们），Ⅰ，是第10造币所符记”，中央铭文“CON（Constantinople，君士坦丁堡）OB（Obryzum，印记）”。

37号金币，正面铭文“DN（Dominus Noste，我们的主上）FOCAS/（Focas亦作Phocas，佛卡斯）PεRAVG（Perpetuus Augustus，永恒的皇帝）”，背面铭文“VICTORI（Victoria，胜利/AVGG（Augustus，皇帝们），ε，第5造币所符记”，中央铭文“CON（Constantinople，君士坦丁堡）OB（Obryzum，印记）”。

45号金币（图二〇），赫拉克里留斯一世（Heraclius Ⅰ，610～641年），正面是他与其子君士坦丁二世（Constantine Ⅱ）在613年，正面的铭文已经不清，背面铭文“VICTORIA（Victoria，胜利）/AVSVΛ（Augustus，皇帝们）是经常性的跟随式铭文，Θ，第九发行所”，“CON（Constantinople，君士坦丁堡）OB（Obuysum，印记）”。

另外，34号金币（图二一）被推定为狄奥多西斯二世时金币，其实这一推测显得非常不可靠，两面的铭文中只有极个别字母可以看出，而且并不属于关键性字母，对确定王名并无帮助，图案磨损也非常严重，现有的证据不能支持这种判断。

1 2

图二〇 45号金币

1. 正面 2. 背面

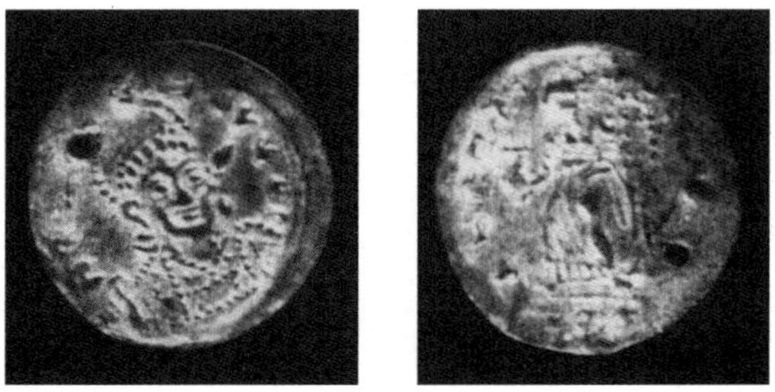

1 2

图二一 34号金币

1. 正面 2. 背面

六、制造所符记

罗马帝国的造币厂曾经是一个庞大的体系，但后来已经完全崩溃。安那斯塔修斯一世币制改革后，造币厂增加，到了查士丁尼一世时，由于帝国的扩张十分活跃，钱币需求量大幅增加，至少有14个铸币厂在生产之中[87]。金币的制造地点是我们关心的一个重要问题，金币背面铭文的最后一个字母是用来表示金币发行所的符记（off icinae marks），用希腊字母来表示，但并不是全部都有。尽管东罗马从西罗马中分裂出来，阿卡狄亚（Arcadius）造币厂以及他的直接继承者仍然在东罗马帝国发行西部造币厂的钱币。钱币来源于不同的工厂，又缺少特别的标记，因而形成许多细微的差别，当然这是通过比较不同工厂铸造的钱币而获得的结论[88]。拜占庭帝国君士坦丁堡的制造工厂不同，它们使用的造币代码希腊字母也不同。它们有5个铜币发行所，符记为“A、B、Γ、Δ、ε”[89]；有10个金币发行所，符记是“A、B、Γ、Δ、ε、S、Z、H、Θ、I”[90]。拜占庭金币的背面中央有铭文“CONOB”，其中“CON”是“Constantinople”的缩写，“OB”即“Obryzum”，是纯金、足金的意思，连起来可译为“君士坦丁堡纯金印记（标准）”[91]，这代表君士坦丁堡金本的制度，而并非其制造地点（mint）。实际上，君士坦丁堡以外制造的金币也常被打押上“CONOB”，如罗马（Rome）、迦太基（Carthage）、拉韦纳（Ravenna）等地制造的金币上[92]。中国境内出土的东罗马金币上的发行所符记有：

A, 24 30		S, 3B
B, 32		Z, 31
Γ, 35 34		H, 20
Δ, 37 41		Θ, 14 15 36 46
ε, 26 37		I, 13 16 21 22 23A 25 38

全部10个发行所符记都有，当然有的缺乏实物观察，可能有误判，尽管这样，也可以肯定地说，绝大部分发行所符记都在流入中国的拜占庭金币上出现，这是观察币面铭文取得的一个重要结果。

七、金币的流入

对于流入中国的拜占庭金币，我们首先做流入地统计，由西至东列入表三。

表三 东罗马金币流入统计

发现地点	可以确定王名者 / 枚	仿制品 / 枚	不详 / 枚	合计 / 枚
新疆	1	10	1	12
甘肃	2		1	3
青海	1			1
宁夏	7	3	10	20
陕西	9	2		11
河南	1			1
内蒙古	2			2
河北	6			6
辽宁	1			1
浙江	1			1
合计	31	15	12	58

金币的发现地点基本上都在长江以北的地区，长江以南的地区只有在杭州市发现了 1 枚，仅此 1 枚也并非本地出土，发现者称由外地流入，并没有统计学上的意义，可以剔除。10 枚以上的有三者，新疆、宁夏、陕西，共有 42 枚，占全部发现金币的 73% 左右，其余 6 省份仅占 37%。已经发现拜占庭金币的仿制品，发现金币最多的三省份完全占有，在陕西以东的地区则暂没有出现仿制品，并且呈越往西仿制品越多的趋势，新疆的仿制品竟有 10 枚之多，真品只有 1 枚，这是一个值得关注的现象。从新疆到辽宁所涵盖的省份中只有山西没有发现拜占庭金币的公开报道，我们之所以强调公开报道，因为这并非事实的全部，山西亦发现过拜占庭金币[93]。北方地区发现的拜占庭金币及仿制品基本可以得出由陆路经西亚、中亚流入中国的结论。

流入中国的拜占庭金币根据我们统计大部分是拜占庭前四个王朝中的后 3 个，狄奥多西斯、查士丁尼、赫拉克利留斯，仅有在于阗发现的 1 枚据称是君士坦丁五世（Constantine Ⅴ，741～775 年），我们未观察，不便进行讨论。即便是在那 3 个王朝也不是所有的皇帝金币都有发现，狄奥多西斯王朝中狄奥多西斯一世（Theodosius □，379～395 年）、阿卡迪奥斯（Arcadios，395～408 年）、马西恩（Marcian，450～457 年）、列奥二世（Leo Ⅱ，474 年）4 位皇帝的金币没有发现，当然列奥二世是差诺与列奥一世女儿 Ariaelne 所生的儿子，是列奥一世的外孙，在位仅 1 年的时间，并且金币正面没有自己的名字，时间太短，十分珍贵。查士丁尼王朝中提比里乌斯（Tiberius，578～582 年）、莫里斯（Mauerce，582～602 年）金币真品亦没有发现，而在赫拉克里留斯王朝中只有赫拉克里留斯（610～641 年）金币有出土，其余 11 个皇帝金币都没有，从表四我们可看拜占庭帝国各王金币的流入情况。

虽然流入中国的拜占庭金币跨度为 300 多年之久，但最后的 100 年意义并不显著，在 200 多年的时间中，安那斯塔修斯至查士丁二世这 80 多年的金币最为集中，占一多半。有人推测，流入中国的金币数量并不一定和东罗马的金币发行数量一致，而可能是受到了位于中国和东罗马之间的萨珊国与这两国关系的影响[94]。4 世纪中叶以后，东罗马帝国与中国正式有往来关系，《晋起居注》载：

表四 流入中国的东罗马各皇帝金币

狄奥多西斯二世（408～450年）	14 40
列奥一世（457～474年）	21 38 46
差诺（474～491年）	16 17 35
安那斯塔修斯（491～518年）	25 30 31 39 43
查士丁（518～527年）	22 32 44
查士丁与查士丁尼一世共治（527年）	23A 23B 41A 41B 42
查士丁尼一世（527～565年）	4* 5* 7* 15 24
查士丁尼二世（565～578年）	20 26 36
莫里斯（582～602年）	9*
佛卡斯（602～610年）	14 37
赫拉克里留斯（610～641年）	27* 28 45
君士坦丁五世（741～775年）	1

注：以上表柱中可以确定王名的仿制品亦计算在内，用*表示

兴宁元年闰月，蒲林王国新开通，前所奉表诣先帝，今遣使到其国慰谕[95]。

晋兴宁元年是363年，蒲林即拂菻，是罗马（Roma）的转译[96]。其实在此之前前凉张轨与东罗马已经有过接触，张轨接受过其赠品金胡瓶[97]。北魏至唐朝，东罗马先后与中国有过以下几次往来。

北魏时期三次，普岚即拂菻。

太安二年（456年）十一月哌哒，普岚国各遣使朝贡[98]。

和平六年（465年）四月，普岚国献宝剑[99]。

皇兴元年（467年）九月壬子，高丽、于阗、普岚、粟特国各遣使朝献[100]。

唐朝据统计有拂菻使者七次。

贞观十七年（643年），拂菻王波多力遣使献赤玻璃、绿金精等物。

乾封二年（667年）遣使献底也伽。

大足元年（701年），复遣使来朝[101]。

景云二年（712年）十二月，拂菻国献方物[102]。

开元七年（719年）正月，其主（拂菻）遣吐火罗大首领献狮子、羚羊各二；不数月，又遣大德僧来朝[103]。

天宝元年（742年），拂菻国王遣大德僧来朝[104]。

虽然有官方往来的正式记载，但依然不能表明唐与拜占庭这两帝国之间有着密切的往来，从中只能得出其关系疏松的结论。北魏的三次遣使中有两次是和哌哒、粟特国使一并出现，结伴同行可能是一种重要的选择。唐朝的七次中第一次是用教皇的名义[105]，一次是用大德僧为使，大德是景教教职，景教士俱简称僧，大德为主教（Bishop）之职[106]。另外，吐火罗大首领亦有人说和景教教徒有关联[107]。东罗马与中国都有官方了解的渴望，“隋炀帝常将通拂菻，竟不能致”[108]是

一种一般形态，虽然在中国所做的《西域图记》中已称“发自敦煌，至于西海，凡为三道各有襟带”[109]，山川险要已掌握清楚。民间往来或远比官方正式交往要来得活跃，利益的驱使同样是促使往来的主要动机。丝绸之路上的利益成分几乎超过其他，如果我们设想拜占庭金币流入中国有着深刻的商业目的，那一定不会使我们感到失望。奢侈品贸易中分段进行是一种基本形态，能在中国至罗马之间漫长的丝绸之路上走完全程的商队寥寥无几，排除政治或宗教的因素，仅站在经济贸易立场来看，也并没有太大的必要和可能。拜占庭商人虽然希望绕过萨珊王朝直面中国，但从拜占庭使节千辛万苦到达突厥可汗王庭的故事[110]，我们也能看到这种希望的渺茫性，带入拜占庭金币者当另有其人。

粟特商队在这其中扮演了中间环节这一重要角色，北朝隋唐间粟特人在中国活动情况深受学术界关注，对于粟特人在进入中国以后的聚落也有所讨论，粟特人聚落大体上也与丝绸之路上重要城市重合[111]。而拜占庭金币的发现地点，基本上都落在这些粟特人聚集的城市，如果我们拿这一现象与萨珊银币在中国发现的地点相对比，可构建出金币流入的脉络。在北方地区，拜占庭金币和萨珊银币共同的区域地点在百分之八十以上，南方亦有萨珊银币发现，但却不能确定有拜占庭金币出土。广东地区萨珊银币的出现可能与从海上来的萨珊商人有关联[112]，当然也不能排除粟特商人。北方发现的拜占庭金币中至少有一枚即内蒙古土默特左旗发现的那枚可能与粟特商人有关。流入中国的拜占庭金币实际上与拜占庭商人的关系并不如想象的那样大，东西方为起点、终点之间的了解是有限的，当然，这也并不足以构成奢侈物品之间交流的障碍，因为拜占庭帝国与唐帝国之间有波斯商人、粟特商人这一重要媒介，尤其是后者，或许活动在唐朝范围内的时间，大于活跃在西方的时间。波斯商人文献记载与目前研究状况之间尚有矛盾之处，其作用仍不容忽视。

八、拜占庭金币在中国

中国古代文献中也有关于金银钱在河西地区作为流通货币的记载[113]，现实的发现亦表明文献载录是可以采信的。金币在6世纪初开始于中国发现，在以后的300多年不断有发现，很明显，8世纪中叶以后，拜占庭金币在中国完全消失，哪怕是一枚也没有。这其中金币的存在方式有着什么样的规律，我们应从金币的埋藏年代分析（表五）。

表五　拜占庭金币在中国埋藏年代

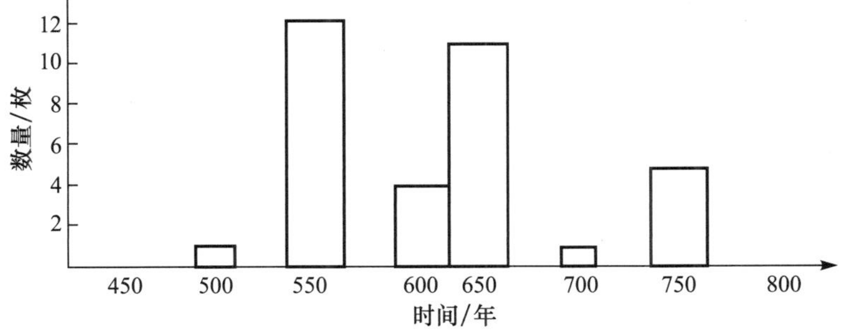

金币从6世纪初传入中国以来，很快在6世纪中叶形成一个高潮，在以后100年间，金币的流行虽暂不呈一个上升的趋势，但7世纪中叶以前的金币无疑已占发现金币的绝大多数。拜占庭金币被有规模地带入显然是正常贸易的结果，这种贸易持续了相当长的阶段，来到中国之后，贵金属金币只有大量存在时才能作为通货使用。虽然在新疆吐鲁番地区文书中有关于银钱使用的记载[114]，依然缺少金币的记录。金币与其他币种间的兑换比率只有在大量使用时才会产生，若没有这样的基础，拜占庭金币作为硬通货的机会很小。尽管有这种可能，金币作为贵金属的价值却不容怀疑，那么哪些人是金币的获得者，根据金币出土墓葬的一些信息，我们对金币拥有者的身份进行了简单统计（表六）。

表六　东罗马金币拥有者身份

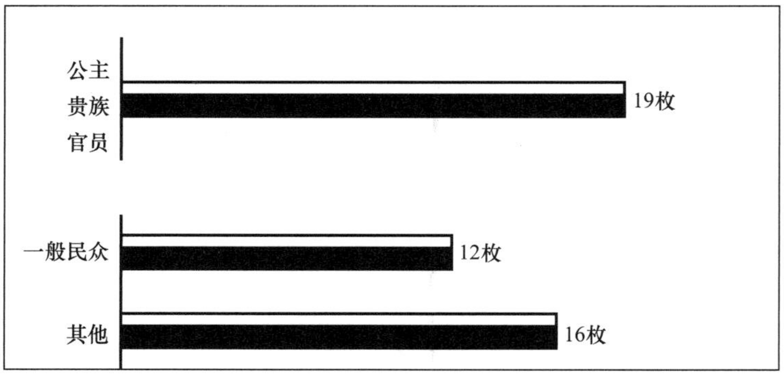

公主、贵族、官员等社会中上层是金币拥有者的主体，一般民众中应当包括商人等，其他来源中有相当数量金币应出土于墓葬中，这些墓葬中所能提供信息不够完全，使我们不能获得埋藏状况，但有些出自官员等中上层人的墓葬却是几乎可以肯定的。这样，中上层人士金币拥有者的比例还会上升。中国人亦有在墓中随葬金银币的习俗[115]，这些人群中，固原史氏、洛阳安菩、河北的茹茹公主或来自中亚[116]，或来自与西域关系密切的柔然民族[117]。田弘，曾官拜北周岷、洮二州五防诸军事、岷州刺史[118]；独孤罗与贺若厥同为夫妇，其中独孤罗任北周凉州总管府总管、凉州刺史[119]，所盘踞的州均是丝绸之路孔道重镇，有获得外国物品的地缘优势。新疆吐鲁番、和田地区则优先权更为明显。从时代上来说，内地墓葬中金币的时间偏早，新疆地区金币所在的墓葬时代稍晚，并以仿制品居多，也多出土于小墓葬之中。同时也引起人们对金币的制造年代与埋藏年代关系的统计[120]（表七）。

表七　流入中国的东罗马金币制造、埋藏年代关系表

编号	王名	制造年代/年	埋藏年代/年	相距年代/年
20	查士丁尼二世	565～578	658	90～103
21	列奥一世	457～474	575	101～118
22	查士丁一世	518～527	575	48～67
23A	查士丁与查士丁尼一世	527	575	48
23B	查士丁与查士丁尼一世	527	575	48
24	查士丁尼一世	527～565	575	20～35*

续表

编号	王名	制造年代 / 年	埋藏年代 / 年	相距年代 / 年
26	查士丁尼二世	565～578	600	22～35
28	赫拉克里留斯一世	610～641	756	115～146
32	查士丁	518～527	621	94～103
37	佛卡斯	602～610	709	99～107
38	阿那斯塔修斯一世	491～518	6 世纪初	20～30
40	狄奥多西斯二世	408～450	576	126～168
41A	查士丁与查士丁尼一世	527	576	49
41B	查士丁与查士丁尼一世	527	576	49
42	查士丁与查士丁尼一世	527	533～550	6～23
43	安那斯塔修斯一世	491～518	550	32～59
44	查士丁与查士丁尼一世	527	550	23～32
45	赫拉克里留斯一世	610～641	唐	

* 查士丁尼一世的金币据认为共分三期，田弘墓出土的金币属二期，谷一尚假设其为 540～555 年（参见《北周田弘墓》，第 128 页）

根据表七分析，拜占庭金币从制造到流入中国被埋藏其间最晚的有 170 余年，最快的只有 20～30 年，其结果大体与萨珊银币制造至埋藏年代相当[121]，多数在 100 年以内。不过另外有一些金币没有埋藏年代，统计学上的意义不甚完整。与萨珊银币相比，拜占庭金币流入中国边疆的时间大约晚一个世纪左右，前者大约从 4 世纪末 5 世纪初开始流入中国境内[122]。其结束的时间差异，当表明萨珊、拜占庭帝国与中国之间的地理距离远近，萨珊帝国横亘于东西两大帝国中间，使拜占庭、中国二国不能直接联系。据认为丝绸是一种西方世界非常需要的商品，拜占庭金币在多数情况下是用于向东方支付购买丝绸所需经费，萨珊商人获得了向西经营丝绸的控制权，组织严密的商队活跃在西亚与中国之间。后来粟特商人渐渐地超过了波斯商人，后者可能是在按部就班地从事奢侈品贸易，粟特商人则在两极之间建立许多绿洲城市的聚落，成为巨大商业交换网的一部分，在规模上超越波斯商人，采用更先进的通商技术，是其获胜的要素。差不多同时，一个关于中国养蚕技术向西传播的故事，流行在中西文献中[123]。尽管这种保密的养蚕技术，在查士丁尼时代传入拜占庭帝国，丝绸贸易在相当长的时间仍然是主要支柱商品，查士丁尼二世以前金币占据主要地位原因或许就是为支付高额贸易费用。

拜占庭金币在流入中国后是作为商品还是货币，类似的讨论已经在吐鲁番发现的萨珊银币中展开过，由于拜占庭金币和萨珊银币在中国境内发现的数量不同，完全相同的讨论，恐怕不能找出相似的分析材料而显得意义不大。J. 斯加夫（J.Skaff）关于萨珊银币磨损程度观察的结论[124]值得注意。金币与银币价值方面的因素也不易被确定，即使萨珊银币在西域地区参与流通，充任硬通货的角色，我们仍然不能类推拜占庭金币具有这种功能。从大部分金币被加工过的情况来说，它们当作珍贵商品的机会要大于作为货币的功用。至今为止拜占庭金币最多的一次是发现在北周田弘墓中的 5 枚，与萨珊银币动辄数百枚乃至上千枚之多的情况大不相同。中国内部金质钱用于皇室赐予的情况或许对其功能有启发。《资治通鉴 • 唐纪》载：

(安)禄山生日，上及贵妃赐衣服、宝器、酒馔甚厚。(略)上自往观之，喜，赐贵妃洗儿金银钱，复厚赐禄山，尽欢而罢[125]。

唐姚汝能《安禄山事迹》亦载：“贵妃赐洗儿金钱物。”[126]安禄山生日以后，唐玄宗曾赐给杨贵妃洗儿金钱。唐时亦有在宫楼上向民众撒金钱的记载，开元二十九年（741年）于陕西得宝符，迎入京内，唐玄宗于丹凤楼上“今乱撒金钱于楼下，纵令士庶分取，以为欢乐”[127]。顾况的《宫词》云：

九重天乐降神仙，步舞分行踏锦筵。
嘈囋一声钟鼓歇，万人楼下拾金钱[128]。

记录的就是这种万人楼下拾金钱的热闹场景。这种金钱，银钱可以推测主要是开元通宝之类，西安何家村窖藏中曾经出土过金银质地的开元通宝，其埋藏年代虽在中唐时期[129]，但开元通宝四字风格却表现出浓郁的初唐开元通宝钱的特征[130]，宫中也许收藏有初唐铸钱原范，或许就藏有金质开元通宝用于随时赏赐。西方流入中国东罗马金币，形制大异于中国制钱，上有西人夷文并非于皇室没有吸引力，亦可将此类金银钱用于赏赐，何家村窖藏中出现拜占庭赫拉克里留斯金币、萨珊库思老二世（Khosro Ⅱ，591～628年）银币及日本和同开珎银币证实这一推测的合理性。黄金作为贵金属的珍贵性一直被人们所重视，即使在同样不流行金币的萨珊王朝，在一些重要的庆典、纪念活动时仍然要制造金币作为赏赐之用，东西方都不约而同地有着类似的习俗。

当我们谈及拜占庭金币在中国的流行时，首先应该认识到并非都在一个层面上讨论问题，在一些情况下人们有计划地使贵金属金币流动，而其获得者的动机却是千差万别的，正确地认识这些差异，才不会过分地强调某一特定人群的自主权。

从整个中国历史上的对外贸易的整体经验来看，大航海以前拜占庭、萨珊帝国向远东地区奢侈品的输入，代表了东西方相互需要的一个总体水平。4～8世纪流入中国的拜占庭金币和萨珊银币，是这种需求的高峰状态的一个集中体现。考古学的进步让我们能从其主要侧面来了解丝绸之路两极贸易的特征性内容，用于弥补仅仅依赖文献史料来研究这一问题的不足，或许这只是一个大致不错的开端。

附记：本文材料收集过程中得到内蒙古博物馆黄雪寅，陕西省考古研究所尹申平，陕西省历史博物馆马振智、申秦雁，石家庄市文物局张献中等同志的大力帮助，谨致谢意。

注 释

[1] 参见杨希枚《评德效骞（古中国境内一罗马人城市）——兼论所谓罗马人的几种文化成分》，台北《书目季刊》，1969年，第3卷第4期，第3～24页，后收入氏著《先秦文化史论集》，中国社会科学出版社，1995年，第870～902页；莫任南《汉代有罗马人迁来河西吗？——骊轩县的起源问题》，《中外关系史论丛》（第三辑），世界知识出版社，1991年，第231～238页；邢义田《汉代中国与罗马关系的再省察——拉西克著〈罗

马东方贸易新探〉读记》,《汉学研究》1985 年，第 3 卷第 1 期，第 331～341 页，后收入氏著《秦汉史论稿》，东大图书公司，1987 年，第 531～544 页；邢义田《汉代中国与罗马帝国关系的再检讨（1985—1995）》,《汉学研究》1997 年，第 15 卷第 1 期，第 1～31 页。

[2] 《后汉书》卷八八《西域传》，中华书局点校本，第 2919 页。

[3] 《三国志》卷三〇《魏书》，中华书局点校本，第 861 页。

[4] 《宋史》卷四九〇《拂菻国传》，中华书局点校本，第 14125 页；《宋会要辑稿》蕃夷四之十九"拂菻国"条，中华书局影印本，1987 年，第 7723 页。直到明代严从简《殊域周咨录》卷一一亦沿载，拂菻"铸金银为钱，无穿孔，面凿弥勒佛，皆为国主名，禁民私造"。余思黎点校本，中华书局，1993 年，第 385 页。

[5] 清末西方人在山西霍州灵石县获得罗马铜钱 16 枚，为罗马皇帝梯拜流斯（Tiberius）至安敦皇帝时代所铸（布歇尔《山西之罗马古钱》，北京东方学会 /Bushell，*Ancient Roman Coinsfrom Shansi*，Peking Oriental Society，1895，转引自张星烺《中西交通史料汇编》（第一册），中华书局，1977 年，第 27～28 页）。

[6] 夏鼐检讨了 Bushell 的法文原著，发现其可疑之处甚多，这批包括 260 余年中 13 位罗马皇帝的钱币分明是一位嗜古之士的藏品，汉晋间流传入山西令人难以置信，可能是明末清初西洋传教士带入（夏鼐《咸阳底张湾隋墓出土的东罗马金币》,《考古学报》1959 年第 3 期，后收入氏著《考古学论文集》，科学出版社，1961 年，第 135～142 页）。

[7] M. A. Stein，*Innermost Asia*，*Detailed Report of Explorations in Central Asia Kan Su and Eastern Iran*，Clarendon Press，1928，vol Ⅱ，pp. 646—648，vol Ⅳ，pp. 993—994。

[8] 张铁弦《谈全国出土文物展览中的北方发现品》,《文物参考资料》1954 年第 10 期，第 54 页；夏鼐《考古学论文集》，科学出版社，1961 年，第 135～142 页。

[9] 参见《夏鼐先生论著目录》第 82 及 198 条,《中国考古学研究》编委会《中国考古学研究——夏鼐先生考古五十年纪念论文集》，文物出版社，1986 年，第 16～22 页。

[10] 夏鼐《西安土门村唐墓出土的拜占廷式金币》,《考古》1961 年第 8 期，第 446～447 页。

[11] 石家庄文物办公室考古队《河北赞皇东魏李希宗墓》,《考古》1977 年第 6 期，第 382～390 页。

[12] 夏鼐《赞皇李希宗墓出土的拜占廷金币》,《考古》1977 年第 6 期，第 403～406 页。

[13] 徐苹芳《考古学上所见中国境内的丝绸之路》,《燕京学报》1995 年新 1 期，后收入氏著《中国历史考古学论丛》，允晨文化实业有限公司，1995 年，第 361～414 页。

[14] 陈志强《咸阳底张湾隋墓出土拜占廷金币的两个问题》,《考古》1996 年第 6 期，第 78～80 页。

[15] 夏鼐《赞皇李希宗墓出土的拜占廷金币》,《考古》1977 年第 6 期，第 404 页。

[16] 同［15］。

[17] 同［14］。

[18] Whitting P D，*Byzantine Coins*，*G. P. Putnams Sons*，1973，p. 14。

[19] 参见罗丰《关于西安所出土东罗马金币仿制品的讨论》,《中国钱币》1993 年第 4 期，第 17～19 页；《宁夏固原出土的外国金银币考述》,《故宫学术季刊》，1995 年，第 12 卷第 4 期，第 33～66 页。

[20] F. 蒂埃里、C. 莫里森《简述在中国发现的拜占庭帝国金币及其仿制品》,《中国钱币》2001 年第 4 期，第 10～13 页。谷一尚所讨论的中国境内东罗马金币有 32 枚，虽不全面但已经概括绝大部分出土品（参见氏著《原州遗迹出土东ローマ金货》,《共立国际文化》1997 年第 12 号，第 1～10 页，后收入《北周田弘墓》）。另外，康柳硕亦有以《中国境内出土发现的拜占庭金币综述》为题的论述,《中国钱币》2001 年第 4 期，第 3～9 页。

[21] 本文东罗马与拜占庭混合使用，其中王名的拼写方法及在位年代均采用 P. D. Whitting 方法（Whitting P D，*Byzantine Coins*，G. P. Putnams Sons，1973，pp. 302～303）。拜占庭帝国共有十个王朝，我们所涉及的只有前四个王朝中的三个：狄奥多西斯王朝（Dynasty of Theodosius，379～518 年）、查士丁尼王朝（Dynasty of Justin，518～610 年）、赫拉克利留斯王朝（Dynasty of Heraclius，610～717 年），其中第一个君士坦丁王朝（Dynasty of Constantine，323～378 年）钱币在中国并没有出土，我们发现的金币要从 5 世纪开始，在此之前的钱币尚未发现。

[22] Goodacre H, *A Handboook of the Coinage of the Byzantine Empire*, London, 1960, P. 12。
[23] 刘大有《甘肃天水新发现一枚东罗马福卡斯金币》,《第三次丝绸之路货币暨少数民族钱币研讨论文》，兰州，1994年，第1～5页。
[24] 牟世雄《甘肃陇西县发现一枚拜占庭帝国金币》,《考古》2001年第12期，第88页。
[25] 阎璘《青海乌兰县出土东罗马金币》,《中国钱币》2001年第4期，第40页。
[26] 刘宝山《青海都兰出土拜占庭金币》,《中国文物报》2002年7月24日第1版，据称这枚金币出土于都兰县香日德镇以东3千米的一座北朝吐谷浑人墓中。
[27] 宁夏固原博物馆《宁夏固原唐史道德墓清理简报》,《文物》1985年第11期，第21～26页；罗丰《固原南郊隋唐墓地》，文物出版社，1996年，第92页，图版73、图版74。
[28] 罗丰《固原南郊隋唐墓地》，文物出版社，1996年，第37页，图版16、图版28。
[29] 罗丰《固原南郊隋唐墓地》，文物出版社，1996年，第59～61页，图版17、图版48。
[30] 原州联合考古队《唐史道洛墓》，勉诚，2000年，第202～203页，图版25。
[31] 原州联合考古队《北周田墓》，勉诚，2002年，第46页，图版29。
[32] 樊军《宁夏固原发现东罗马金币》,《中国钱币》2000年第1期，58页。
[33] 夏鼐《考古学论文集》，科学出版社，1961年，第135～142页，图版32。
[34] 夏鼐《西安土门村唐墓出土的拜占廷式金币》,《考古》1961年第8期，第446～447页。
[35] 陕西省博物馆等《西安南郊何家村发现唐代窖藏文物》,《文物》1972年第1期，第33～36页，图9～图10。较好的图版参见陕西省博物馆《汉唐丝绸之路文物精华》，龙出版（香港）有限公司，1990年，第122页、图版157，图版162页图版解说。
[36] 王启长、高曼《西安新发现的东罗马金币》,《文博》1991年第1期，第38～39页。
[37] 负安志《陕西长安县南里王村与咸阳飞机场出土大量隋唐珍贵文物》,《考古与文物》1993年第6期，第45～52页，图5～12。
[38] 张全民、王自力《西安东郊清理的两座唐墓》,《考古与文物》1992年第5期，第51～57页。
[39] 王昌富《陕西商州市隋墓出土东罗马金币》,《考古与文物》1997年第4期，第7页。
[40] 李生程《陕西定边县发现东罗马金币》,《中国钱币》2000年第2期，第44页；关于这枚金币的研究另参见羽离子《对定边县发现的东罗马金币的研究》,《中国钱币》2001年第4期，第15～18页。
[41] 党顺民《西安发现东罗马金币》,《中国钱币》2001年第4期，第14页。
[42] 洛阳市文物工作队《洛阳龙门菩夫妇墓》,《中原文物》1982年第3期，第24～26页，图72.3。
[43] 内蒙古文物工作队《呼和浩特市附近出土的外国金银币》,《考古》1975年第3期，第182～185页，图2。
[44] 内蒙古呼和浩特市文物事业管理处《呼和浩特是草原丝路的中转站——毕克旗水磨沟又出土东罗马金币》,《内蒙古金币》1987年第8期，第58～60页。
[45] 石家庄文物发掘组《河北赞皇东魏李希宗墓》,《考古》1977年第6期，第382～390页；关于这3枚金币的详尽研究参见夏鼐《赞皇李希宗墓出土的拜占廷金币》,《考古》1977年第6期，第403～404页，图版6；有关这几枚金币较好的图版参见河北省博物馆、河北省文物管理处《河北省出土文物选集》，文物出版社，1980年，第177页，图版309。
[46] 关于这枚金币的详尽材料至今尚未公布，仅见宿白《中国境内发现的东罗马遗物》列表,《中国大百科全书•考古卷》，中国大百科全书出版社，1986年，第676～677页。
[47] 磁县文化馆《河北磁县东魏如茹公主墓发掘简报》,《文物》1984年第4期，第1～9页。
[48] 辽宁省文物考古研究所、朝阳市博物馆《朝阳双塔区唐墓》,《文物》1997年第11期，第51～56页。
[49] 屠燕治《东罗马立奥一世金币考释》,《中国钱币》1995年第1期，第35页图版见该期封底。
[50] 虽然在流入中国的萨珊银币中有一些被打上一个或几个小孔，但总的数量似乎不多，大多数情况下，萨珊银币是作为流通货币而存在的，打孔的银币作为装饰品之用。参见夏鼐《综述中国出土波斯萨珊朝银币》,《考古学报》1974年第1期，第90～110页。
[51] 孙莉《中国发现的萨珊银币研究》，北京大学硕士论文，2000年，第11页。但是萨珊银币中确实存在着因为

剪边而使德拉克玛份量减至 3 克以下的现象（参见 walker J，*A Catalogue of the Arab-Sassanian Coins*，1941，pp. cxlvii-cxlix）。

[52] Sear D R，*Byzantine Coins and Their Values*, London 1974.

[53] *Ibid.*, pp. 25-26.

[54] Whitting P D，*Byzantine Coins*，G. P. Putnams Sons, 1973.

[55] Sear D R, *Byzantine Coins and Their Values*, *p*. 12.

[56] 东罗马皇帝的王冠是半球形，闪闪发光，用布或丝绸制成，上面几乎缀满了各种珠宝。帽顶上有一个平放的圆圈和两个黄金的拱门，最上面的拱门相接的地方是一个圆球或十字架（参见爱德华·吉本，D. M. 洛节编，黄宜恩等中译《罗马帝国衰亡史》（下册），商务印书馆，1997 年，第 416 页）。

[57] 关于拜占庭帝国皇帝的权杖上的长矛有这样的传说，在君士坦丁大帝决定信仰基督教之时，"他在梦中看到一些装饰有织物片的旗帜和有十字架的长矛自天而降，这些长矛中一部分是黄金的，其余是白银、铁、铜质的，并装饰以各种宝石。同时，一种声音向他呼唤：'带走这些矛枪并进攻你的敌人，你将会取得胜利。'他觉得在梦中确实使用这些武器进攻过敌人，由于他获得了这种帮助，他击败了敌人并迫使之溃散。当他一梦醒来之后，君士坦丁便命令在一些矛枪的顶端安装他在梦中看到的那种标志，并令人将之带到其军队前例"。参见马苏第，耿昇中译《黄金草原》（第 2 卷），青海人民出版社，1998 年，第 397、398 页。

[58] 参见 Sear D R，*Byzantine Coins and Their Values*，p. 13.

[59] 参见陈志强上揭文。

[60] Seal D R，*Byzantine Coins and Their Values*，pp. 13-14.

[61] 参见夏鼐《赞皇李希宗墓出土的拜占廷金币》，《考古》1977 年第 6 期，第 403 页。

[62] 参见羽离子《对定边县发现的东罗马金币的研究》，《中国钱币》2001 年第 4 期，第 18 页，该文用了一定篇幅来讨论工匠在打押金币时的方法。

[63] Goodacre H, *A Handboook of the Coinage of the Byzantine Empire* p. 40.

[64] 谷一尚认为依照残存铭文判断，这枚金币不属于列奥一世，而属于安那斯塔修斯一世（参见《北周田弘墓》，第 126、234 页）。

[65] Goodacre H, *A Handboook of the Coinage of the Byzantine Empire*, p. 44.

[66] Goodacre H, *A Handboook of the Coinage of the Byzantine Empire*, p. 45.

[67] 羽离子上揭文，第 16～17 页。

[68] 罗丰《固原南郊隋唐墓地》，文物出版社，1996 年，第 151 页。

[69] 参见威尔·杜兰《世界文明史》第 4 卷《拜占庭伊斯兰犹太文明》，幼狮文化公司译，幼狮文化事业公司，1995 年，第 158、159 页。

[70] Sear D R，*Byzantine Coins and Their Values*，pp. Goodacre H, *A Handboook of the Coinage of the Byzantine Empire*, p. 67.

[71] 威尔·杜兰《拜占庭伊斯兰犹太文明》，第 170～180 页。

[72] Sear D R，*Byzantine Coins and Their Values*，p. 13. 不过最近有人说这一变化是在查士丁尼一世时期完成的（参见 Miclaael Alram，*Coins and the Silk Road*，*Monks and Merchants*：*Silk Road Treasures from Northwest China*，Harry N. Abrams, Inc，2001，p. 285）。

[73] Sear D R，*Byzantine Coins and Their Values*，p. 13.

[74] Ducellier P A《拜占庭帝国与东正教世界》，刘增泉中译本，编译馆，1995 年，109 页。

[75] 参见 Whitting P D，*Byzantine Coins*，G. P. Putnams Sons, 1973, pp. 18-25.

[76] 参 Goodacre H, *A Handboook of the Coinage of the Byzantine Empire*, pp. 15-16 所列拉丁字母表。

[77] 青海都兰北朝吐谷浑墓出土的这枚金币，据发掘者称正面有 17 个字母，并复原为狄奥多西斯，并以为是狄奥多西斯二世金币（《中国文物报》2002 年 7 月 24 日第 1 版），但根据已发表的照片观察，币面的拉丁字母不超过 13 个，是 Zeno 金币，背面铭文的辩释有错误。

[78] 该枚金币原报告者曾对其中的铭文有误识，如王名原识为"LENO"（参见李生程《陕西定边县发现东罗马金

币》,《中国钱币》2000年第2期，第44页)，后经羽离子辩正为“ZENo”即差诺，但羽文亦有武断之处，明显的例子是背面右侧最后一个原文释“T”。羽文则以为“我查看了还算清楚的照片，未能看出此段铭文末尾有什么T字母。末尾是有一个并不在独立字母位置上的似为突出的歪斜的竖痕。但它可能是因压模开裂所至或某种其他的原因所造成”(羽离子《对定边县发现的东罗马金币的研究》,《中国钱币》2001年第4期，第17页)。其实拜占庭早期金币的这一位置多为造币所符记，T字母的辨识虽然有误，因为在10个发行所符记中并没有T，但也很有可能属于Γ字母，它在符记中代表了第3发行所(参见Goodacre H, *A Handboook of the Coinage of the Byzantine Empire*, p. 13；Whitting P D，*Byzantine Coins*，G. P. Putnams Sons，1973，p. 68)。

[79] 31号金币报道者判读其铭文为“DNAHASTAVSIRSPPARG”(参见王长启、高曼《西安新发现的东罗马金币》,《文博·汉唐丝绸之路专号》1991年第1期，第39页)。其中一些字母释读有误，1992年该币参加在日本举办的《中国的金银器玻璃展》时,《图录》的解说中判读为“DNTIIEDOSIVSPFAVG”(参见《中国の金银玻璃器展——正仓院の故乡》，NHK大阪放送局，1992年，第128页)，这一判读结果受到谷一尚的批评，认为“这完全是一个错误”(参见《北周田弘墓》第126页)。谷一尚的释读基本正确，但发行所符记则释为不明。笔者曾于1998年10月在西安文物库房目验3枚金币，现在公布的是笔者的校正结果。

[80] 原报告者称这枚金币为狄奥多西斯二世，由于发表照片非常模糊不清，我们无法判断其推测的可靠性，仅从其辨释的拉丁字母则不能证实这种推断(报道见《内蒙古金融·钱币增刊》1988年第8期，第58～60页)。谷一尚从残存铭文判定内蒙古出土的原定为列奥一世金币为安那斯塔修斯一世金币。因为没有与谷一氏交换过他对这枚金币判定依据的来源，如果是其亲自目验结果，那么很有可能提供者将内蒙古收藏的2枚金币弄反了，很有可能误将武川金币当成土默特左旗金币。其实，两枚金币都出土在毕克旗一个名水磨沟的地方，两地点南北相距30公里，很容易相混淆。

[81] 原报告称金币为查士丁尼二世，有误，其实他的原意是查士丁二世(Justin Ⅱ，565～578年)，查士丁尼二世(Justinian II，685～695年)金币在中国境内并没有发现。这枚金币实际上是查士丁一世(Justin I，518～527年)。但比较奇怪的是与此完全相同的一枚金币发表在《中华文明传真·隋唐》一书中却称“发现于唐长安城的何家村窖藏”(尹夏清著，上海辞书出版社、香港商务印书馆，2001年，第38页)。不过非常遗憾的是，在这本印刷得非常精美的画册中，这枚金币却被印刷者置放成反面。发表者中肯定有人将金币的地点搞错。

[82] 原报道者所辨识发行所符记有误，称其为8并说“8或许代表东罗马帝国君士坦丁堡第八制币局”(参见阎璘《青海乌兰县出土东罗马金币》,《中国钱币》2001年第4期，第40页)。

[83] 原报告所辨释铭文中有“OB”字母，但实际上已不清楚(参见原州联合考古队《唐史道洛墓》，勉诚，2000年，第202页，图版25)。

[84] 参见F.蒂埃里等上揭文，第10页，不过在译文中他列举的文献里关于这枚金币的情况参阅夏鼐《赞皇李希宗墓出土的拜占廷金币》，夏氏在此文中则并未涉及新疆吐鲁番出土的这枚金币，或许译文有误。

[85] 新疆维吾尔自治区博物馆《吐鲁番县阿斯塔那——哈拉和卓古墓群清理简报》,《文物》1972年第1期，第11页，图7。

[86] Goodacre H, *A Handboook of the Coinage of the Byzantine Empire*, pp. 83—85.

[87] D. R. Sear上揭书p. 18。拜占庭当时贵金属造币活动是在财政大臣Saeraum Largitonum主持下进行的，其中Jmoneta Auri是一个特殊的造币厂，地点在君士坦丁堡的皇宫中，可分为十个小的作坊，称作officinae(参见Alram M，*Monks and Merchants*, Harry N. Abrams, Inc,2001, p. 285)。

[88] Goodacre H, *A Handboook of the Coinage of the Byzantine Empire*.

[89] Whitting P D，*Byzantine Coins*，G. P. Putnams Sons, 1973, p. 68.

[90] Whitting P D，*Byzantine Coins*, G. P. Putnams Sons, 1973, p. 74.

[91] 根据M. Alram最近的说法，Obryzum除去在金币技术语汇中表示足量金以外，在希腊数字中代表72，这个正好在罗马重量磅(Pound)中表示4.55克(grams)，与索里德重量一致(参见*Monks and Merchants*, p. 285)。

[92] Goodacre H, *A Handboook of the Coinage of the Byzantine Empire*.

[93] 笔者手头即有若干未曾见公开发表过的金币照片，如山西省芮城县1989年出土的金币，类似的发现在西安、

洛阳、固原等地均有。

[94] 参见谷一尚《北周田弘墓》，第 128、238 页。

[95] 李昉《太平御览》卷七八七《四夷部》引《晋起居注》，中华书局影印本，1960 年，第 3485、3486 页（下文所引均为此版本）。

[96] 参见张星烺《拂菻原音考》，《中西交通史料汇编》第一册，中华书局，1977 年，第 79～85 页。

[97] 《太平御览》卷七五八《器物部》引《前凉录》，第 3365 页。

[98] 《魏书》卷五《高宗纪》，第 115 页。

[99] 《魏书》卷五《高宗纪》，第 123 页。

[100] 《魏书》卷六《显祖纪》，第 128 页。

[101] 《旧唐书》卷一九八《拂菻传》，第 5314、5315 页。

[102] 《册府元龟》卷九七〇《外臣部》，中华书局影印本，1982 年，第 11404 页。

[103] 《旧唐书》卷一九八《拂菻传》，第 5315 页。

[104] 《册府元龟》卷九七一《外臣部》，第 11411 页。

[105] 玉尔《古代中国闻见录》（第 1 卷），第 55 页，转引自张星烺《中西交通史料汇编》（第 1 册），第 97、98 页；另张星烺亦称大德僧今多译作总主教（Archbish），第 99、100 页。

[106] 《景教碑》中景教教士俱简称僧，有称"上德"及"大德"之阿罗本，有称"大德"之及烈与僧佶和及大德曜轮。参见朱谦之《中国景教》，东方出版社，1993 年，第 154 页。

[107] 参见方豪《中西交通史》（二），华冈出版有限公司，1967 年，第 227 页。

[108] 《旧唐书》卷一九八《拂菻传》，第 5314 页。

[109] "北道从伊吾经蒲类海，铁勒部，突厥可汗庭，度北流河水，至拂菻国，达于西海。其中道，从高昌，焉耆，龟兹，疏勒，度葱岭，又经钹汗、苏对沙那国，康国，曾国，何国，大小安国，穆国至波斯，达于西海。其南道从鄯善，于阗，朱俱波，渴槃陀度葱岭，又经护密，吐火罗，挹怛，帆延，漕国，至北婆罗门，达于西海。其三道诸国，亦各自有路，南北交通。"（《隋书》卷六七《裴矩传》，第 1579、1580 页）

[110] 参见沙畹《西突厥史料》，冯承钧中译本，中华书局，1958 年，第 208～216 页。

[111] 粟特人在中国的聚落近年来学术界有许多讨论，其中较为重要的成果参见荣新江《北朝隋唐粟特人之迁徙及其聚落》，《国学研究》第 6 卷，北京大学出版社，1999 年，第 27～85 页。

[112] 参见姜伯勤《广州与海上丝绸之路上的伊兰人：论遂溪的考古新发现》，《广州与海上丝绸之路》，广东省社会科学院，1991 年，第 21～33 页。

[113] 《隋书》卷二四《食货志》载：北周"河西诸郡或用西域金银之钱，而官不禁"（第 691 页）。桑原騭藏、夏鼐已分别指出其中的金钱或指罗马系统金币（参见桑原騭藏《隋唐时代に支那に来往した西域人に就て》，《桑原騭藏全集》（第二卷），岩波书店，1968 年，第 311、312 页；夏鼐《咸阳底张湾隋墓出土的东罗马金币》，《考古学报》1959 年第 3 期，第 138 页）。河西地区西域金银币的使用是一个值得讨论的问题，虽然我们没有关于该地区金银使用的详尽材料，但已经有了一些文献积累（参见罗丰《固原南郊隋唐墓地》，文物出版社，1996 年，第 163 页）。商业活动中的奢侈品贸易受到付款方式的限制，由于货币制度的不完善，大部分时间需要硬通货币金银来支付货款，而中国较为完备的是铜钱系统。显然不适合大宗交易。铜钱与金银币比值也缺乏一个法定比值，传统的中国贵金币货币处于称量状态。

[114] 这方面最新研究参见斯加夫《吐鲁番发现的萨珊银币和阿拉伯－萨珊银币——它们与国际贸易和地方经济的关系》，《敦煌吐鲁番研究》（第 4 卷），北京大学出版社，1999 年，第 419～463 页。同著者英文本 Sasanian and Arab-Sasanian Silver Coins from Turfan：Their Relationship to International Trade and the Local Economy，*Asia Major*，Vol. 11，No. 2，2001，pp. 67-116.

[115] 南北朝、唐朝以前时就有在墓葬中埋藏金银钱的习俗，戴孚《广异记》载："乾宁三年丙辰，蜀州刺史节度参谋李思恭，埋弟于成都锦浦里北门内西迴第一宅，西与李冰祠邻。距宅之北，地形渐高，冈走西南，与祠相接。于其堂北，凿地五六尺，得大冢。砖甓其固，于砖外得金钱数十枚，各重十七八铢，径寸七八分，圆而无孔，去缘二分，有隐起规，规内两面，各有书二十一字，其缘甚溥，有刃焉。督役者驰其二以白，

思恭命使者入青城云溪山居以示道士杜光庭，云：‘此钱得有石余。’思恭命并金钱复瘗之，但不知谁氏之墓也。”（戴孚《广异记》附录“李思恭”条，方铭诗辑校本，中华书局，1992年，第241页）。

[116] 罗丰《固原南郊隋唐墓地》，文物出版社，1996年，第185～220页；赵振华、朱亮《安菩墓志初探》，《中原文物》1982年第3期，第37～40页。

[117] 周伟洲《河北磁县出土的有关柔然吐谷浑等族文物考释》，《文物》1985年第5期，后收入氏著《西北民族史研究》，中州出版社，1994年，第445～449页。

[118] 《北周田弘墓》，第110～111页。

[119] 夏鼐《考古学论文集》，图版32所载独孤罗墓志拓片。

[120] 参见《北周田弘墓》，第128页。

[121] 夏鼐《综述中国出土的波斯萨珊朝银币》，《考古学报》1974年第1期，第99、100页。

[122] 参见孙莉《中国发现的萨珊银币研究》，第17页所列表。

[123] 根据记载，在查士丁尼时代蚕种的孵化技术通过中亚传入拜占庭帝国。希腊历史学家普罗可比（Procopius）记载，蚕种是由印度僧人带入拜占庭帝国的，然后东罗马人知道制丝的方法（H. 裕尔，张绪山中译《东域纪程录丛》，云南人民出版社，2002年，第171页）；拜占庭人塞奥凡尼斯（Theophanes）则记载，查士丁尼时，波斯人从中国归来时将蚕藏于行路杖中，后携至拜占庭（H. 裕尔，张绪山中译《东域纪程录丛》，云南人民出版社，2002年，第171～172页）；而在汉文史料中亦有类似的载录，玄奘《大唐西域记》卷十二，“麻射僧加蓝及蚕种之传入”条载：“瞿萨旦那国‘王城东南五六里，有麻射僧伽蓝，此国先王妃所立也。昔者此国未知桑蚕，闻东国有也，命使以求。时东国君秘而不赐，严敕关防，无令蚕桑种出也。瞿萨旦那王乃卑辞下礼，求婚东国。国君有怀远之志，遂允其请。瞿萨旦那命使迎妇，而诫曰：‘尔致辞东国君女，我国素无丝绵桑蚕之种，可以持来，自为裳服。’女闻其言，密求其种，以桑蚕之子，置帽絮中。既至关防，主者遍索，唯王女帽不敢以验。遂入瞿萨旦那国，止麻射伽蓝故地，方备礼仪，奉迎入宫，以桑蚕种留于此地。阳春告始，乃植其桑，蚕月既临，复事采养。初至也，尚以杂叶饲之。自时厥后，桑树连荫，王妃乃刻石为制，不令伤杀。蚕蛾飞尽，乃得治茧。敢有犯违，明神不祐。遂为先蚕建此伽蓝。数株枯桑，云是本种之树也。故今此国有蚕不杀。窃有取丝者，来年辄不宜蚕。”（季羡林等《大唐西域记校注》，中华书局，1985年，第1021、1022页）。

[124] 斯加夫《吐鲁番发现的萨珊银币和阿拉伯－萨珊银币》，第448、489页。

[125] 《资治通鉴》卷二一六“天宝十载（751）正月甲辰”条，中华书局标点本，第6903页。

[126] 姚汝能《安禄山事迹》卷上，曾贻芬点校本，上海古籍出版社，1983年，第11页。另外唐时宫中嫔妃侍唐明皇寝亦有投金钱游戏，五代王仁裕《开元天宝遗事》“投钱赌寝”条载：“明皇未得妃子，宫中嫔妃辈投金钱赌侍帝寝，以亲者为胜。召入妃子，遂罢此戏。”(《开元天宝遗事十种》，丁如明辑校本，上海古籍出版社，1985年，第92页）此亦由原有戏掷金钱游戏发展而来，“内庭嫔妃，每至春时，各于禁中结伴三人至五人，掷金钱为戏，盖孤闷无所遣也”（同上，第83页）。

[127] 杜光庭《历代崇道记》，《全唐文》卷九三三，中华书局影印本，第9713页。

[128] 《全唐诗》卷二六七，中华书局点校本，1992年，第2966页。

[129] 陕西省博物馆等《西安南郊何家村发现唐代文物》，第36页。

[130] 参见罗丰《宁夏固原唐墓出土的唐初开元通宝钱》，《中国钱币论文集》第三辑，中国金融出版社，1998年，第271～280页，文中所列“开元通宝”四字初唐“开元”与何家村金质开元通宝比较表。

（原刊于《新疆钱币》2004年第3期）

再论中国发现的六枚拜占庭中期金币*

郭云艳

2005年中国钱币博物馆的金德平先生在《中国钱币》上刊登了一篇文章，记述了近年来中国钱币博物馆陆续从银行以及民间收购来的拜占庭金币共17枚[1]，其中包括以前未在中国发现过的拜占庭帝国中期的金币6枚，分别是君士坦斯二世（Constans Ⅱ，641～668年）金币2枚，塞奥菲鲁斯（Theophilus，829～842年）、罗曼努斯三世（Romanus Ⅲ，1028～1034年）、君士坦丁九世（Constantine Ⅸ，1042～1055年）和米哈伊尔七世（Michael Ⅶ，1071～1078年）金币各1枚。它们的制作时代分别是7、9和11世纪，而且从外表上看，这些金币的形状与样式差别很大，与拜占庭早期的金币也存在着明显不同。这是因为在4～6世纪，拜占庭帝国在社会、政治、文化等方面，经历了从罗马时期向拜占庭式风格的转变，逐渐开始形成以东地中海为中心的、讲希腊语的基督——皇帝统治下的世界。在这一过程中，帝国的各个方面都发生了深远的变化。

而货币作为一个国家经济生活的重要载体，地位非常重要。尤其是纯度很高的拜占庭金币，从4世纪出现以来，它不仅承载着帝国储备、收税、纳贡、支付官员们的工资等经济行为，而且担负着宣传皇帝与教会意图的教化功能，更是世界范围内拜占庭帝国的政治、文化影响力的集中体现，因此，金币的形制变化能反映出一段时期内社会意识的发展与变化。本文将借助于中国钱币博物馆收藏的这6枚拜占庭中后期的金币，来概述一下金币形制所表现出来的拜占庭帝国在中后期的社会变迁。

一、从君士坦斯二世金币看拜占庭帝国中期初期的社会特征

首先，让我们观察一下7世纪的君士坦斯二世金币。

从7世纪中期开始，因阿拉伯人的扩张造成埃及、叙利亚、巴勒斯坦等东方行省的沦陷，拜占庭帝国进入中期，其在政治、经济、宗教和文化等各方面与早期拜占庭帝国相比都发生了很大的变化。这种变化的开端一般认为从希拉克略一世开始。

本文中的君士坦斯二世，是希拉克略一世之孙，在希拉克略一世过世后的皇位继承战中获得最后

* ［基金项目］本文为河北省教育厅自筹资金项目“罗马帝国时期的政治演变与丝绸之路研究”（项目编号：SZ134002）研究成果。

胜利。在他统治期间，阿拉伯人的扩张来势汹汹，军区制得到加强，转型中的社会也大体稳定下来。

金文中提到的两枚君士坦斯二世金币，其中一枚的直径20.14毫米，重4.36克（图一），另一枚被剪边，直径18.85毫米，重4.22克（图二）。两枚金币的形制不同，具体地说，第一枚金币正面为皇帝正面胸像，头戴王冠，脸部两侧有垂珠；身着战袍，搭扣位于皇帝右肩，搭扣用大量联珠纹表现其复杂与高贵；右手托一颗十字架圆球，象征基督统治的世界。铭文为“DN CONSTAN Γ INųSPPAV”。背面为台阶和十字架，文字为“VICTORIA AVCų3”。第二枚金币正面为两位皇帝正面胸像，左侧人像稍大，留有长须，为君士坦斯二世，右侧人像略小，无须，为君士坦丁四世（Constantine Ⅳ，668～685年）；两人均戴王冠，冠顶饰十字架，头部两侧有垂饰，君士坦斯二世除王冠外，还戴盔，盔顶以方形表示羽毛饰物；两人头部之间有一枚小十字架；正面铭文由于剪边，缺失较多，隐约可辨“oNCON??-??”。背面中间为台阶和十字架；十字架左右有两人立像，左侧人像较大，右侧较小，是君士坦斯二世的另外两个儿子希拉克略和提比略，均手持“╪”形的牧首十字架，突出君士坦丁堡牧首的地位。铭文为“VICTORIAAYSųXL”，背面底部为“CONOB”。

图一

图二

虽然这个时候的拜占庭帝国遭到阿拉伯人扩张的巨大压力，但一般情况下，货币上不会直接反应。它们的形制往往反映出社会在较长时间段中的变化。

首先来看皇帝的服饰。金币索里得在希拉克略王朝仍然延续早期拜占庭金币索里得的正面样式，即主要采用皇帝的正面像，皇帝身着战袍，搭扣位于皇帝右肩。这种服装既是5世纪以来的传统的延续，也反映出拜占庭帝国自出现伊始就战事不断，给社会生活带来的影响，也就是说，皇帝的正装就是这种样式的戎装。

这两枚金币的正面形制最大的不同在于，第二枚金币是两名皇帝的半身像。这是延续希拉克略一世以来的传统，为了保证皇位的和平传承，在任的皇帝会提前选好继承人，并将两名皇帝的肖像刻在货币上，以深入人心，从而确保国家的稳定。因此，第二枚金币是654年君士坦丁四世被升为共治皇帝后铸造的。另外，我们还应注意到，第一枚金币上的君士坦斯二世没有戴盔，而第二枚金币上年老留有长须的君士坦斯二世却戴盔，盔顶以方形表示羽毛饰物。这反映出君士坦斯二世曾亲率大军参战[2]，所以才正式以戴盔图案出现。

从皇帝的肖像变化可以看出拜占庭帝国进入中期之后的一些特色。一方面，皇位继承制得到进一步确定和巩固。罗马帝国前期的继承制度比较混乱，养子继承和推选并重，总体上表现为元首政治；到拜占庭帝国前期，随着君权神授观念的普及，亲缘关系作为继承的依据确立下来；那么到了中期，血亲继承制进一步巩固，也就是要通过货币的影响使其深入人心。另一方面，拜占庭帝国中期以后，因强敌环伺，实行了军区制，也就是以军事立国，具体表现为皇帝经常要亲征，通常他们会让自己的儿子也就是共治皇帝留守首都，皇帝本人出征。这一变化就通过皇帝头上有没有头盔来表现，只有亲率大军出征过的皇帝才会加上这一符号。

其次，这两枚金币的背面主图都是台阶 + 十字架，这种图案最早出现在提比略二世（Tiberius Ⅱ，578～582 年），一般认为它是纪念塞奥多西二世时在耶路撒冷竖起了真十字架的仪式[3]。下面的 3 级台阶表示基督被钉十字架的刑场，也就是骷髅地，分别代表信仰、希望和博爱。十字架各端加了一条横杠，为"⊢┼⊣"，一般称为"横杠十字架"，表示基督教信仰的传播。正是从 6 世纪开始，十字架的图案更为频繁地出现在金币正面的图案上。皇帝手托着顶上有十字架的圆球，以及皇帝头顶上的十字架，都表明这个时期基督教信仰的进一步深化。

最后，我们还可以从铭文的变化看出这个时期希腊语的地位益发突出。在罗马帝国时期，东部帝国的通用语言就是希腊语，但官方语言一直是拉丁语，即使迁都君士坦丁堡之后，拜占庭帝国前期的政府和皇室也依然使用拉丁语，因此金币上的铭文是拉丁语。从 6 世纪末开始，社会上通行的希腊语逐渐反映到金币上来，我们可以从图片看出，第 1 枚君士坦斯二世金币的正背面铭文分别是"oNcONs??-τIN Ч sPPAs"和"VICTORIA-AVCЧΘ"。特别是正面铭文，正确的拉丁铭文应是"DN CONSTAN TINVSPPAV"（在铭文中经常用 V 来代替 U），但这里的 T 是用希腊字母 τ 来表示，而把 V 写作 Ч，也是受到希腊语的影响，表明这个时候的拜占庭社会的希腊语化程度越来越高。

以上为我们根据我国出现的 2 枚君士坦斯二世金币索里得来了解 7 世纪时拜占庭社会的变迁。那么接着我们根据 9 世纪制作的金币来看看当时的社会变化。

二、从塞奥菲鲁斯金币看拜占庭帝国中期的社会特征

在这 6 枚金币当中的塞奥菲鲁斯金币制作于 9 世纪，能够反映出这个时期的一些社会特征。皇帝塞奥菲鲁斯为阿莫里斯王朝的第二任皇帝，他的统治是从 8 世纪开始的拜占庭帝国毁坏圣像运动的后期阶段。经过希拉克略王朝在制度和社会结构上的重建，以及前面两个王朝的巩固和发展，拜占庭帝国中期的社会特征更为突出，我们可以从这枚金币索里得上看到一些表现。

这枚塞奥菲鲁斯金币（图三）有一定剪边，直径 19.79 毫米，重 4.39 克。正面为皇帝正面像，头戴皇冠，身披短斗篷，右手握主教十字架，食指伸出，指向自己的脸部；铭文读作："ΘЄ OFILOS—bASILEO"，意为"皇帝塞奥菲鲁斯"。背面为两并列胸像，其中居左、较大留须者为其过世不久的父亲米哈伊尔二世（Michael Ⅱ，820～829 年），居右、较小无须者为其刚刚夭折的儿子君士坦丁（约 830 年），铭文就是他们的名字，读作"MIXAHL SCONSτAnτin"。因此其制作时间在 830～840 年。

图三

从这枚金币可以看出，经过 100 年多的变迁，金币索里得的形制特征已经发生了明显改变。

首先，皇权以及父死子继的继承原则早已深入人心，而金币的图案还在按照传统在民众中宣传当时皇帝的形象。因此这枚金币正面有当时在位的皇帝塞奥菲鲁斯的肖像，背面则是前任皇帝以及

曾经有可能成为皇帝的皇子的肖像，这种对皇室的宣传，能够使得皇位在家族内的传承更为稳固。

其次，基督教的影响。我们可以注意到，这枚金币的正背面除了三位皇帝的半身像外，有多个十字架。实际上拜占庭帝国到了中期阶段，基督教在社会中的地位和影响已经很重要，渗透了人们生活的方方面面，关于信仰方面的争论还在继续。7世纪末期的皇帝查士丁尼二世（Justinian Ⅱ，689～695年、705～711年）就曾用基督像作为金币正面的图案。但这种方式显然并没有被整个社会接受，所以查士丁尼二世之后的皇帝，仍然采用希拉克略王朝早期的金币形制，也就是与前面的君士坦斯二世金币类似的风格，正面为皇帝像，背面为台阶加十字架，铭文沿用早期的“VICTORIA”。毁坏圣像运动后，金币背面形制不再使用表示骷髅地的台阶和横杠十字架，而是刻上共治皇帝的胸像，用来在民众间宣传皇帝的影响。

虽然毁坏圣像运动不允许崇拜偶像，但十字架显然不在此列。在塞奥菲鲁斯的这枚金币上，我们可以在正面图案上发现两种特别的十字架。第一，在铭文前面，有一种像“米”字的十字架，叫作“洗礼十字架”，是将十字架与希腊语基督的首字母X合并早一起，取其八角所含“八”之意，表示复兴和新生。第二，皇帝手里拿着的☩为牧首十字架，是君士坦丁堡牧首的标志，表示皇帝和牧首共同对帝国乃至世界的管理和指导。总的说来，基督教在9世纪的拜占庭社会居于统治地位，君士坦丁堡牧首作为整个东部帝国的精神领袖，其领导地位也已确立。

最后，拜占庭社会的第三个特征，希腊语化也在金币上反映出来。第一，金币正背面的铭文主要起着说明作用，是图案中所描绘的皇帝的名字。而铭文虽多数仍是拉丁字母，但希腊语字母出现的比率更高，如塞奥菲鲁斯的名字前两个字母就用Θ和ε表示。第二，正面铭文格式发生了变化。一方面，从晚期罗马帝国开始以来，正面铭文DN+皇帝名+PPAVC的格式一直沿用到7世纪末；到8世纪，仍有些索里得还有“DN”，“DNO”或“D”的铭文[4]；但是9世纪中期以后，拜占庭货币的铭文已慢慢反映出社会上希腊语取代拉丁语的趋势，并在以后的岁月中逐渐成为货币铭文的主流。另一方面，皇帝不再自称奥古斯都，从629年希拉克略一世统治时期，在一些文献当中，开始出现用Basileos称呼皇帝，后来逐渐普及。而这个希腊词汇出现在金币上，就反映出希腊语在整个社会中的普及程度。第三，此枚金币背面铭文“Μιχαιλ”和“Constantin”，分别表示米哈伊尔和君士坦丁，其中两人名字中间的“S”表示“和”，即希腊语中的“και”，在铭文中常以“C”、“S”和“CE”表示。而这段铭文为拉丁语与希腊语混合而成，前者为希腊语的“Michael”，而后者仍沿用拉丁字母，既反映出希腊语在拜占庭社会的影响，也表明“罗马”“罗马帝国”的印象以及拉丁文化的残余。

以上是塞奥菲鲁斯金币所反映出来的9世纪的拜占庭社会在皇权、宗教及文化方面的一些变化和特征。那么接着我们再看看到11世纪时金币形制的社会变化。

三、从3枚金币看拜占庭帝国中期晚期的社会特征

在这6枚金币当中，剩下的3枚都属于11世纪。分别是罗曼努斯三世、君士坦丁九世和米哈伊尔七世。此三人统治时期均属于马其顿王朝晚期，而马其顿王朝是拜占庭中期最为强盛的时期。这3枚金币中，第一枚直径25毫米，重4.38克（图四）；第二枚直径27.5毫米，重4.30克（图五）；第三枚直径29毫米，重4.22克（图六）。

图四

图五

图六

这 3 枚金币无论是形状还是具体形制，都已经与此前的金币发生了明显变化。

首先，从形状上说。这个时期的金币不再像过去那样是厚厚的圆形金币，直径变大，金币变得更大更薄。这是由于 10 世纪末，拜占庭帝国对货币体系进行改革，出现了两种新的金币单位，分别为希斯塔麦农（histamenon）和泰塔泰龙（tetarteron），前者在纯度和重量上与传统的索里得一致，后者仅保持传统索里得的外形特征——小且厚，其实际重量为索里得的四分之一，故而叫作“四分之一”。罗曼努斯三世的这枚金币就属于希斯塔麦农。而后 2 枚金币的形状非常特别，为凹形或碟形，这种凹形货币最早出现在 1045 年，当时君士坦丁九世发行的第二款希斯塔麦农首次采用了这种形状。直到伊萨克一世・科穆宁（Isaac Ⅰ Comenus，1057～1059 年）才开始大量铸造，并成为此后拜占庭帝国货币的主流[4]。

关于拜占庭货币改革的原因，比较常见的说法是受到阿拉伯货币的影响[5]。阿拉伯人的迪尔汗薄且宽，是 11 世纪拜占庭币制改革的参考对象，从而形成了这种薄片式形制。凹形货币的出现，标志着绵延 7 个多世纪、一直维持着高纯度的拜占庭金币，成色开始降低。另一方面，也反映出拜占庭帝国在地中海地区作为文化领袖地位的衰落。

其次，再看金币的形制。这 3 枚金币的正面均为基督像，背面为皇帝像。反映出拜占庭帝国在经历了 8～9 世纪的毁坏圣像运动后，对圣像的崇拜重新恢复并深入人心，才使得这种基督包括圣母的形象能够在金币上出现，并一直延续下来。

具体看一下，罗曼努斯三世的金币正面为基督正面全身坐像，其后正方形宝座清晰可见，宝座两边以联珠纹表示；基督头微向右转，留长须，头部有十字光环，十字架双臂比较宽；身着束腰外衣和大长袍，双脚露于袍外；右手抬起祝福，带起外袍悬起；封皮装饰着“⁙”图案的福音书放在左膝上，左手扶住书的上缘以维持平衡。背面左边为皇帝立像，身着改良长袍[6]，头戴顶部嵌十字架的皇冠，两侧有垂珠，右手抚胸，左手托顶部有十字架的圆球；右边为圣母立像[7]，脑后有光环，身着束腰外衣和斗篷，左手抚胸，右手高举于皇帝头顶，为其加冠。

君士坦丁九世的金币正面为基督正面胸像，留须，脑后为十字光环，光环中的左上、右上框中分别有一颗新月图案，基督身着束腰外衣和长袍；右手举起祝福，外袍因而悬起；左手将福音书合在胸前，福音书封皮上的装饰物因金币下部略有磨损而无法识别。背面为皇帝正面胸像，留须，身着简化外袍，上有衣领，头戴皇冠，冠顶嵌十字架，两侧有垂珠，右手握顶部为十字架的王杖，左手握顶部为十字架的圆球。

米哈伊尔七世的金币正面为基督正面胸像，长须下垂，脑后为十字光环，十字架的两臂很宽，未被遮挡的三个方向的十字架臂中分别有“⁚▪⁚”图案；基督右手举起位于胸前，拇指与无名指、小指靠拢，食指和中指翘立做祝福状；左手托福音书，从金币上只能看出封皮上装饰着“⁝⁝⁝”图案的福音书，而不见其下托着福音书的手；图案外有两圈联珠外缘。背面为皇帝正面胸像，留须，身着改良长袍，上绣衣领，头戴顶部嵌十字架的皇冠，两侧有垂珠。右手执顶部为饰有“⁚·⁚”的军棋的王杖，左手握顶部为十字架的圆球。图案外有两圈联珠外缘。

这3枚金币上的基督圣像以及各种铭文符号，均反映出11世纪时拜占庭社会生活中基督教的影响，而且一些崇拜符号也固定下来，构成了现代基督教正教崇拜中的重要组成部分。例如，罗曼努斯三世金币背面的圣母像所表现出的对圣母的崇拜；如君士坦丁九世金币正面的基督胸像是很特别的符号，称为普世式基督，即Pantocrator，字面意为“宇宙之主”。它经常出现在正教教堂的穹顶，图像中的基督略向前倾，这样不但使基督将书合在胸前的姿势更为协调，还可使他能够俯瞰整个教堂，而教堂内的装饰和人们的集会就象征着他所创造并予以统治的世界，它出现在教堂穹顶是为了更好地表现基督统治、看顾世界的意义。自罗曼努斯三世开始，这种基督胸像出现在金币上。

最后，从铭文看11世纪的拜占庭社会。

罗曼努斯三世的金币正面铭文为“+lhSXISRЄX-RЄSNΛNTIhm”，背面铭文为“ΘCEbOHΘ’RωMΛnω”，两头像之间还有铭文“M Θ”。正面铭文表示“Ἰησους Χριστός Rex Regnantium”，意为“耶稣基督，王中之王”，前半段用希腊语“IhS”和“XIS”表示耶稣基督，后半段“RЄSNΛNTIhm”是拉丁语。背面铭文表示“Θεοτόκε βοήθει Ρωμ άνω”（Theotoke help the Romanus），意为“圣母助佑罗曼努斯”[8]；“M Θ”意为“Μήτηρ Θεοὐ”，希腊语的“上帝之母”。

君士坦丁九世的金币正面铭文不是很清楚，可以根据《拜占庭钱币大全》参考原报告对铭文的识别，可以读作“+lhCXICRCXRES NΛNTIhM”，与罗曼努斯三世金币的正面铭文相同。这种铭文格式从马其顿王朝的瓦西里二世（Basil Ⅱ Bulgaroctonos，976～1025年）统治时期开始出现，并一直沿用到11世纪以后。背面铭文更加模糊，但大体可释读为“?cωns Λτh bΛ’ILcЧSRM”，表示“Κωνσταντίνος βασιλεὐςΡωμαίων”，意为“君士坦丁，罗马人的皇帝”。

米哈伊尔七世的金币正面在基督双肩上方左右两边分别有“IC”和“XC”的铭文，这表示基督的名号，为希腊语耶稣基督“Ιησοὐς Χριστός”的缩写，字母上方的“—”线表示着重。背面铭文是皇帝的名号，读作“+MIX • ∇ HΛ RA’IΛOΔ”，意为“Μιχαήλ βασιλεὐς Δοὐκας”，表示“米哈伊尔皇帝杜卡斯”。

这3枚金币的正背面铭文同样反映出11世纪基督教在社会上的影响，表示耶稣基督的“IC”和“XC”以及表示圣母的“MΘ”和“Θεοτόκε”，是正教教堂以及圣像中极为普遍的符号。同时它们也说明了拜占庭社会的全面希腊语化，拉丁字符出现的频率更低，但要注意到它们会一直存在，直到帝国终结，如铭文中的“Rex”。因为拉丁语虽然不再是帝国的通行语言，但一些词语作为罗马帝国的标志和文化印迹，有维持其存在的基础。

综合罗曼努斯三世、君士坦丁九世和米哈伊尔七世的金币，可以发现这个时期金币上出现了基督的形象，而罗曼努斯三世的金币背面还有圣母为皇帝加冠的形象。而在所有我国发现的拜占庭金币中，其他金币上都没有基督的形象，比较突出的特点只是十字架形状的演变。考虑到拜占庭帝国时期正教教义的发展，以及随之而生的社会演变，货币上基督形象的出现反映出毁坏圣像运动之后，圣像崇拜在艺术领域内的发展以及在社会日常生活中的体现，而正是这段时期发展成熟的圣像绘制理论与实践为此后发扬光大并绵延至今的拜占庭艺术奠定了基础。

四、中国出现的6枚拜占庭中期金币的历史意义

从19世纪六西方探险家在中国境内首次发现具有拜占庭文化特征的金币仿制品以来，拜占庭金币作为反映古代中国与地中海世界经贸联系的实物证据就一直是国内外学者的关注焦点。随着中华人民共和国成立后我国考古工作全面、系统地展开，在我国北方许多省份都出土了拜占庭金币或金币仿制品，进一步证明了古代中国与拜占庭帝国之间的经济、文化往来，同时它们也构成了深入研究东西方两大帝国之间政治、经济、文化交往的重要实物证据和线索。

在考古工作不断有发现的同时，学术研究也在开展与深入。随着我国社会经济的发展和人民生活水平的提高，个人收藏也蓬勃发展起来，私人藏品中也出现了许多拜占庭金币和仿制品。但由于这些藏品通常没有相关的来源说明，虽然其出现使得研究者对于中国与拜占庭帝国的经济文化交往的频繁和影响有个更乐观、更积极的判断，但遗憾的是，它们无法作为可信的证据被用于学术研究。

金德平先生在文中报道的这些金币具有同样的问题。从学术研究角度，我们既兴奋于如此之多的拜占庭金币的出现，也遗憾没有更多来源情况的说明。而在这其中，属于拜占庭帝国中期的这6枚金币更为特别。我国发现的拜占庭金币主要集中于拜占庭帝国早期，中晚期的金币此前未见相关报道。金文中提到这些金币为中国钱币博物馆从民间征集而来。那么民间得到这些金币则有两种途径，一为现代从国外钱币市场流入，二为我国出土。虽然这两种途径对于学术研究的意义迥异，但都有助于我们认识拜占庭帝国的历史与文化。

倘若这些金币是现代从国外流入，那么我们仍然可以通过这些金币的形制变化，来了解拜占庭帝国中期的社会嬗变，来认识拜占庭帝国的社会生活和文化特征。倘若这些金币是中国出土，那么它们除了作为认识拜占庭社会、文化的重要媒介之外，还具有极其重要的历史意义，是考察7世纪以后拜占庭帝国对外关系、特别是10世纪前后中国与拜占庭帝国经济文化交往的重要证据。但由于其来源的不确定性，相关研究的展开受到一定影响，我们也期待民间收藏家能够将更多的拜占庭金币资料公布出来，提供更为详细的相关历史信息，从而为中国与拜占庭帝国之间关系的研究提供更多资料。

注　　释

[1] 金德平、于放《考说在中国发现的罗马金币——兼谈中国钱币博物馆17枚馆藏罗马金币》，《中国钱币》2005

年第 1 期，第 16～19 页。

[2] 君士坦斯二世曾亲自指挥凤凰港海战，以抵抗阿拉伯人的进攻，但以失败告终。关于这场战役，参见 Bury, J B. *A History of the Later Roman Empire, from Arcadius to Irene* (*395 AD to 800 AD*) (*v II*). London: 1889: 291.

[3] Grierson P. *Byzantine Coinage*[M]. Washington, DC: Dumbarton Daks Research Li brary and Collection, 1999: 7.

[4] Grierson P. *Catalogue of the Byzantine Coins in the Dumbarton Oaks Collection and in the Whittermore Collection: Nicephorus* Ⅲ, *717-1081* (*v3*). Washington, DC: Dumbarton Daks Research Li brary and Collection, 1973: 5,6, 114.

[5] Hendy M. The *Economy*, *Fiscal Administration and Coinage of Byzantium*, Variorum:1989: 265.

[6] 改良长袍，即 amended loros，这是在传统的执政官长袍基础上进行调整的长袍。拜占庭时期的传统执政官长袍是一件长长的、镶满珠宝的、缠绕在身上的长布围巾，一端搭在前面，另一端搭在向前伸出的左臂上。9 世纪后期，这种长布围巾开始被一种头上戴着的简化围巾取代，后者通常被称为改良长袍，穿着方式一样，只是形式略有变化，图案更为繁复。货币上的传统长袍与改良长袍易于辨认，前者在佩带者的胸前表现出斜纹图案，后者采用垂直或水平图案。罗曼努斯二世的改良长袍，是一种含有丰富的绣花条纹的布料，长约 1 英尺，12 英寸，有 3 个孔，适于脑袋穿过。它在身体前后垂下，前面接近膝盖，后面有一个较短的拖裙，而不是像传统长袍那样将后摆搭在左臂。罗曼努斯二世改良后的长袍图案包括水平平行的四个方形板，每个重心都有一个小方形饰物，与相邻的方形用一排圆珠分开。这种改良长袍用一种丝绸或其他柔软织物制成，只到膝盖下，袖子宽松，肩膀下方的上臂处装饰有圆形花饰；前后袍尾底部均有一排花饰。由于没有难以固定的衣褶，这种改良长袍比传统长袍更易穿着，但后面被折起的拖裙又丑又不舒服。参见 [3], 第 57 页。

[7] 罗曼努斯三世之所以将圣母像广泛运用在其钱币上，既有他自己“对圣母特别的尊崇”的原因，也是这个时期圣母崇拜的风行，表现为各种圣母像以各种方式出现在拜占庭帝国社会生活中的各个角落。参见 [3]，第 35 页。

[8] 铭文中的“Θεοτόκος”一词意为“圣母玛利亚”，常用其呼格于诗歌；“Ρωμανώ”用于动词后，为“Ρωμανός”的宾格。在祈求圣母助佑时，曾经一度使用“Maria”来称呼圣母，后来比较常用“上帝之母”，即“Μήτηρ Θεoύ”，缩写为“MPΘV”或“MΘ”；若直接请求圣母帮助时，通常的格式为“O Mother of God, aid……”，也就是“Θεοτόκε βοήθει……”，常被简化作“ΘKE ROHΘEI”（或者“ROHΘ”或“RΘ…”），这种格式在 11 世纪以后非常普遍。参见 Grierson P. *Catalogue of the Byzantine Coins in the Dumbarton Oaks Collection and in the Whittermore Collection* (*v3*). 179-183.

（原载《中国钱币》2015 年第 1 期，第 53～59 页）

浅议萨珊银币的发现与形制

孙　莉

萨珊货币是由3世纪在伊朗高原西部建立的萨珊王朝发行的货币。这种货币是当时普遍流通的一种国际货币，在世界的许多国家和地区都有发现。从20世纪初开始，中国也陆陆续续出土了这种货币，其出土数量之多，出土地点之广，不能不引起人们的重视。

一、萨珊银币的发现

萨珊货币有银、金和铜合金三种，但以银币为主要使用货币，金币大多为宫廷赏赐之用，铜币则具有辅币性质（后两者的数量都很少）[1]。我国出土的萨珊货币就以银币为主，目前已见于新疆、甘肃、陕西、宁夏、山西、河南、湖北、河北、内蒙古以及广东等地。这些银币分属于萨珊12（13）位王，银币的总数在1900枚以上（表一）。每位萨珊王在位期间都会制造几种不同形制的银币[2]，但根据中国发现的银币来看，基本是一位王一种银币形式，只有卑路斯的银币有两种形式[3]。除大量银币之外，西安何家村窖藏中还出有唯一的一枚铜币，但资料发表不全，这枚铜币的具体状况不明[4]。

表一　出土于中国境内的萨珊银币

序号	王名	英文名	在位时间/年	数量/枚	主要分布地点	备注
1	沙普尔二世	Shapur 或 Sapur Ⅱ	309～379	14	新疆高昌古城	
2	阿尔达希二世	Ardashir 或 Ardaser Ⅱ	379～383	14	新疆高昌古城	
3	沙普尔三世	Shapur Ⅲ	383～388	6	新疆高昌古城	
4	伊斯提泽德二世	Yazdegerd 或 Yazdard Ⅱ	438～457	4	河北定县	
5	卑路斯	Peroz	459～484	456	河南洛阳，青海西宁	根据银币数量的多少来排序
6	詹马斯波[5]	Jamasp 或 Zamasp	497～499	1	新疆阿斯塔那古墓	
7	卡瓦德一世	Kavadh 或 Kavad	488～497 499～531	2	陕西耀县，内蒙古呼和浩特	
8	库思老一世	Chosroes 或 Khosro 或 Xusro Ⅰ	531～579	5	陕西刘家渠、耀县，新疆乌恰	这三个地点所出的银币数量基本均衡
9	荷米斯德四世	Hormizd Ⅳ	579～590	1	新疆阿斯塔那古墓	

续表

序号	王名	英文名	在位时间/年	数量/枚	主要分布地点	备注
10	库思老二世	Chosroes Ⅱ	590～628	1328	新疆乌恰、阿斯塔那古墓	前者所出占绝大部分
11	阿尔达希尔三世	Ardaser Ⅲ	628～629	2	? [6]	
12	布伦女王	Boran 或 Buran	630～631	2	陕西长安，新疆阿斯塔那墓	
13	伊斯提泽德三世	Yazdegerd Ⅲ	632～661	3	新疆阿斯塔那古墓	

在我国发现的这些不同王属的银币，虽然各有特色，但它们的共性比较明显。银币正面图案以王者胸像为主，一般是右侧像（但也有少数向左，极少数为正面像，中国境内尚未见此类）；王头戴王冠，冠后有飘带；王的发髻和胡子多呈球形；图案外为圆点连成的圈，一般为一圈，后来也有两圈的。背面图案通常为祆教祭火坛和站立于火坛两边的祭师[7]，图案外也以圆圈框住，多时可达三圈。然而每王的银币，不论正面还是背面都存在着一些与同一类银币间的细微差别，如王冠飘带的起伏高低、王胸像朝左或朝右、六星符号的时有时无、火焰中马兹达形象的时有时无等，这些现象主要是由制币地点的不同和制造时间的先后所造成的。此外，即使是在同一时间的同一制造地点也会因为使用不同的钱模而在银币上出现细微差别。纵观中国出土的萨珊银币可以看到它们在种类上呈现以下特征。

1. 中国最早的萨珊银币——沙普尔二世银币

中国出土的银币，时代最早的属沙普尔二世时期。沙普尔二世是萨珊历史上伟大的君主之一，在位时间最长，在他的领导下萨珊进入强盛时期。制造的货币也比以前大大增多。

2. 中国出土数量最多的萨珊银币——卑路斯银币和库思老二世银币

出土银币数量最多的属卑路斯和库思老二世银币，此外沙普尔二世、阿尔达希尔二世和库思老一世的数量也较多。卑路斯王当政期间，与中亚的嚈哒多次交战，遭到惨败，赔偿了许多钱币和财物，因而他的钱币流传在外的较多。库思老二世时期，萨珊全国的制币厂有120多个，达到了制币的鼎盛时期，大量的钱币也就运送到了各地。

3. 比较罕见的萨珊晚期银币——布伦女王和伊斯提泽德三世银币

萨珊晚期的几位王，如布伦女王、伊斯提泽德三世等，在位时间都很短，制造的钱币数量有限，一般很少见到。但他们的银币在中国还能发现，究其原因可能是在萨珊末期与唐朝的密切往来带来的。当时，为抵抗阿拉伯人的入侵，萨珊求救于唐王朝，并且后嗣还在长安居住。

萨珊银币在中国埋藏的年代与银币本身的制造年代是有一定时间间隔的，这中间有银币传入中国前的流通时间及传入中国后到被埋藏前的存在时间。

夏鼐先生曾对当时所有银币的埋藏年代进行统计[8]，通过几种不同情况的分析得出：银币的埋藏年代距其制造年代相差最短的为几年，最长的有100多年。另有国外学者桑山正进[9]对中国全境出土的萨珊银币及斯加夫[10]对吐鲁番出土银币的埋藏年代进行统计，也得出类似结论。

根据表二来看，某王的银币从被制造出来，到于中国被埋藏的年代不晚于该王统治结束后的

200 年。在中国埋藏年代跨越范围最广的是卑路斯和库思老二世两王的银币，他们的银币在其统治时期就传入中国并被埋藏了，但卑路斯的银币在 7 世纪的墓中还有发现，而库思老二世的银币则持续到 8 世纪中叶。这两位王的银币埋藏年代能持续这么久是和他们制造的银币的庞大数量分不开的。而那些出土数量较少的萨珊王的银币，其埋藏时间跨越的范围很小，有的甚至只有一个埋藏年代。根据统计，这些银币的埋藏年代距制造年代一般在 100 年以内，并且由于其数量少，出现的随机率很大，有的距制造年代很近，有的则很晚。

表二　中国境内萨珊银币的埋藏年代及地点

萨珊银币	时间[11]	埋藏年代及地点						
沙普尔二世	379	约 4 世纪末到 5 世纪（高昌古城）						
阿尔达希二世	383	4 世纪末到 5 世纪（新疆高昌古城）	约 5 世纪（新疆高昌古城）					
沙普尔三世	388	4 世纪末到 5 世纪（新疆高昌古城）	南朝末年（广东遂溪）					
伊斯提泽德二世	457	481 年（河北定县北魏塔基）	南朝末年（广东遂溪）					
卑路斯	484	481 年（河北定县北魏塔基）	497 年（广东英德南齐墓 8）	约 5 世纪末（青海西宁城隍庙街）	约 6 世纪（陕西西安张家坡隋墓 410）	高昌末隋（新疆吐鲁番阿斯塔那墓 115）	隋代（河南洛阳邙山北魏元怿墓西侧）	隋代（宁夏固原史射勿墓）
		约 6 世纪末至 7 世纪（河南洛阳北邙山老城岳家村唐墓 30）	604 年（陕西耀县隋舍利塔）	608 年（陕西西安李静训墓）	唐初（湖北安陆吴王妃墓）	时间不清（甘肃天水、临夏、张掖，河南洛阳伊川，宁夏固原，陕西紫阳，广东遂溪）		
詹马斯波	499	604 年（新疆吐鲁番阿斯塔那古墓）						
卡瓦德一世	531	604 年（陕西耀县隋舍利塔墓）	6 世纪末 7 世纪初（内蒙古呼和浩特西北坝子村古城）					
库思老一世	579	584 年（河南陕县刘家渠隋刘伟墓）	604 年（陕西耀县隋舍利塔墓）	7 世纪后半叶（新疆乌恰）				
荷米斯德四世	590	7 世纪（新疆吐鲁番阿斯塔那古墓）						
库思老二世	628	626、638、639、663、656、657、665、667、689 年等及唐代（新疆吐鲁番阿斯塔那墓多座）	7 世纪（新疆吐鲁番雅尔湖古墓）	7 世纪末（山西太原金胜村）				
		7 世纪后半叶（新疆乌恰）	7～8 世纪初（陕西长安区天子峪唐塔基）	7～8 世纪中叶（新疆吐鲁番阿斯塔那墓 77、118）	8 世纪中叶（陕西西安何家村唐代窖藏）	7～8 世纪（新疆吐鲁番阿斯塔那墓 149、206）		
布伦女王	631	685 年（新疆吐鲁番阿斯塔那墓 29）	7～8 世纪（长安区塔基）					
伊斯提泽德三世	661	6～7 世纪（新疆吐鲁番阿斯塔那古墓）	653 年（新疆吐鲁番阿斯塔那墓 302）	8 世纪（新疆吐鲁番阿斯塔那墓 363）				

二、萨珊钱币的形制

本文此处所讨论的萨珊钱币的发展演变，主要是指不同时期萨珊钱币正、背面图案的差异。对此虽已有学者进行过研究，但是他们各自的侧重点不同，因而也就有不同的结论。本文即在他们的研究基础上，进一步看中国出土的萨珊银币所反映出的特征。

在波普的《波斯艺术综述》[12]一书中，对所有萨珊波斯王的银币进行了分析，并根据其演变将之分期。其主要采取两种方法分期：一种是根据银币本身的形制，另一种则是根据当时的政治和经济状况进行分期。这两种方法的分期时代相似，并且最终都是将钱币分为三期，结合起来看，萨珊钱币的演变如下。

第一期从阿尔达希尔一世到沙普尔二世（4世纪中叶），但又可以沙普尔二世为界，在此之前称作阿尔达希尔一世时代，这时钱币上的图案占满整个空间，且均匀对称，但同时期的大型石刻中所表现的人物形象相对于他所骑的马比例夸张得大，衣服的线条僵硬、呆板。由此往后为另一部分，此时构图呈金字塔布局的趋势，人物的衣服显示出人体自然的轮廓和动作。这一时期，国家处上升阶段，封建领地正逐步形成，而萨珊也正陷于与罗马是战争还是结盟的选择中，没有建立起与外界的经济联系。

第二期从沙普尔三世开始到卡瓦德一世复位为止（5世纪末），持续两个世纪，这时出现两种截然相反的趋势：一方面是夸张地表现武力行动，而另一方面则是刻画的细节带有很强的保守性而形成一种僵硬的模式化。此时萨珊国家的权利对内、对外都有扩张。对内表现为与封建领主的扩张和分裂而产生的冲突，特别是在亚美尼亚地区；对外是与东、西方贸易的扩大而导致与游牧民族的冲突。在该期的最后时段，城市商业繁荣而形成的大量手工业者和怀着开拓心情涌入城市的众多农民引发了一场宗教革命——马兹达克运动。

剩下的为第三期，被称为塔基布斯坦（Taqi-i-Bustan）石刻风格时期，此时石刻的构图和风格虽然仍保持传统的对称原则，但是受到了壁画的深刻影响，依靠添加色彩来增加效果，钱币也是如此。这期表现为王权高度集中的税收制度和集中发展的经济。马兹达克运动使得王权得到了加强，确立了中央集权制，与外界的广泛贸易增加了国家的税收，促进了萨珊经济的复苏，形成了良好的城市经济系统。

另一学者戈贝尔则侧重于对钱币本身的细节的分析，而并未给出类似于前者那样由全局得出的分期。在他的《萨珊钱币》一书中，首先是从钱币本身特征出发，将钱币分为正面和背面两大部分，分别论述了出现在正、背两面的边圈、边圈装饰、铭文内容及含义，以及正面的王者形象（王冠、发型、胡子、特殊现象等）和背面的火坛与人物形象。此外还论及了钱币的材制、制作技术和管理等方面。

之后他便按时间顺序从萨珊王的角度来谈论各王钱币的特征及其变化。他指出，每位萨珊王都有几顶不同的王冠，因而会造成钱币形式的多样化，但是其中一些属基本类型，它们具有一定的时间顺序，而且数量较多，这主要表现在银币上；另有一些属于特殊形制，它们出现的时间短且没有规律，反映在钱币上就是数量少，并且主要是表现在不经常制造的金币上。他根据钱币背面的图案特征将每位萨珊王的钱币分为几种形制（包括基本形制和特殊形制），分别叙述了各种形制出现的时间、表现的手法及含义，并将该王的钱币与其他王的钱币联系起来，论述了它们在某些形制上的延续及发展。他同时指出，某些特征是从某一王开始并持续一定时间的[13]。

此外，他还对钱币上的某些组成部分进行分析：钱币背面的祭火坛形式有祭火坛、两祭司和有祆神胸像的祭火坛、两祭司和祭火坛三种类型，这三种类型是由前到后的发展顺序，但第二和第三种有时间交叉的现象。王冠则分为帽形冠，2个雉堞的冠，3个雉堞的冠，4个的雉堞、羽翼冠，以及带卷形的帽形冠，由于一位萨珊王就会有好几种冠，因而这几类王冠有同时出现的现象，但是仍可看到羽翼形王冠出现的时间最晚，并且是晚期最常见的王冠。

就中国出土的1900多枚“萨珊银币”而言，其中包括了少量并不是真正的萨珊银币的钱币，即哌哒钱币、阿拉伯萨珊钱币和太伯里萨珊钱币。这几种钱币与萨珊钱币有着极为类似的图案特征，是萨珊钱币的仿造者或者就是将萨珊钱币稍加改造后重新被使用的钱币。它们在萨珊钱币的不同发展阶段分别出现，也可以算是萨珊钱币发展过程中出现的特殊分支。

哌哒钱币有两种形制：一种为自制，乃仿波斯萨珊朝货币而成，但钱币上的王像不同于萨珊王像，铭文采用哌哒本国的文字，但也有使用婆罗钵文字或印度婆罗谜字的。然而这种钱币发现的并不多，更多的是见第二种形制。第二种形制的钱币主要是利用别国的钱币，并在此基础上加上自己的标志来使用。其中最常见的是在波斯银币上打印哌哒文字的戳记，以便作为法定货币在其境内流通。这种钱币在中国发现2枚：一枚为河北定县北魏塔基内出土的伊斯提泽德二世样式银币，另一枚为新疆博格达沁古城出土的卑路斯式银币。

阿拉伯萨珊钱币则是阿拉伯人在灭掉萨珊王朝后最初所使用的钱币。阿拉伯人建立翁米亚王朝，并仍沿用了库思老二世或伊斯提泽德三世的钱币，钱币铭文使用阿拉伯文，钱币上的纪年仍是伊斯提泽德三世在位年数的持续。这种钱币一直发行到回历79年（698年）阿拉伯进行货币改革为止，在此之后发行的就是纯伊斯兰钱币。中国发现的该种钱币数量最多的一批是新疆乌恰山中出土的，为库思老二世样式银币，计281枚。此外，新疆哈拉和卓古墓出土1枚、山西太原出土1枚库思老二世样式的银币。此外，还有新疆吐鲁番阿斯塔那M302出土伊斯提泽德三世样式的银币。

“太伯里（Tabaristān）萨珊钱币”，是由原萨珊王朝的一省太伯里斯坦地区在萨珊灭亡后仍沿用的一种仿萨珊钱币。其重量要比萨珊币轻几乎一半，但形制与之完全一样。该币流行到回历178年（794年）阿拉伯占领该地，委派阿拉伯总督为止。这种钱币在中国只有新疆库车苏巴什旧城一处发现，为一枚库思老二世样式银币。

此外，由于萨珊银币制作精美、规范，还影响了许多其他国家（民族）的钱币，诸如贵霜-萨珊钱币、西突厥钱币[14]等，但在中国的地下出土发现物之中并未见到它们，因而在此不再详述。

中国所发现的萨珊钱币主要就是银币，虽然出土的种类并不多，但是它们所跨越的时间范围较大，基本由萨珊前期持续到萨珊亡国为止；且萨珊银币在我国的分布地域也很广，因而它们所反映出的一些时代和地域特征较为明显。

在中国发现的12（13）位萨珊王的银币中，前3位王的银币背面祭火坛火焰呈上升条状，而由第4位王伊斯提泽德二世开始，之后所有王的银币背面祭火坛火焰呈点阵状分布。由此将其分为两个阶段，在第一阶段中，火焰内时有祆神胸像出现，王冠为“雉堞冠”和“帽形冠”，钱币铭文比较烦琐，图案中人物形象比较生动、易于辨认；而到第二阶段，火焰中不再有祆神胸像出现，王冠则主要为“复合冠”，图案中的祭师的形象很难辨认，只有一个大致轮廓而已。铭文的组成在这两个阶段之间有着显著变化，由繁变简，特别是在第二阶段，钱币背面铭文出现制造地点和年代的程式化表现。

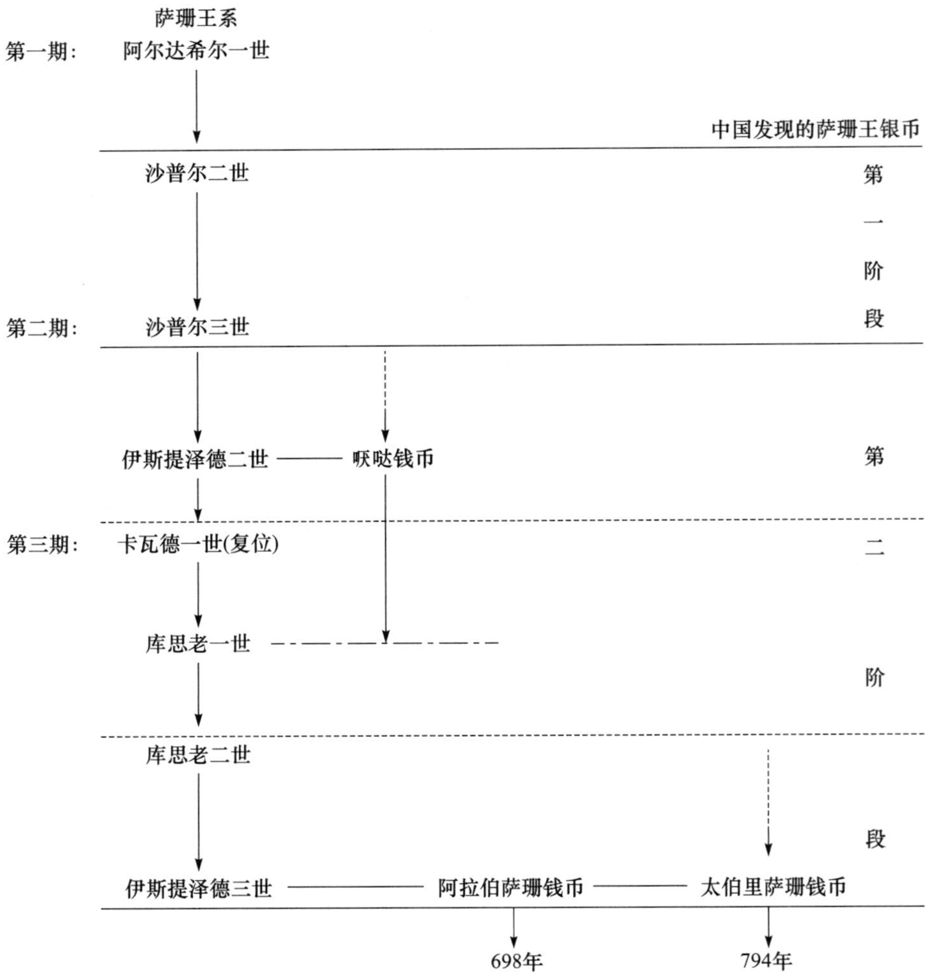

图一 萨珊银币的演变简表

在第二阶段中，银币又发生一些特征变化，主要反映在银币正、背面中心图案之外的装饰之上。包括詹马斯波统治在内的以前，萨珊银币正、背面的中心图案之外仅以联珠纹圈围住；而自卡瓦德一世复位统治后，银币正面图案中的联珠纹圈外在相当于时钟3、6、9点位置处出现新月抱星的装饰；库思老二世之后的萨珊银币，连背面图案外的联珠纹圈之外也加上四处同样的装饰了。

就萨珊钱币整体看，这种发展演变主要体现在银币上，偶有生产[15]的金币则常会出现一些特殊图案。并且由于政治原因的影响，银币在发展中也时常会被一些特殊现象插入。如原贵霜帝国所在的萨珊东部，又会生产出一些受贵霜或是其他外来文化影响的钱币。

以上的分析主要依据于钱币的图案特征变化，目的是帮助我们更好地认清萨珊钱币的特征。再结合不同种类银币的组合、银币在我国的埋藏年代和出土地区，可将萨珊银币分为两个时期：第一期，时代为4世纪末到5世纪初，银币种类有沙普尔二世、阿尔达希尔二世和沙普尔三世银币，这期的特点是出土地区仅限于新疆吐鲁番，出土方式为这三位王的银币共同埋藏于不同的窖藏中。第二期，时代为5世纪末到8世纪中，银币主要为沙普尔三世以后的9（10）位王的银币。在这期，银币的出土地区已扩大到中原及广东，银币基本不含第一期的种类。此外，银币的出土方式和组合多样化，如出现了伊斯提泽德二世与卑路斯银币、卑路斯与卡瓦德一世和库思老一世银币、卡瓦德一世与库思老一世银币、库思老二世与布伦女王银币及库思老二世与荷米斯德四世银币组合等。

在第二期中，又可根据不同银币种类组合相互重叠的关系，将这 9（10）位萨珊王的银币分为两个群体：以库思老一世为界，在他之前（包括他）的王的银币应为第一群体，其在中国被埋藏的时间较早，为 5 世纪末到 7 世纪末，其中以卑路斯银币为最多；库思老一世之后的萨珊银币为第二群体，在中国被埋藏的时间相对较晚，为 7 世纪到 8 世纪中期，库思老二世的银币占大多数。这两个群体虽然存在的时间有重合，但其在总体上有先后的顺序，也可看作是两个小的时期。

注　释

[1] 这三种钱币的计量单位各不相同。银币的主要计量单位为“德拉克姆”（drachm），约 4 克左右，此外还有“tetradrachm”（合 4 个 drachm）和“obol”（合 1/6 drachm）。金币的计量单位为“迪那尔”（dinar, 1dinar=6tetradrachm），因此金币的体积一般要比银币小很多。铜币则以“unit”为单位。可见戈贝尔的《萨珊钱币》（Robert Göbl. *Sasanian Numismatics*. Braunschweig: Klinkhardt & Biemann. 1971）。

[2] 每位王发行的货币依其正面图案中的王冠形制的不同，而形成不同的形式。各王的王冠基本是一种，但当有重大政治事件发生时，王冠可能被赋予另一种含义，在形制上有所改变。

[3] 《上海博物馆藏钱币·外国钱币》中所收杜维善夫妇捐献的萨珊银币中包括了考古发掘中未见的种类，其中有阿尔塔希尔一世银币 7 枚，沙普尔一世银币 2 枚，荷米斯德一世银币 1 枚，巴朗一世银币 1 枚，巴朗二世银币 5 枚，纳什银币 2 枚，荷米斯德二世银币 1 枚，沙普尔二世银币 9 枚，阿尔塔希尔二世银币 1 枚，沙普尔三世银币 5 枚，巴朗四世银币 7 枚，伊斯提泽德一世银币 5 枚，巴朗五世银币 5 枚，伊斯提泽德二世银币 5 枚，卑路斯银币 33 枚（王冠有三种，中国所定的 A 型 11 枚，B 型 21 枚，另有一种 1 枚），瓦拉什银币 2 枚，卡瓦德一世银币 28 枚（第一次为王时的银币 7 枚，复位后的银币 21 枚），詹马斯波银币 5 枚，库思老一世银币 14 枚，荷米斯德四世银币 11 枚，巴朗六世银币 1 枚，库思老二世银币 41 枚，维斯塔姆银币 1 枚，卡瓦德二世银币 1 枚，库思老三世银币 1 枚，阿尔塔希尔三世银币 4 枚，布伦女王银币 1 枚，荷米斯德五世银币 1 枚，伊斯提泽德三世银币 2 枚，共 202 枚。其中有 16 位王的 47 枚银币、卡瓦德一世第一次为王的 7 枚银币和卑路斯 A 型银币 1 枚，在中国考古发掘中未见。这些银币都是杜维善先生自国外购买来的精品，不能作为本文的研究资料，仅用做参考而已。

[4] 《文物》1972 年第 1 期曾发表过何家村窖藏的报告，但并未提到该铜币，仅在陈尊祥的《西安何家村唐代窖藏钱币的研究》（《中国钱币》1984 年等 3 期，第 30 页）一文中提及。

[5] 此处笔者将詹马斯波放在了卡瓦德一世的前面，因为虽然卡瓦德一世早在 488 年就登上王位，但在他 496 年逃亡国外后，詹马斯波登位。并在詹马斯波统治 3 年后，他才得以复位。因此卡瓦德一世的前段和后段统治有了很大区别，应该分开；且其货币的形制在这两个时期也极不相同。按货币的形制发展来看，应该是卡瓦德一世（前段）—詹马斯波—卡瓦德一世（后段）。在中国没有发现卡瓦德一世前段的货币，因此就做了前面那样的排序。

[6] 桑山正进的《東方におけるサーサーン式銀貨の再検討》（《东方学报》1982 年第 3 期）第 143 页，提到出有 1 枚该王银币（但笔者在出土材料中并未见得）。罗丰《固原南郊隋唐墓地》第 156～158 页记史铁棒墓出土该王的仿制金币 1 枚。

[7] 银币背面的图案有一个发展变化过程。最初只有一个大祭火坛，火坛下边各由一狮子腿支撑，狮子腿则踩在一个蘑菇状物体上，这种形象被认为可能与阿契美尼德王朝在波斯波利斯的统治有关。沙普尔一世时，祭坛旁出现两个祭师，荷米斯德一世时，左边的祭师因戴有与王相类似的冠而被认为是国王本人。从巴郎五世起，钱币背面的图案固定为现在常见的形式。但偶尔也出现少数特殊形象——该王的立像，如卡瓦德一世、库思老一世和二世的金币均在背后有王的立像，可见戈贝尔的《萨珊钱币》一书。

[8] 夏鼐《综述中国出土的波斯萨珊朝银币》，《考古学报》1974 年第 1 期，第 99、100 页，表二、表三“萨珊银币埋藏年代（上、下）”。

[9] 桑山正进《東方におけるサーサーン式銀貨の再検討》，第146～148页。

[10] 斯加夫《吐鲁番发现的萨珊银币和阿拉伯—萨珊银币：它们与国际贸易和地方经济的关系》，《敦煌吐鲁番研究》第4卷，北京大学出版社，1999年，表七“制造与埋藏时间在十年之内的阿斯塔那和哈拉和卓发现的银币”。

[11] 此处的时间是指该王统治的最后年代。由于无法判断每一枚萨珊银币的具体制造时间，所以为便于与其在中国的埋藏时间进行比较，就粗略地按照银币所属王的统治结束时间为标准（每位萨珊王的钱币在该王统治结束后就不再制造了）。

[12] Pope Arthur Uphan. *A Survey of Persian Art*: *From Prehistory Time to the Present*. London Oxford University Press. 1939.

[13] 例如，“卑路斯王钱币的背面图案是一种新的表现手法”（同书第51页），“由库思老二世起，钱币背面出现星月装饰的边圈”（同书第53页）等。

[14] 林梅村《上海博物馆藏中亚三语钱币考》，《中国钱币》1998年4期，第16～21页。

[15] 有些萨珊王根本没制造金币，而那些制造金币的王也并不是每年都制造金币，且数量少，使用范围局限。

（原载叶奕良主编《伊朗学在中国论文集》（第三集），北京大学出版社，2003年）

吐蕃系统金银器研究

霍 巍

一、文献记载的吐蕃金银器

古藏族自称为“蕃”（Bod），汉文史书中记载为“吐蕃”，在中亚和西方史料中记载其为“Tibet”。与中原唐帝国（618～907年）的兴起几乎同时，吐蕃在其与周边各部族的兼并斗争中逐渐强大起来，形成雄踞于青藏高原的悉补野家族统治下的地方政权，并于7世纪定都逻些（今拉萨市），历史上称其为吐蕃王国[1]。本文所指的“吐蕃系统金银器”，即包括吐蕃本土及其在扩张过程中所兼并的青藏高原各部的金银器在内。在这一前提下，也可简称其为吐蕃金银器。

吐蕃王国时期，随着与中原地区不同方式的密切交流，深受汉文化的影响，同时与周边各国的文化交流也不断增进，其经济文化的发展逐步达到了相当的水平，金属制作工艺成为吐蕃王国一个重要的手工业门类。由吐蕃制作生产的金银器，更是经常作为向唐朝贡纳的礼品而见诸史料记载。齐东方在其《唐代金银器研究》中，曾从《旧唐书》《册府元龟》等文献中梳理出若干条有关吐蕃输入唐朝金银器的史料列为一表[2]，其中涉及若干重要史实。笔者在此基础上加以补充，别成一表，列举有关文献史料如下（表一）。

表一 文献记载的吐蕃金银器

时间	文献内容	文献出处
唐贞观二十年（646年）	唐太宗伐辽东还，吐蕃遣使节禄东赞来贺，奉表称“夫鹅犹雁也，故作金鹅奉献”，“其鹅黄金铸成，高七尺，中可实酒三斛”	《册府元龟》卷970《外臣部·朝贡三》
唐贞观二十三年（649年）	拜吐蕃赞府弄赞为驸马都尉，封海西郡王。弄赞因致书长孙无忌云：“上初继位，若臣下有不臧之心者，请勒兵以赴之。”并献金银珠宝十五种	《册府元龟》卷964《外臣部·册封二》
唐显庆二年（657年）	吐蕃赞普遣使献金城，城上有狮子，象、驼、马、原羝等，并有人骑。并献金瓮、金颇罗等	《册府元龟》卷970《外臣部·朝贡三》
唐显庆三年（658年）	吐蕃赞普遣使来请婚，仍献金球罽及牦牛尾	《册府元龟》卷979《外臣部·和亲二》
唐开元四年（716年）	吐蕃请和……谨献金盏、羚羊、衫段、青长毛毯各一，奉表以闻	《册府元龟》卷979《外臣部·和亲二》

续表

时间	文献内容	文献出处
唐开元十七年（729年）	吐蕃赞普向唐朝献“金胡瓶一、金盘一、金碗一”，金城公主“又别进金鹅盘、盏、杂器物等”	《旧唐书》卷196《吐蕃传》
唐开元二十一年（733年）	（吐蕃）今奉皇帝金铨、马瑙、胡瓶、羚羊、衫段、金银瓶盘器等，以充国信	《册府元龟》卷979《外臣部·和亲二》
唐开元二十四年（736年）	吐蕃遣使贡献方物，金银器玩数百事，皆形制奇异。帝令列于提象门外，以示百僚	《册府元龟》卷971《外臣部·朝贡四》、《旧唐书》卷196《吐蕃传》
唐贞元十年（794年）	先是，吐蕃以金印赐南诏，韦皋因其旧而请之	《旧唐书》卷13《德宗下》
唐贞元十二年（796年）	韦皋奏收降蛮七千户，得吐蕃所赐金字告身五十五片	《册府元龟》卷987《外臣部·征讨六》
唐永贞元年（806年）	吐蕃使论乞缕贡助山陵金银衣服	《旧唐书》卷14《宪宗上》
唐元和十二年（817年）	吐蕃遣使乞髯献马十匹，玉腰带二条，金器十事	《册府元龟》卷972《外臣部·朝贡五》
唐太和元年（827年）	吐蕃使论壮大热进国信金银器玉腰带及马等	《册府元龟》卷972《外臣部·朝贡五》
	其举兵，以七寸金箭为契。百里一驿，有急兵，驿人臆前加银鹘，甚急，鹘益多	《新唐书》卷216《吐蕃传》
唐长庆二年（822年）	唐使刘元鼎使吐蕃，见“赞普坐帐中，以黄金饰蛟螭虎豹，身被素褐，结朝霞冒首，佩金缕剑”	《新唐书》卷216《吐蕃传》
唐长庆三年（823年）	吐蕃贡牦牛、铸成银犀牛羊鹿各一	《旧唐书》卷16《穆宗纪》
	吐蕃“其官之章饰，最上瑟瑟，金次之，金涂银又次之，银次之，最下至铜止，差大小，缀臂前以辨贵贱”	《新唐书》卷216《吐蕃传》
唐长庆三年（823年）	比岁，（吐蕃）使者献金盎、银冶犀、鹿、贡牦牛	《新唐书》卷216《吐蕃传》
唐大和五年（831年）	吐蕃使者贡“玉带、金皿、獭褐、牦牛尾、霞毡、马羊、橐它”	《新唐书》卷216《吐蕃传》

上述文献史料表明，吐蕃金银器不仅种类繁多，而且制作精美，广泛涉及吐蕃社会生活的各个方面。如同美国学者谢弗在其名著《撒马尔罕的金桃》（中译本名为《唐代的外来文明》）所指出：“在对唐朝文化做出了贡献的各国的工匠中，吐蕃人占有重要的地位。吐蕃的金器以其美观、珍奇以及精良的工艺著称于世，在吐蕃献给唐朝的土贡和礼品的有关记载中，一次又一次地列举了吐蕃的大型金制品。吐蕃的金饰工艺是中世纪的一大奇迹。”[3]

上述文献记载的吐蕃金银器中，一些可能是专门为上贡制作的珍奇礼物，而另一些则是显示吐蕃贵族身份等级的物品及其社会生活当中的奢侈品，如《新唐书·吐蕃传》中所记的吐蕃“金字告身”、黄金装饰的“蛟螭虎豹”形象以及吐蕃赞普身上所佩带的“金缕剑”等。类似的情况在藏文史料中也可见到。如敦煌古藏文写卷P.T.1287记载吐蕃赞普在攻下象雄之后与群臣宴饮时作歌云：“在山谷里跑马，马不会把金鞍摔碎。”在同一写卷中记载吐蕃贵族噶尔家族受到赞普赤都松嫉恨，后者在歌词中唱道：“在黄金箭筒里，有一支绿松石之箭，不射它，杀不死鹿，射出它，筒子就空了。”[4]敦煌古藏文写卷P.T. 1042是一份专门记载吐蕃时期本教丧葬仪轨的卷子，其中在描写用于墓地中作为牺牲的“遮庇羊”时记载称：“遮庇羊……装饰是右角上缠绕金链，左角上缠绕银链。”[5]这类金马鞍、金箭筒、金银链条等很显然都与吐蕃民族的游牧、征战生活习俗有关，也从一个侧面反映出吐蕃金银器在其本民族中流行的情况。

然而长期以来，考古发掘出土或流传于世的古代藏族文物当中，对于吐蕃金银器的实物知之甚少，无法与文献记载的如此丰富多彩的吐蕃金银器相互吻合。以往对唐代金银器做过深入研究的中外学者除齐东方之外，还有桑山正进[6]、韩伟[7]、段鹏琦[8]、卢兆荫[9]等诸位前贤，他们当中虽然也有人在其论著中曾涉及吐蕃金银器的有关问题，但囿于当时资料所限，都尚未做过较为系统的研究。所以《撒马尔罕的金桃》的作者谢弗曾经热切地期待："让我们来看看这些大量流入唐朝的吐蕃金制品的记载，同时也希望考古学家能够在中国发现吐蕃制造的，或者是受到吐蕃影响的唐朝黄金制品。"[10]中华人民共和国成立以来，尤其是近十年来西藏文物考古工作的不断进展，终于使得这一希望的实现成为可能。本文拟对迄今为止考古出土和流散于海内外的吐蕃金银器进行初步梳理，并对其中所涉及相关问题提出一些个人意见。

二、考古出土与流散海内外的吐蕃金银器

吐蕃金银器通过科学考古发掘出土者目前保存在国内的极少，除一些小件金银器外，绝大部分造型精美、器形完整的吐蕃金银器均通过不同途径流散于海外，收藏在欧美各博物馆和一些私人收藏家手中。根据国内外学者的研究成果以及笔者近年来赴海外进行调查搜集资料的情况来看，这批吐蕃系统的金银器已有一定的数量，有助于我们认识其基本面貌及其特点。下面，我们首先按照不同的器物形制对这批考古出土与流散于海内外的吐蕃金银器分述如下。

（一）容 器 类

与文献记载相吻合的是，吐蕃金银器中制作最为精美者，首推其各类容器，常见的种类有瓶、杯、碗、盘等。

1. 瓶

80A-28，芝加哥私人藏。银质。体修长，喇叭口，细长颈，圆肩，长鼓腹，圈足。纹饰可分为上、下两组：上组花纹在颈部的下方，其上以一周莲花纹与颈部相间隔，纹饰为三组两两交颈站立的鸟类动物共6只，其中一组头上有冠，一组头上有角，一组口中吐出长舌，各组之间有花草纹相间隔。下组纹饰在腹部，其上、下均有花草纹样相间，当中是三只有翼的神兽，站立于花草之间，似分别为翼马、翼龙、翼狮。在瓶底錾刻有藏文一行。高18.5、底径6、口径7厘米（图一，1）。1988.67.1，克里弗兰艺术博物馆藏。银质。体修长，喇叭口，细长颈，圆肩，长鼓腹，圈足。上部饰四鸟纹，腹有一方印，上饰一蹲伏动物，似为狮子，腹部有四组图案，似为一人面鸟身人像、一狮、二龙（？），其中一龙似为二龙交尾形状。人面鸟身像头上戴有三花冠，身穿有交领长袍。此器的英文说明标签中有如下记载："Tibet made for Chinese wife of Emperor Songtesn.G：'Vase' midboos（Silver with gilding）"。高2、底径6.5、口径8厘米（图一，2～4）[11]。编号不详，英国牛津大学阿西莫伦（Ashmolean）博物馆藏。银质。喇叭口，细长颈，圆肩，长鼓腹，圈足。浮雕花瓣纹相间分为上、下两部分，上部分花纹中心部位呈心形，上下两部分之间用卷叶纹和几何纹等不同的纹饰错落组成，瓶身主体图案为相互追逐的对凤，每组对凤之间饰花叶纹，瓶底饰一周联珠纹，其上方錾刻细密的葡萄蔓卷纹。高17厘米[12]。80A-23A、23B，芝加哥私人藏。银质。

1　　2　　3　　4

图一　吐蕃系统银瓶

1. 80A-28，芝加哥私人藏　2～4. 1988.67.1 克里弗兰艺术博物馆藏

2件瓶似为一对，形制、尺寸完全相同。体修长，呈喇叭口状，细长颈，圆肩，长鼓腹，圈足。素面。均高20.2、底径5、口径7厘米（图二，1、2）。

2. 壶

编号不详，西藏拉萨大昭寺藏。银质，纹饰部分有鎏金痕迹。上端开圆口，口缘饰八曲，其下饰一空心立体羊首，首后侧竖两耳，首前端上下唇间衔圆管形小流，羊首下接上敛下侈的喇叭状细颈，颈上端饰弦纹、四瓣毬纹各一匝，颈下部接球形瓶身。口外壁饰山岳状花瓣一匝，颈身相接处饰联珠纹、叶纹、四瓣毬纹和弦纹组成的纹带一匝，纹带之下为三组大型垂饰，垂饰外绕卷云，中心似作宝珠，垂饰下接由竖叶、联珠、垂叶组成的纹带一匝。其下为该壶的主要图像单人弹琵琶和成组人像各二组，相间布置。弹琵琶者，其一琵琶置于背上，弹者较明确地做出背手反弹姿态；可见的一组人像内容为一系有鞶囊的壮胡持革带似正在扶持一长须醉胡，另一着高鞨靴的幼胡屈蹲于上述壮胡跨下，

图二 吐蕃系统银器

1、2. 瓶（80A-23A，芝加哥私人藏） 3、4. 带把杯（1988.67.2，克里弗兰艺术博物馆藏） 5. 带把杯（纽约大都会博物馆藏）

并抱持其右足。主要图像下方，间饰花簇一列。以上各种形象、纹饰皆以锤揲技法做出，原并鎏饰金色。壶身下部有焊接之流管一，系后世所加。高约 70、身最大径约为 40 厘米（图三）[13]。

3. 带把杯

也有学者称其为“鋬指杯”，其特点是在口沿部带有一个杯把，把的形制特点鲜明，带有一个横平而较为宽大的指垫，下面有的还带有一个或多个指鋬。吐蕃系统的带把杯形制较为丰富，有以下各种形制。1988.67.2，克里弗兰艺术博物馆藏。银质。直筒形，带有两个上下重叠的指环，指环上部有一横平状的指垫，器底与口部直径相当。口部以下饰联珠纹一周，腹部通体饰莲花纹，图案之间为莲花纹相间隔，当中有三立兽图案，一兽头生两角，另两兽均头上无角，似为龙（？）。底部有錾刻出的藏文一行。高 9.8、底径 10、口径 12 厘米（图二，3、4）。编号不详，纽约大都会博物馆藏。银质。敞口，体较低平，弧腹内收，带有指垫的把，小圈足。近口沿部饰联珠纹一周，杯体上饰有六组缠枝葡萄纹，底带有小圈足杯把上饰有一跃起的狮子图案。口径 15.2 厘米（图二，5；图四，1）。此器展品说明文字明确标示其出土地点为新疆维吾尔自治区或中国西北，时代为吐蕃时期（8 世纪）。80A-20，芝加哥私人藏。银质，鎏金。圆形，敞口，小圈足。内壁上有阴线刻的四组鸟纹，每只鸟都朝一个方向，足踩在缠枝花上，底部为三条同向相环绕的鱼，错以金色。体外为

图三 西藏拉萨大昭寺吐蕃银壶
1. 壶 2. 壶头部 3. 壶上人物像

四组带翼神兽，可辨识其可能为狮、羊形象各二，指垫上有一浮雕的奔兽，似为狮子（?）。在四翼兽之间用三组鸟纹、四枝莲花加以间隔。高4.5、口径11.6厘米（图五，1、2；图六，1～3）。编号不详，俄罗斯高尔基市（Nizhne Novgorod）博物馆藏。银质。敞口，体较低平，圆弧腹，带有一个指环，小圈足。近口沿部饰联珠纹一周，杯体遍饰卷草缠枝纹，其间散缀有伏卧的对兽，杯底座及杯把上部均浮雕有一尊须发浓密的男子头像。口径11厘米（图四，5）。编号不详，瑞士苏黎世博物馆藏。银质。体较深，敛口，有一带有錾指的指环，小圈足。口沿上部饰弦纹及联珠纹各一周，杯体有錾刻出的花瓣纹与莲花纹样，圈足底部饰一周联珠纹（图四，3）。编号不详，芝加哥私人藏。银质。敞口，深腹，带指錾把，小圈足。近口沿部饰联珠纹一周，体上饰缠枝花草纹，其间饰跃立的狮子图案作为腹部的主体纹饰，底座上饰一立鹿正在回首身后，圈足上饰一周联珠纹（图四，2）。

4. 高足杯

编号不详，纽约大都会博物馆藏。金质。上为杯体，平面呈圆形，深腹，圜底，高足，足的中部有“算盘珠”式的节。口沿部在长方形的分格内饰动物纹样，腹饰缠枝花草，在缠枝纹样当中出现龙、独角兽等动物，柄部上方和器足上饰联珠纹样一周。展品说明文字称其出土地点为新疆维吾尔自治区，时代为吐蕃时期（7～8世纪）。

图四 银器
1. 带把杯（纽约大都会博物馆藏） 2. 带把杯（芝加哥私人藏） 3. 带把杯（瑞士苏黎世博物馆藏）
4. 碗（私人藏） 5. 带把杯（俄罗斯高尔基市博物馆藏）

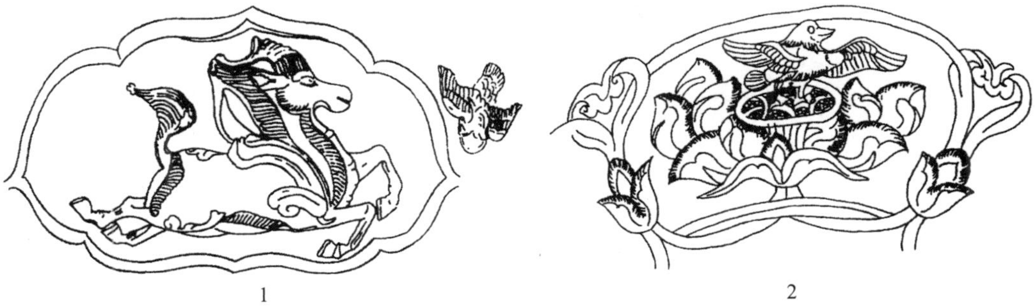

图五　银带把杯纹饰（芝加哥私人藏）

1. 奔兽与飞鸟纹（80A-20） 2. 花朵与立鸟纹（80A-20）

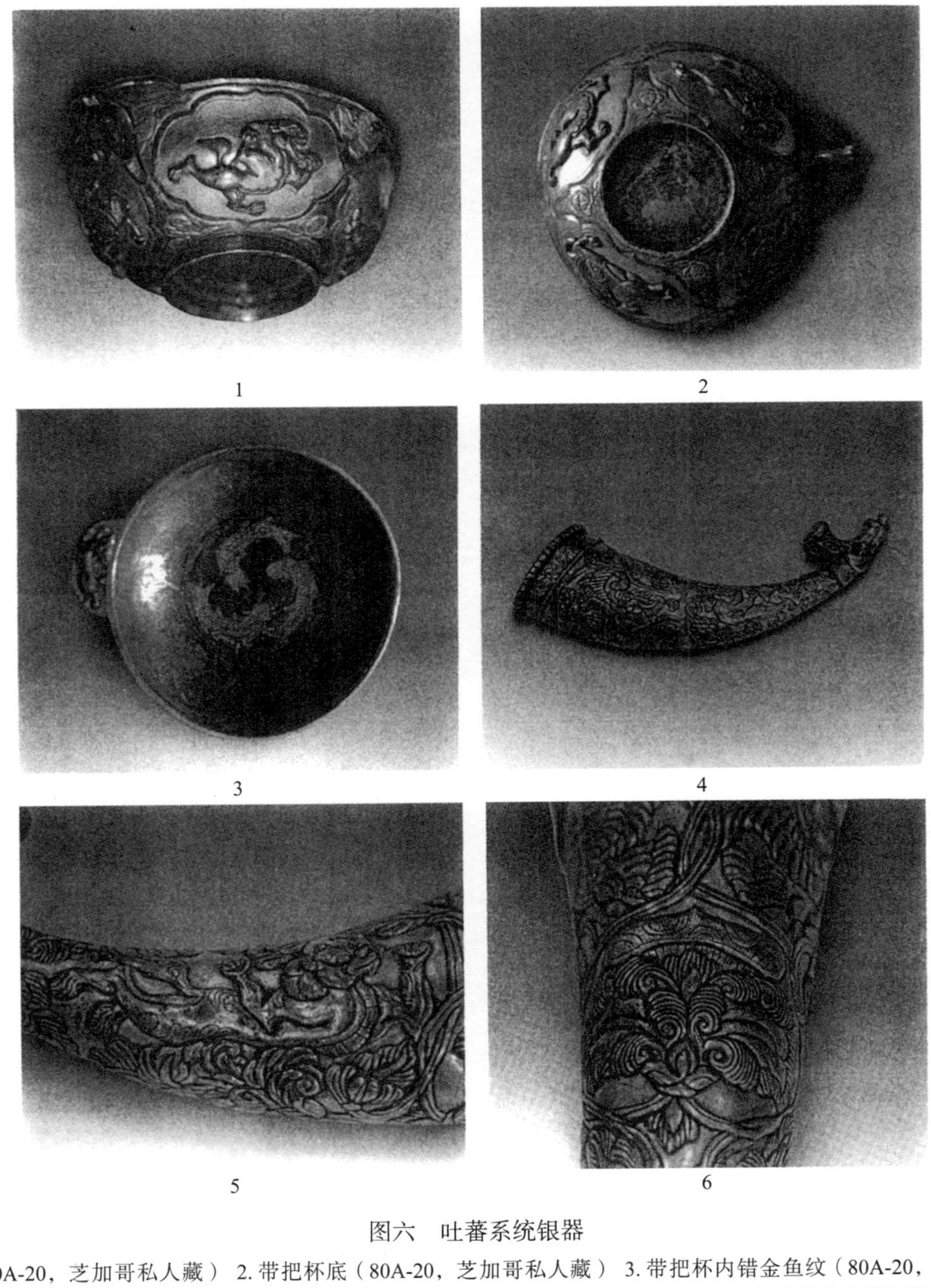

图六　吐蕃系统银器

1. 带把杯（80A-20，芝加哥私人藏） 2. 带把杯底（80A-20，芝加哥私人藏） 3. 带把杯内错金鱼纹（80A-20，芝加哥私人藏）
4. 角杯（CMA88.69，克里弗兰艺术博物馆藏） 5. 角杯上的狮纹（CMA88.69，克里弗兰艺术博物馆藏）
6. 角杯上的植物纹（CMA88.69，克里弗兰艺术博物馆藏）

图七 银碗（日本东京古代东方博物馆藏）

5. 碗

编号不详，私人藏。银质。敞口，深腹，圜底，立柱形底座。近口沿部饰一周联珠纹，腹部饰叶形纹，在叶形纹饰的上方饰数只小鹅，底部饰羚羊以蹄挠首，底座饰一周联珠纹。口径16.4厘米（图四，4）。此银碗据瑞士藏学家阿米·海勒（Amy Heller）博士披露曾出现在2001年国际古玩市场，现已下落不明，很可能已被私人购买收藏。编号不详，日本东京古代东方博物馆藏。银质。敞口，浅腹。底中心饰一圈水涡纹和鱼纹，口边沿饰一周联珠纹，内壁饰人物与动物形象。此件器物于1961年由D. L. 斯奈格尔洛伍（D. L. Snellgrove）博士在伦敦从一名西藏贵族手中获得，后被一家日本建筑公司购得，现藏于东京古代东方博物馆（图七）[14]。

6. 盘

编号不详，日本米何（Miho）博物馆藏。银质，鎏金。侈口。口部各对异兽图案之间饰半朵重瓣花卉图案，从底部至口部遍饰葡萄缠枝花草纹，盘底中饰一半人半马的怪兽正在摘取葡萄。直径29.2、高3厘米。

7. 碟

80A-22，芝加哥私人藏。银质。口沿呈六瓣莲花形，素面。高2.7、口径9.6厘米。80A-30，芝加哥私人藏。银质。口沿呈六瓣莲花形，素面，口有一周凸起的口沿。口径29.1厘米。80A-24，芝加哥私人藏。银质。口沿有凸起的棱，圜底。底部用阴线刻出四组团花纹。

8. 角杯（来通，rhyton）

角杯虽然在我国起源较早，早在新石器时代已有陶角杯，但西方系统的角杯与之有不同的系统。其特点是在下部有器口，器口上装饰动物头像，希腊语将其称之为“来通”（rhyton）。在吐蕃系统的金银器当中，也发现有这类角杯。CMA88.69，克里弗兰艺术博物馆藏。银质。口沿处饰一周联珠纹，其下方为一周忍冬纹为底纹，整体饰缠枝花草纹。器体上部饰三组纹样，其一为带冠的人身鸟足形象，身带双翼，冠为三花冠；另一为一凤鸟；另一为一狮子。器体下部为二立狮像。长30、口径最大处为9.1厘米（图六，4～6）。

9. 铛

80B-21，芝加哥私人藏。银质。其用途可能是温酒或用作药具[15]。敞口，深直腹，平底，圈足，口沿处接一长柄。腹部用阴线錾刻四组花瓣纹，柄部有两组花叶纹，采用错金工艺错出。

（二）马具与马饰

在青藏高原考古发掘出土的吐蕃墓葬中，虽然也曾出土有部分马饰残片，但很少见到有完整保存考。吐蕃金银器中近年来有较为完整的鎏金银质马具与马饰发现，但现已流散于国外。

马鞍及马饰 80D-27，芝加哥私人藏。银质。马鞍分坐垫与下鞍（鞯）两部分。坐垫为木质，上髹黑漆，在其前、后鞍桥上包镀金银饰片，前鞍桥档宽 30、高 25 厘米，后鞍桥档宽 45、高 12.5 厘米。下鞍部分宽 49、高 70 厘米。在前后鞍桥的鎏金银包片上压印有带翼的动物纹样和花瓣纹，每朵花瓣采用了镶嵌宝石的工艺技术，在花朵中心镶嵌一颗蓝宝石，每瓣花叶均镶嵌绿松石，这些宝石现大部虽已脱落，但仍有部分得以保留，饰片在动物和花瓣纹样的上方还压印有卷云纹，下方有象征植物的叶片纹，整套马鞍显得极为富丽堂皇（图八）。

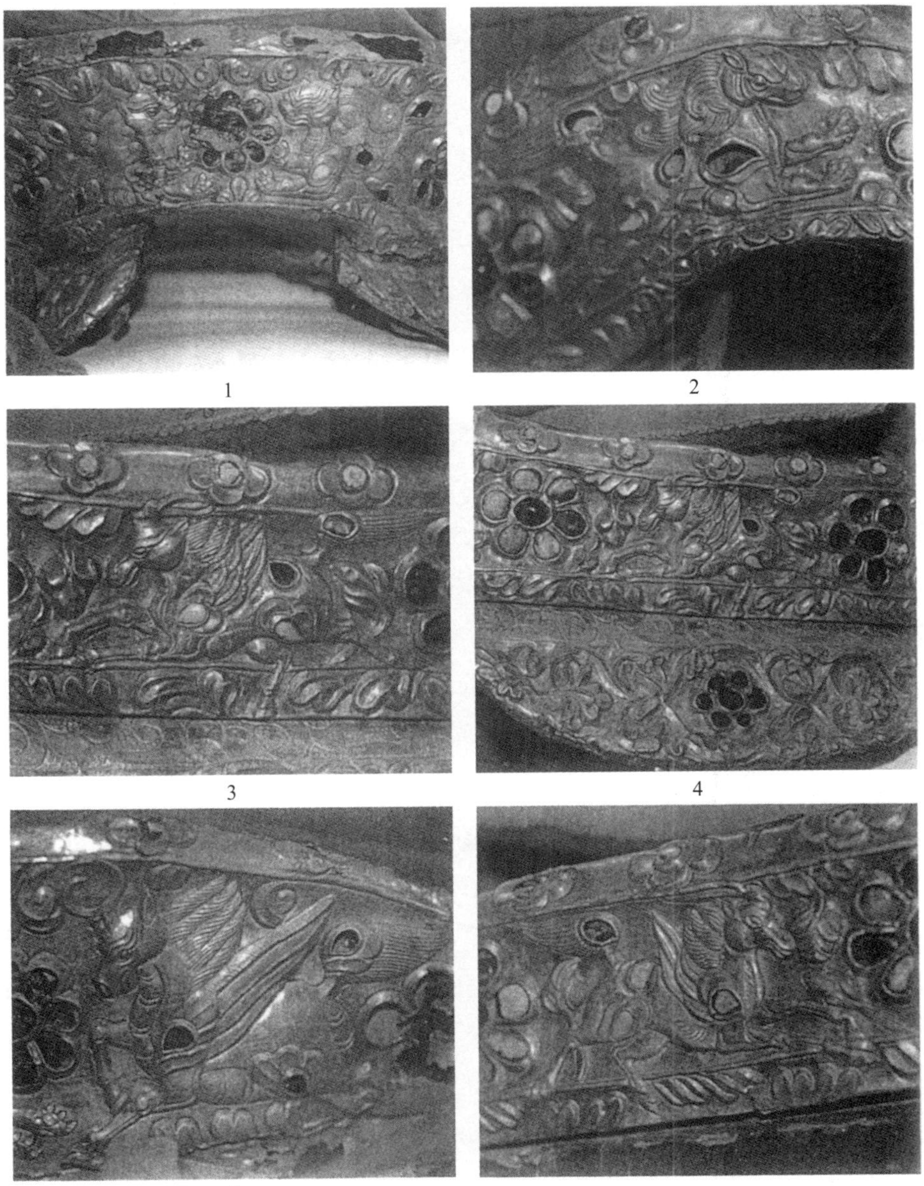

1　　2　　3　　4　　5　　6

图八　吐蕃鎏金银马鞍（80D-27，芝加哥私人藏）

1. 马鞍后桥　2～6. 马鞍饰翼兽

与此件马鞍配套的还有一套基本完整的的鎏金马饰件，初步观察分析大体有辔头、胸带和鞧带上的饰物，种类包括杏叶和缀系在蹀躞带上的各种银片饰。

杏叶 11件。银质，鎏金。边缘呈多曲形花瓣纹，顶端有一圆孔可供穿系，叶片上锤揲出对兽纹饰，对兽中间饰有花瓣纹（图九，1、2）。

片饰 分为植物花纹形、动物纹形等不同种类。银质，表面鎏金。

植物花纹形片饰 可分四型。

A型 10件。长方形叶片。有边框，左右两侧带小耳可供穿系。饰四叶形花纹。

B型 2件。方形叶片。无边框，左右两侧带小耳。饰四叶形花纹。

C型 6件。方形叶片。有边框，上下带有小耳。纹饰为莲花形。

D型 2件。近菱形叶片。有边框，上下带有小孔。

动物纹形片饰 银质，鎏金。椭圆形叶片，锤揲有奔兽（狮子），四蹄向前奋力奔驰，头高昂，尾上翘，形象生动。

（三）装饰品

在青藏高原出土的吐蕃墓葬中，遗留有部分小件的金银装饰品，可以观察出的种类包括牌饰、耳饰、戒指、球（珠）饰、带饰以及其他一些饰物。

1. 牌饰

编号不详，青海都兰热水吐蕃M1出土。金质。联珠纹镶嵌绿松石。方形。周边饰联珠纹，中用金片做成金花，花瓣内镶嵌绿松石（图九，3）[16]。编号不详，青海都兰热水M1出土。金质。联珠纹鱼子纹地镶嵌绿松石。略呈方形。用金丝做成鱼子纹地，边框饰联珠纹，中央用金片做成三瓣花叶纹，花瓣中镶嵌绿松石（图九，4）。与上述两件金牌饰形制相同者在青海都兰墓葬当中还发现有数例，但均系从被盗墓葬中所获的采集品，无明确出土单位，现均收藏于青海省文物考古研究所。99DRNM3：1，青海都兰热水河南岸吐蕃M3盗洞扰土中出土。金质。卷草纹镶嵌绿松石。长方形，长4.2、宽3厘米。主题纹样为三叶卷草纹，呈“品”字形。金牌四角有四个錾孔，直径0.4厘米。原镶嵌有四颗绿松石，现存三颗，形状不甚规则，表面磨光。金牌饰背面四角用焊药（尚可观察到焊药中的铜锈）焊接了四根金丝（直径约0.1厘米），均残，推测是做装饰之用。金牌系锤揲制成，捶印清晰可见，表面经过抛光（图一〇，1）[17]。99DRNM3：2，青海都兰热水河南岸吐蕃M3中室出土。金箔质。“十”字花形。长方形。每瓣花上有两道凹槽，两瓣花的背面有残存的铜锈，推测应为装饰之用的牌饰。长2.4、宽1.5厘米（图一〇，2）。LCM1：5、LCM1：10，西藏山南浪卡子县查加沟古墓出土，5件。金质。形制基本相同，均为侧身马形，马有辔头、鞍鞯、缰绳及护甲等，马身与鞍鞯、护甲饰凸起的圆点纹，马尾下垂与四蹄相连，背面有两个扣眼，由此推测其可能用于服饰之上的牌饰。长4.4～4.7、宽2.4、厚0.1厘米[18]（图一〇，3、4）。LCM1：6，西藏山南浪卡子县查加沟古墓出土。金质。圆片形。采用锤揲方式制成，其边缘部饰有两周凸起的联珠纹，中部由直径4厘米的凸圆点纹与四个呈“T”字形凸圆点纹构成的图案，牌饰的中心有两个穿孔，当为可缀系的牌饰。直径10.5、厚0.06厘米（图一〇，11）。

图九　吐蕃系统金银饰件

1、2. 银杏叶（芝加哥私人藏） 3、4. 金牌饰（青海都兰热水吐蕃 M1 出土） 5. “山”形银饰片（80C-1A. 芝加哥私人藏）
6、7. 银饰件（80A，芝加哥私人藏）

2. 耳饰

LCM1∶8、LCM1∶9，西藏山南浪卡子县查加沟古墓出土，2 件。金质。形制相同。上部有椭圆形的挂钩，下部为不甚规则的圆形。周边饰刻划纹，中心部位有直下的两道凸起的圆点纹。长 3.8、宽 2.2、厚 0.2 厘米（图一〇，6、7）。

3. 戒指

LCM1∶17，西藏山南浪卡子县查加沟古墓出土。金质。形制相同。分为指环与戒面两部分，指环用金片制成后与戒面相接，戒面用一根金丝由中心向外螺旋盘绕而成。指环直径 2.2、戒面直

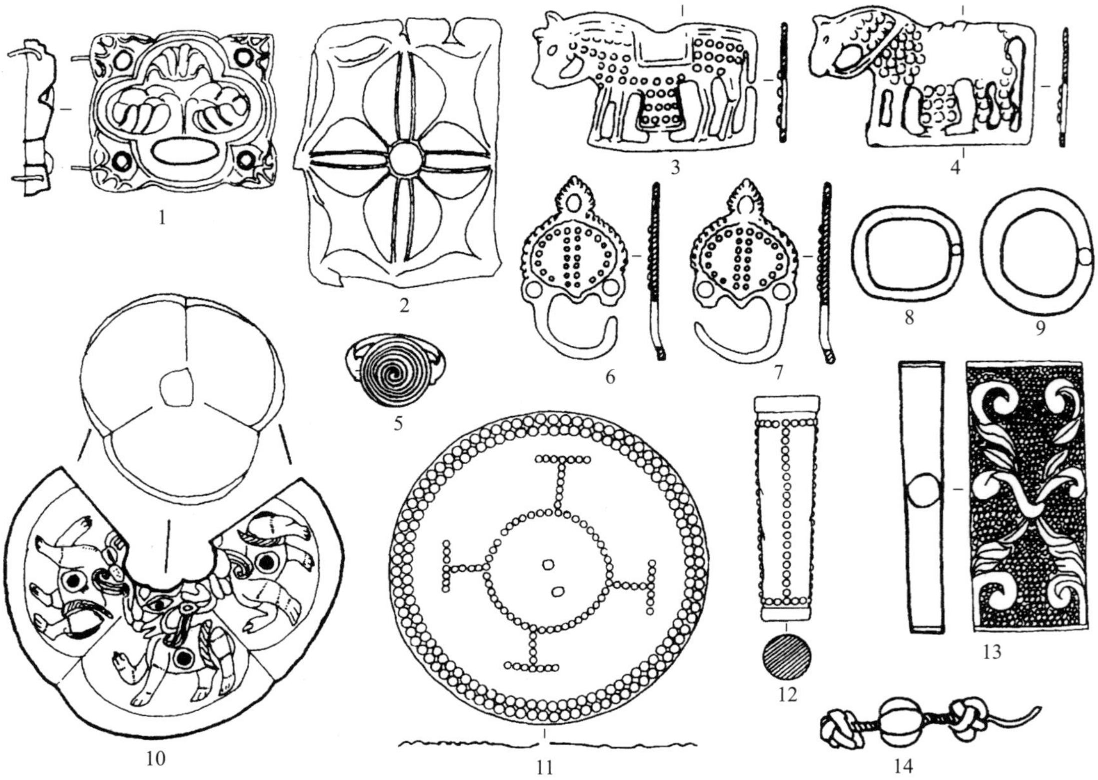

图一〇 装饰品

1、3、4、11. 金牌饰（99DRNM3∶1、LCM1∶5、LCM1∶10、LCM1∶6） 2. 金箔牌饰（99DRNM3∶2） 5. 金戒指（LCM1∶17） 6、7. 金耳饰（LCM1∶8、LCM1∶9） 8、9. 银戒指（99DRNM3∶7、99DRNM3∶8） 10. 包金（珠）球饰（99DRNM3∶3） 12. 金管状器（LCM1∶5） 13. 银管状器（99DRNM3∶6） 14. 金珠饰（99DRNM3∶45）

径 1.9 厘米（图一〇，5）。99DRNM3∶7，青海都兰热水河南岸吐蕃 M3 东室出土。银质。圆角方形。内径长 1.5、环面宽 0.4、厚约 0.2 厘米（图一〇，8）。99DRNM3∶8，青海都兰热水河南岸吐蕃 M3 出土。银质。圆形。内壁直径 1.4、厚 0.3 厘米（图一〇，9）。

4. 管状器

99DRNM3∶6，青海都兰热水河南岸吐蕃 M3 出土。银质。系用长方形的银片卷成。上用錾刻方式做出珍珠地纹与卷草纹。长 5.4、直径约 0.5、壁厚约 0.05 厘米（图一〇，13）。LCM1∶5，西藏山南浪卡子县查加沟古墓出土。金质。用金片锤揲而成，形成一头大一头小的管状。管体周身饰五条纵向排列的凸圆点纹，两端各饰一圈凸圆点纹，管口两端均有宽 0.3 厘米的外折口沿。长 7.3、一端直径为 1.3、另一端直径为 2 厘米（图一〇，12）。

5. 球（珠）饰

99DRNM3∶3，青海都兰热水河南岸吐蕃 M3 出土。包金银，三狮纹镶嵌绿松石。半球状，中空，厚约 0.05 厘米。球体上饰三立狮，左前爪扬起，尾巴倒卷于背部，球体的顶部有一个錾孔，直径 0.5 厘米。每只狮子的腹部均有一个錾孔，直径 3 厘米。镶嵌绿松石，表面磨光，锤揲成形，狮纹有浮雕效果，细部如鬃毛、体毛用錾刻手法。背面有残存的铜锈（图一〇，10）。99DRNM3∶45，青海都兰热水河南岸吐蕃 M3 出土。金质。珠有五瓣棱，空心，中间有一个直径约 0.3 厘米的穿孔，出土时有一条用丝绸编成的绳子从珠当中穿过，绳子的两头各打有一结，将珠固定在中间（图一○，14）。

6. 带饰

带有穿孔或小耳，表明原来可能是穿系在皮带之类物品上的装饰物，种类极为复杂。

（1）银带饰。

青海都兰土吐蕃热水 M17 出土，26 件。捶压而成。据发掘报告，可分四种类型。

A 型　21 件。长方形。四角和中心捶出花纹，中心为四出小花纹，菱形，中心有圆点纹，底部焊有两小钉，铆合在皮带表面。长 2.5、宽 2.1、高 0.4、厚 0.01 厘米（图一一，1）。

B 型　2 件。三曲花瓣形。表面压有浮雕效果的忍冬纹样，背部有一小钉，可钉缀于皮带之上。高 1、宽 2.7、高 0.5、厚 0. 01 厘米（图一一，2）。

C 型　2 件。菱形。中心压有圆圈纹和忍冬纹样。长 3.3、宽 1.7、高 0.5、厚 0.1 厘米（图一一，3）。

D 型　1 件。桃形。中心有圆圈纹、忍冬纹样。长 2.5、宽 1.7、高 0.5、厚 0.1 厘米（图一一，4）。

（2）鎏金银带饰。

99DRNM1∶3，青都兰热水河南岸吐蕃 M1 出土。系银块铸造而成，表面鎏金。平面呈不规则长方形。表面四周铸忍冬纹饰，中心有一浮雕状兽首，似为狼或狮子，做怒吼状，兽首表面用阴线刻画出眼睛、鼻子、嘴、耳朵、鬃毛等细部。底部焊有 3 颗小银钉，出土时后部残留有一截皮带，皮带与银带饰之间用银钉加以铆合。长 1.8、宽 1.3、厚 0.4 厘米（图一一，5）。

（3）银饰件。

芝加哥私人藏。吐蕃金银器中也有不少应为带饰上的，初步可分三种类型。

A 型　80D，对兽动物纹。两两相对而出，用银片冲压出具有浮雕效果正在奔驰的对兽（如对狮、对鹿等）形象，银饰上带有小孔，可供穿缀（图一一，6）。

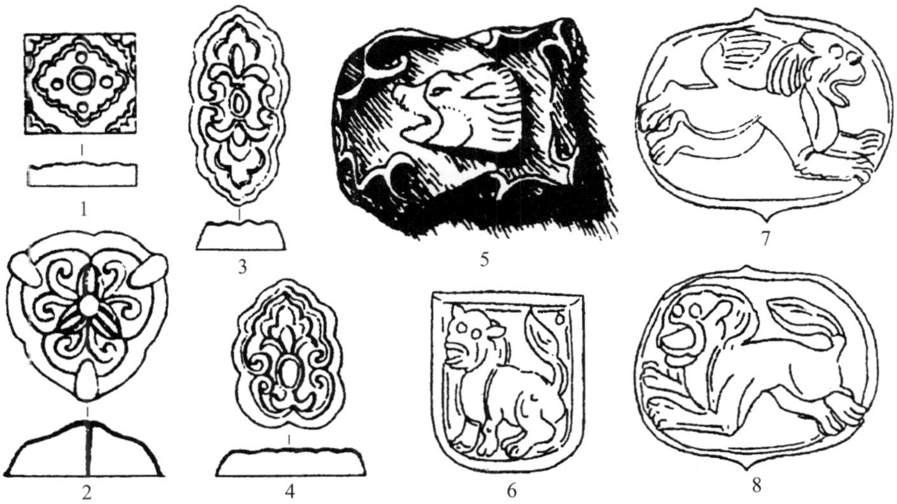

图一一　银饰

1～4. 带饰（M17）　5. 带饰（99DRNM1∶3）　6～8. 饰件（80D、80B-1、80B-2）（1～4. 青海都兰吐蕃热水 M17 出土　5. 青海都兰热水河南岸吐蕃 M1 出土　6～8. 芝加哥私人藏）

B型 80B-1、80B-2，菱形。与上述青海都兰吐蕃热水M17出土的C型银饰片形制十分相似，系用银片冲压而成，上面饰有圆圈纹与忍冬纹。但不同之处在于此种银饰在左右两侧带有小耳（图一一，7、8）。

C型 80A，带茎忍冬纹。用银片冲压而成，主体花纹为忍冬纹，下带有弯曲的花茎，在花纹的顶部、尾部带有小耳可供穿缀。

（四）金银饰片

除上述可以辨识其形制的金银器物之外，近年来考古出土和流散海外的吐蕃系统金银器当中还有数量较多的一批金银器的饰片，由于饰片多系残破的碎片，所以对其用途以及原来的器形已大多难以复原，但这些金银饰片上面多以锤揲、压印、錾刻等不同方法得到忍冬、莲花、团花、缠枝花草以及立鸟、翼兽、狮、狼等动物纹样，仍可从中窥见其制作与纹饰风格等方面的若干特色。兹择要分述如下。

1. 鸟形饰片

DWG80，芝加哥私人藏，14件。鎏金银。这组饰片由凤鸟与伽陵频伽鸟组合而成，其中半数为凤鸟形，凤鸟头部高昂，两翼大展，双脚站立于椭圆形的小毯上。另有半数饰片与凤鸟饰片质地、大小、制作工艺等均基本相同，但造型为人首鸟身的伽陵频伽鸟，头部均戴有不同式样的花冠，双翼外展并向上扬起，两手各执有横笛、笙、竖琴、腰鼓等乐器正在演奏，两脚站立于一椭圆形的小毯之上。这两类饰片上面均遗有多个有规律的小孔，显然可供钉缀之用，说明其可能为某种装饰在壁面上的饰物（图一二）。

2. 立凤饰条

编号不详，青海都兰热水吐蕃M1殉马沟出土。银条中间为铁质，其外包镀金银片。表面镂空，锤揲出纵列的5只立凤（原为6只），凤凰直立，昂首翘尾，头部上扬。头顶后有向后的螺旋状冠饰，颈部系有象征飘带的忍冬形花饰，足底呈扁平状椭圆形，足前穿有小孔两个，孔中遗有铜钉残痕。鸟身胸、翼和尾部均用阴线刻出象形羽毛的纹饰，并在眼睛和翅膀中心各镶嵌绿松石一枚，尾部的五朵忍冬花蕊部也镶有绿松石。饰条下方有同样大小的木片，银饰底部贴有绢片，表明其原系装饰在木质器物上的饰条。长44.5、宽3、高0.8厘米（图一三，1）[19]。

3. 纵列忍冬纹饰片

编号不详，青海都兰热水吐蕃M1殉马沟出土，18件。银质，表面镀金。出土时包在长条木片上。饰条表面镂空，锤揲出纵列连续忍冬纹，饰条两侧面均穿有小孔，有的孔内残存有铜钉，饰条底部贴有一层平纹绢丝织物。长16.8、宽2.5～3.2、厚0.01厘米（图一三，2）。

4. 横列忍冬纹饰片

编号不详，青海都兰热水吐蕃M1殉马沟出土。银质，表面镀金。残。花纹镂空，锤揲出横列

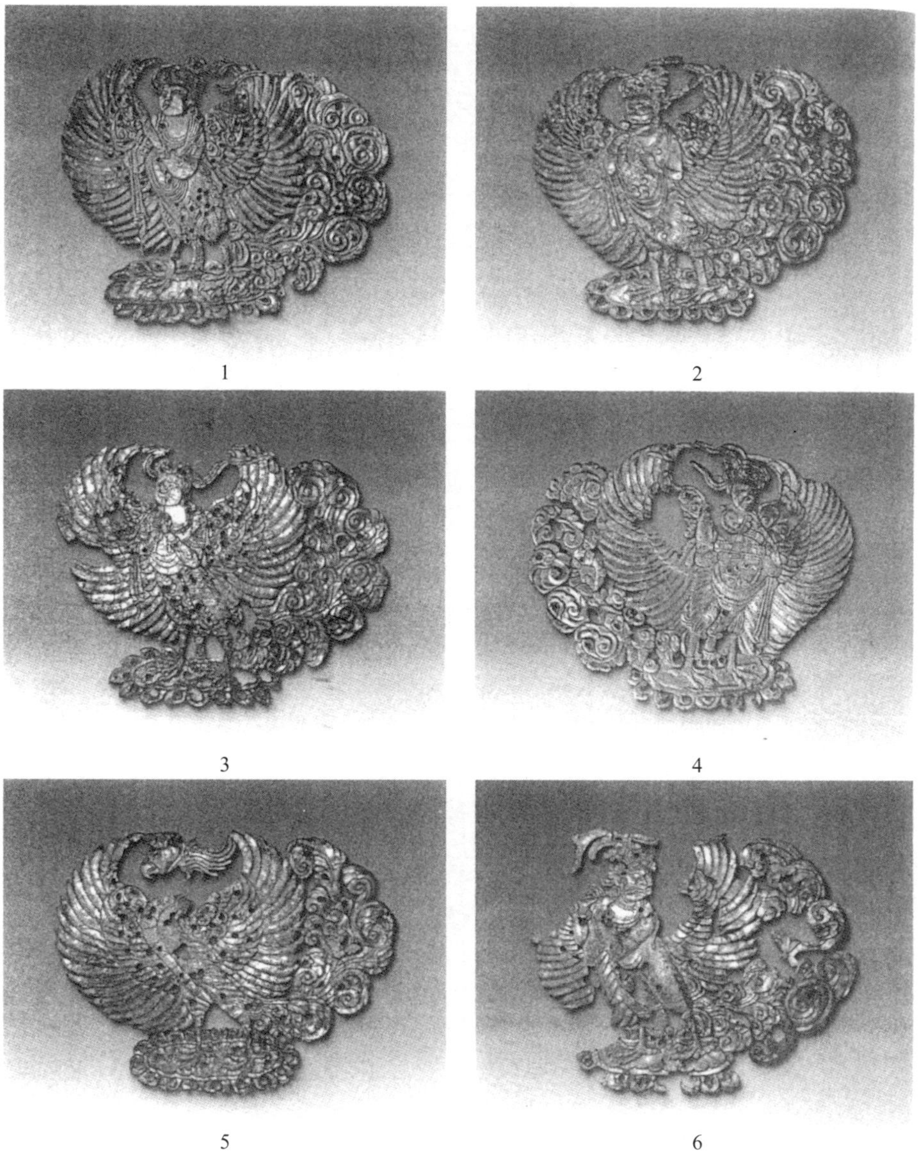

图一二 吐蕃系统鸟形鎏金银饰片（DWG80，芝加哥私人藏）

1. 吹笙伽陵频伽鸟饰片 2. 击鼓伽陵频伽鸟饰片 3. 吹笛伽陵频伽鸟饰片 4. 弹琴伽陵频伽鸟饰片 5. 凤鸟纹饰片 6. 吹横笛伽陵频伽鸟饰片

环状忍冬纹饰，在边饰的一面有凹槽和小孔，小孔内残存有铜钉，底部贴有绢片。宽 3、高 0.8 厘米（图一三，3）。

5. 梯形饰片

编号不详，青海都兰热水吐蕃 M1 殉马沟出土，2 件。银质，表面镀金。不规则梯形。表面镂空，锤揲出四方连续排列的环状忍冬纹，边饰为条形，上饰斜向的短线条纹，底部贴有丝绢。长 23.5～5.6、宽 13～16、厚 0.01 厘米（图一四，1）。

6. 方形立凤饰片

编号不详，青海都兰热水吐蕃 M1 殉马沟出土，2 件。银质。呈不规则方形。边饰一圈条纹，

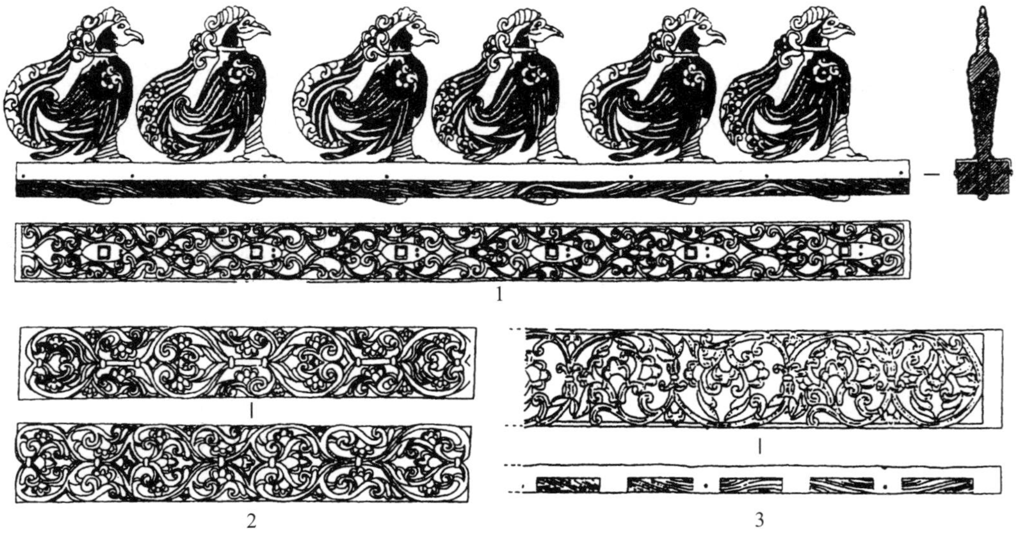

图一三 银饰

1. 立凤饰条（吐蕃 M1） 2. 纵列忍冬纹饰片（吐蕃 M1） 3. 横列忍冬纹饰片（吐蕃 M1）

图一四 金银饰片

1. 梯形银饰片（吐蕃 M1） 2. 方形立凤银饰片（吐蕃 M1） 3. 不规则形银饰片（吐蕃 M1） 4. 圆形银镀金饰片（夏日哈 M1）
5. 宝相花形银饰片（吐蕃 M1）

上饰斜向的短线条纹，条纹宽 0.3 厘米。表面花纹镂空，锤揲出一站立的凤鸟形象，凤鸟的周围饰环状忍冬纹。凤鸟昂首翘尾，展翅欲飞，头顶有冠，头后有羽毛状饰，嘴衔忍冬花枝，颈部系象征飘带的忍冬花叶，翅膀上各饰一排竖向的联珠纹，尾部上扬，鸟身和鸟尾均以忍冬花进行装饰。边长 15.3～16 厘米（图一四，2）。

7. 不规则形饰片

编号不详，青海都兰热水吐蕃 M1 殉马沟出土。银质。呈上宽下窄的梯形，中部高出。整体镂空，锤揲出四方连续排列的忍冬纹饰，边饰大部残损，边饰上遗有斜向的短线条纹。最高处 30、最宽处 26.5、厚 0.01 厘米（图一四，3）。

8. 宝相花形饰片

编号不详，青海都兰热水吐蕃 M1 殉马沟出土，2 件。银质。一件完整，一件残碎，出土时装饰在同一木件表面，底部贴有绿色平纹绢。纹饰镂空，呈四瓣花对称宝相花形式，中间有一长方形孔，应为插饰件之用。长 9.8、宽 7.3、厚 0.01、高 1.2 厘米（图一四，5）。

9. 圆形饰片

编号不详，青海都兰夏日哈 M1 出土。银质，表面镀金。其内包有圆形的朽木，展开后呈长方形。饰片平面上捶打出鱼子状地纹，其上锤出较为平整的具有浅浮雕效果的桃形四方连续忍冬纹。在饰片上遗有钉孔六个，其中两孔内遗有铁钉，推测其原应为装饰在兵器或工具杆尾部的饰片。长 10、宽 6.2、厚 0.01 厘米（图一四，4）。

10. 鹿形饰片

编号不详，青海都兰热水吐蕃 M1 出土。银质，表面镀金。锤揲出一卧鹿形象，鹿嘴部钻有一孔，可供钉缀。残长约 5.6、高 3.5 厘米（图一五，1）。

11. 花形饰片

编号不详，青海都兰热水吐蕃 M1 封堆二号陪葬墓出土，2 件。银质，表面镀金。可分为两种式样：一种为平面呈三瓣花形，表面锤出浮雕状忍冬纹，中心有三角形方孔，直径 4.2、高 0.24、厚 0.03 厘米（图一五，3）。另一种平面呈四瓣花形，表面捶出浮雕状忍冬纹，中心有四方形孔。直径 4.8、高 0.24、厚 0.03 厘米。从其形制上观察，系某种木质容器上的饰片（图一五，2）。

12. “U” 形饰片

80C-2A、80C-5A，芝加哥私人藏，2 件。银质。冠形，以鱼子纹为地，上凸显出连续变化的忍冬纹样，边缘部残存有若干小孔，可供穿缀。

13 “山” 形饰片

80C-1A、80C-4A，芝加哥私人收藏，2 件。银质。纹饰特点与上述银饰片相同，以鱼子纹为地，其上凸显出连续变化的忍冬纹样，边缘部残存有若干小孔，很可能与上述银饰系同一饰物上不同的部位（图九，5）。

14. 三角形饰片

80C-7A、80C-7C，芝加哥私人藏，4 件。银质。残件。呈长条三角形。片以鱼子纹为地，其上饰忍冬缠枝花纹，两侧边框上残留有若干小孔。

15. 长条形饰片

80C-7B、80C-7F，芝加哥私人藏。银质。残件。呈长条形。以鱼子纹为地，其上饰忍冬纹，四面均有边框，在边框上穿有小孔。480C-6A，芝加哥私人藏。银质。呈长条梯形。以鱼子纹为地，其上凸显出两组忍冬团花纹样。四边有边框，边框上留有若干小孔，可供穿缀之用。

16. 凤鸟形饰片

99DRNM1：1、99DRNM1：2，青海都兰热水河南岸吐蕃M1出土，2件。银质，表面鎏金。锤揲而成。鸟头已残，鸟身呈站立状，两翅下垂内收，挺胸昂首，尾部低垂，足底呈“人”字形，饰片表面锤刻出羽毛纹饰。从银片内面有铜锈推测，这种鸟形饰片应系镶在某种铜件上的饰物。鸟身长1.5～1.9、高1.5、厚0.2厘米（图一五，4、5）。

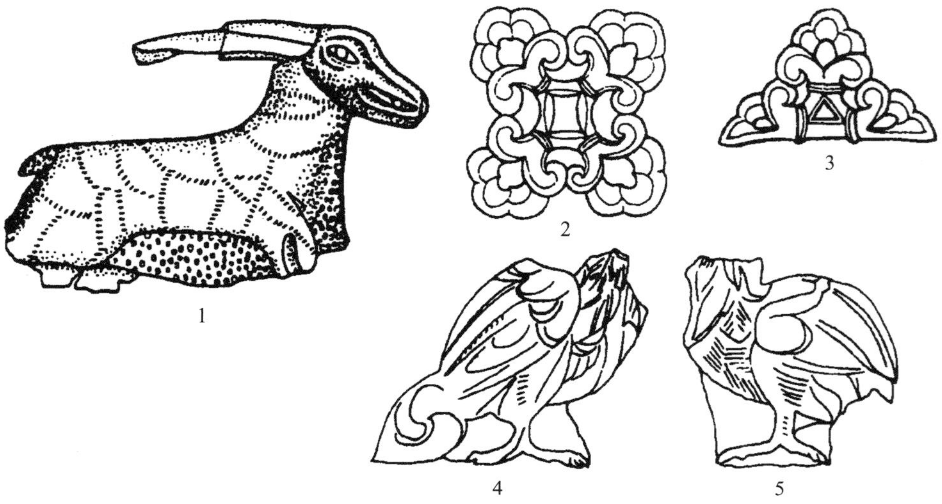

图一五　金银饰片

1. 鹿形银镀金饰片（吐蕃M1） 2、3. 花形银饰片（吐蕃M1） 4、5. 凤鸟形银饰片（99DRNM1：1、99DRNM1：2）

此外，青海都兰县公安局近年来在打击盗墓犯罪行动中收缴到各类出土文物1000多件，其中也有少量金银器，均系从都兰吐蕃墓地出土。据齐东方等介绍，这些金银器的种类包括金牌饰、镶嵌绿松石的金饰件、鎏金银器等[20]，从公布的部分照片资料上观察，金牌饰上面有浮雕的动物图案，角上带有小孔，形制与上文中芝加哥私人收藏的动物纹带饰相仿；镶嵌有绿松石的金饰件边缘上有细密的联珠纹一周，有椭圆形和长方形两种，与上文中青海都兰热水河吐蕃M1中所出的联珠纹牌饰形制和制作工艺如出一辙。

为方便检索，现将上述吐蕃金银器的简要情况与资料出处列附表于后（附表）。

三、吐蕃系统金银器的特点与风格

由于上述金银器中有相当部分是流散于世的收藏品，缺乏考古出土背景作为参照，因此对于这批金银器首先要做的工作是要认真地分析其形制、纹饰特点与风格，并将这些特点、风格与同时期的金银器进行相互比较，从而为确定其时代、族属、产地等若干问题找到正确的途径。

从方法论上讲，吐蕃系统金银器大体上与唐代金银器在时代上相当，与唐和中亚各国之间又有着十分紧密的联系，只有将其置之于唐代甚至整个中亚、西亚考古研究当中来加以考察，而不是孤立地来考察单一器物，才有可能得出合理的认识。如同齐东方所说："分析器物的形制和纹饰可以了解到，形制和纹样的各种样式的流行都有一定的时间跨度，是判定每件器物时代的重要依据。每一件器物都有多方面的形制特征及多种纹样，具有特殊性。如果将这些器物集中起来作为群体考察，便可概括出诸种形制、纹样最流行的时间，再反过来作为标尺来衡量某件器物，以最多、最主要的形制、纹样特征作为判定某件器物所属时代的依据，偏差就会缩小。器物的形制和纹样是社会风俗、审美情趣、宗教信仰等的反映，并非是律令、制度上的规定，所以，每种器物形制和纹样都难以确定准确的产生时间，也没有绝对消失的界限，只能在大量实物资料的基础上把握其最流行的阶段。"[21]

上述吐蕃金银器当中，以瓶、杯、碗、盘、角杯等器物形制完整、纹饰精美，最能反映出当时人们的审美意识与时代风尚，这是我们首先应当着重加以分析的器物类别。

（一）银　　瓶

本文共列举出吐蕃银瓶 5 件（序号 1～5），从其造型上看这几件银瓶器形风格较为一致，均为喇叭口，细长颈，圆肩，长鼓腹，圈足。大体上可分二型：A 型明显的特点是通常在瓶的颈部、圈足上饰一周联珠纹，在瓶的腹部锤揲出各类动物与植物的纹饰，如序号第 1～3 例；B 型则素面，如序号 4。

以往见诸著录的唐代金银器当中，还没有发现与之形制完全相同的器物。与之器形相接近的可举出现藏于布鲁克莱特博物馆的一件海狸纹银瓶和现藏于戴·托恩美术学院的一件奔狮纹银瓶，这两件银瓶在韩伟的《海内外唐代金银器萃编》以及齐东方的《唐代金银器研究》一书中均有收录[22]。但是，细加比较可以发现，虽然两者都带有喇叭形口，但吐蕃银瓶的口部更为开阔，口沿更显宽大；吐蕃银瓶的颈部较唐代银瓶更为粗短；吐蕃银瓶的圈足呈喇叭形，与唐代银瓶低平细小的圈足有所不同。因此，两者之间的差异性要远远大于其相似性。

更为重要的是，两者之间在纹饰上的差别也很明显。上述两件唐代银瓶饰葡萄卷草飞鸟纹，腹部刻海狸鼠、金毛狮等动物，纹饰线条纤细秀丽，具有典型的唐代缠枝花鸟纹饰的风格特点。而吐蕃银瓶上的纹饰特点：一是在其肩部、圈足上常常饰一周联珠纹饰；二是器腹上所饰的植物纹样枝叶粗大，风格更显粗犷奔放；三是瓶上所饰的动物造型奇异，具有异域风格。其中，如芝加哥私人藏的吐蕃银瓶（序号 1）主体纹饰为三组两两交颈站立的立鸟，其中一组头上有冠，一组头上有角，一组口中吐出长舌，各组之间有花草纹样相间隔，银瓶腹部饰三只带翼的神兽，站立于花草之间，似分别为翼马、翼龙、翼狮的形象。瑞士藏学家阿米·海勒博士对此研究认为："瓶腹上的异兽图案，以及瓶腹上半部的成对交颈异兽，都是吐蕃王朝时期经典的藏族艺术纹饰，溯其源流，则是受到喜欢用联珠圈饰成对的异兽、异禽为主体、以花叶纹或心形纹为间纹的粟特织物纹样的影响。交颈或相对的动物造型在藏族称为'托架'（thogs-lcags）的用铜合金铸造的护身符中也可屡屡见到。"[23] 11 世纪在西藏西部的早期石窟壁画藻井的装饰图案中，我们也可以见到这种交颈立鸟纹[24]，证明这一题材一直到吐蕃王朝灭亡之后还在一些地区延续了相当长的时间。

银瓶纹饰特点尤其突出的是克里弗兰艺术博物馆的1件（序号2），瓶上部饰四鸟纹，腹有一方印，上饰一蹲伏动物，似为狮子。银瓶的腹部共有四组图案，似为一人面鸟身人像、一狮、二龙（?），其中一龙似为二龙交尾形状。其中人面鸟身像头上戴有三花宝冠，身穿交领长袍，衣襟上可以观察到饰圆形纹，身下生出两翼，足为鸟足，尾巴下垂，站立于一朵盛开的花朵之上。阿米·海勒提出，在和早期吐蕃赞普有关的远古传说中，藏族先人皆为半人半鸟的异人，人首鸟身，指趾带蹼，乘带翼巨兽而行。而这件银器上面的纹饰恰好提供了这种异人异兽的具体图例。因此她认为，这组器物具有吐蕃银器的特点[25]。克里弗兰艺术博物馆的马莎·卡特博士（Carter Martha）也认为，人面鸟身像的服饰特点反映了同时期吐蕃服饰和头巾的式样，异人所着长袍上的小圈点状纹则是萨珊、粟特纹样及其衍生纹样中十分典型的团窠图案[26]。阿米·海勒和俄国学者马尔沙克（Boris Marshak）还进一步指出，这类衣饰"表现的是吐蕃人对当时粟特式长袍的了解"，并且由此认为这组银器上的图案应是吐蕃人制作的，但却体现出浓厚的粟特图案和冶金工艺因素，同时也在一定程度上受到汉地唐朝纹饰的影响[27]。

根据上述分析，笔者认为本文所涉及的这批吐蕃银瓶一方面可能受到唐代银瓶造型风格一定程度的影响；但另一方面，无论从造型还是从纹饰上看，它更具有自身的显著特点，并非是对唐代银瓶简单的模仿。除了这类银瓶之外，从近年来新出土的青海吐蕃木棺板画上的图像上，我们还可以观察到吐蕃人在宴饮场面中使用一种带把的高瓶[28]，这类高瓶过去学者也称其为"执壶"、"胡瓶"[29]、"把手付水瓶"[30]等。据日本学者深井晋司研究，这类胡瓶也就是唐人姚汝能《安禄山事迹》卷上所记载的"金钑大银胡瓶""金窑细胡瓶"之类。唐代所称的"胡"，或专指波斯，所以这类所谓"胡瓶"也可能专指波斯式样的胡瓶而言[31]。《旧唐书·吐蕃传》载，唐开元十七年（729年）吐蕃赞普向唐朝献"金胡瓶一、金盘一、金碗一"，可见吐蕃也将这类"胡瓶"作为向唐王朝进贡的礼品之一。虽然我们目前还没有发现这类吐蕃"胡瓶"的实物，但可以推测吐蕃人使用或制作的银瓶当中应包含有这类"胡瓶"在内。与吐蕃接受胡瓶的情况一样，本文所举的这些银瓶在其造型与纹饰上也可能大量吸收了萨珊、粟特等外来文化因素的影响。

（二）带 把 杯

本文列举了吐蕃的带把杯6件（序号7～12），在唐代以及波斯萨珊、粟特系统的金银器中，这类带把杯多有发现，由于其突出的特点是杯的口沿至腹部带有不同形制的把，故齐东方将其定名为"带把杯"[32]。关于唐代的这类带把杯，齐东方认为它们均不是中国传统器物造型，明显受到西方的影响，有的可能直接为外国工匠制造，有的则是唐代对外来器物的仿造品。在讨论此类带把杯中所具有的西方因素时，过去一般将其与波斯萨珊系统的金银器相联系，后来日本学者桑山正进首次提出应考虑唐代金银带把杯与粟特器物的关系，并在其论文中列举出5例他认为可能属于粟特系统银器的带把杯[33]，俄国学者马尔沙克在其《粟特银器》一书所附的图表当中，将粟特银器分为A、B、C三个流派，这三个流派当中也均涉及带把杯[34]。中国学者后来在研究唐代金银器中的这类带把杯时，也都充分注意到并吸收了这些研究成果。

唐代金银器中，早在20世纪60年代初，在西安沙坡村窖藏中出土了2件素面银带把杯[35]，

1972 年，西安南郊何家村窖藏中又出土了金银带把杯 6 件[36]。以后陆续考古发掘出土和海内外收藏的唐代金银带把杯 30 余件。在粟特地区发现的这类带把杯据齐东方收集资料统计，目前大约知道的有十几件，其特征是“杯体分别呈八菱形、筒形和圜底碗形，绝大部分在杯体下部有横向的内折棱，底部带圈足。器物由口部至腹部有环形把手，把手上部有指垫，指垫上面多饰浮雕状人头像。这些器物出现在 7～9 世纪初”[37]。

吐蕃系统的带把杯从总的造型风格上来看，与唐、粟特系统的带把杯均具有一定的相似性。我们可以观察到，这 7 件带把杯的杯把上都带有横平而较为宽大的指垫，在杯的环形把上加上这样的指垫，既可以使手感舒适，又能帮助其他手指加力持重，增加持杯时的稳定度，这是粟特带把杯中常见的做法。其中序号 1 的带把杯的指垫上饰一件浮雕的带翼奔兽，从其形象上看似为奔狮。应当指出，粟特人很重视这种装饰方法，在粟特人的带把杯指垫上常常饰有精美的花纹或人物头像，这种在指垫上饰奔兽的做法虽然过去尚未见诸著录，笔者认为可能仍是源自粟特风格。但是，与唐和粟特系统的金银带把杯相比较，这 6 件吐蕃系统的带把杯最为突出的特点是器体浑圆而没有折棱，其中多数器腹均较低平，杯深小于口径，带有小圈足，杯体近似圜底碗形。而不见唐和粟特系统带把杯中的常见的八菱形杯体、筒形杯体、“6”字形杯把等特征。由此可以说明吐蕃系统带把杯很可能是对唐和粟特带把杯的一种借鉴或仿造，而不是直接从唐或粟特传入。

可以佐证笔者这一观点的还可以举出以下两个方面的证据。第一，在这 6 件带把杯中，有的样式和风格十分独特，如序号 7 为藏于克里弗兰艺术博物馆的一件直筒形带把杯，它带有两个上下相互重叠的环形杯把，口部以下饰联珠纹样一周，器腹通体饰莲花纹样，莲花图案之间饰三立兽，一立兽头生两角，另两立兽头上无角。这种形制和纹饰的带把杯在以往见诸著录的海内外唐代金银器中均未曾见过。在这件带把杯的底部，还錾刻有古藏文铭刻一行，其中元音字母“E”反写，为吐蕃时期的古藏文文字特点之一，文中的分隔标点符号也具有典型的古藏文特征。铭文内容已有国外学者做过研究，译文大意为“具有崇高地位的汉地妻子私人收藏品”，故有学者据此认为其可能为吐蕃赞普松赞干布迎请的汉地公主唐文成公主生前使用之物[38]。对于这个意见，笔者认为应持慎重态度，因为即便是作为以“和亲”身份前往吐蕃的唐代宗室公主，除了唐文成公主之外，还有唐金城公主，两者在时代上相去近百年，况且对于这段铭文的理解和解释也还有其他各种可能性存在。但是，这件器物系由吐蕃工匠制造却是可能的，我们可以推测，正是由于它被其吐蕃拥有者极其珍视，才会特意让工匠在上面錾刻本民族文字以示标识。第二，笔者注意到，与这件直筒带把杯同时入藏于克里弗兰艺术博物馆的还有上文中我们曾提及的一件银瓶（序号 2）和一件银角杯（序号 20），它们无论在器形、纹饰还是在制作工艺上都十分相似，表明可能为同时出土、来源相同的一组器物。上文中我们已经提及，有关克里弗兰艺术博物馆藏的这组银器，国外学者曾进行过研究，均认为其纹饰和造型上的特点都具有浓厚的民族色彩，与早期吐蕃赞普有关的远古传说中藏族先人皆为半人半鸟的异人，呈人首鸟身状，指趾带蹼，乘带翼巨兽而行等神话传说之间有着密切的联系，这组银器可以说提供了这种古老藏族传说具体的图像。

综合这些因素来看，我们有理由认为包括这件直筒带把杯在内的这组克里弗兰银器有可能为吐蕃制作的器物，当然不排除这个过程当中有来自萨珊、粟特等中亚和西亚的工匠参与其事。

（三）高足杯

本文列举了纽约大都会博物馆藏并展出的金高足杯1件（序号13），杯体近口沿部在长方形的方格内饰各种动物纹样，器腹饰缠枝花草纹，在缠枝纹样当中出现龙、狮、独角兽等动物形象，高脚杯的柄部上方饰联纹样一周，足底圈足上饰联珠纹样。此杯展品说明文字称其出土地点为新疆维吾尔自治区，时代为吐蕃时期（7～8世纪）。

高足杯也是一种外来的器物，在片治肯特等中亚壁画的宴饮图中常可见到。唐代的高足杯发现数量较多，齐东方将其分为三型，其中A型的杯体较深，杯深大于口径，高足较细，在足中部带有“算盘珠”式的节，尤其是其中的A型Ⅱ式腹壁较直，口沿下大多有一周凸棱[39]，这些特征都与本文所举的这件高足杯相似。按照齐东方对唐代高足杯年代的推定，均在8世纪中叶以前[40]，与展出者对本件高足杯的年代说明基本吻合。

不同之处在于，唐代发现的高足杯多为银器，而少见金器，此外从纹饰上看，过去见诸注录的唐代银高足杯常见的纹饰有忍冬纹、三角纹、联珠纹、葡萄纹、狩猎纹、缠枝纹等，而很少见到像这件金高足杯上的动物纹样，所以这件金高足杯的来源显然不是中国内地。我国学者倾向于将高足杯的来源考虑在萨珊伊朗及中亚[41]，从形制和纹饰两方面结合起来分析，这件金高足杯也不大可能产自吐蕃，考虑到吐蕃与伊朗高原及中亚的密切联系，其来自中亚的可能性较大。

（四）银　壶

现藏于西藏拉萨大昭寺内的吐蕃银壶（序号6），是迄今为止流传于世的较大型的吐蕃银器。对于这件著名的银壶中外学者都曾发表过研究意见。早年英国人黎吉生（Richardson）曾认为这件银壶“体现出中亚一带萨珊波斯的影响”[42]。瑞士学者冯·施罗德（Ulrichvon Schroeder）主张这件银壶是在中亚塔吉克斯坦制作的，年代为8世纪[43]。瑞士藏学家阿米·海勒博士也曾对这件吐蕃银壶从制作工艺、纹饰特点等方面做过深入分析，她认为：“这件银瓶（笔者按：即指此件银壶）是粟特式和中国汉地图案的变异类型，与粟特冶金工艺的关系更为密切……从工艺以及拉萨大昭寺银瓶与其他吐蕃银器之间具有显著的密切关系这点分析，仍倾向于认为这件银瓶确实为吐蕃制品，制作于吐蕃王朝时期。”[44]我国著名考古学家宿白则认为此器“多曲圆形口缘和其下作立体禽兽首状的细颈壶，为7～10世纪波斯和粟特地区流行的器物，颈上饰羊首的带柄细颈壶曾见于新疆吐鲁番回鹘时期的壁画中。西亚传统纹饰中的四瓣球纹，尤为萨珊金银器所喜用。人物形象、服饰更具中亚、西亚一带特色。固可估计此银壶约是7～9世纪阿姆河流域南迄呼罗珊以西地区所制作。其传入拉萨，或经今新疆、青海区域；或由克什米尔、阿里一线”[45]。归纳上述意见，对其形制有萨珊波斯、粟特与唐风格混合等三种不同的看法；对其产地有中亚和吐蕃制作两种意见；对其年代则有8世纪、7～9世纪等不同的观点。

对于上述各种意见，笔者认为恰恰证明这件银壶反映出多种文化因素发生融合的现象，而并非是单一文化因素的产物。尤其值得注意的是银壶上的人物形象与服饰特点，两组人物当中一组为单人背手反弹琵琶，单腿独立呈“胡旋舞”姿势，这在我国西北和北方地区北朝至隋唐时期的画像资料口十分常见；另一组为两人醉酒后相互扶持的形象，其中一人酒醉正酣，长袖迤地，不省人事，偏倒欲坠，而另一人则将其尽力扶起，这种图像无论在波斯或是粟特金银器中都未曾见到，但在近年青海发现的吐蕃木棺板画上却有相同的题材发现。在青海海西州德令哈市郭里木乡发现的吐蕃二号棺板画上，有一幅帐外宴饮的场景，其中一人也是大醉呕吐，长袖迤地欲倒，另一人正尽力将其扶起（图一六）[46]，可见这一题材在吐蕃绘画中曾经甚为流行，是当时吐蕃人饮酒风俗的真实写照。因此，当我们在考虑这件银壶的产地时，一方面固然要考虑到它与中亚、西亚地区可能存在的若干联系，但另一方面也不能排除它是由吐蕃人按照自身所习惯的生活方式自行设计、创作的这种可能性。

图一六　青海吐蕃木棺板画宴饮场面局部

（五）银　　碗

本文涉及的两件银碗都很有特点。其中私人收藏的银碗 1 件（序号 14），造型非常特别，腹较深，圜底，从器体上看与前述吐蕃系统的带把杯形制相似。但是，碗底接带立柱的底座，这种造型十分独特，不见于过去公布过的唐代金银器。口沿饰一周联珠纹，腹部饰叶形纹饰，在叶形纹的上方饰数只小鹅，底部饰一只羚羊以蹄挠首，底座饰一周联珠纹，这种纹饰与吐蕃带把杯的风格很相似，同时也具有较为浓厚的粟特银器纹饰的特点。所以，我们推测它很可能是在吐蕃制作的仿粟特碗，时代在8世纪左右。

日本东京古代东方博物馆藏的银碗（序号15），十分特别，腹较浅，碗底中心饰一圈水涡纹和鱼纹，口边沿饰联珠纹一周，内壁饰人物与动物形象。据罗丰介绍，此件器物于1961年由D. L.斯奈格尔洛伍（D. L.Snellgrove）在伦敦从一名西藏贵族手中获得，银碗是这名西藏贵族的传家宝，后来被一家日本建筑公司购得，现藏于东京古代东方博物馆。P. 丹伍德（P. Denwood）曾研究过这件银碗上画面的内容，认为可以在荷马史诗《伊利亚特》中找出相似的情节，画面内容表现的是希腊神话故事，但在希腊风格中却又混杂有许多波斯风格的细节。其结论认为"这件来自西藏的银碗与艾尔米塔什博物馆所藏的巴克特里亚银碗有许多共同之处"[47]。艾尔米塔什收藏的巴克特里亚式的银碗上面的人物都做成裸体或半裸体，在碗的底部有一个圆框，其中有的饰兽面，有的饰年轻女子与仆人对坐的画面，年代为4～6世纪[48]。西藏发现的这件银碗虽然与艾尔米塔什收藏的银碗总体造型上很相似，但在碗底圆框内装饰的却是一圈水涡纹和鱼纹，这种纹饰曾在萨珊银器中较为流行[49]。本文所举的一件吐蕃银带把杯（序号8）的底部也有类似的鱼纹出现，可见这种装饰纹样也曾经流传影响到吐蕃。罗丰并未明确提出西藏贵族收藏的这件银碗究竟是由吐蕃人制作还是从中亚、西亚一带传入吐蕃的，但他却引证了一个历史事实：大约从7世纪开始，吐蕃王国开始向中亚扩张，并且与萨珊帝国发生过联系。他甚至还引用1925年德国人缪勒发表《拉达克之粟特文铭文》一文的汉译："210年，余来自内陆。仆人、萨末鞬人诺喜芬前往谒吐蕃可汗"[50]，以此说明粟特人也曾前往晋见吐蕃可汗。言下之意，这件具有所谓巴克特里亚风格的银碗通过萨珊或者粟特传入吐蕃也是可能的。意大利著名藏学家G. 杜齐（G. Tucci）也曾注意到这件银碗，他认为可以将这件器物补充到受到萨珊王朝影响的间接证据的实物里，因为"这只银碗上有一些图案，合乎传统风格的无叶树木交替更迭，这是受古希腊影响的一种表现手法，而在碗的底边上，装饰着波纹和鱼，这又遵循了中国的传统。这种传统在其他萨珊时代的杯子上也可以见到"[51]。

笔者认为，从目前发现的吐蕃银器的总体情况来看，这件银碗的纹饰与器形都有异于其他的吐蕃银器，尤其是上面的裸体或半裸体的人物形象，与吐蕃时期的审美意识与风俗习惯有着较大的差别，所以可以基本上排除它是由吐蕃制作的这种可能性，初步可以肯定其是一件从中亚、西亚传入吐蕃的舶来品，其年代可能也要略早于吐蕃王朝（7～8世纪）时期。结合银碗底部圆框内饰水涡纹和鱼纹这一具有萨珊银器装饰风格的特点分析，或有可能为波斯萨珊制作，然后传入吐蕃。

（六）马具与马饰

在芝加哥个人收藏品当中的一套吐蕃马具十分引人注目（序号22、23）。这套马具包括一套鎏金马鞍以及马具上的若干金属饰件，是迄今为止所见的吐蕃文物中保存最为完整的一套马具[52]，对于我们认识和研究吐蕃时期的马具与马饰提供了十分难得的实物依据。初步可以从中区分出以下各部分鎏金银饰。

1. 前桥与后桥

从残存的鞍桥金属包片上，可观察到保存较为完整的前桥和后桥鎏金包片，均呈拱桥形，前高后低，前桥弧线应较高起，后桥弧线应较低平，可以明显地加以区分。鞍体可能为木质，出土时已经完全腐朽。

2. 辔头（络头）及其饰物

从吐蕃木棺板画和吐蕃墓葬中出土的骑马木俑等情况分析，吐蕃马具的辔头部分多由额带、鼻带、颊带、咽带等四条纵横向的皮带组成，以便有效地控制马头部，在头部的这些皮带上均绘有金黄色的圆点表示金属类的饰物[53]。所以，在这套金属饰片当中，一些较小的方形或椭圆形的鎏金饰片应当属于辔头部分这些皮带上的缀饰物。在唐代马具上，辔头的各条皮带上常常缀挂有小金花饰物，可作为参照。

中原地区汉代的马具在辔头额带上装有“当卢”一枚，唐代此风有所变化，只在马额前、鼻端及两颊上部各装饰一枚较大的叶片状的饰物，称之为“杏叶”。据孙机研究，这类杏叶的形状造型多十分优美，式样繁多，除有大量卷草、宝相花等类植物图案外，也有铸出狮子、麒麟等动物图案的。芝加哥私人收藏的这套马饰中有一批这样的鎏金叶形饰片，上面饰对狮等动物纹样，与孙机文中所列举出的卢芹斋旧藏铜杏叶、正黎某代藏鎏金铜杏叶在纹饰构图和风格特点上都十分相似（图一七，1、2）[54]，因此可以肯定其性质应为文献记载中的杏叶，而且其中可能有数片杏叶应是装饰在辔头额带、鼻带和颊带上的饰件。

图一七　鎏金铜杏叶

1. 卢芹斋旧藏　2. 正黎某代藏

3. 胸、腹、尻部的革带及其饰物

为了固定鞍、鞯，在马的胸、腹和尻部要引出长短不一的革带，如攀胸、鞦带等。据杨泓研究，中原汉地在唐以前的两晋南北朝时期，马具上的这类带子往往较为繁缛，形成纵横多条带子构成的网状革带，而到了唐代，马具上的这类网状革带日渐简化，横带的数量减少，通常只有最下一条，纵带均与其相连，然后在马尻上部相交，同时在横带上垂饰“杏叶”。但是也有的马具不使用这种繁缛的网状结构革带，而是使用受到中亚一带影响的带有蹀躞的革带[55]。芝加哥私人收藏的这套马饰中金属杏叶饰片数量较多，除去可能使用在辔头部的杏叶之外，余下的杏叶则应当分布在马身两侧的攀胸与鞦带上，作为革带上最主要的金属饰件。与之相配的则应当还有其他形制较小的金属饰片，序号 23-2 的这类动物纹饰片可能即为此类饰物。

（七）金银牌饰与首饰

本文所举的吐蕃金银器当中，还有相当一批金银牌饰与首饰之类的小件器物，与前述各类金银器具相比较，这批小件金银器均有明确的考古出土地点，年代和族属都相对比较清楚，形体虽小，却也能反映出吐蕃金银器的许多特点与风格。

青海都兰吐蕃墓葬中出土的一批金牌饰（序号24～26），制作工艺十分精美，分别采用了锤揲、掐丝、錾刻、钻孔、抛光、焊接、镶嵌等各种工艺，用金丝做成联珠纹、鱼子地纹，中央用金片做成金花，并在花瓣内镶嵌绿松石。

西藏山南浪卡子县查加沟古墓出土的一批金饰物包括马形牌饰（序号28）、圆形牌饰（序号29）等，均系用黄金捶展成的金箔制成，采用锤揲、錾刻等方式形成图案，牌饰上面带有穿孔或扣饰。

上面这两类金牌饰体形较小，造型精美，从其四角或边缘上均带有小孔或在背面带有扣饰这一点来加以判断，似乎均可以缀系于衣物、皮带之上，可能是一种用于人物服饰上的饰件。这就不能不让我们联想到文献古籍中对吐蕃贵族官员当中流行的所谓“官之章饰”与“告身制度”的记载：

《新唐书·吐蕃传》载，吐蕃王朝“其官之章饰，最上瑟瑟，金次之，金涂银又次之，银次之，最下至铜止，差大小，缀臂前以辨贵贱”。

《册府元龟·外臣部·土风三》载：吐蕃“其设官，父死子代，绝嗣则近亲袭焉。……大略其官之章饰有五等，一谓瑟瑟，二谓金，三谓金饰银上，四谓银，五谓熟铜。各以方圆三寸褐上装之，安膊前以别贵贱”。同书又载：“爵位则以宝珠、大瑟瑟、大银、小银、大鍮石、小鍮石、大铜、小铜为告身，以别高下。”

与汉文史籍可以相互比较的，是藏文典籍《德乌宗教源流》的记载，其中称吐蕃之“六告身”之制云：“六告身即金、玉二；颇罗弥二；铜、铁二告身。又分为那储和乃储二类，乃储即六小告身：银、黄铜、青铜、铜、上等铁告身、水纹木牌告身。作战勇士授予铁文字告身，一般属民授予木纹木牌告。”[56]

根据上述文献记载我们大致可知，吐蕃时期用以表示官阶高低的“章饰”与表示社会等级身份的“告身”都有采用金、银、铜、铁等不同质地者。对于功勋突出者，可授予其“金字告身”。如《敦煌吐蕃历史文书》记载，吐蕃赞普朗日伦赞与韦氏义策等父兄子侄七人盟誓云：“义策忠贞不贰，你死后我为尔营葬，杀马百匹以行粮，子孙后代无论何人，均赐以金字告身，不会断绝。”[57]因此，虽然我们还无法最后肯定上述这些金牌饰即为吐蕃社会流行的“章饰”或“告身”之类标识性的饰件，但是这类金牌饰的发现却至少提出了这种可能性的存在。

除牌饰外，青藏高原的吐蕃墓葬中还出土圆形金饰片（序号29）、金耳饰（序号30）、金银戒指（序号31～33）以及一些用途还不能确定的管状器（序号34、35）、金银球饰或珠饰（序号36、37）等。从文献记载来看，青藏高原可归入吐蕃系统的古代各部族历史上都有喜爱以黄金作为首饰、服饰的习俗，甚至在葬礼当中也要用黄金加以装饰。《册府元龟》所载“附国”条下：

> 附国在党项西南数千里……死后十年而火葬，其葬必集亲宾，杀马动至数十匹，立其祖父神而事之。其俗以皮为帽，形圆如钵，……王与酋帅金为首饰，胸前悬一金花，径三寸。（卷九六一·外臣部土风三）

又“白兰国”条下：

> 白兰土出黄金铜铁，其国虽随水草，大抵治慕贺川，以肉酪为粮，颇识文字。其男子通服长裙，……妇人以金花为首饰，辫发萦后，缀以珠贝。（卷九六一·外臣部土风三）

又“东女国”条件下：

> “东女国，西羌之别种，在雅州西北”。……其王服青毛绫裙，下领衫，上披青袍，其袖委地。冬则羔裘，饰以文锦。为小鬟髻，饰之以金。耳垂铛，足履索鞨。……其居丧，服饰不改……贵人死者，或剥其皮而藏之，纳骨于瓶中，糅以金屑而埋之。国王将葬，其大臣亲属殉者数十人。（卷九六〇，外臣部土风二）

又“太平国”条下：

> 太平国在于阗国南，其人辫发毡裘，畜牧为业，地多风雪，冰厚丈余，所出物产颇与吐蕃同。俗无文字，但刻木结绳而已。……其酋豪死，抉出其脑，实以珠玉，割其脏，易以黄金，假造金鼻银齿，以人为殉。（卷九六〇，外臣部土风二）

上述附国、白兰、羊同、东女等高原诸部随着吐蕃的逐渐强大和不断地对外扩张，最后都并入吐蕃版图，可想而知，其黄金工艺也必然融入吐蕃的黄金工艺体系当中。因而我们有理由将在墓葬中发现的这类黄金饰品与文献记载的这些习俗联系起来加以考虑。

本文所涉及的金银牌饰中还有一类很可能属于装饰在皮带上的牌饰，其特点是造型一致，相同牌饰数量较多，表面饰有植物、动物纹样，故上文中笔者将这类牌饰归纳为带饰一类（序号38～42）。这种上面可以缀饰各种装饰品的带子，大概是从中亚一带传入，唐人将其称之为“蹀躞”。如沈括《梦溪笔谈》卷一载：“带衣所垂蹀躞，盖欲佩弓、剑、帉、帨、算囊、刀、砺之类。”这类装饰性的皮带既可用作人体的饰物，也可用来作为马饰，如宋人诗中有“锦鞯金狨玉蹀躞，天宝繁侈逾大业”之语，即是用来形容唐代马饰的华美之风，孙机认为诗中的所谓“玉蹀躞”，可能就是指马具中装饰有玉饰的带子而言[58]。除了玉饰之外，在皮带上装饰金银牌饰也很常见，前述芝加哥私人收藏的吐蕃马具上附属的鎏金银饰片，实际上也是垂带“蹀躞”上的附属饰件。

我国西北的北方草原地区的游牧民族十分喜爱金银物品，其中尤其以用作人身装饰的耳环、臂饰、戒指等各种首饰、服饰以及一些马饰等小件的金银制品具有特色。吐蕃金银器中的小件金银饰物与我国北方、西北地区的早期金银器有相似之处。

与西藏地区相邻近的新疆地区，是出土这类小件黄金饰品较多的区域之一。近年来调查发掘的察吾呼沟口墓地中，发现过一批小件黄金制品，均为装饰品[59]，种类包括金耳坠、金片饰、金耳环、金泡饰等。察吾呼沟口墓地四号墓地的时代据 ^{14}C 年代测定距今3000～2500年，三号墓地的年代大约相当于汉代。两处墓地出土的人骨都曾做过体质人类学方面的研究，其结论认为：“利用欧、亚人种头骨上差异显著的面部测量特征进行比较后也证明，四号墓地人骨的面部特征更接近欧洲人种，而三号墓地人骨一方面有些特征近于欧洲人种，另一方面有些特征近于亚洲人种或介于两者之间。”[60]

此外，在新疆阿合奇县库兰萨日克公元前8～前5世纪的墓葬中，出土过金马饰和金鹰鹿饰，均采用锤揲法制成，马整体略呈圆形，昂首竖耳，前腿呈奔驰状，后足高扬。鹰鹿饰为一立鹿背上站立有一鹰[61]。乌鲁木齐南山矿区阿拉沟约公元前5世纪的古墓中曾发掘出土过金虎纹圆形饰、对虎纹金饰条带、虎形金牌饰、兽面金饰、六角形金花饰、菱形金花饰以及各种圆形、柳叶形、矩形、树叶形的小金片、小金钉和小金环等。这些饰件都采用金片锤揲而成，图案具有高浮雕效果[62]。新疆昭苏县夏台1世纪的墓地中，还出土过一件嵌宝石的金戒指，金戒指周围焊饰金珠组成的三角和弧圈纹，同时还出土有金耳环以及菱形、方形、圆形的小金片[63]。另在吐鲁番交河故城沟西墓地中出土过公元前6～公元1世纪的各种金银器[64]。

我国西北地区出土的这些黄金制品，从时代上来看上限可上溯至公元前8世纪，下限可延续到汉代（1世纪前后），是我国迄今为止所发现的最早的一批黄金制品。对制作和使用这些黄金制品的民族，过去曾有不同的意见，如阿拉沟出土的金银饰件曾被认为可能为“塞种”人或姑师人的遗物[65]，也有意见认为其属于匈奴系统的金银制品[66]。齐东方在主张其为匈奴系统制品的同时，也提出了对这批早期黄金制品的总体印象：“这批最早的金器都是较小的饰件，工匠以高度的智慧成功地在不同形状内新颖、生动地表现了虎、狮、鹿、鹰等动物题材，在整体文化风格上，属中亚草原游牧民族系统。金器制作中高超的锤揲艺术，在同时期的中原地区还十分罕见。”[67]

内蒙古地区是我国早期黄金制品的另一个重要发现区域。在大约相当于春秋晚期的伊昭克盟桃红巴拉墓地中出土过金丝环[68]；在准格尔旗西沟畔和杭锦旗阿鲁柴登相当于战国时期的墓葬中出土过动物咬斗纹金牌饰、项圈、耳坠、指套、双兽纹饰片、卧鹿纹饰片、卧马纹饰片、双马纹饰片、卧状怪兽纹饰片、三兽咬斗纹饰片、双兽咬斗纹饰片、长条形蛇纹饰片、鸟形饰片、涡纹饰片、泡饰、冠形饰、虎形饰片、羊形饰片、兽头形饰片、圆扣饰、串珠、耳坠等大批黄金制品，其中仅阿鲁柴登墓地出土的黄金制品就有200余件，重4000余克[69]。目前学术界一般认为这批墓葬可能属于古代匈奴人的墓葬，这批黄金制品也属于古代匈奴人的遗物。齐东方明确指出上述新疆、内蒙古战国及稍早的大量金银饰件，当“主要属于匈奴文化系统”[70]。

我国北方黑龙江上游额尔古纳河畔至内蒙古自治区河套东部，从2世纪中叶以后，鲜卑人取代了匈奴人的地位，从最初兴起时的大兴安岭一带南迁，在这里也留下了大量遗物。其中，金银器是当中极富特色的组成部分，齐东方将这批金银器统称为“鲜卑系统的金银器”，并进一步划分为“拓跋鲜卑金银器”与“慕容鲜卑金银器”两大类别[71]。拓跋鲜卑氏金银器主要发现于内蒙古呼伦贝尔市新巴尔虎右林旗扎赉若尔、乌兰察布旗盟右后旗三道湾、呼伦贝尔市额尔古纳右旗拉布达林等处墓葬[72]当中，形制多为动物纹样的牌饰以及各种首饰，常见的动物纹样有龙、羊、马、牛、鹿和怪兽等。慕容鲜卑氏金银器主要发现于我国北方辽西地区，其金器有丝扭环带叶耳饰、环形耳饰、步摇饰、牌饰、泡饰、指环等，其中的金步摇饰形制多样，在基座上分出枝条，在枝上挂缀可活动的金叶，具有相当鲜明的文化特征（图一八）。

将吐蕃金银器当中的黄金饰件与上述我国北方草原地带游牧民族的遗物相比较，可以观察到一些相同的因素。例如，第一，锤拓金片这一工艺与北方草原所广为流行的黄金制品工艺传统，同样流行于吐蕃；第二，流行动物纹样，装饰题材中的马形牌饰与北方草原民族常见的题材相似；第三，在某些饰物的制作工艺、造型上具有相同的特点。如属于匈奴系统的阿鲁柴登墓葬中出土的长方形金牌饰系铸造而成，这类采用铸造工艺形成的黄金饰物在匈奴系统的金器中很少发现，西藏山南查加沟墓葬发现的金器中，有5件马形牌饰都是用模具铸造而成。又如同属于匈奴系统的西沟畔M2中出土的金耳环用稍粗的金丝环绕，下方悬挂坠饰，用很细的金丝叠绕20多圈形成（图一八，

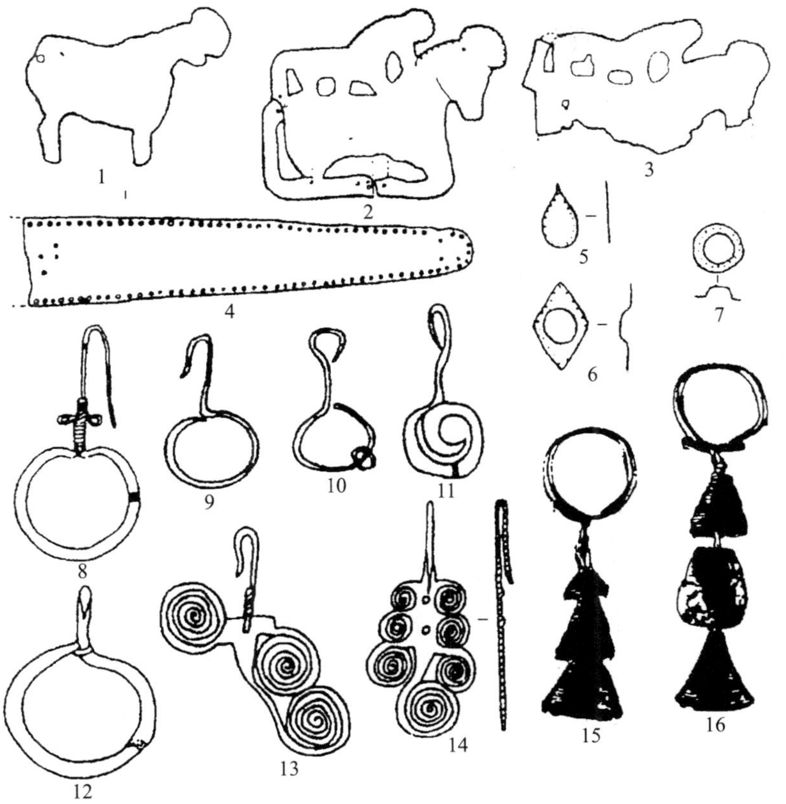

图一八　金银器

1～3. 马形金牌饰　4. 金片饰　5～7. 金泡饰　8～15. 金耳饰　16. 金带钩 （9～11 拉布达林出土 14、15 西沟畔出土　余均为三道湾出土；除 14、15 为匈奴系统外，其余均为鲜卑系统）

14、15）。采用这种金丝叠绕工艺制作饰物的传统，看来曾广泛流行于北方草原地带，在北方拓跋鲜卑系统的三道湾墓葬中出土的金耳饰也为金丝盘结而成，制作细致（图一八，12、13），扎赉若尔吕土的铜耳环的形状和制法都和它十分接近。此外，前述新疆察吾乎沟口一号墓地 M268 中出土的一件银耳坠（M268∶2）也是采用这种单丝叠绕的工艺制作。西藏山南查加沟墓葬发现的金器中有 8 件戒指，戒面均采用金丝向外盘结叠绕而成，其工艺手法基本上也是相同的，反映出相同的技术传统。此外，芝加哥私人收藏的吐蕃马鞍上的包银鎏金饰片以及杏叶、牌饰上的动物图案、青海都兰热水吐蕃墓地中出土的鎏金银鸟形饰片、鎏金银带饰上面的动物图案，都是采用锤揲法捶打而成，图案均具有浮雕效果，与北方草原民族的早期金器风格相似。

综上所述，这些吐蕃金银器虽然与北方草原地带游牧民族出土的黄金饰件在年代上相差较大，但在风格和技法上却可以观察到许多相似之处，表明吐蕃金银器在其制作过程中也受到北方草原文化很深的影响，在某些纹饰母题和工艺技法上具有与之一脉相承的特点。

（八）金 银 饰 片

最后，我们还应注意到吐蕃金银器当中相当数量的一批金银饰片（序号 42～57），除序号 42 为一组图案和形制都比较完整的立鸟与迦陵频迦鸟的银饰片之外，其他饰片大多为残片。这些金银饰片大多带有小孔，有的出土时附着残木片，有的在底部贴有绢片，有的孔内残存有铜钉，有的带有铜锈，表明其原来均系装饰固定在其他质地器物上的金银饰片。饰片上的动物与植物图案造型优美，流行镶嵌各种宝石和绿松石的工艺，纹饰的排列方式采用纵列式、横列式、独列式、四方连续式等不同的式样，变化极为丰富，其中尤其以连续的忍冬纹、立鸟（凤）纹、狮、狼等纹样最具特色，体现出吐蕃金银装饰工艺的若干特点。

许新国曾对青海都兰吐蕃墓地中出土的忍冬纹银饰片做过研究，他认为在都兰金银器中普遍存在着一种环状的忍冬花纹，无论其排列形式如何，其母题都具有共同的特点，即以花心为中，前头伸出三片圆形或近似圆形的花瓣组成花形，其下为两条向下弯曲的双钩状叶片，成等分排列形式，然后再由这种双钩状的叶抽出枝条，组成循环往复、多种排列形式的图案，他将这种忍冬纹样概称为“三瓣花叶两片勾叶忍冬纹饰”[73]。我们发现，在芝加哥私人藏的金银器饰片当中，也有不少饰片上忍冬纹饰的母题、排列方式等均与青海都兰吐蕃墓地所出者相似，反映出二者具有相同的风格。关于青海都兰吐蕃墓地金银器饰片的年代，许新国曾以忍冬纹饰为观察出发点，结合以往出土唐代金银器的情况“将这批都兰金银器的年代定在武则天到玄宗时期”[74]。但若从整个唐代金银器中流行的忍冬纹饰来看，其年代范围则要宽泛得多，不仅在7世纪的唐代金银器上出现有忍冬纹，这种母题也大量流行于8世纪，甚至有一些简化变形后的忍冬纹饰一直延续到9世纪[75]。因此，结合吐蕃在青藏高原势力，扩张的历史过程，笔者主张可以将上述吐蕃金银饰片的年代大致定在7～8世纪较为妥切。

关于青海都兰吐蕃金银器的风格，许新国提出：“都兰金银器在题材上和造型上与中亚粟特人所使用的金银器纹样非常近似。”其主要依据认为：一是所有饰片都是用整片银片制成，并普遍采用锤揲技法作为金属成型的主要手段，器物表面为金或局部镀金，绝大部分器物以镂空形式表现纹饰的浮雕效果；二是在工艺技法上锤揲与阴线刻并用；三是在饰片的底部饰以鱼子纹，多用联珠纹，主体纹饰多见动物和人物，动物多带翼；四是无论主饰或辅饰，均大量使用“三瓣花叶两片勾叶”的忍冬纹饰，并且多组合为环状桃形。上述四个方面，均与中亚粟特人7～8世纪所使用的金属器纹样相近[76]。许新国还观察注意到：“都兰金银器中的凤凰图形，头、颈、身尾均装饰忍冬花纹，而在同期唐代金银器的立凤纹中则不见；都兰的立凤嘴衔忍冬花纹，颈后饰忍冬花纹，而在唐代同类图像中未见；翅膀上带有联珠纹饰以及镶嵌绿松石的风格也不见于同期唐代金银器。此外，都兰的动物纹具有异域风格；浮雕效果和唐代线刻也存在着差异。”[77]笔者认为，许新国的这些观察是十分细致深入的，对于我们的研究颇具参考价值。

但同时也要看到，包括青海都兰出土金银器在内的这些吐蕃金银饰片，其来源与风格是多样而丰富多彩的，当中既可能包含有大量粟特等异域文化因素的影响在内，但同时也受到唐代金银器的诸多影响。以青海都兰金银器中的立凤与立鸟纹银饰片（序号43、47）为例，从其造型与装饰风格上来看，一方面在局部的装饰处理上带有一定的异域风格，但另一方面在总体上与唐代金银器的立凤、立鸟形象也很接近，如现为美国纽约C. R. 霍姆斯收藏的一件唐凤鸟八棱杯上的立凤[78]、陕西西安何家村凤鸟纹六曲银盘上的立凤[79]、西安东郊韩森寨出土的一件残鸾鸟纹菱花银盘上的鸾鸟[80]、日本东京国立博物馆藏的凤鸟纹水滴上的凤鸟[81]都与都兰出土的立凤、立鸟纹饰十分相似，具有中原唐文化的特点，所以，还不能将其一概归入“粟特系统”来考虑，其中丰富的文化内涵还有待于做深入研究加以辨析。

对于这批金银饰片的用途，也颇受学者们关注。如前所述，从有关迹象推知它们原来均系装饰固定在其他质地器物上的金银饰片，但具体是装饰在何种器形上的饰片，则目前还难以确认。虽然曾有意见将青海都兰吐蕃墓葬中出土的镀金银饰比定复原为一件木质“舍利容器”表面的饰片[82]，但因这件器物是出土在殉马坑中，从而对其定名与性质的这一意见还难以令人完全信服。已故俄国考古学家马尔沙克也对芝加哥私人收藏的吐蕃金银饰片做了大量复原推测工作，认为它们很可能是一些王冠、纪念性物品、容器表面装饰、皮带饰物上的饰件残片[83]，但这些看法最终需要更多的考古出土实物来加以证实。不过有一点可以基本肯定的是，这些金银饰片是整个吐蕃金银器体系中重要的组成部分，它说明吐蕃不仅可以制作大量图案精美、造型生动的金银器，同时还在对其他质地的器物进行装饰的过程当中也广泛地使用了金银工艺，从而形成丰富多彩又别具一格的吐蕃器物装饰风格。

四、吐蕃金银器的制作工艺

上述吐蕃金银器显示出其制作工艺已具有相当高的水平，据笔者的初步观察，大体上可以看出以下几个方面的制作工艺技术。

（一）锤　　揲

所谓“锤揲”，唐代也称为“打作”，日语中常用“打出し”一词来加以表示。按照齐东方的解释，锤揲，亦即锻造、打制，其技术可以是冷锻，也可以经过热处理。这种工艺是利用金、银质地比较柔软、延展性强的特点，将自然或冶炼出的金银锭类的材料捶打成各种形状，供进一步加工使用。锤揲技术可以追求优美而写实的艺术，既可以制作器物的形体，也可以制作装饰花纹[84]。

吐蕃金银器中多见采用此种工艺成形者，如克里弗兰艺术博物馆藏的三件银器（银瓶、银带把杯、银来通）均采用了这种工艺，三件银器都是首先锤揲出器物的基本形状，然后再锤出器物表面凹凸起伏的各种花纹、人物、异兽图案。从这组银器器口可以观察到，在捶打的过程中使用了内、外两层银板，主要以外层银板成形，内层银板主要作为衬托。在器形和纹饰基本形成之后，再在外凸的图案上錾刻出更为细腻的纹样。

此外，一些极薄的金银片制作，也采用了锤揲工艺，其方法是用薄而柔软的材料（如皮革、纸张等）将经过加工后的金银片夹住再作反复捶打，直到得到极薄的金银片。在纹样成型上，如果采用这种锤揲技术，也较为容易得到具有浮雕式效果的图案。吐蕃金银器中广泛采用了这种极薄的金银箔片作为装饰，这在上文中笔者已有详论。

（二）鎏金与镀金

鎏金在现代也称之为镀金，其基本原理是将纯金和汞按照一定的比例混合成金汞，涂抹在器物表面，然后在火上烘烤，汞遇热挥发之后，金存留于器表，看上去与金器相同。这一技术在中原地区起源甚早，在战国西汉时期已经十分发达。但鎏金银器真正兴盛是在唐代，唐代鎏金银器极为流行，甚至占了银器的大部分。

吐蕃已经熟练掌握了这一技术。《新唐书·吐蕃传》所载吐蕃王朝“官之章饰”当中，有所谓“金涂银”的章饰；《册府元龟·外臣部·土风三》所载相同，称吐蕃其官之章饰有五等，其三等谓曰“金饰银上”，即为这种鎏金工艺的反映。在芝加哥私人收藏的吐蕃银瓶、带把杯、银碟、银铛等器物的表面，都采用了通体鎏金的工艺，从器口或器物边缘可以清晰观察到鎏金的薄膜痕迹，其中鎏金效果最好的是一件通体鎏金的带把杯（序号9），其鎏金薄膜均匀细密，色泽透明澄亮，与真正的金器几乎难以分别。与这批器物同时被收藏的吐蕃马具与马饰，以及青海都兰吐蕃墓地出土的银饰片上，也采用了这种鎏金工艺，反映出其应用之广泛。

（三）掐丝、焊缀与镶嵌

掐丝是唐代金银器中一种制作精细工艺品的方法，其基本方法是将捶打成的极薄的金银片剪成细条，再扭搓成丝，通过一些细小孔将其挤压而入，从而得到极细的金丝，再用这样的金丝编织成各种纹饰。青海都兰吐蕃墓地出土的联珠纹鱼子纹地镶嵌绿松石金牌饰上，用金丝做成鱼子纹地，这种金丝可能便是采用这种掐丝工艺制作而成的。

焊缀是采用加热的方法使金银材质受热熔化，从而可根据需要制作出不同形状的精细纹饰或图案，再将其用焊药加以固定。青海都兰热水吐蕃墓地中出土的卷草纹镶嵌绿松石金牌饰的背面四角上，便采用焊药焊接了四根直径约0.1厘米的金丝，用于装饰牌饰。另外，克里弗兰艺术博物馆藏的银瓶在腹部饰有一方印式的装饰物，上饰一蹲伏动物，似为狮子，也是采用焊缀的方法加以结合的。

掐丝、焊缀与镶嵌工艺常常还可以相互结合在一起使用，这种情况在唐代金银器中十分常见，尤其多见于金银首饰的制作。如出土于陕西咸阳贺若氏墓的一件金梳背下衬以金板，在金板上用金片做出花和叶，地用金丝平铺成细小的鱼子地纹，在花和叶间镶嵌以各种宝石，工艺极为精细[85]。吐蕃金银器中也出土有与之在造型艺术、工艺水平上极为相似的器物，其中最具代表性的是青海都兰吐蕃墓地中出土的一批金牌饰。如热水吐蕃M1封土内出土的联珠纹镶嵌绿松石金牌饰，周边用金珠、宝石饰成联珠纹，中央用金片做成金花，花瓣内镶嵌以绿松石[86]。此墓同出的另一件联珠纹鱼子纹地镶嵌绿松石金牌饰系用金丝做成鱼子纹地，边框饰以金珠与宝石形成的联珠纹，中央用金片做成三瓣花叶纹，花瓣中镶嵌以绿松石。青海都兰热水河南岸吐蕃M3盗洞扰土中出土的一件卷草纹镶嵌绿松石金牌饰主题纹样为三叶卷草纹，金牌四角有四个錾孔，镶嵌有绿松石，表面磨光，金牌饰背面四角用焊药焊接金丝，金牌系锤揲制成，表面经过抛光，可见在一器之上采用了多种工艺。

吐蕃金银器镶嵌工艺上还有一个很重要的特点是喜用绿松石作为装饰，这在上文中已多有论及，这个特点反映了吐蕃民众对于这种宝石的特殊喜爱之情。这种工艺在藏族民间流传久远，至今仍然是藏族装饰工艺上一个突出的特点，其源头目前至少可以上溯到吐蕃时期。如前所述，在吐蕃流行的“章饰”与“告身制度”中都记载有以“瑟瑟”作为区分等级标志者，笔者颇疑在被称作“瑟瑟”的这类宝石当中，是否便有可能包括有绿松石这种宝石在内。

（四）雕刻与錾刻

这种工艺是在器物成型之后，再使用坚硬的金属工具在其表面刻出纹饰或文字。吐蕃金银器当中普遍使用了这些工艺，如芝加哥私人藏品当中的鎏金带把杯在器壁内便采用阴线刻的方式杯雕刻出四组鸟纹，在杯底部刻出三条同向相环绕的鱼，错以金色。此外，克里弗兰艺术博物馆藏的银带把杯、银来通上面的异兽、人物形象的细部，也是用雕刻方式加以细化，使之更为形象生动。芝加哥私人藏的一件银瓶和克里弗兰藏的银带把杯，都在器物底部采用錾刻的方式镌刻出具有时代特点的古藏文。

（五）错　　金

即在银质器物的表面错以金质纹样，形成色泽与质地的对比效果。在芝加哥私人藏的一件鎏金银带把杯的底部错金出三条相向游动的鱼纹，另在一件银铛的腹部和柄部用错金技法错出花瓣纹，都是采用这种工艺制作出来的纹饰效果，表明吐蕃金银器制作中已经熟练掌握了这一技术。

（六）包金与贴金

据张晓梅、原思训的观察，在青海吐蕃金银器中，还采用了一种包金与贴金的工艺，“包金是将金薄片用机械方法贴于器物表面，金薄片的边缘卷曲到胎内相应位置起到固定作用。由于金及其合金良好的延展性，可嵌进胎上的凹凸花纹上”。“贴金是指将极薄的金箔用有机胶黏附于金属表面。金箔与金薄片区别在于前者薄得多，甚至都不能将其放于手指上。这种极薄的金箔只能用纯金（或几乎纯的金）制得。”[87]在青海吐蕃墓葬当中许多出土的木构件上，残存有包金或贴金的痕迹[88]，便是这种工艺的遗痕。

五、吐蕃金银器与对外文化交流

B. A. 李特文斯基和张广达先生曾经对七八世纪亚洲东部的历史变迁做过如下精辟的评述：“由于巧合，唐朝、吐蕃和阿拉伯人几乎同时作为强权而兴起，几乎同步走上了扩张和征服的道路。七、八世纪对于这个地区的文化史来说具有特殊意义。三大强权与几个突厥部落联盟之间的对抗对今后几个世纪的文化发展进程产生了深刻的影响。”[89]从上述吐蕃金银器基本面貌及其风格特点的初步分析，我们可以从一个侧面认识到，吐蕃金银器的产生与发展，与这一宏大的历史背景有着密切的关系。

首先，作为一个经济文化发展相对较为落后的高原民族，吐蕃王朝建立之后，通过与唐朝的联姻、朝贡等不同方式加强了和中原唐王朝之间广泛的文化联系，有可能从唐代输入了包括金银加工在内的若干工艺技术。如藏文史书《汉藏史集》记载，松赞干布迎请唐文成公主入藏，唐王朝不仅两次对其册封，“并遣送吐蕃以前没有的蚕种、米酒、水晶工匠等多种工匠到吐蕃”[90]。其后唐金城公主和亲吐蕃时，“陪送的嫁妆有数万两黄金、各种工匠、各种器乐”[91]。不难想象在唐的“各种工匠”当中可能即包括金银工匠。此外，通过朝贡而获得中原王朝赏赐的金银器皿，也是一种学习唐先进的金银器制作技术的方式。《旧唐书·吐蕃传》上记载，开元十八年（730年）十月，吐蕃遣使名悉猎等至京师，“及是，上引入内宴，与语，甚礼之，赐紫袍金带及鱼袋，并时服、缯采、银盘、胡瓶，仍于别馆供拟甚厚”。其中的银盘、胡瓶等金银器皿对于吐蕃金银器的制作无疑可以提供一种范本。当然，这种交流应当是双向互动的，一方面吐蕃可以从唐学习先进的金银器制作工艺技术；另一方面，吐蕃向唐贡纳的金银器反过来对于唐代金银器工艺也同样可以起到借鉴、示范的作用。前文所引证的大量汉文文献表明，在吐蕃向唐贡纳的金银器当中，也有不少吐蕃制作或通过吐蕃中转而来的金银器。

除了直接与中原唐王朝进行交流，吐蕃还有可能通过唐的周边地区获得金银器制作加工技术。这当中，尤其值得注意的是敦煌和南诏地区。敦煌和唐之“安西四镇”作为丝绸之路上的重要通道和咽喉之地，曾经一度陷入吐蕃之手[92]。而敦煌曾经是中亚波斯珠宝输入中原的重要孔道，如《册府元龟》卷一六九《帝王部·纳贡献》记载：“沙州曹议（金）进和市马百匹，羚羊角、硇砂、牦牛尾。又进皇后白玉符、金青符、白玉狮子、指环、金刚杵。其赠皇后者多首饰。”《隋书·西域传》载：波斯土多“珍珠、颇黎、兽魄、琉璃、玛瑙、水精、瑟瑟……鍮石”。早年向达曾注意到敦煌曾设有“金银行都料”这一机构，如榆林窟第24号窟内有供养人题名云：“社长押衙知金银行都料青光禄大夫检校太子宾客郁迟宝令一心供养。”他推测“知金银都料则或是掌制作金银器如金银平脱之类者，略如唐制中尚署之金银作坊院”[93]。这样一些机构的设立，足可表敦煌金银制作之繁盛情形，而吐蕃对敦煌的占领可以充分利用这些有利的条件。吐蕃与南诏也曾经过密切的关系，有关史料记载南诏的黄金工艺也具有很高的水平[94]。因此有学者推测，吐蕃当时受南诏金银工艺的影响也是极有可能的[95]。

再从对外关系上看，7世纪，随着阿拉伯帝国的不断向东扩张，吐蕃与大食之间开始发生了直接的联系[96]。而在大食兴起于中亚之前，吐蕃与古代波斯的关系已有了相当长的发展历史[97]。吐蕃与波斯、大食地区之间的商业贸易很早就已经发生，在双方的贸易商品当中，吐蕃的麝香是最为著名的物产之一，深受包括当时波斯王室在内的西亚和中亚各地统治者的青睐，而从波斯输入吐蕃的物产当中，瑟瑟、鍮石之类的宝石成为吐蕃官员和贵族服饰上的珍宝，波斯萨珊风格的金银器也在吐蕃流行。有学者甚至具体指出吐蕃通过西北部地区与中亚和西亚波斯地区的交流大致有三条道路，这些道路均可与古代著名的东西方交流的大动脉——丝绸之路相汇合，“可以利用早已开通的这条商业贸易和文化交流的通道推动吐蕃与相关地区和民族的经济文化交流”[98]。

在吐蕃与唐和中亚、西亚各国之间的交流当中，粟特人可能起到了重要的桥梁作用。中亚地区的粟特人在汉文史书中也称之为“昭武九姓”，他们是活跃在欧亚丝绸之路上以善于经商而著称的民族，在东西方文化交流与传播方面扮演了重要角色。汉唐时期，粟特人经西域至中原活动在丝绸之路沿线，并在沿途形成了许多粟特人的聚居点和商品贸易集散地，对此姜伯勤[99]、荣新江[100]曾做过深入的研究。粟特人在金银器制作等方面也非常著名，如同姜伯勤所言：“唐代著籍粟特人中，一部分从事于手工业，粟特人精于波斯风及中亚风的银器、铜器的制作，也精于制革。”[101]过去，学术界对粟特与吐蕃之间相互交往的情况注意不多，近年来这一问题也逐渐引起关注。笔者注意到，在与西藏西部相毗邻的印度河上游中巴友谊公路巴基斯坦一侧的摩崖石刻中，除发现有汉文“大魏”使者的题记外，还发现有粟特人的崖刻题记[102]，这条道路的南北两端分别联系着新疆与西藏西部，北可通向中亚，南可抵达印度，古代曾是一条重要的交通路线，重商的粟特人往来于这条路线有了考古学的证据。此外，在新疆发现的古藏文木简中多次出现的“Sog”一词，学术界倾向于指的是粟特人，这说明丝绸之路上的粟特人与新的占领者吐蕃人之间已建立起相当密切的联系[103]。张云在论述吐蕃与粟特关系时，曾列举过数条证据来论证两者之间的关系：康国（即粟特）人曾参加过吐蕃在南诏地区与唐朝的武力争锋；《敦煌吐蕃历史文书》中“大事记年”694年条下载“噶尔·丹古为粟特人俘去”，可见粟特人与吐蕃也有过战争接触；《汉藏史集》中记载刀剑在吐蕃的传播时提到了“索波剑”，所谓“索波”，是藏语对粟特的称呼——“sog-po”，可见这种刀剑也是产自粟特地区，后传入吐蕃[104]。上述这些迹象都足以表明，吐蕃与粟特的关系应是十分紧密的，而两者之间发生这种联系可能采取的通道，如同有学者已经指出的那样，“既可以通过（吐蕃）本土北部的丝路主干道或青海道，也可以通过罽宾或勃律，与其中亚本部连接”[105]。更为直接的证据还可举出吐鲁番发现的一件粟特语文书（T.ii.D.94），这件文书记录了粟特人自西而东的一条商路，依次为：拂林、波斯、安国、吐火罗、石国、粟特、石汗那、汉盘陀、佉沙、于阗、龟兹、焉耆、喀拉沙尔、高昌、萨毗、吐蕃、吐浑、弥药和薄骨律[106]，这就明白无误的表明，在粟特人的商贸网络中，吐蕃也占有一席之地。

综上所述，如果我们将吐蕃金银器放置在这样一个广阔的历史背景当中来加以考察，上节中我们所观察分析到的它的若干风格特点当中之所以会融入唐、波斯、粟特等多种不同文化因素，也就不难理解了。从某种意义上而言，吐蕃由于其所处的特殊地理位置，犹如欧亚大陆文明交会的一个十字路，从不同的来源和途径吸收了来自东方与西方优秀的传统工艺技术，而后形成自身独具一格的金银器风格，正是这个激烈动荡的历史时期东西方文化碰撞、交流的一个缩影。笔者认为，本文所涉及的吐蕃金银器当中，除个别器物可能是纯粹的舶来品之外，更多的则是在这个复杂的历史背景之下吐蕃接受外界多种文化影响形成的金银器体系，在这个体系当中，金银器自身内涵具有多样性，从而也决定了它们常常是可以反映出多种文化影响的集合体。

六、结　　语

通过本文的研究表明，无论是史籍记载还是发现的实物，都可以证明吐蕃金银器从造型、纹饰、制作工艺等诸多方面都具有很高的成就，与中原唐朝和中亚、西亚金银器相比较，其中一些精品的制作水平已达到与之相当的程度，表明吐蕃已成为当时东亚地区一个重要的金银器生产制作中心。

吐蕃金银器从造型上看既有杯、盘、碗、壶等各类生活用具，也有耳坠、戒指等首饰以及作为服饰上装饰品的各类牌饰，还有马具、马饰等富有民族特色的金银饰件。此外，用作器物表面装饰的各类金银饰片也很流行。从装饰风格上看，吐蕃金银器流行狮、羊、鹿、立鸟、立凤、独角兽等各种动物纹饰，同时也流行忍冬、卷草、缠枝花草等各种植物纹饰，还创造出一批具有本民族特色的纹饰母题，如交颈立鸟、带翼异兽、人面鸟身与鸟足的异人、两相扶持的醉人、胡旋舞人等。在制作工艺上，吐蕃金银器采用了锤揲、鎏金与镀金、掐丝、焊缀与镶嵌、雕刻与錾刻、错金、包金与贴金等多种技法，从而形成吐蕃金银器造型生动、纹饰丰富多彩、富于民族气息的独特文化面貌。

虽然绝大部分吐蕃金银器均为传世品，但是通过与同时代的唐、粟特等金银器的相互比较，我们可以初步判定其流行的年代主要为吐蕃王朝兴起和强盛于青藏高原时期，即7～9世纪中叶，仅有少量小件的金器（西藏山南浪卡子县查加沟古墓出土）或许年代稍早。由于这一时期欧亚大陆历史背景与文化背景的变迁，吐蕃与唐和中亚、西亚一带在金银器制作工艺上可能多有交流并且彼此借鉴，我们从吐蕃金银器当中可以清楚地感受到其与唐、粟特、波斯等多种文化因素的相互影响和交融的痕迹；另外，我们也能观察到吐蕃在不断兼并扩张的过程中，通过与我国北方、西北草原游牧民族发生密切的交往，在继承其文化传统的基础上加以汲取和创造，也逐渐形成自身具有鲜明特色的金银器系统，成为我国多民族古代文化当中一个重要的组成部分。对于这一系统过去人们认识较少，现在有必要加以重新认识和评价。

附记：本文系教育部人文社会科学重点研究基地重大项目（项目批准号05JJD850004）及四川大学“985工程”二期系列研究成果之一，并获美国亚洲文化协会（ACC）项目资助。笔者在海外调查期间还得到芝加哥艺术学院博物馆（Art Institute of Chicago）亚洲艺术部主任许杰博士（Dr. Jay Xu，Pritzker Curator of Asian Art）、东方部中国美术部副部长潘思婷女士（Dr. Elinor Pearistein，Associate Curator of Chinese Art）、克里弗兰艺术博物馆（The Cleveland Museum of Art）钟妙芬博士（Anita Chung，Ph. D.）、纽约大都会博物馆（The Metropolitan Museum of Art）东方部主任屈志仁先生等人的大力支持与协助，在此谨致谢意！

附表 吐蕃系统金银器一览表

序号	名称	数量	来源	编号	资料出处
1	银瓶	1	芝加哥私人藏	80A-28	系笔者实地调查所获（以下简称为调查所获）
2	银瓶	1	克里弗兰艺术博物馆藏	1988.67.1	Bruce Christman. *Three Gilded Tibetan Vessels*, Gilded Metals: History, Technology and Conservation, Edited by Treey Drayman-weisser. London. Archetype Publications, 2000, pp. 169-185; Carter, Martha L. *Three Silver Vessels from Tibet's Earliest Historical Era: a Preliminary Study*. Cleveland Studies in History of Art, 1988, Vol. 3 pp. 24-47
3	银瓶	1	英国牛津大学阿西莫伦（Ashmolean）博物馆藏	不详	Amy Heller. *The Silver Jug of the Lhasa Jokhang: Some Observations on Silver Objects and Costumes from the Tibetan Empire（7th-9th Century）*, Fig. 35
4	银瓶	1	芝加哥私人藏	80A-23A	调查所获
5	银瓶	1	芝加哥私人藏	80A-23B	调查所获
6	银壶	1	西藏拉萨大昭寺藏	不详	宿白《西藏发现的两件有关古代中外文化交流的重要文物》,《10世纪之前的陆上丝绸之路与东西方文化交流》，新世纪出版社，1996年，第405、406页

续表

序号	名称	数量	来源	编号	资料出处
7	银带把杯	1	克里弗兰艺术博物馆藏	1988.67. 2	Bruce Christman. *Three Gilded Tibetan Vessels*, Gilded Metals: History, Technology and Conservation, Edited by Treey Drayman-weisser. London. Archetype Publications, 2000, pp. 169-185; Carter, Martha L. *Three Silver Vessels from Tibet's Earliest Historical Era: a Preliminary Study*. Cleveland Studies in History of Art, 1988, Vol. 3 pp. 24-47
8	银带把杯	1	纽约大都会博物馆藏	不详	调查所获
9	银带把杯	1	芝加哥私人藏	80A-20	调查所获
10	银带把杯	1	俄罗斯高尔基市（Nizhne Novgorod）博物馆藏	不详	Amy Heller. *The Silver Jug of the Lhasa Jokhang: Some Observations on Silver Objects and Costumes from the Tibetan Empire*（*7th-9th Century*）, Fig. 40
11	银带把杯	1	瑞士苏黎世博物馆藏	不详	Amy Heller. *The Silver Jug of the Lhasa Jokhang: Some Observations on Silver Objects and Costumes from the Tibetan Empire*（*7th-9th Century*）, Fig. 41
12	银带把杯	1	芝加哥私人藏	不详	Amy Heller. *The Silver Jug of the Lhasa Jokhang: Some Observations on Silver Objects and Costumes from the Tibetan Empire*（*7th-9th Century*）, Fig. 43
13	金高足杯	1	纽约大都会博物馆藏	不详	调查所获
14	银碗	1	私人藏	不详	Amy Heller. *The Silver Jug of the Lhasa Jokhang: Some Observations on Silver Objects and Costumes from the Tibetan Empire*（*7th-9th Century*）, Fig. 44
15	银碗	1	日本东京古代东方博物馆藏	不详	罗丰《北周李贤墓中亚风格的鎏金银瓶》，收入其论文集《胡汉之间——“丝绸之路”与西北历史考古》，文物出版社，2004年，第102～105页，图五，23
16	银盘	1	日本米何（Miho）博物馆藏	不详	Amy Heller. *The Silver Jug of the Lhasa Jokhang: Some Observations on Silver Objects and Costumes from the Tibetan Empire*（*7th-9th Century*）, Fig. 26
17	银碟	1	芝加哥私人藏	80A-22	调查所获
18	银碟	1	芝加哥私人藏	80A-30	调查所获
19	银碟	1	芝加哥私人藏	80A-24	调查所获
20	银角杯	1	克里弗兰艺术博物馆藏	CMA88.69	Bruce Christman. *Three Gilded Tibetan Vessels*, Gilded Metals: History, Technology and Conservation, Edited by Treey Drayman-weisser. London. Archetype Publications, 2000, pp. 169-185; Carter, Martha L. *Three Silver Vessels from Tibet's Earliest Historical Era: a Preliminary Study*. Cleveland Studies in History of Art, 1988, Vol. 3 pp. 24-47
21	银铛	1	芝加哥私人藏	80B-21	调查所获
22	银马鞍	1	芝加哥私人藏	80D-27	调查所获

续表

序号	名称	数量	来源	编号	资料出处
23—1	银杏叶	1	芝加哥私人藏	不详	调查所获
23—2	马饰件	若干	芝加哥私人藏	不详	调查所获
24	金牌饰	9	青海都兰热水吐蕃M1封土内出土及附近采集	不详	许新国《西陲之地与东西方文明》，图版九，1，北京燕山出版社，2006年；北京大学考古文博学院、青海省文物考古研究所编著《都兰吐蕃墓》，科学出版社，2005年，附录五
25	金牌饰	1	青海都兰M1封土内出土	不详	许新国《西陲之地与东西方文明》，北京燕山出版社，2006年，图版九：2
26	金牌饰	1	青海都兰热水河南岸吐蕃M3盗洞扰土中出土	99DRNM3：1	北京大学考古文博学院、青海省文物考古研究所编著《都兰吐蕃墓》，科学出版社，2005年，图四二，4
27	金箔饰	1	青海都兰热水河南岸吐蕃M3中室出土	99DRNM3：2	北京大学考古文博学院、青海省文物考古研究所编著《都兰吐蕃墓》，科学出版社，2005年，图四二，1
28	马形金牌饰	5	西藏山南浪卡子县查加沟古墓出土	LCM1：5、10	西藏自治区山南地区文物局《西藏浪卡子县查加沟古墓葬的清理》，《考古》2001年第6期，图二，9、10
29	圆形金牌饰	1	西藏山南浪卡子县查加沟古墓出土	LCM1：6	西藏自治区山南地区文物局《西藏浪卡子县查加沟古墓葬的清理》，《考古》2001年第6期，图二，6
30	金耳饰	2	西藏山南浪卡子县查加沟古墓出土	LCM1：8、9	西藏自治区山南地区文物局《西藏浪卡子县查加沟古墓葬的清理》，《考古》2001年第6期，图二，1、2
31	金戒指	8	西藏山南浪卡子县查加沟古墓出土	LCM1：17	西藏自治区山南地区文物局《西藏浪卡子县查加沟古墓葬的清理》，《考古》2001年第6期，图二，6
32	银戒指	1	青海都兰热水河南岸吐蕃M3东室出土	99DRNM3：7	北京大学考古文博学院、青海省文物考古研究所编著《都兰吐蕃墓》，科学出版社，2005年，图四三，2
33	银戒指	1	青海都兰热水河南岸吐蕃M3出土	99DRNM3：8	北京大学考古文博学院、青海省文物考古研究所编著《都兰吐蕃墓》，科学出版社，2005年，图四三，2
34	银管状器	1	青海都兰热水河南岸吐蕃M3出土	99DRNM3：6	北京大学考古文博学院、青海省文物考古研究所编著《都兰吐蕃墓》，科学出版社，2005年，图四二，2
35	金管状器	1	西藏山南浪卡子县加查沟古墓出土	LCMI1：5	西藏自治区山南地区文物局《西藏浪卡子县查加沟古墓葬的清理》，《考古》2001年第6期，图三，5
36	银球饰	1	青海都兰热水河南岸吐蕃M3出土	99DRNM3：3	北京大学考古文博学院、青海省文物考古研究所编著《都兰吐蕃墓》，科学出版社，2005年，图四二，6
37	金珠饰	1	青海都兰热水河南岸吐蕃M3出	99DRNM3：45	北京大学考古文博学院、青海省文物考古研究所编著《都兰吐蕃墓》，科学出版社，2005年，图四二，3

续表

序号	名称	数量	来源	编号	资料出处
38	金银带饰	27	青海都兰吐蕃热水 M17、热水河南岸 M1 出土	99DRNM1∶3	许新国《都兰吐蕃墓中镀金银器属粟特系统的推定》,《中国藏学》1994 年第 4 期，第 31、32 页；北京大学考古文博学院、青海省文物考古研究所编著《都兰吐蕃墓》，科学出版社，2005 年，图八，3
39	银带饰	不详	芝加哥私人藏	80D	调查所获
40	银带饰	不详	芝加哥私人藏	80B	调查所获
41	银带饰	不详	芝加哥私人藏	80A	调查所获
42	鸟形银饰片	14	芝加哥私人藏	DWG80	调查所获
43	立凤银饰条	1	青海都兰热水吐蕃 M1 殉马沟出土	不详	许新国《都兰吐蕃墓中镀金银器属粟特系统的推定》,《中国藏学》1994 年第 4 期，图十六
44	纵列忍冬纹银饰条	18	青海都兰热水吐蕃 M1 殉马沟出土	不详	许新国《都兰吐蕃墓中镀金银器属粟特系统的推定》,《中国藏学》1994 年第 4 期，33 页，图十及封二图版一
45	横列忍冬纹银饰条	1	青海都兰热水吐蕃 M1 殉马沟出土	不详	许新国《都兰吐蕃墓中镀金银器属粟特系统的推定》,《中国藏学》1994 年第 4 期，图十一
46	梯形银饰片	2	青海都兰热水吐蕃 M1 殉马沟出土	不详	许新国《都兰吐蕃墓中镀金银器属粟特系统的推定》,《中国藏学》1994 年第 4 期，图十二
47	防形立凤纹银饰片	2	青海都兰热水吐蕃 M1 殉马沟出土	不详	许新国《都兰吐蕃墓中镀金银器属粟特系统的推定》,《中国藏学》1994 年第 4 期，图十三及封二图版三
48	不规则形银饰片	1	青海都兰热水吐蕃 M1 殉马沟出土	不详	许新国《都兰吐蕃墓中镀金银器属粟特系统的推定》,《中国藏学》1994 年第 4 期，图十四及封二图版三
49	宝花形银饰片	2	青海都兰热水吐蕃 M1 殉马坑出土	不详	许新国《都兰吐蕃墓中镀金银器属粟特系统的推定》,《中国藏学》1994 年第 4 期，图十四
50	鹿形银饰片	1	青海都兰热水吐蕃 M1 封堆二号陪葬墓东回廊东南角出土	不详	许新国《都兰吐蕃墓中镀金银器属粟特系统的推定》,《中国藏学》1994 年第 4 期，31 页，图一
51	圆形银饰片	1	青海都兰夏日哈一号墓出土	不详	许新国《都兰吐蕃墓中镀金银器属粟特系统的推定》,《中国藏学》1994 年第 4 期，图二

续表

序号	名称	数量	来源	编号	资料出处
52	花形银饰片	2	青海都兰热水吐蕃M1封堆二号陪葬墓出土	不详	许新国《都兰吐蕃墓中镀金银器属粟特系统的推定》,《中国藏学》1994年第4期，图九
53	“U”形银饰片	2	芝加哥私人藏	80C-2A、5A	调查所获
54	“山”形银饰片	2	芝加哥私人藏	80C-1A、4A	调查所获
55	长条形银饰片	若干	芝加哥私人藏	80C-6A	调查所获
56	三角形银饰片	4	芝加哥私人藏	80C-7A、7C	调查所获
57	长条形银饰片	3	芝加哥私人藏	80C-7B、7F	调查所获
58	凤鸟形鎏金银饰片	1	青海都兰热水河南岸吐蕃M1出土	99DRNM1：1、2	北京大学考古文博学院、青海省文物考古研究所编著《都兰吐蕃墓》，科学出版社，2005年，图八，1、2

注 释

[1] B. A. 李特文斯基主编《中亚文明史》，第十五章《唐帝国统治下的西域与吐蕃王国》，中国对外翻译出版公司，2003年，第350页。

[2] 齐东方《唐代金银器研究》，中国社会科学出版社，1999年，第297页。

[3] 谢弗著，吴玉贵译《唐代的外来文明》，中国社会科学出版社，1995年，第552页。

[4] 王尧、陈践《敦煌本吐蕃历史文书·赞普传记》，民族出版社，1992年。

[5] 褚俊杰《吐蕃本教丧葬仪轨研究》,《中国藏学》1989年第3、4期。

[6] 桑山正进《一九五六年以来出土の唐代金银器とその编年》,《史林》六十卷第六〇号，1977年。

[7] 韩伟《海内外唐代金银器萃编》，中国社会科学出版社，1999年。

[8] 段鹏琦《西安南郊何家村唐代金银器小议》,《考古》1980年第6期。

[9] 卢兆荫《试论唐代的金花银盘》,《中国考古学研究》，文物出版社，1986年。

[10] 同[3]。

[11] Bruce Christman. *Three Gilded Tibetan Vessels*, Gilded Metals: History, Technology and Conservation, Edited by Terry Drayman-weisser. London: Archetype Publications, 2000, pp. 169-185; Carter, Martha L. *Three Silver Vessels from Tibet's Earliest Historical Era: a Preliminary Study*. Cleveland Studies in History of Art, 1998, Vol. 3, pp. 22-47.

[12] Amy Heller. *The Silver Jug of the Lhasa Jokhang: Some Observations on Silver Objects and Costumes from the Tibetan Empire* (*7th-9th Century*), Silk Road and Archaeology, 2003, Vol. 9.

[13] 宿白《西藏发现的两件有关古代中外文化交流的重要文物》,《10世纪之前的陆上丝绸之路与东西方文化交

流》，新世纪出版社，1996 年。
[14] 罗丰《北周李贤墓中亚风格的鎏金银瓶》，《胡汉之间——“丝绸之路”与西北历史考古》，文物出版社，2004 年，第 101～105 页，图五，23。
[15] 孙机《鹦鹉杯与力士铛》，《文物丛谈》，文物出版社，1991 年。
[16] 许新国《西陲之地与东西方文明》，北京燕山出版社，2006 年。
[17] 北京大学考古文博学院、青海省文物考古研究所编著《都兰吐蕃墓》，科学出版社，2005 年。
[18] 西藏自治区山南地区文物局《西藏浪卡子县查加沟古墓葬的清理》，《考古》2001 年第 6 期。
[19] 许新国《都兰吐蕃墓中镀金银器属粟特系统的推定》，《中国藏学》1994 年第 4 期。
[20] 同 [17]，附录五“调查记录”。
[21] 同 [2]，第 168 页。
[22] 同 [7]，第 155、156、228 页，图 298、299；同 [21]，第 105、106 页。
[23] 同 [12]。
[24] 四川大学考古系、西藏自治区文物局《西藏皮央东嘎遗址考古调查简报》，《文物》1997 年第 9 期。
[25] 同 [12]。
[26] Personal communication, see Carter Martha L. *Three Silver Vessels from Tibet's Earliest Historical Era: a Preliminary Study*. Cleveland Studies in the History of Art, 1998, Vol. 3.
[27] 同 [26]。
[28] 罗世平《天堂喜宴——青海海西州郭里木吐蕃棺板画笺证》，《文物》2006 年第 7 期。
[29] 同 [7]，第 32、33 页 99、100 图。
[30] 深井晋司《アナーヒター女神装饰镀金银制把手付水瓶——所谓‘胡瓶’の源流问题について》，《ペルシア古美术研究》，第二卷，吉川弘文馆，1980 年。
[31] 同 [30]。
[32] 同 [2]，第 46～50、345～362 页。
[33] 桑山正进《一九五六年来出土の唐代金银器とその编年》，《史林》六十卷第六〇号，1977 年，图 7。
[34] 同 [2]，第 310 页。
[35] 西安市文物管理委员会《西安市东南郊沙坡村出土一批唐代银器》，《文物》1964 年第 6 期。
[36] 陕西省博物馆等《西安南郊何家村发现唐代窖藏文物》，《文物》1972 年第 1 期。
[37] 同 [2]，第 346、347 页。
[38] 同 [11]。
[39] 同 [2]，第 40、399～411 页。
[40] 同 [2]，第 406 页。
[41] 同 [2]，第 408 页。
[42] Richardson, Hugh E. *Some Monuments of the Yarlung Dynasty*. in P. Pal ed. *The Poth to Votd*. Mumbai, 1996, pp. 26-45.
[43] Ulrichvon Schroeder. *Buddhist Sculptures in Tibet*, 2001, No2, 792.
[44] 同 [12]。
[45] 同 [13]，第 406 页。
[46] 此棺板画尚未公开发表，系许新国于 2006 年北京“第二届西藏考古与艺术国际学术讨论会”上公布的材料。
[47] 罗丰《北周李贤墓中亚风格的鎏金银瓶》，《胡汉之间——“丝绸之路”与西北历史考古》，文物出版社，2004 年，第 102～105 页。
[48] 东京国立博物馆编《シルクロードの遗宝——古代中世の东西文化交流》，日本经济新闻社，1985 年。
[49] 同 [47]，第 99 页。
[50] 龚方震《西域宗教杂考》，《中华文史论丛》1986 年第 2 期，第 267 页。
[51] G. 杜齐《西藏考古》，向红茄译本，西藏人民出版社，1987 年，第 53 页。

[52] 有关吐蕃马具的情况笔者在另一篇论文《吐蕃马具与东西方文化交流》(待刊稿)中做过详细论述，可以参考。
[53] 霍巍《吐蕃马具与东西方文化交流》，待刊稿。
[54] 孙机《唐代的马具与马饰》，《文物》1981年第10期，图七，6、8。
[55] 杨泓《中国古代马具的发展和对外影响》，《文物》1984年第9期，第194页。
[56] 陈波《公元10世纪前西藏的黄金、黄金制品及相关问题的研究》，《中国藏学》2000年第2期。
[57] 同[4]，第164页。
[58] 孙机《唐代的马具与饰》，《文物》1981年第10期，第82～96页。
[59] 新疆文物考古研究所《新疆察吾呼大型氏族墓地发掘报告》，东方出版社，1999年，第151页。
[60] 同[59]，第329页。
[61] 穆舜英等《中国新疆古代艺术》，新疆美术摄影出版社，1994年。
[62] 新疆社会科学院考古研究所编《新疆古代民族文物》，文物出版社，1985年。
[63] 同[62]。
[64] 同[2]，第229页。
[65] 穆舜英等《中国新疆古代艺术》，新疆美术摄影出版社，1994年。
[66] 同[2]，第229页。
[67] 同[2]，第229页。
[68] 内蒙古自治区文物工作队《鄂尔多斯式青铜器》，文物出版社，1986年。
[69] 田广金等《内蒙古阿鲁柴登发现的匈奴遗物》，《考古》1980年第4期。
[70] 同[2]，第231页。
[71] 同[2]，第240～247页。
[72] 内蒙古文物考古研究所《扎赉诺尔古墓群1986年清理发掘报告》，《内蒙古文物考古文集》，中国大百科全书出版社，1994年；乌兰察布博物馆《察右后旗三道湾墓地》，《内蒙古文物考古文集》，中国大百科全书出版社，1994年；内蒙古文物考古研究所《额尔古纳右旗拉布达林鲜卑墓群发掘简报》，《内蒙古文物考古文集》，中国大百科全书出版社，1994年。
[73] 许新国《都兰吐蕃墓中镀金银器属粟特系统的推定》，《中国藏学》1994年第4期，第37页。
[74] 同[73]，第38页。
[75] 同[2]，第131、132页。
[76] 同[74]，第38～41页。
[77] 同[74]，第38页。
[78] 同[7]，第79、185页。
[79] 同[7]，第160、201页。
[80] 同[7]，第162、201页。
[81] 同[7]，第272、223页。
[82] 许新国《都兰热水血渭吐蕃大墓殉马坑出土舍利容器推定及相关问题》，《中国历史博物馆馆刊》1995年第1期。
[83] 有关资料系笔者调查所获及芝加哥艺术博物馆欧亚部主任许杰博士提供。
[84] 齐东方《唐代金银器研究》，第六章“唐代金银工艺”，中国社会科学出版社，1999年，第178、179页。
[85] 同[2]，第184页。
[86] 类似这样的金牌饰在青海都兰吐蕃墓地中有多件出土，可参见许新国《西陲之地与东西方文明》，北京燕山出版社，2006年，图版九，1、2；此外，在青海省文物考古研究所内还收藏有数件与之造型、工艺特点相似的采集品。
[87] 张晓梅、原思训《青海都兰吐蕃墓葬出土彩绘木构件颜料、金属文物的分析及埋藏环境对文物保存状况的影响》，《都兰吐蕃墓》，科学出版社，2005年，附录三。

[88] 如都兰吐蕃 M3 金箔 99DNM3：5，为木构件上所包金箔的残片。
[89] B. A. 李特文斯基主编《中亚文明史》，第二十章《中亚——文明的交汇地》，中国对外翻译出版公司，2003 年，第 405 页。
[90] 达仓宗巴・班觉桑布，陈庆英译《汉藏史集》，西藏人民出版社，1986 年，第 67 页。
[91] 同 [90]，第 68、69 页。
[92] 森安孝夫《吐蕃の中央アシア進出》,《金泽大学文学部论集・史学科篇》4 号，1984 年 3 月刊。
[93] 向达《莫高、榆林二窟杂考》,《唐代长安与西域文明》，生活・读书・新知三联书店，1957 年，第 413 页。
[94]《新唐书・南诏传》，中华书局标点本。
[95] 陈波《公元 10 世纪前西藏的黄金、黄金制品及相关问题的研究》,《中国藏学》2000 年第 2 期。
[96] 王小甫《唐吐蕃大食政治关系史》，北京大学出版社，1992 年。
[97] 张云《上古西藏与波斯文明》，中国藏学出版社，2005 年。
[98] 同 [4]，第 275 页。
[99] 姜伯勤《敦煌吐鲁番文书与丝绸之路》，文物出版社，1994 年。
[100] 荣新江《中古中国与外来文明》，生活・读书・新知三联书店，2001 年。
[101] 同 [6]，第 165 页。
[102] 国家文物局教育处编《佛教石窟概论》，“中亚佛教遗迹”有关章节，文物出版社，2000 年。
[103]《讲座敦煌》2《敦煌の历史》，大东出版社，1980 年；李方桂《藏文 Sog 简释》(Notes on Tibetan Sog, CAJ3，1957，pp. 139-142)。
[104] 张云《丝路文化・吐蕃卷》，浙江人民出版社，1995 年，第 264、265 页。
[105] 同 [104]，第 264 页。
[106] 林梅村《粟特文买婢契与丝绸之路上的女奴贸易》,《文物》1982 年第 9 期。

（本文原载于《考古学报》2009 年第 1 期）

西藏发现的两件有关古代中外文化交流的重要文物

宿　白

1959年，文化部西藏文物调查工作组在西藏工作时，看到两件有关古代中外文化交流的重要文物，一件是中亚－西亚制造的大型银壶，一件是印度东部制造的一组寺院木石模型。

图一　大型银壶

大型银壶是拉萨大昭寺中心佛殿第二层西侧正中松赞干布殿内的一件供奉器物（图一）。寺僧相传是松赞干布生前遗物。又传自土中掘出。五世达赖阿旺罗桑嘉措《大昭寺寺内六佛像目录智者传言》记："是印、汉、藏、尼圣地的土石、各种珍宝等物做成的。"[1] 该壶自外部观察，遍体银质，纹饰部分有鎏金痕迹。壶高约70厘米。上端开圆口，口缘饰八曲，口外壁饰山岳状花瓣一匝，其下饰一空心立体羊首，首后侧竖两耳，首前端上下唇间衔圆管形小流，羊首下接上敛下侈的喇叭状细颈，颈上端饰弦纹、四瓣球纹各一匝，颈下部接球形壶身，壶身最大径约为40厘米，颈、身相接处饰由联珠纹、叶纹、四瓣球纹和弦纹组成的纹带一匝，纹带下为三组大型垂饰，垂饰外绕卷云纹，中心似作宝珠，垂饰下接由竖叶纹、联珠纹、垂叶纹组成的纹带一匝，其下为该壶主要图像所在：图像计三组，各位于上述三组大型垂饰之间，中间一组内容为一系有鞶囊的壮胡持革带似拦护一长髯醉胡，另一着高鞠靴的幼胡屈蹲于上述壮胡跨下，并抱持其右足（图二）；两侧组为相对的弹琵琶舞胡背手反弹的姿态，值得注意。主要图像下方，间饰花簇一列。以上各种形象、纹饰皆以锤揲技法做出，原并鎏饰金色。壶身下部焊接之流管系后世所加。多曲圆形口缘和其下作立体禽兽首状的细颈壶，为7～10世纪波斯和粟特地区流行的器物[2]，颈上饰羊首的带柄细颈壶曾见于新疆吐鲁番回鹘时期的壁画中[3]。西亚传统纹饰中的四瓣球纹，尤为萨珊金银器所喜用[4]。人物形象、服饰更具中亚、西亚一带特色。固可估计此银壶是7～9世纪阿姆河流域南迄呼罗珊以西地区所制作[5]。其传入拉萨，或经今新疆、青海区域；或由克什米尔、阿里一线，如是后者，颇疑来自古格地区的亚泽王室，传来大昭的时间或不早于14世纪。因为14～15世纪正是亚泽王自日乌梅至布涅梅皆向大昭寺进奉重要布施的时期[6]。

图二 大型银壶局部纹饰

菩提伽耶（Buddha Gaya）寺院木石雕模型一组（图三），旧藏日喀则东南的奈塘寺度母殿。此模型印度罗睺罗（Bahula Sankrtyayan）比丘在《再到西藏寻访梵文贝叶写经》中曾有著录："1934年9月13日，到奈塘寺……（寺）有一套12世纪的佛陀伽耶大菩提寺的石制模型，那是用佛陀伽耶地方的黑色石料雕制的。在模型中，除了主殿以外，还有许多小型佛殿，很多塔，一部分雄伽（Sunga）王朝式的栏杆，全寺围墙和三座大门；不幸那块用来安置全部建筑物，排定各建筑物的位置的木板丢掉了。因此，除了主殿和三座大门（上面刻有藏文字）的位置而外，其他建筑物的位置，我们就无法知道了。由于年代久远，这套模型保存得不好。另有一套木制的模型，那是仿照石制模型而制成的。这木制模型却保存得很好，可是这套模型原来做地的木板也丢了。我们由这套模型可以看到，大菩提寺有三座大门，正门是在东面，北面有一座门，南面有一座门，主殿的东面也有三个门，两边的两个门常关着不走，只有中间一个门出入通行。在主殿的西面也有一个门，却也是关着，不能由这个门进到殿里去。上一次（1929年）我来西藏的时候，我曾经发现就由这个奈塘寺到印度去的一位卓卫采释经师（1153年生）写的一本旅途日记，当伊斯兰教军队冒犯并摧毁大菩提寺的佛教和殿堂的时候，那位大译师正在佛陀伽耶。他是一个亲眼看到这种摧毁行动的人。在他的笔记里，他叙述过大菩提寺围墙内外的许多建筑物的位置。我想这套石制的模型，就是写那本日记的那位译经师带到西藏去的。"[7]罗睺罗所见模型石制、木制各一套，此次所见只一套，且石、木制品混在一起，石制多于木制，两种质地的个体完全相同者少；罗睺罗所见两套模型均失底板，各个体的原来位置大多不详，此次所见有底板，各个体模型的安排如图三所示。罗睺罗推测模型是12世纪奈塘寺的一位译经师从印度带回西藏的。我们在石制主要寺门和一段围墙模型上，都发现有"大明永乐年施"细线刻文一行[8]。因此，我们认为此组模型应是15世纪初由明廷赍施此寺者。此次所见模型存寺门、塔、殿等个体共二十一件和附有角楼的方形围墙一匝。其中最大佛殿和寺门顶部皆具五塔（中间建大塔，四隅各一小塔），其余殿堂门顶部亦皆高耸作塔状，雕镂精细，形制、工艺纯属印度风格，与明成化九年（1473年）竣工的北京真觉寺仿建的金刚宝座不同[9]。盖此组

图三 寺院木石模型

模型来自天竺，永乐施款当是模型抵中国后所补雕。按明初菩提伽耶在榜葛剌境内，《明实录》记自永乐六年（1408年）起，榜葛剌即不断遣使进方物，《明实录》和《星槎胜览》等书又记永乐十年（1412年）、十三年（1415年）、十八年（1420年）遣杨敕、侯显等出使榜葛剌。此组模型或是附此类交往流入中土。永乐十七年（1419年）、二十一年（1423年），明廷又再三遣内官来奈塘寺，赍敕谕褒奖此寺堪布竹巴失剌，并颁赐彩币[10]，然则模型之来奈塘寺，约即与彩币等同为颁赐赍施之品欤[11]？

注 释

［1］ 译文引自陈乃曲札、陶长松译恰白·次旦平措《大昭寺史事述略》，《西藏研究》（创刊号），1981年。

［2］ 参看深井晋司《アナーヒタ—女神装金银制把手付水瓶》，《ペルシア古美术研究》，吉川弘文馆，1968年。

［3］ 参看 Albert Grünwedel. *Alt-Buddhistische Kultstätten in Chinesische-Turkistan S.334*，1912年。

［4］ 参看 Oleg Grabar. *An Introduction to the Art of Sasanian Silver, Sasanian Silver*，1967年；深井晋司《帝王狩猎图镀金银制皿》，《ペルシア古美术研究》，吉川弘文馆，1968年；林良一《ペルシアの遗宝》（二），新人物交来社，1979年。

［5］ 银壶人物中反弹琵琶的图像，多见于吐蕃占领敦煌时期（781～848年）于莫高窟所建的洞窟壁画中，如第112窟南壁东侧观经变相，据此似可推测反弹琵琶的舞姿流行于8～9世纪。参看《中国石窟·敦煌莫高窟》（四）图版54，文物出版社，1987年。

［6］ 巴卧祖拉陈哇《贤者喜宴》："（作为蔡巴噶举的供养者古格）亚泽王日乌梅……于阳铁狗年（元至大三年，1310年）在（大昭寺）觉卧佛像头上造了金顶……又为十一面观音造了小金顶。此后，亚泽王布涅梅又建造了大金顶。"译文据黄颢《贤者喜宴摘译》（十八），《西藏民族学院学报》1985年第4期。

［7］ 罗睺罗原文刊 *The Journal of the Bihar and Orissa Researeh Society*，XXⅢ，1937年。此据王森（孑农）译文，刊《现代佛学》1951年第4期。

［8］ 前引罗睺罗文谓寺门"刻有藏文字"，疑即指此行刻铭。

［9］《日下旧闻》卷二十一引明宪宗皇帝御制《真觉寺金刚宝座纪略》："永乐初年，有西域梵僧曰板的达大国师贡金身诸佛之像。金刚宝座之式，由是择地西关外，建立真觉寺，创治金身、宝座，弗克易就，于兹有年。朕

念善果未完，必欲新之，命工督修殿宇，创金刚宝座，以石为之，基高数丈，上有五佛，分为五塔，其丈尺规矩与中印土之宝座无以异也。成化癸巳（九年，1473年）十一月告成。立石。”

[10] 永乐所颁敕谕录文见王毅《西藏文物见闻记》(二),《文物》1960年第8、9合期。

[11] 永乐遣郑和等下西洋，留心天竺佛迹，并时通消息于西藏。1959年7月于布达拉宫登录所藏文物，获永乐十一年（1413年）《大明皇帝致大宝法王书》一通。该书即记：永乐九年（1411年）帝夜坐宫廷，见圆光中有释迦之像，其时适与郑和击退锡兰山王之迫害获得佛牙为同时，帝因此瑞命工铸黄金佛像，遣内官侯显致此像与大宝法王得银协巴。可见永乐年间以天竺事物联络西藏寺院，菩提伽耶模型之施奈塘寺，并非孤例。

（原载《传统文化与现代化》1994年第6期，第22～24页；此据所撰《魏晋南北朝唐宋考古文稿辑丛》，文物出版社，2011年，第202～205页）

阿弗拉西阿卜“大使厅”7世纪壁画所见外国使者及撒马尔罕居民服饰的历史渊源

〔俄〕谢尔盖·A. 亚岑科（Sergey A. Yatsenko） 著
周 杨 译

一、引　　言

1965年发现于古撒马尔罕遗址中心区域（23号区域1号建筑）的壁画，是一处在西突厥历史上具有重大价值的历史资源。在最重要的（可供观看的）、与入口处相对的大厅西墙上，描绘着一幅宴会场景。根据L. I. 阿尔鲍姆（L. I. Al'baum）的观点，宴会由拂呼缦（Varkhuman，一位粟特王）的突厥侍从们主持，用以接待来自四个不同国家的大使。在与侧面相对的两面墙上（北墙和南墙），他认为表现的可能是华丽仪仗簇拥的外国新娘的到来。新娘和护送队伍的前导被描绘成两个人那么高。与新娘相伴的是大量的随从，其中走在最前面的是一群女人。最后，在西墙上（在进入大厅的人所能看到的最后一圈）呈现出有关印度神话和民俗主题场景的相关细节。换言之，大厅墙上任何组成部分，都严格遵循着等级而设置，并且很可能是出于明确的政治目的。

最初由L. I. 阿尔鲍姆[①]绘制的壁画摹本，在1978年由G.V. 希什吉娜（G.V. Shishkina）率领的乌兹别克斯坦考古研究所（Institute of Archaeology of Uzbekistan）阿弗拉西阿卜探险队一次新的清理过程中，被更加严谨地绘制出来。很显然，L.I. 阿尔鲍姆著作中的著作包含着很多层面的错误[②]。

新的摹本从实质上改变了我们的观点，无论是关于特定人物形象的细节，还是他们的姿势。这些摹本绘制完成后，将准备由G.V. 希什吉娜、I. A. 阿罕塞瓦（I. A. Arzhantseva）、O. N. 伊涅瓦吉娜（O. N. Inevatkina）等文章作者或其他研究人员以论集的形式出版。作为摹本来源的L. I. 阿尔鲍姆的专著被有选择地使用：因为所有的黑白部分都是局部重绘的，所以我们只使用经过单一校正过的彩版。

正在编写的版本中有一部分细小且难以辨识的粟特题铭，V. A. 里夫什茨（V.A. Livshits）对其

---

① Al'baum，1975年，同时可参见Silvi Antonini，2003年，图83～图86。

② 参见Arzhantseva, Inevatkina，2003年，第18～21页。

进行了翻译，从而修正了对于壁画内容的解释。遗憾的是，M. 莫德（M. Mode）提出，重新绘制的西墙上那些保存不佳的人物形象，与1978年确定的示意图并不符合，而且也不能在这里使用。例如，实际上1a号人物面对着1号人物并与其交谈。7号人物显然是笔直地站立着。1a号人物、7号人物和6a号人物的动作都是由作者主观重现出来的[①]。

本文大体上完成于1994年的秋天，专门为计划中专题论集的第一版而编写（此后，随着其他学者的作品的发表，本文的文本部分仅稍做修改）[②]。这次出版具有初步性特征，将来随着论集编写的工作深入，其中的一些结论也许会被修正。如果没有笔者的莫斯科同事G.V. 希什吉娜、I. A. 阿罕塞瓦、O. N. 伊涅瓦吉娜等多方的帮助，这项工作是无法完成的。他们让我们能够接触到那些保存在乌兹别克斯坦考古研究所（撒马尔罕）中最新壁画摹本的影印本，同时，我们还向他们请教了相关的文学与图像属性。他们非常友好地阅读了手稿并做了珍贵的注释，笔者尽自己所能努力地将其全部考虑在内。

总之，本文立足于对不同族群服饰的分析。笔者希望通过这样一项中亚壁画中久负盛名的珍迹，来展示这种对于资料的认识视角。对于这一视角的强调不应引起惊讶，因为位于阿弗拉西阿卜居住区的壁画首先包含着大量关于服饰与配饰的信息。尽管许多族群的典型代表只能从少量的人物形象和保存不佳的图像中去辨识，但是我们认为，通过壁画来研究粟特系统突厥人以及赤鄂衍那人（Chaganiyans）[③]的服饰仍然有着不可估量的价值。

文献和口述史研究者们对于阿弗拉西阿卜大厅图像的解读，特别是三面墙上所描绘大使来源的可能性存在着较大分歧。一些学者倾向于认为，壁画并不能充分地反映现实，也不包含明确的政治活动信息，它只是一种原始的“民族学的百科全书”（ethnological encyclopaedia）；它只是以图解的形式表现出不同人群之间的关系，并以此来达到颂扬撒马尔罕国王的目的[④]。另外一些学者则认为，这样一种带有宗教符号意义的场景，展现了琐罗亚斯德教在“世界四大部分”的凯旋，对伟大女神的礼拜，以及所有活动和人物都与真实生活鲜有相同的圣婚仪式[⑤]。

这样一种严苛武断的解读在当前的研究者中非常流行，但是它们有待商榷；同时，许多事实与其相左。例如，手持礼物的大使图像边上都附有题铭，指明他们具体的官方所属，并引证他们的发言，由此展示出他们面见拂呼缦时的在场次序（例如，石国的大使在赤鄂衍那大使之后被接见）。需要指出的是，这些题铭不仅不支持当前许多争论中异想天开的解读，反而还与之冲突。在这种情况下，一些学者不加质疑地坚持自己的观点，“完全否认题铭的内容”[⑥]。（除唐朝外的）大使成员都要遵循严格的等级，服饰和配饰都要讲究礼节。同样不清楚的是，为什么在描绘大使的接待场景时

---

① 对照Mode，1993年，图6，14。

② 参见Yatsenko，1995年，第13～16页。

③ 此为译注：《大唐西域记》中记为“赤鄂衍那”；《册府元龟》卷九七译作“支汗那”；前人翻译中毛铭译作“赤鄂衍那”；荣新江译作“支汗那”。

④ 参见Belenitskii, Marshak in Azarpay, 1981年，第61～63页；Marshak, 1994年，第5～20页；Kageyama, 1999年，第1～3页。

⑤ Motov，1999年，第71、72、75、76页。

⑥ Motov，1999年，第75页。

要以一场盛宴的形式表现[①]。总之，使用这种方法的研究者，没有考虑到拂呼缦统治下的粟特国家在政治局势中的一些细节。与国王在西突厥的住所相比，这个建筑群不应被视为国王的宫殿，而是一处当地贵族（也许是撒马尔罕负责对外事务的官员）的住所。总体来看，1号大厅具有一种公务性质，而并没有给艺术的想象留下太多空间。然而，出于某些原因，在西墙和北墙上唐朝大使成员的设置被改动了很多次。

有一种观点认为，西墙所见的大使招待宴会不是发生于撒马尔罕，而是在西突厥可汗夏季或冬季的行宫[②]。然而，墙上的题铭却恰恰相反：大使们来朝见撒马尔罕国王——拂呼缦。反过来说，那种认为对应的题铭可能“比壁画本身晚几十年”的说法几乎是不可能的。在与阿拉伯人进行第一次战争之后，由于676年撒马尔罕的内部骚乱，这个建筑群显然被放弃使用了，而且这座城市的权力合法继承也被迫中断[③]。关于对图像和文本评论怀疑的充分性，实际上并没有争论[④]。

当然，我们不能就此认为，拂呼缦在一天之中同时接见了所有被描绘出的大使以及婚礼的侍从。同时接待来自近邻石国和赤鄂衍那的两位使者，这一事件被记录在西墙的题铭中，其余的事件（如唐朝和高丽大使的宴会）可能发生于同年的几个月内，这在某些方面是特别值得注意的，在拂呼缦的统治中也是非常重要的。所有这些事件在大厅的壁画中皆有所描绘。

笔者有很多理由认为，“公元662年是如此重要的一年”。文献中对7世纪（自唐朝于618年开始统治以来）仅有一次的关于唐朝大使前往西方几个国家的记载，就发生在这一年。在这一年中，高宗皇帝竭力推动（在唐朝历史上第一次、也是最后一次）建立了一个新的行政区，其中撒马尔罕在西突厥、粟特和吐火罗等地中扮演了一个关键角色。同年，高丽与东突厥保持着密切的外交关系，他们找到了很多理由和机会，寻求粟特王或西突厥可汗的帮助，从而与唐朝进行谈判[⑤]。换言之，基于更详细的信息进一步的深入，笔者的观点使得A.M.别列尼茨基（A.M. Belenitsky）与B. I.马尔沙克（B. I. Marshak）[⑥]提出的壁画年代（公元650～675年）更为准确。

阿弗拉西阿卜人物图像的特点是（正如笔者希望在下面指出的），在西部、北部和南部房屋的1号墙上出现的所有大使和婚礼仪仗都在短短的时间内即抵达撒马尔罕，可能是在662年内。在这种情况下，我们有一个独特的关于西突厥地区不同族群所穿服装的共时序列，进而通过它追溯到某一年。

遗憾的是，除了I. A.阿罕塞瓦关于腰带的论文，G.M.梅特迪诺娃（G.M. Maitdinova）关于北壁船上妇女服饰的论文，以及N.P.洛巴舍瓦（N. P. Lobachëva）和M.莫德[⑦]的一些有趣观察外，研究者们很少关注到23/1厅中服饰主题的图像。在上述几人的研究中，他们预先对许多不准确的描述进行了界定，并就文献中对于该问题的一些结论进行了质疑和评述。最有象征意义的是西墙和北

---

① Motov，1999年，第76页。

② Mode，1993年，第74页。

③ Akhunbabaev，1990年，第19页。

④ 参见Motov，1999年，第59页。

⑤ Yatsenko，1995年，第13～17页。

⑥ Belenitsky, Marshak，1979年，第35页。

⑦ Lobachëva，1979年；Maitdinova，1984年；Arzhantseva，1987年；Mode，1993年，第60～72、79页。

墙上所描绘的三组大使人员（船上的10名女性，他们是“来自东突厥”，还是撒马尔罕当地的唐朝人？ 5名身着黄色袖子大衣和官员头饰的猎人，他们“来自唐朝还是高昌”？来自高丽的两位大使，在这三组大使人员中的哪一组？）。

以下，笔者将试图对壁画中所呈现出的每位大使，以及五人一组的婚礼仪仗所着的服饰，进行恰当地描述，并进一步确定大使们抵达撒马尔罕的具体日期。为此，我们需要解构画匠们使用的构图原则，以及其间相互关联的人物群体，从中将不同族群区分开来。

在盛装礼服某些部分使用的“彩饰主题丝绸织物”，为我们提供了非常有价值的信息。织物上出现的人物形象被认为是出现在阿弗拉西阿卜的西突厥人，而笔者倾向于把这些人物视为伊朗人（萨珊波斯），但它们并不是当地的模仿。首先，完全由这种织物制成的服装只出现在两类人身上，其中一类是赤鄂衍那大使中一个非常重要的人物，另一类是环绕在拂呼缦身旁最高等级的粟特人（进一步的人物形象编号依据L. I. 阿尔鲍姆，1975年的文章），西墙上的2～4号人物，南墙上的1～4、13～15号人物，其他人物只满足于用这种织物的条纹修剪衣领、裤脚和袖口的边缘。其次，尽管在拂呼缦执政期间（自651年），萨珊王朝刚刚灭亡不久，但是毫无疑问，西突厥地区各国的首都中应当有相当数量的珍贵波斯丝绸。G. M. 梅特迪诺娃将制作西突厥贵族代表的服装完全采用了7世纪时的萨珊装饰，当作其本地起源的一个论据[①]，但这样的论断并不令人信服。

因此，在我们的案例中，波斯彩饰织物的使用被认为是最有可能的，特别是因为粟特本土的仿制品在贵族中几乎不享有盛名。鉴于在丝绸之路上，波斯人能够对粟特人造成压制的情形[②]，波斯于6世纪末在最重要的商路上所表现出的日益增长的侵略性，也应当被纳入考虑之中。

二、壁画所见各族群服饰系统的描述

1. 粟特系统突厥人

像L. I. 阿尔鲍姆所说的那样，粟特系统突厥人我们实际上指的是来自撒马尔罕国王住所中的突厥族人，而不是突厥化的粟特人[③]（在他们脸的下半部分，有明显的蒙古人特征和小毛发，这与后一个结论相矛盾）。不久之前在西突厥汗国瓦解后，分离出诸多部落，所有来自其间的突厥精英代表的形象（这些精英主要与南方部落群体弩失毕有关）只集中出现在西墙上。这是人数最多的族群，他们有着特殊的发音方式（26个完全或部分保留的人物形象）。阿弗拉西阿卜壁画为我们提供了一个特别的机会来辨识早期突厥人的服饰，因为它与6～7世纪草原石像的形象有所不同。它有色彩，并且被细致地刻画出来。

突厥服饰最明显的特点是：第一，有3～5条以相同方式打结的长发辫；第二，着单色齐踝双翻领的长袖大衣。这种领口边缘的折叠方式首见于和田出土2～4世纪的武士俑上（在靠近吐鲁番

---

① Maitdinova，1991年，第27页。

② Frye，1993年，第75页。

③ Al'baum，1975年，第30～34页。

的突厥人故地附近），并由突厥人传播至整个欧亚大陆[①]。所有的突厥人和他们的从属（粟特人和赤鄂衍那人），以及他们的东方邻居（唐朝人）都穿着式样相同的黑色高底尖鼻靴（鞋底被单独剪出）（42号人物；图一，18）。这些靴子部分被长袖大衣所覆盖，所以最突出的突厥式靴子被描绘于位于北墙的唐朝大使形象中。很显然，根据追溯至青铜时代的最古老的中亚传统（新疆东部的扎滚鲁克和苏贝希），高筒靴在其顶部靠近膝盖的前方有一个三角形凸起[②]，可使靴子在脚踝处用绑带绑紧[③]。

从撒马尔罕的突厥人即弩失毕部族人的服饰中，可以寻得粟特人影响的踪迹。这种由彩饰布料制成的高袖口[④]，由于其特殊的裁剪方式而得以被发现[⑤]（它们由粟特人从萨珊波斯带来）。与之相类的还有这样一种固定方式，即用腹部的一个纽扣将一圈系在另一圈上[⑥]（图一，14）。这种方式为粟特人所独有，始自阿契美尼德王朝[⑦]，并在塔吉克山区的儿童服饰中得以保留下来[⑧]。

L. I. 阿尔鲍姆认为，阿弗拉西阿卜的突厥人只戴一枚耳环[⑨]。这或许是一种误解，因为由于环境因素，壁画中仅有侧面或是半侧面保存相对完好。

在皮带上有数条特殊肩带，挂有以下几样东西：①②两把武器（一把刀一把匕首）；③一只小袋（突厥语称“kaptarga”）；④一块方巾；⑤一套磨石。这样一组早期突厥人的蹀躞带被后来11世纪的宋代中国学者沈括记录在典[⑩]。其中最后一件被L. I. 阿尔鲍姆当作是“更小的刀”的物件，可能“被当作笔刷使用”（kalamdon）[⑪]。对于早期突厥族群所使用的此类腰带上的主要下吊坠物，唐朝的正史中并不这样命名，而是直接称其为一种小的“砺”石（例见《新唐书》卷二一七下《回鹘传下》）。根据考古发现判断，在小袋中通常装有一面镜子、一把梳子、一些钱币和其他小件饰物。在片治肯特XVI/10号建筑遗址所见的宴会场景中，四个与会男子便持有这种小袋，并且可以分成三种不同的类型[⑫]。

所有的突厥官员以及他们长期的从属（包括女人在内的粟特人以及赤鄂衍那人），两只手上都带有标准体量的黄金手链，手镯上镶嵌有天青石、绿松石和珍珠（图一，9）。

以下将叙述描绘于西墙之上的突厥群体。

1）三组司仪。其中靠左的一组位于人群的边缘（西墙上的26、27号人物），第二组（在中间）位于三位赤鄂衍那大使面前，正在聆听站在唐朝大使前的粟特翻译人员翻译（5、6号人物）；

---

① Yatsenko，2000年a，第332、333页；2001年b，第10页；2002年，第364、499页。

② Al’baum，1975年，图19，人物7a。

③ Al’baum，1975年，图16，人物1。

④ Lobachëva，1979年，第25页。

⑤ Orfinskaya，2001年。

⑥ Al’baum，1975年，图5，人物5。

⑦ Gorelik，1985年，图版Ⅱ，3。

⑧ Rassudova，1970年，图8。

⑨ Al’baum，1975年，第32页。

⑩ Fen Hantsi，1959年，第436页。

⑪ Al’baum，1975年，第33页。

⑫ Belenitsky，1973年，第29页，图19～21。

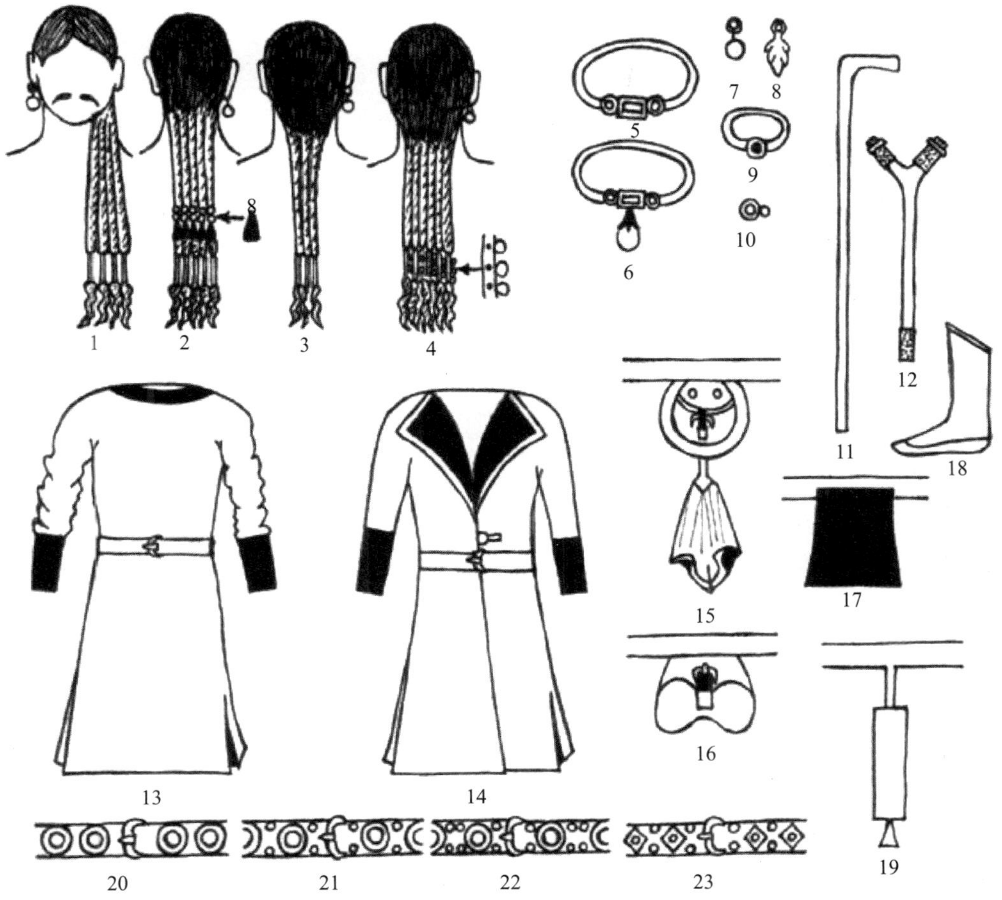

图一　阿弗拉西阿卜所见突厥男子服饰（23/1 号大厅西墙）

1. 人物 15、16、29、42　2. 人物 39　3、21. 人物 28　4. 三号大厅　5. 人物 6、19、26　6. 人物 5、18　7. 人物 5、6　8. 人物 19　9. 许多人物　10. 人物 18　11. 人物 19　12. 人物 5、18、28、42　13. 人物 19（内衬衣服）、26、27　14. 人物 5、18　15. 人物 26、28、39　16. 人物 16、39、41　17、19、20. 人物 6　18. 人物 42　22. 人物 18（42？）　23. 三号大厅

第三组（在右边）官员被描绘于石国与高丽使者之前（18、19 号人物）。这些人都带着黄金项圈。

每一组或前或后站立的人物，其所扮演的角色无疑是不同的。其中两人里，站在左边的人用左手的手指（指向他们的同伴？）（5、26 号人物）。在右侧的人物上有粟特文题铭注释（6、27 号人物）（这些铭文通常是赤鄂衍那大使中重要人物的标识）；只有他们身着肩部带有垂直褶边的服饰，这种服饰又可分为翻领开襟式（如 19 号人物）和合襟式（如 27 号人物）两种。

在左边靠近人群末端的那组官员（26、27 号人物）有一个与其他所有突厥形象都不同的地方：他们的肩衣类型采用了合襟式（这与壁画中描绘的部分赤鄂衍那人和撒马尔罕粟特人的衣服相类似）。通过 19 号突厥形象来判断，内衣可能在此展示出来（参见以下）（图一，13）。

在右侧的人物手中持有一根马球杆（chougan）。这项运动发源于萨珊波斯以及其南部讲波斯语的西突厥地区，它由骑手们进行，用以庆祝新一年的到来（Nauruz）[①]。在 7～8 世纪，它在突厥和唐朝贵族社会同时流行开来，并且比赛的规则发生了变化。在突厥 - 乌古斯的传说中规定，这类比赛

① Karamysheva，1987 年，第 237～239 页。

的胜者有时是由可汗选出的[①]。在丝绸之路附近的国家（特别是唐朝），在七八世纪之交，组织马球比赛是用以表达对外国使者到来的敬意[②]。文字同时也暗示了27号人物是一位官方的高等级司仪。

在迎接使者的两组官员中，第一组（靠右侧的）人物亲自与翻译人员交谈（6、19号人物），其与右边更为重要的人物相比，在长相上有许多特别之处。他们的腰带上系着一些由彩饰布或羽毛（？）制成的长方形小袋（6号人物，图一，17）。不像左边的人物，他们肤色发粉，而非白色。最引人注目的是，他们手中都撑着红色的“Γ”形撑杆（其中6号人物的该部位遭到了破坏）（图一，11）。19号人物的长袖大衣不拘礼节地松开并绕在腰间（华服得袖子两侧是可见的），遮盖住了盛装蹀躞带的重要特征。在长袖大衣内穿有一件窄沿水平领的衬衫。右侧那组官员所戴的金项圈上，在其中心没有水滴形的下垂物。通过与较其更晚的章怀太子墓（706～711年）壁画中的突厥武士的姿势相对比[③]，19号人物的图像表达显然与唐朝的绘画传统有关。

背景中（靠左边）人物（5、18号人物）的长袖大衣上有着由华丽的丝绸织物制成的高翻领袖口（图一，14）。它们的特征是：一个直到20世纪的西突厥地区仍在使用的红色长条“Y”形权杖“kurpacha”（由I. A. 阿罕塞瓦于1999年5月慨然相告）以及一个中心饰有巨大水滴形吊坠的金属项圈。

上述两组官员所戴蹀躞带的特征颇有意涵，但不幸的是，它仅仅分别保留于其中“左”“右”各一人身上。

前景（右侧）人物的腰带上饰有一排大的圆形牌饰[④]（图一，20）。背景上（左侧）的18号人物带着一条装饰更为繁复的腰带。每个大的圆形镶边牌饰[⑤]都由两个矩形饰板相夹，其中每一个较大的矩形饰板都由4个很小的圆形泡饰组成（后者很可能是前者的组成部分）[⑥]。这两种腰带装饰的变体都在位于阿尔泰的库德尔格（Kudyrge）突厥墓葬中可见[⑦]，我们有理由重新定义它的年代，即将其回溯到我们感兴趣的突厥第一汗国时期[⑧]。重要的是，库德尔格（Kudyrge）9号墓（其中所出的蹀躞带与阿弗拉西阿卜大使厅壁画中右侧前景中官员所穿戴的相似）相比11号墓（其中所出腰带与阿弗拉西阿卜大使厅壁画中左侧背景中官员所穿戴的相似），出土了更为丰富的文物。这个现象使我们确信右侧的6号和19号人物具有更高的等级。腰带的装饰与图瓦[⑨]和七河地区[⑩]所见的早期突厥石人有相似之处。通过早期突厥墓葬中的腰带以及粟特、波斯贵族的服饰来看，他们与突厥人存在着一定交流[⑪]。

---

① Osmanli tarihleri，1949年，第385页。

② Kryukov，Malyavin，Sofronov，1984年，第168页。

③ Kageyama，1999年，第1页；图8；Kageyama，2002年，第313～327页。

④ Al’baum，1975页，第22页。

⑤ Arzhantseva，1987年，图8，5～8。

⑥ Arzhantseva，1987年，图8/19。

⑦ Dobzhansky，1990年，图版XXV，1、2。

⑧ Azbelev，1993年，第89～92页。

⑨ Evtyukhova，1952年，图18、图19。

⑩ Sher，1966年，图版Ⅶ，33。

⑪ Dobzhansky，1990年，图版XXⅢ，4；XXⅣ，1；XXⅥ，3；XXⅪ，4；XXXⅢ，1。

除此之外，在西墙上还可见到三组（左侧、右侧、中部）坐着的突厥官员（尽管壁画的上层已经被破坏），且我们可以推断出每组人物中的主要人物（其他人物的脸都朝向他们）。遗憾的是，三位主要人物的形象都没有很好地保存下来。

2）在所有西墙上的突厥人中，最重要的是位于中央人群中的那个主要人物（36号人物）。他是仅有的身着蓝色长袖大衣的人，而蓝色对于早期突厥人来说十分神圣（它与至高无上的神Tengri有关。在突厥汗国，相比“黑色的人民”，贵族则被贴上“蓝色”的标签）。他所穿大衣的袖子比他的两只胳膊要长。所有人里只有他所戴的方巾是黄色的（由黄金锦缎制成？），只有他有三条长辫，同时也只有他的面前有一乐伎坐下奏乐（35号人物）。两个人都是跽坐，而不是盘腿坐着。穿着蓝色大衣的人物位于整个西墙人群的几何中心。

3）在所有其他右侧的人群中，41号人物被最好地呈现出来。在每组人物中，两位坐在领导者身旁的官员正在相互交谈，其中每组的另外几人则悄然聆听。所有的人物似乎有五条长辫（图一，2），他们同时也带着圆形的小袋（37、39、40、41号人物）。随从的金属项圈被剥去（参见保存完整的28、29号人物）。他们持有与前文所述相似但较短的、带有斑状凸起的“Y”形权杖“kurpacha”（28、42号人物用他们的右手倚靠在杆上）（图一，12）。

在聚集于右侧中心人物周围的整个随从人员中，有一组官员持有相同的手杖（42号人物以及一个保存较差的位于其上）礼貌地坐着，但是他们不是坐在地毯上，而是蹲在地上。他们（像18号人物一样持有相似的手杖）小拇指上戴着指环（可能两只手上都戴着）。

从保存残缺的图像（28、42号人物）判断，其中有五条长辫的人所戴的蹀躞带和权杖“kurpacha”都装饰有大的圆形镶边泡饰，其上两面上分别有一较平的小圆泡（一个放在另一个之上）[①]（图一，21）。

在左边坐着的官员中，“旗和鼓”的组合占据了一个特殊的位置（中古时期游牧民族的相似例子可参见M. Mode 1993，28-29，abb. 8-9）。在左边和右边坐着两个穿着黄色长袖大衣和红色头巾的人（32号人物以及其右侧的）。穿着黄色长袖大衣和红色头巾的41号人物在右侧人群的中心位置。（除了主要人物之外）还有四位官员坐在地毯上，分别位于左右两边；此外还有两组低等级司仪（一组是33、34号人物，朝向左侧唐朝大使的方向行进；一组是持有红色手杖的42号及其上部的人物，他们跽坐在右侧没有地毯的主要人物身后）。

很显然，穿着黄色长袖大衣的高等级突厥人以金色锦缎为标志。根据玄奘的记载，在西突厥可汗的夏宫中，200名贵族穿着这种长袖大衣，而普通战士则穿着由亚麻布织成的长袖大衣[②]。重要的是，黄色的长袖大衣是其中主要人物的衣着特征，无论是坐着的官员，还是两位站着与大使们直接（借助翻译人员）交流的司仪，皆是如此（5、19号人物）。

综上所述可以推断，西墙上每三个坐在地毯上、身着黄色长袖大衣、头戴红色方巾的官员都有其随从，手持较短的红色权杖“kurpacha”，或是站立，或是蹲坐；官员们自己则持有相同的权杖，坐在地毯上（30、31号人物是32号人物的随从；对于其相邻的人而言，位于其上已未能保存的是

① Arzhantseva，1987年，图8，1～3。

② Chavannes，1903年，第194页。

他的随从；对于其正上方的人而言，其右侧的37、38号人物是其随从）。似乎可以推断，右侧坐着的官员们（画面上半部分已经不存）与左侧呈对称布局。也就是说，两位坐在一起的高等级人物有两组不同的较低等级的随从。很显然，在壁画中，两对站立着手持长短手杖来迎接大使们的官员，其等级较低；而与之类似的两位官员，则等级相对较高（33、34号人物，42号及其上部人物）。在右侧人群中，我们可以看到一列旗帜，但其体量较大，并且不在两位重要的官员之间，而是在其组合的外围。

因此，西墙壁画组合从整体上是按照对称模式合理布局的。除了上述结论之外，我们还可以继续补充，两列人群是以身着蓝色长袖大衣的最主要的36号人物为中心，呈扇形向周围展开的。其下，两组手持手杖的司仪正在迎接外国大使（在每一组司仪身后又有三个人：赤鄂衍那人和突厥官员）。在主要人物的左右两侧有两组旗帜，其旁边分别坐着一组身着黄色锦缎大衣、头戴红色方巾的官员。在这些官员左侧有四位官员坐在地毯上，其右侧则有2位手持红色权杖“kurpacha”的司仪站立或出现。

4）显然，朝向坐着的人物笔直站立的三位官员（15～17号人物），表现出官僚体系中等级最低的那些人。在所有其他突厥人中，他们没有持任何武器，很明显他们也不佩戴黄金带銙，而是佩戴银质（？）带銙（15、17号人物并未完成且没有完全着色，而16号人物则描绘得格外清晰）。他们没有戴金属项圈。这些官员有4条长辫。不过，此处所提的这些人物所穿的长袖大衣，在剪裁和装饰方式上则与其他突厥人的服装没有区别。

不知为何，莫托夫（Yu. Motov）抛开突厥传统的背景情境，将坐着的突厥官员视为坐在圣毯上的正统的琐罗亚斯德教徒。他认为他们谈话时的手势是在传达崇敬之意[①]。

通过对组合位置、属性以及服饰细节的分析，我们可以更清晰地勾勒出阿弗拉西阿卜壁画中以下的突厥社会群组。

位于西墙组合中心位置、穿着蓝袖大衣、享受乐伎演奏的36号人物，可以被视为撒马尔罕阿史那步真可汗的代表——吐屯。他们除了其他职责外，主要负责监察城市及周边的部落。剑鞘未上漆，但是笔者不排除它被镀金的可能性（就像画面中描绘的其他赤鄂衍那和粟特贵族所持的一样，而与阿弗拉西阿卜壁画中其他突厥人所持的刀鞘形成对比）。

第1组：由主要人物与一组立于右侧的官员组成。6、9、27号人物正通过翻译人员的帮助与大使成员交谈（27号人物：赤鄂衍那大使的讲话内容写在衣服上）。19号人物手持一只长手杖，其上端后部呈“Γ”形。27号人物手持一根宫廷打马球所用的球杆。他们戴着没有水滴形垂饰的黄金项圈，腰间佩戴由一排小圆泡装饰和方形小袋组成的蹀躞带（6号人物）。他们的耳环或是寻常的球形（6号人物），或是叶片形（19号人物）。在腰带吊坠中有一个很大的长方形带囊，用以装纳书写材料（6号人物）。我们有理由认为，这些特征可以视作早期突厥具有高级身份的“beq”的标识。从壁画判断，6号人物的蹀躞带上有大约30个黄金泡钉。应当留意的是，在图瓦的一些具有“beq”身份的墓志铭中，他们的蹀躞有多达40～50个黄金泡钉[②]。

---

① Motov，1999年，第76页。

② Dobzhansky，1990年，第78页。

在壁画残缺保留的三号大厅中所见的人物原型无疑是贵族[①]。需要指出的是，首先，腰带上镶嵌着珍贵的宝石；来自（阿弗拉西阿卜）具有突厥特色的长袖大衣是完全是由萨珊波斯彩饰丝绸织成的；（对于阿弗拉西阿卜而言）不寻常数量的发辫（不少于6条）以及一种特殊的用于盛放书写材料的方形长囊从腰带上悬挂下来（与第一组中6号人物相比）。

此人身上的带銙装饰对于其他的撒马尔罕突厥人而言并没有什么特别之处。它们呈菱形[②]。在此类组合中，这种带銙上的凸起造型与由一对上下相对的小圆钉相间分布[③]（图一，23）。

人物的所有特点使我们认为，他并不是来自西突厥汗国北部的突厥弩失毕部（在7世纪时由汗国统辖并控制粟特地区，641～642年除外），而是来自另外一个北方部落土鲁。其实，已经发现了一些石刻形象（一座7～8世纪的石人，戴有相同的菱形凸起牌饰的腰带，并梳有六七条相同的长辫[④]。后来在9～14世纪吐鲁番的回鹘地区也发现了与之相似的腰带牌饰[⑤]）。

第2组：手持“Y”形权杖“kurpacha”的人身上佩戴着圆形小袋，梳着五条发辫，每根手指都戴着一枚指环。他们是西墙上坐着的等级较高的官员（28～31、35、37～40、42号人物）。站立的一组官员中左边靠后的几人（5、18、26号人物）也与第二组有关。在第二种情况下，这些人戴着额外的一个金属项圈（带有水滴形吊坠），带銙上有更多的圆形小泡钉（以4个小圆为一组的形式联结在一起，并紧紧系在腰带的末端）。需要指出的是，所有三种腰带组合的类型都同时出现在阿尔泰“古典时期”的库德尔格突厥墓地中。库德尔格11号墓中男子所佩戴的腰带装饰，与第2组中的一件十分类似，而这位男子由于自身的素质[⑥]，从一名战士开始立功崛起。很显然，该组中的人物都可以视作早期突厥的军功贵族——“er”。

第3组：15～17号人物未携武器，也没有佩戴金属项圈，有4条发辫。他们的蹀躞带很明显的是由银制带銙装饰的。鉴于他们出现在宫廷宴会中，身着萨珊波斯丝绸制成的长袖大衣，并且佩戴蹀躞带，我们很难将这些人与较低等级的普通战士相提并论。问题在于，在所有未穿衣服的早期突厥的“骑马者”墓葬中，这样的蹀躞带中仅有第二种被发现[⑦]。

应该注意的是，只有特定等级的人，才能在蹀躞带上的华丽带囊中垂挂的狭长磨石，如在左边和右边人群中坐着的官员（32、41号人物），站着的几对官员（明确可见的形象有18、19、26号人物）。磨石还被描绘于西墙上赤鄂衍那大使的形象中。

有趣的是，突厥和粟特最高贵的人物中并没有携带挂在腰带上的小袋（西墙上的36号人物与南墙上的1～4号人物）。

此外，通过总结对粟特化突厥人服饰系统的调查，笔者还应当指出其特殊性。

第一，在西墙右侧的19号人物中，其上衣中那件黄袖大衣是从其腰带下紧塞而过的。在大衣

---

① Al’baum，1975年，图版V。

② 相关类比参见Arzhantseva，1987年，图8，13、14。

③ Al’baum，1975年，图版V。

④ Charikov，1989年，图2，1、图3，1、2。

⑤ Grünwedel，1912年，第664页，图56。

⑥ Dobzhansky，1990年，第74页。

⑦ Dobzhansky，1990年，第73页。

下我们可以看到一件合襟的水平领、高袖口内衣，这件内衣没有任何装饰（图一，13）。鉴于人物在官方接待处以这种方式穿着他的长袖大衣，我们认为，在炎热的天气里，这种塞衣的方式显然还是在礼节范围内。这样的穿衣方式同样可见于唐朝地区突厥类型长袖大衣的图像中①。

第二，两位身着红袖大衣坐着的贵族（西墙上的39号人物，另有一人在三号大厅中②）梳着发辫，在每人的发辫低处装饰3行大的天青石珠子和珍珠（或是水晶？）（图一，4）。这种装饰形式部分可见于18号人物中。

第三，所有上述在三号大厅出现的人物都佩戴着由圆形天青石和珍珠（？）镶嵌的蹀躞带（它们没有被L. I. 阿尔鲍姆绘录于册，但我们认为它们是黄金或是镀金的）。

第四，突厥的鞋是尖指的，鞋底单独裁剪出然后再黏在鞋身上（42号人物）（图一，18）。

第五，在撒马尔罕，即使是高贵的突厥人也不穿完全由彩饰题材的丝绸织成的衣服，因为这有悖于他们的审美标准（三号大厅出现的人物是个令人费解的例外）。这种布料仅仅用于边缘部位，服装的基本颜色是单一的亮色（红色、黄色、亮蓝、白色）。根据玄奘的记载，这对于西突厥可汗同样很典型③。

在阿弗拉西阿卜壁画中处于支配地位的突厥人和一整套复杂的突厥官僚系统，可以合乎逻辑地证明拂呼缦王的独立性，并且合理地揭示出他向当地贵族的融入。在此背景下，影山悦子（E. Kageyama）提出的壁画中保留“过多突厥人”的解释④，则看起来过于大胆且论证不足。在这一组中，她似乎很有勇气去致力于描绘统治者的卫士——恰克尔（chakars），这个在不同文献⑤中皆被提及的角色。

2. 赤鄂衍那

如果我们参照L. I. 阿尔鲍姆的观点，撒马尔罕所见赤鄂衍那国王（可汗）图兰塔什（Turantash）的使团被描绘得最为华丽。笔者认为它由13人组成。在西墙上有三位大使，还有代表团的首领，据壁画题记得知是dapirpat（王室首领）普卡泽特（Pukar-zate），正从左侧面向大使的队列前进（4号人物；他的形象的最初草图置于稍右侧：4a号人物）。

L. I. 阿尔鲍姆将3、4号人物归属为赤鄂衍那大使引起了一些学者的反对，但是他们的观点似乎不够令人信服。因此，V. A. 里夫什茨按照他对3号人物上粟特文题记（“twpt mrty”）的解释，将其考订为吐蕃大使⑥。但遗憾的是，这个人物的服装和配饰并不符合已知的唐代艺术中所见的7～8世纪的吐蕃人形象。

根据M. 莫德的假说，4号人物不是别人，正是萨珊波斯的统治者伊嗣俟⑦。这位研究者注意到，

---

① Northern Qi Tomb，1990年，第8页，图8。

② 参见Al'baum，1975年，图版V。

③ Chavannes，1903年，第194页。

④ Kageyama，1999年，第2页。

⑤ Beckwith，1984年，第24～43页。

⑥ Mode，1993年，第44、96页。

⑦ Mode，1993年，第59～71页。

这个人物的长袖大衣是由波斯丝绸缝制而成的，其上还有森穆夫的形象（Senmurv）。有一批德国学者持有一种假说，认为森穆夫可能是萨珊王朝皇室的特定符号[①]。事实上，到目前为止，它的服装属性仅仅表现在塔奇布伊·博斯坦（Taq-i Bustan）发现的库思老二世的织物，以及在巴赫拉姆二世时期银币上的王子的王冠头饰上。不过，这些对于这样一个严肃的结论来说是不够的，并且文献和题记材料也不足以证明。在这种情况下，我们还可以宣称其他出现在波斯君主衣服或头饰上的动物也是皇家的专属符号，而这显然是与事实不符的。

头饰和带铸形式在6～7世纪波斯统治者的服饰系统中并不能确切类比（如果这样，那么我们也可以认为南墙上的4号骑手是波斯的国王）。14号人物缺乏一些属于这一时期波斯贵族的要素，如项圈或项链一样的项饰；并且他所穿的长靴也过于普通，没有任何的装饰（而庆典宴会上国王的服饰在文献中并没有记载）。（如果将考虑到M.莫德的观点）很难想象在648年，伊嗣俟这位尚处在财富和权力巅峰的统治者，居然没有仪仗跟随，并且手持着朴实无华的礼物，谦卑地出现在外交宴会中。

立于一个普遍认为完成未佳的人物轮廓近旁、并且本身可见的轮廓并不清晰的4a号人物，竟是宴会上最重要的人物——撒马尔罕的拂呼缦王[②]，要同意这样的观点笔者认为恐怕并不容易。

按照L. I.阿尔鲍姆的观点，南墙上的壁画为我们展示了撒马尔罕新娘及其仪仗婚礼出行的场面[③]。最近有一种观点认为它可能涉及一种与神圣建筑有关的宗教仪式。B. I.马尔沙克认为这应当与当地的丧葬传统有关。鉴于其中一些人物图像中，在人物面部下方都戴着一种为粟特人所习用的特殊的头巾（padam），他认为，这些人物应当是粟特人[④]。M.莫德认为，在门口的那组与祭司相伴的清唱组合，用以迎接大象和宫廷贵妇们，应当与一些神圣崇拜有关，他们由附近城邦的代表组成，用以建立与撒马尔罕的联盟[⑤]。

这两种观点都没能很好地解释图像的一些细节。在前一种观点里，并没有明确告诉我们队列中为何有鹅群出现，也没有说明13号人物所牵马匹的背上所写的题记"他给我们"是何意思[⑥]，为何盛装打扮的贵族女子在队伍中行进却没有表现出任何悲伤的迹象？由撑杆组成的建筑物既不属于用于葬礼的寂静塔，也不用于寺庙。笔者希望在下面指出一些并不属于粟特元素的服装特点。第二种观点中没有明确指出为何平台上假定的清唱者穿着华丽的服饰。很难将这座透空式的建筑物认为是一座巨大的城市大门。如果人们把这些动物带进集体献祭的地方，那么题记上所写的它们是进贡给拂呼缦王个人的礼物则不能被解释。把"龙"头作为祭司的神圣特点也并不是必须如此的（9、10号人物），在脸的下半部分缠上头巾（11、12号人物）也并不仅仅是祭司所独有的特点。甚至，在七八世纪之交的波斯隐士中，其中的一人被描绘成为统治者的圣徒做饭的仆人[⑦]。

---

① Mode，1993年，第60～64页。

② Mode，1993年，第74页。

③ Al'baum，1975年，第56页。

④ Mode，1993年，第14、279页。

⑤ Mode，1993年，第91、92页。

⑥ Mode，1993年，第147、288页。

⑦ Lukonin，1977年，第169页。

L. I. 阿尔鲍姆早时的观点即“新娘与其婚礼仪仗说”其实是有见地的。为了证实这一点，我们首先应当将目光回溯到六七世纪之交。根据《隋书》的记载，那时粟特贵族的婚礼习俗已经普遍突厥化[①]。现在让我们来看看文献中详细记载的9～13世纪时西突厥中突厥－乌古斯部的婚礼习俗，在笔者看来，南墙上仪仗队列的所有细节实际上都很容易借助它们来解释[②]。新娘（即使是很普通的家庭）都会乘坐在骆驼背上一种特别的叫作“ogyrmak”的轿舆中（中世纪时赤鄂衍那的公主则会乘坐于大象背上的类似的轿舆中）。同时会为新郎建一座特殊的华盖或是叫作“girdek”的小房子，他的朋友们将会在新娘到来前享受盛宴（参见平台上特殊建筑物中的1～4号人物）。接下来新郎和新娘相互隐藏起来，新娘到来的时候，贵族男子们站起来迎接她（参见相同的1～4号人物）。在婚礼开始前（在新郎给新娘交付聘金之后），新郎的家族成员会收到一些（相比而言逊色的）礼物，它们可能即南墙上所绘的由11号人物牵引着的盛装鞍马，以及跟随着12号年轻男子的圣鹅（题记中一人上写着“farn”，另一人上则写有“一只鹅”）[③]。西墙上所绘的则很可能是女方的回礼：两套具有男女特征的衣服以及一卷做衣服的丝绸布料（2～4号人物）。

送亲的队列由大量的突厥人组成，通常是新娘的亲戚（如姨妈）陪伴，有时也可以是与红娘（“yenge”）相类似的女性朋友（参照跟随轿舆的6～8号贵族女子以及乘坐大象的五个人）。最后，我们就很容易理解在阿弗拉西阿卜的壁画中，那个我们假定的处于婚礼队列和随行人员之首的骑马者，为何除了持有一些不寻常的武器，同时也为欢迎宴会携带了体量庞大的弓箭。重点在于，婚礼庆典上必须要相应地举办射箭比赛，那么随身带上他们所熟悉的物品便是很好理解的。

与上述描述的相反，古代的粟特人则有完全不同的送亲传统，亦即可以这样讲，新娘要在晚上用火把或者篝火来迎接，而不是在白天[④]。

南墙所绘的赤鄂衍那的队列由新娘（人物没有被保存下来）及骑在大象上的伴娘或红娘（5号人物）率领。接下来跟随着三位伴娘（可能是新娘的亲戚），其中最下面一人注有题记（粟特文题记意为“一位贵族女士”）。在他们身后有一位年轻与一位年长“大使”，分别手持一根装饰龙头的长杆（图二，9）。我们所看到的动物队列以一个两倍于常人大小的人来坐镇最后，他是整个婚礼仪仗的核心，很可能是新娘的叔叔（人物的上半部分没有保存下来，但是按照L. I. 阿尔鲍姆的观点，可以推测他手持一面叫作“bunchuq”的大旗）其装备与跟随他的骑手们相似，但是其长杆上没有装饰龙头（13号人物）。在队列的末尾，有两位手持旗帜的骑马者带领着两匹跟在身后且没有载人的马。

西墙所绘的三位大使很可能比其他赤鄂衍那人到达撒马尔罕的时间略早，用以展现拂呼缦王自己的敬意（如墙上文字所写的），而且并没有赠送给他很多珍贵的盛装作为礼物（普卡泽特和他的同伴戴着一条金色的项圈，一条金项链，有珍贵宝石吊坠的腰带以及一匹波斯布料）。其中项链可能是为一位女士准备的（新郎的母亲？）（图二，22）。

---

① Bichurin，1950年，第281页。

② 例如，参见Agadzhanov，1980年，第228、230～236页。

③ Mode，1993年，第281页；参见1977年关于伊朗世界里鹅的神圣意涵的报告。

④ Kislyakov，1958年，第134页。

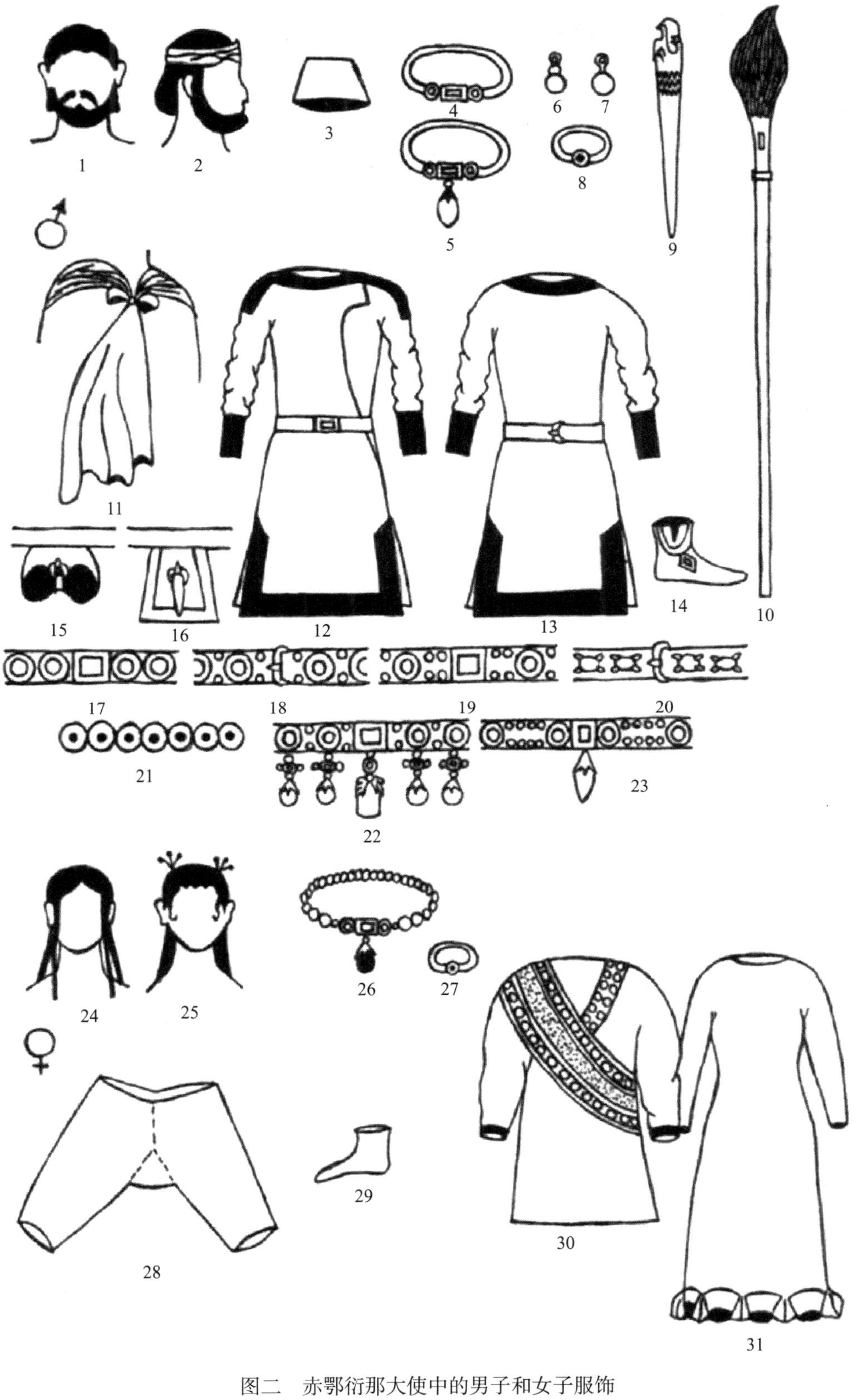

图二　赤鄂衍那大使中的男子和女子服饰

1. 西墙上人物 2～4　2. 西墙上人物 2、3，南墙上人物 9、10　3、16、23. 西墙上人物 4，南墙上人物 14　4. 西墙上人物 3　5. 西墙上人物 2、3，南墙上人物 10　6. 西墙上人物 3，南墙上人物 9　7. 西墙上人物 2、4　8. 西墙上人物 2　9. 南墙上人物 9、10　10. 南墙上人物 9、10、14　11. 西墙上人物 4，南墙上人物 14　12. 西墙上人物 2（3、4？）　13. 南墙上人物 9、10、14　14、15、18. 西墙上人物 3　17. 南墙上人物 14　19. 南墙上人物 10　20. 西墙上人物 2（手中所持物）　21. 南墙上人物 15　24、31. 南墙上人物 5　25、28～30. 南墙上人物 6　26、27. 南墙上人物 6、7

男子和女子面部都有一个小的圆形红色标记（在上嘴唇与鼻子之间，如西墙上的2、4号人物[①]及南墙上的6号人物）。这种在巴克特里亚/吐火罗地区两性通行的传统首见于贵霜时期的文献中。A. 因夫尼奇（A. Invernizzi）认为，其传播与发源于叙利亚/美索不达米亚的希腊化传统有关，但是他未能考虑到这种现象：回溯至公元前3世纪以前，大月氏从中国的西部迁徙至巴克特里亚地区，这样一种面部标记也同时流行于秦始皇时期的中国宫廷贵族女子中[②]。

所有南墙上的男子都穿着合襟式的服装，这种服装有齐膝裁边衣褶的窄长袖以及其他布料作边的水平衣领（衣褶和衣领都用一种彩饰纹样的丝绸条状布料作边）（图二，13）。

西墙上的三位大使身着非常不同的服饰，尤以2号人物表现得突出[③]。这些开襟长袖大衣由一条深深的左向围巾套于其外。在右侧，他们使用一种特殊的梯形翻领固定在大衣襟部的另一端（图二，12）。2号和4号人物有肩带（彩饰条纹布料），相比而言，阿弗拉西阿卜的其他族群代表则缺少这种服装元素。

总体而言，在赤鄂衍那服装中，可以归纳出三组完整的服装特性，其中每种都可以在几个人身上表现出来。

第1组：圆柱形（？）丝织绒头衫（图二，3），像萨珊波斯的流行式样，一件左肩上系着弓的灰色短斗篷（图二，11）（西墙上的4号人物，南墙上的14号人物）。这些人物没有佩戴金项圈。这一类的人物的发型式样可以在2～3世纪贵霜王朝时期的巴克特里亚/吐火罗地区找到原型[④]。

第2组：白色的窄头巾（图二，2），白色的肩衣（西墙上的3号人物，南墙上的9号人物）。佩戴着黄金项圈，但是没有水滴状吊坠（图二，4）。

第3组：红色窄头巾（图二，2），肩衣的布料表面饰以图案母题，母题为以联珠纹环绕野猪头（西墙上的2号人物，南墙上的10号人物）。其项圈上饰水滴状吊坠（图二，5）。

关键仍然在于，上述各组中整套的服装组合很难作为特定的等级或是官员阶序的区分标准。其中每个人物所呈现出的整套服装也许代表着官僚系统中大使成员的不同地位，一类——很重要；另一类——第二级别。赤鄂衍那真正的等级标识显然是通体黄金的蹀躞带。在西墙上佩戴这种蹀躞带的人物站在大使的首位。他可能是此处刻铭中所提到的普卡泽特自己（4号人物，图二，23）；在南墙上带着这种蹀躞带的男子靠近撒马尔罕国王——骑着骆驼的大使（9、10号人物）和骑手中的其中一人（15号人物）（图二，21）。

通过相互参照几组较稳定的服饰组合，L. I. 阿尔鲍姆试图给出解释，他指出，在西墙和南墙上一些相同的人物被描绘过两次[⑤]；但是很多细节与他的观点相矛盾（如其中人物的面部）。

到目前为止，下述的解释看起来最充分。上述三组身着不同服饰的男子反映出赤鄂衍那内部落三元分立的形式，这种形式最可能见于古代的印度-波斯人群（希罗多德《历史》中记载的斯基泰

---

① Invernizzi，1990年。

② Yatsenko，2001年a，第99页。

③ Al'baum，1975年，第40页。

④ Rosenfield，1967年，图版23、图版24；Yatsenko，2001年a，图版12，22。

⑤ Al'baum，1975年，第45～46页。

人，奥尔诺-奥塞特、卡菲尔斯和奥斯）。三组大使的一系列人物中，其蹀躞带下悬挂的钱袋有着不同的类型（“kaptarga”）（4号人物的是矩形的，3号人物是心形的，2号人物从其固定的方式看是圆形的）（图二，15、16）。每一组中每一位大使的代表都佩戴一条黄金蹀躞带，并且带銙形式各有差异（但是也有相同的例子，如第一组中的两个人物的带銙则属于完全相同的类型）。

蹀躞带銙给了我们关于赤鄂衍那国男子地位的重要信息。已知的类型4中的5件都是从突厥样品复制或是重制而来。

类型1：由一套固体带銙组成的黄金腰带，其与第2组中突厥最重要的人物所佩戴的相似（西墙上的4号人物——普卡泽特，南墙上的10号人物）（图二，19、23）。这两种腰带都固定在巨大的长方形铊尾上，而这种在撒马尔罕的突厥人服饰中不曾见到。在普卡泽特的带銙上悬挂着一个水滴形吊坠。笔者不排除这样一种可能性，即后一种元素最终回归到贵霜王朝特定的水滴形带扣吊坠中[①]。西墙和南墙上所见的两位佩戴此种腰带的男子都朝向赤鄂衍那大使的队列。普卡泽特没有那样的金属项圈。

类型2：由一排大的圆形泡饰组成的固体黄金腰带，其中心镶嵌有宝石（蓝色或红色）（如南墙上的15号人物）（图二，21）。阿尔·库菲（al-Kufi）认为，撒马尔罕居民佩戴的带有这种镶嵌形式的黄金腰带，主要出现于6～8世纪。波斯系统中类似的特征可以从文献“Shah nama”中得知[②]，但是萨珊波斯腰带中具有完全相同的泡钉排列者则不得而见。在新疆发现的同时期龟兹贵族腰带的例子，则与我们所述的极其相似[③]。

类型3：固定在一个巨大带扣上的皮质腰带。其中大的圆形镶边黄金或镀金泡饰以一个更大的间隔排列（图二，17）。也就是说，这种装饰与突厥系统第1组的腰带相对应（如南墙上的14号人物）。完全相同的腰带还可见于粟特系统，如片治肯特XVI/10和XXIV/I壁画中的器物中[④]。赤鄂衍那人中佩戴这种腰带的人物没有佩戴金属项圈。

类型4：同时带有两种带銙装饰的皮质腰带，与第2组中多数突厥人的腰带相似（如西墙中的3号人物）（图二，18）。佩戴此种腰带的人物都佩戴着没有水滴形吊坠的金属项圈。

类型5：由一组较为罕见的单型泡饰装饰组成的皮质腰带，与这种类型相似的只可见于北高加索突厥人的服饰组合中[⑤]（如西墙上的2号人物）（图二,20）。佩戴此种腰带的人同时佩戴着没有水滴吊坠的金属项圈。

大使群中我们假定的作为赤鄂衍那公主形象的四位女子，保存状况都相对破碎。很重要的一点是，女子都被描绘在婚礼队列之首，同时有一些骑手随行其间。中国正史记载，那一时期的吐火罗地区（赤鄂衍那便是其中一部分）女性拥有平等权利，一妻多夫制的传播与国内女性较少这一不利的人口境况直接相关[⑥]。

---

① 参见osenfield，1967年，图版8、22、67；Yatsenko 2001年a，图版12，78、79。

② Belenitsky，Raspopova，1980年，第213、214页。

③ Grünwedel，1912年，图12、图13、图16。

④ Belenitsky，1973年，图版20；Belenitsky，Raspopova，1980年，图2。

⑤ Arzhantseva，1987年，图8，23。

⑥ Malyavkin，1989年，第68、69页。

后面骑乘大象的女子（女性朋友或是伴娘）（5号人物）身着一条浅蓝色带有荷叶边的长裙（图二，31）（这是萨珊波斯流行时尚影响的结果[①]），上身穿一件红色无领长袖外衣。她有4条发辫，其中两条较短的披在肩前（图二，24）。这种传统是吐火罗（如迪尔拜尔金与巴拉雷克城堡遗址壁画）和粟特（如片治肯特壁画）共有的特征。就在不久前，这种头饰被认为是适合未婚少女的，在西突厥广泛传播，也在讲波斯语的塔吉克（Tadjiks）地区中广为流传[②]。

在这三位女骑手中，最下面的一位形象被保存得最好，并有粟特文题铭"高贵的女士"（6号人物）。三位女骑手也可能代表着赤鄂衍那的三个部落分支。但是，因为她们保存得支离破碎，我们无法比较他们头饰和服装上的细小配饰。不过，每位女子的长袖衣衫或短上装以及裤子显然都有一种特定的颜色。其中后者非常宽大，并且塞入低筒靴中（图二，29）。她们身着的宽松开襟长袖上衣比男子所着短（未及膝盖），不系腰带，袖子系在手腕上。她们衣服上有一条胸带自左胸前深入右半圈之下（左衽），并且可能由一个扣子固定。右胸前的半圈胸带由另一种颜色的织物镶边，其装饰包括中部的一系列小圆（或许是珍珠？）以及两边成列的圆花饰（图二，30）。这样一种宽沿的胸带装饰可以追溯到贵霜王朝时期（2～3世纪），同时出现于印度－斯基泰男子[③]与粟特陶器上的女性人物[④]身上。一件薄的长袖外衣敞着胸，里面似乎没有穿内衣。也许有一件较短的水平领衬衫见于胸前的外衣下，但是由于墙画的破坏，我们无法判断它是否确实如此（L. I. 阿尔鲍姆认为，所有这些女子穿的是一种带有自身颜色的长附着下摆的服装，但这种结论尚未得到已知的西突厥古代服饰材料的证实）[⑤]。

很明显，这三名女骑手（6、7号人物保存得更好）所佩戴的金手镯和男子所佩戴的一样，并且她们的项链上有大的水滴状吊坠（赤鄂衍那大使手中捧着一件相似的项链作为礼物：西墙上的4号人物；同时可以参见北墙船中主要的女子，即11号人物所戴的项链）。

那个时期赤鄂衍那服饰中最明显的特征或许在于以下几点：男女通用的一种很深的左衽胸带（西墙上的2～4号人物，南墙上的6～8号人物），男女皆有的上唇和鼻子之间的一个圆形红色的面部标记，一些男子所穿的印有织样图案的低筒帽子。总体而言，7世纪时的赤鄂衍那服饰，保持了阿契美尼德时期巴特克里亚地区服装所延续的最古老的特征。这些特征是：末端向里的窄头巾，上部合领的上装，非常宽大的裤子[⑥]（女骑手）。G.M. 梅特迪诺娃在其论文中就这种传承得出了相似的观点，尽管她的研究起始于贵霜王朝时期[⑦]。

这里我们应该强调一下，西墙上所见三位手持礼物的大使，其服装具有一些非常重要的特点（2～4号人物）。上文中提到过一种梯形的翻领，众所周知这种形式非常罕见，并且只出现在为龟

---

① 参见 Ghirshman，1962年，图256、259；Ziapur，1965年，第410、411页。

② 例如，参见 Shirokova，1976年，第104、105页。

③ Rosenfield，1967年，图版3；Yatsenko，2001年a，图版14，23。

④ Meshkeris，1989年，图26。

⑤ 参照 Al'baum，1975年，第43页。

⑥ 参照 Gorelik，1985年，图版Ⅲ，2。

⑦ Maitdinova，1991年，

兹贵族服务的男子服饰中（东突厥）[①]。笔者已经提到了带有镶嵌物的龟兹腰带所代表的身份以及南墙上15号人物的腰带。上面所提到的三位大使的靴子也是如此。很明显，他们穿的是黑色低筒靴，其前面有深而宽的切口。中间一位大使所穿的靴子沿部被切开，并且有一菱形刺绣装饰（图二，14）。从类似的靴子中，与尖而长的趾端形成对比，短而椭圆的趾端类型同样可见于同时期的龟兹图像中[②]。这种特别的相似性，为我们提供了丝绸之路上两个长期贸易伙伴之间彼此联系的物证[③]。

在赤鄂衍那服装的全部特点中，由大使作为礼物进奉给拂呼缦王的蹀躞带应当特别提及（西墙上的2号人物手持）（图二，22）。这种腰带完全不是黄金制成（只是装饰有镀金的泡钉），但是它的下缘有两排珍贵的垂饰。这些垂饰由特殊的黄金“十字架”和大的水滴状吊坠组成，它们固定于腰带下方，并且带有叶状镶边。这些垂饰或是白色（高山水晶或是珍珠？），或是蓝色（青金石或绿松石？）。也许，这种蹀躞带的装饰与诗歌《石国歌手》中所描绘的女子服饰部分相似：“纤细的腰身上，华丽的腰带下，垂着雕琢精美的吊坠。”[④]

织纹丝绸被描绘于阿弗拉西阿卜所见所有西突厥族群代表的服饰之上。但是其中有些纹样元素只出现于赤鄂衍那的服装中（而且不止一次）。首先是这样一幅画面，一只白鹅口中衔着一条项链，背景是红白相间的联珠纹圈（西墙上的3号人物衣服上作为主要底纹，南墙上的13号人物中作为马匹衣饰的主要底纹）[⑤]。很可能用鹅作为织样在赤鄂衍那并不是偶然（如上文指出的，鹅是与其他回礼一道由新娘的亲戚回献给拂呼缦王的。根据V. A. 希什吉娜的观点，它们是圣鸟）。其次是联珠圈中的翼狮（白色的背景）（出现于南墙上的大象衣饰中与西墙上3号人物手捧的卷状礼物上）。

有趣的是，在赤鄂衍那的服装中不曾使用绿色，但这在吐火罗考古所见的衣服中数次出现[⑥]。也许，它与主要的廉价织物在发掘中出现的事实有关。

莫托夫认为，这些描绘的都不是真实的人，而是身着明亮衣服的半神形象。他进一步认为，它们呈现出的古老外形，可以追溯至很久以前的阿契美尼德王朝时期。他认为，所有丝绸的装饰母题都与特定的仪式有关。研究者认为，赤鄂衍那这种具有宗教-神秘特征的场景被着重表现为，以一种“女性化”骑乘方式，坐在男骑手的马鞍上（事实上这是许多古代游牧民族的共有传统），而且事实上，驼群和马是在没有催促的情况下行进的[⑦]。

3. 粟特人

近来笔者在论文和专文中对粟特服饰进行了详细的分析[⑧]。在西墙和南墙上参加大使宴会的8个非常残破的欧洲面孔的形象，恰恰就是粟特人。但是即使是残破的碎片，这些人物形象也使得我们

---

① Grünwedel，1912年，图版15，第334页。

② Grünwedel，1920年，图版XLVIII。

③ 例如，参见Yatsenko，2000年a，第332、333、360、361页。

④ Schafer，1981年，第85页。

⑤ 参照萨珊王朝晚期的服饰：Schulze，1920年，图37；Fukai等，1984年，图版39、图版42。

⑥ 参照Maitdinova，1991年，第18、19页。

⑦ Motov，1997年，第47页；1999年，第59、67、68页。

⑧ Yatsenko，2002年，第351～358、408～435、534、567、587、594页；Yatsenko，2004年。

有可能得出一系列关于撒马尔罕粟特人服饰特殊性的有趣结论。

以下南墙上的人物可以被视为粟特人：① 四名站在一处不平常的露天建筑平台上的男子（可能是一座婚礼的华盖——上文所述的“girdek”）和赤鄂衍那人一起迎接婚礼的仪仗队列（1～4号人物）；② 两名在脸的下半部裹着口罩的男子（按照波斯琐罗亚斯德教想象传统进行描绘）带领着新郎作为礼物的动物群，一匹马（11号人物）和四只鹅（12号人物）（图三，8）（在佛教占据主导的赤鄂衍那，出现这种口罩是很难想象的；不过，如果是粟特人护送这些动物以作为礼物奉献给神圣的国王，便不会有这种矛盾）。

合襟长款肩装的衣着与白、红色的流行，联结起所有的人物（参照：红色和黄色在突厥人中最为流行）（图三，9、10）。腰带或是由黄金或镀金带銙组成的皮革质地（南墙上的12号人物），或是黄金质地（南墙上的11号人物）（图三，8）。根据7世纪的书写材料判断，在8世纪的粟特上层

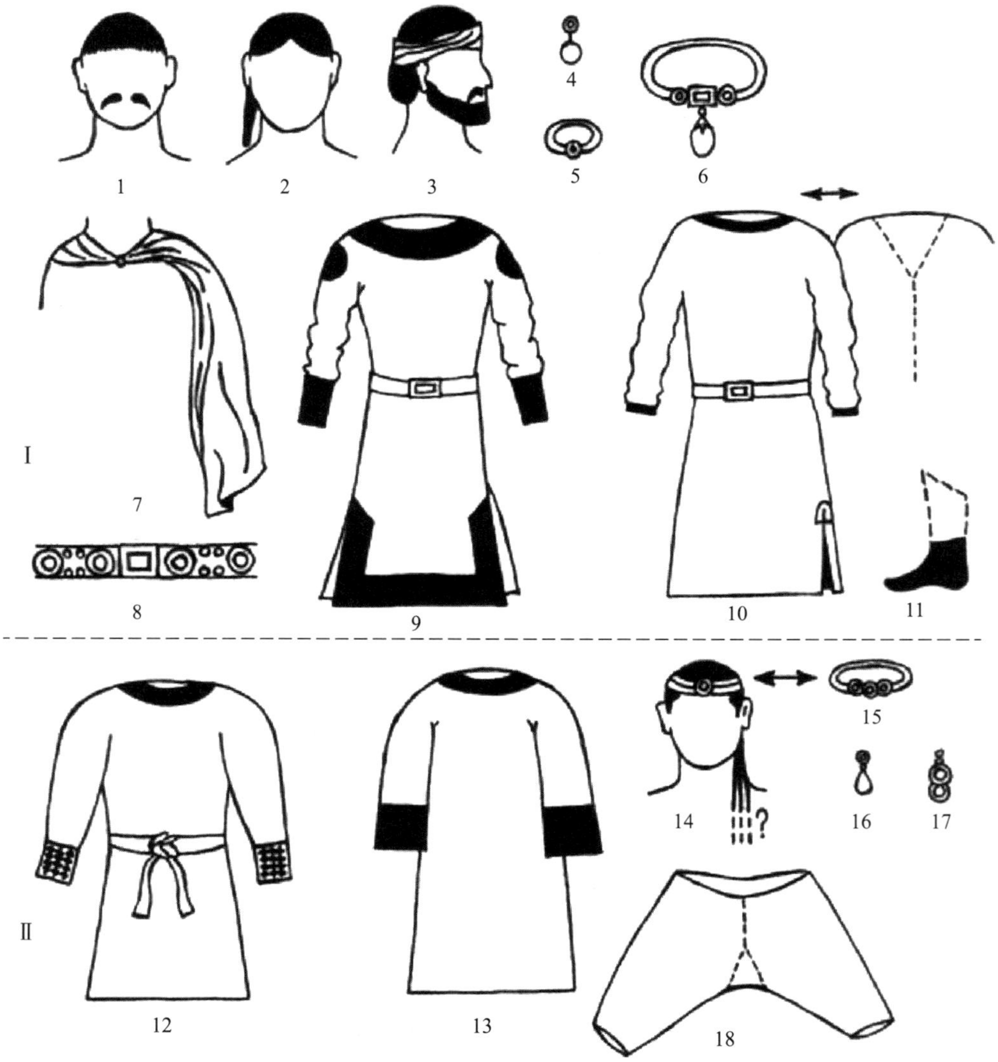

图三 粟特女子服饰（Ⅰ）与石国大使服饰（Ⅱ）

1. 西墙上人物20 2、4. 南墙上人物12 3、7～9. 南墙上人物11 5. 西墙上人物20，南墙上人物11 6. 南墙上人物12 10. 西墙上人物7、20 11. 西墙上人物7 12、15. 西墙上人物21 13. 西墙上人物22 14. 西墙上人物22、23 16. 西墙上人物23 17. 西墙上人物21、22 18. 西墙上人物21～23

beg. 中，黄金腰带由世袭贵族迪坎人（dihkans）佩戴[①]。在布哈拉他们同样具有迪坎人的性质——统治者的私人护卫[②]。伊朗人更为古老而完整的黄金蹀躞带（参见阿契美尼德王国王的蹀躞带：Curt. Hist. Alex. III.3.17）同样在西突厥的南部被发现[③]。

不像在片治肯特，在阿弗拉西阿卜，这样一种由彩饰丝绸布料组成的条状肩带装饰元素没有发现。不幸的是，粟特的头巾没有被描绘出来（对于拂呼缦王可能存在例外，但是他的形象的上部分没有保存下来）。与外国大使成员相比，撒马尔罕国王的所有臣民（粟特人和突厥人）在文献中都没有戴有头巾的记载，这与古代伊朗和突厥的传统相矛盾，很可能与宫廷宗教有关。在那个时候，粟特男子（和赤鄂衍那男子一样），显然没有展示他们的腰身衣服（宽大的裤子）的习惯：他们身上穿着肩衣和靴子。

（像赤鄂衍那一样）粟特男子中只有贵族佩戴着黄金项圈（如南墙上的 11、12 号人物）。只有讲波斯语族群的成年男子才会留胡子。

这些族群男子所着的肩衣由多彩纹样的丝绸进行装饰。不过与突厥相比，这些图案不仅沿着领口和袖口，还沿着下摆的边缘和切口分布。通过这种特点，我们可以辨识出一些特别类型人物的特征（见下文第 6 部分）。

粟特和赤鄂衍那贵族及官员佩戴有鞘面镀金的剑和匕首（对于阿弗拉西阿卜的突厥人而言，这种情况并不确切而知）。

南墙上描绘有四位粟特贵族，一起站在特殊的平台上的华盖中，从赤鄂衍那到来的方向迎接婚礼的仪仗队列（1～4 号人物）。似乎其中紧紧站在一起的人物中，最中间的那位很可能是乌纳什（Unash）家族的拂呼缦王（或是可汗的代表——“ihshid”）（部分覆盖着旁边 4 号人物的 3 号人物）。他的服装基本通体白色，与之相比，他近旁之人的服装则是红白装饰（粟特后裔——塔吉克人新郎的服饰是白色）。但是在这种情形下，三位拂呼缦王的高等级随从是谁？让我们来考虑一下中国正史中记载的与之相近时代的撒马尔罕的权力结构，即“三位贵族管理国家事务”[④]。

通过在中国发现的材料，我们可以知道 6 世纪末至 7 世纪前叶撒马尔罕统治者的头饰情况。在突厥统治时期，它是一个金色的王冠，带着 7 颗宝石和一种带有辫子的突厥发式（如后者就强加给另一个突厥臣属国——590 年前后高昌统治者麹伯雅）[⑤]。拂呼缦也许也被描绘在西墙的中央，在 36 号人物之上，但是这一部分没有被保存下来（不过从随从的题铭来看，他在场景中存在是显然的）。

牵马的粟特贵族形象具有特别的旨趣（南墙上的 11 号人物），这匹马是来自赤鄂衍那上层的礼物。他是所有保存下来的粟特形象中，唯一佩戴固体黄金腰带的人物。其腰带具有两种带銙形式，与第 2 组中的突厥人物（西墙上的 18 号人物）所佩戴的十分相似（参照西墙上的 4 号人物，南墙上的 9、10、14 号人物）。但是粟特式带銙是另一种形式——一种巨大的长方形，与赤鄂衍那成排

---

① Belenitsky，Raspopova，1980 年，第 213 页。

② Narshakhi，1897 年，第 15 页。

③ 在公元 1 世纪前半叶发现于巴克特里亚黄金之丘的大月氏王子的腰带：Sarianidi，1985 年，图版 88～图版 97。

④ Bitchurin，1950 年，第 271 页。

⑤ Bitchurin，1950 年，第 271 页。

的带铐相似。

这个人物的短斗篷和前额的绷带都是红色的（两件短斗篷类型相同，但是其他颜色被描绘于赤鄂衍那两个最为重要的大使身上：西墙上的4号人物和南墙上的9号人物）。他们的服饰中其他重要的特征是肩部有大的黄色（黄金织锦？）圆形联珠圈（L. I. 阿尔鲍姆认为左肩上的联珠圈是在后面束缚马的辔头的一部分[①]。后者是一种误解，联珠圈在形式和颜色上皆不同于羽毛装饰，所有真正的马辔头的羽饰都是白色的）。这种出现在3世纪波斯上层beg. 肩衣上的圆形联珠圈应是受到了东罗马行省的影响[②]，特别参见弗利尔美术馆藏3世纪银盘上的波斯国王肖像[③]，以及波斯波利斯后宫中的涂鸦[④]。后来这种服饰中的联珠圈样式作为一种风尚沿着丝绸之路向东传播[⑤]，对龟兹王子的宫廷服饰以及唐朝皇帝的长袖外衣都产生了影响。

关于伴鹅少年（西墙上的12号人物）的等级，笔者认为很可能是第2组中最重要的突厥人：他同样持有“Y”形的权杖“kurpacha”，并且佩戴着带有水滴形吊坠的黄金项圈[⑥]。遗憾的是，他所佩戴的皮质腰带的细节几乎没有保存下来。

西墙上的粟特翻译者可以通过其纯白的衣服辨识出来，衣服沿着衣领和袖口以彩饰丝绸边饰边。背对观众的20号人物，其所着上衣有一个有趣的细节，其背部切口的边界处可以见到一条轮廓线。这处位于背部的“三角形”轮廓线联结着衣领（图三，10）（许多研究者误认为它是头巾）。首先，这种波斯人的服饰元素被描绘在出土于公元前4世纪斯洛卡墓地（Solokha barrow）的希腊-斯基泰的黄金梳子上（在这幅壁画图像中，它是完全平面化的）。男子服饰中的“三角形”为许多古代伊朗族群所习。而对于西突厥而言，它首次被记载于1世纪位于巴克特里亚黄金之丘（Tillya-tepe）的大月氏人（Yuech-chihs）墓葬中[⑦]。

翻译者的肩衣不同于南墙上粟特贵族的服饰，他们的衣服沿着领口有较窄的彩饰丝绸镶边，但是沿着衣褶和侧面的裁口却没有这样的镶边。

这种合领外衣以侧面为裁口的细节（这种细节对于这种长衣来说是很自然的），在7号人物中可以被清楚地看到。

也许两位翻译者都佩戴着蹀躞带，然而由于图像残破，这部分未能保存下来。对于20号人物来说，我们可以确信如此，因为我们可以看到从腰带上垂下来的方巾边缘，只是它的形象还没有被保存下来。

粟特较低等级的官员的发型，引起了我们巨大的兴趣。西墙上的20号翻译者留着齐额短发，头的后部被剃去（图三，1）。这种发型一次次地出现于粟特系统与宗教崇拜有关的陶器上[⑧]，同时还

① Al’baum，1975年，图11。

② Harper，1971年，第513页。

③ Gunter, Jett，1992年，第41页；Collon，1995年图版174、188。

④ 例如，参见Fukai等，1984年，图29。

⑤ Grünwedel，1912年，图510。

⑥ 与后者类似的可见于6～7世纪粟特人的描绘：Meshkeris，1989年，图112；同书，第146页；Belenitsky，1973年，第25页。

⑦ Yatsenko，2001年a，第83页，图5，5。

⑧ Meshkeris，1989年，第292页；图186，1。

被记录于中国6～7世纪的正史中[①]。伴鹅少年（南墙上的12号人物）的头发在前额分梳左右，并在脑后聚拢成为一条很短的发辫（图三，2）。

关于所见的服装，《北史》中关于撒马尔罕人的记载提供了可靠的信息[②]：“衣绫、罗、锦、绣、白叠。”直到13世纪，长春真人还记载了男女皆用的白色毛质肩衣仍然占据主导[③]。在阿弗拉西阿卜大使厅所呈现的大量彩饰丝绸织物图像中，衣服上（反复出现的）作为基本底纹的忍冬纹为粟特服装所独有（南墙上的2、12号人物）。

4. 石国居民

石国大使（西墙上大的粟特题铭提及）以三人一组的形式描绘。遗憾的是，他们的人物形象里中心的部分保存状况较差。

男子的头上戴着皮质（?）缎带制成的头冠，在头冠的中央有一个圆花形板饰，首领（石国的dapirpat）的头冠中央则有3个这样的圆花形板饰。具有3个圆花形板饰的带冠自古便是西突厥南部地区伊朗贵族服饰的一部分。它发现于1～2世纪达尔维津•特佩（Dalverzin-tepe）出土的贵霜王朝女神形象上[④]，在中世纪前期的粟特陶器所绘的带翼神像上亦有发现[⑤]。晚近一些，相似的女性头冠见于吐火罗地区的利亚喀什墓地（Lyakhsh burial）（今塔吉克斯坦的库穆德地区）[⑥]。在木鹿（Merv）的一座佛塔中曾发现过一个6世纪的纳骨器，其表面所绘的萨珊波斯贵族的头上亦发现了这样的头冠[⑦]（西突厥地区此类头冠的传播应当以近东地区为动力，这种类型的例子最早见于美索不达米亚的苏美尔人族群中）。

脚趾上翘、鞋底缝得很高的鞋具，其顶部有许多窄的横条，里面有彩饰装饰的痕迹（图三，19）。L. I. 阿尔鲍姆认为它们是用布块做成的脚绑，但这几乎是不可能的。显然，它实际上是一种使脚趾上翘以便于在山地行走的鞋，或是由绗缝毛毡缝制的（或是由两三种不同类型的材料拼合而成的）。此类鞋具的变体可见于世界上许多山地居民，在东高加索[⑧]（Eastern Caucasus）地区和呼罗珊（Khorasan）讲波斯语的人群[⑨]中得到了详细的记录。

21、22号人物保存状况比其他的都要好，我们可以推断dapirpat（21号人物）穿着窄水平领且下摆略高于膝盖的合襟大衣（有些裤子描绘出是低膝的）。后者相对较宽，且塞入高筒靴中。

大使首领所穿肩衣的袖子在手腕处变窄，并且有宽大的袖口和白色图案（图三，12）。22号人物的袖子在手腕处边寨，并且衣领的边缘还装饰着白点（图三，13）。两位人物袖口和衣领基本的

① Bitchurin，1950年，第271、281页。

② 同前揭文，第271页。

③ Bartol'd，1963年，第240、241页。

④ Pugatchenkova，1978年，图28。

⑤ Meshkeris，1989年，第230页；图125，1。

⑥ Maitdinova，1992年，第88、89页；图版34，1。

⑦ Lukonin，1977年，第215页。

⑧ Gadzhieva，1981年，63～67页；图版8，10~12。

⑨ Beyhaqi，1992年，第833页，图69。

颜色是黑色。尽管21号人物肩和手腕处的衣服是粉色的，但对于22号人物来说，只有肩衣的颜色是已知的，即黄色。

目前还不清楚大使们的腰带是什么样的，但是它们可能和中国诗歌里所描绘的石国青年所戴的腰带看起来一样①，它们是那种两端下垂的束带。他们在西突厥地区的男子服饰中颇为典型，可以追溯至阿契美尼德王朝时期②。

在对石国大使服饰进行梳理后总结时，我们还可指出，三位大使的服饰显然与突厥流行式样相一致的一点在于他们都梳着一条长的发辫（但是遗憾的是，发辫的下半部不可见）（图三，14）。

5. 服饰的"突厥化"与粟特、赤鄂衍那系统蹀躞带

后两者的人民被纳入联合突厥的体系之中一直到7世纪中叶，随后作为西突厥汗国的一部分而延续。突厥风尚的影响（更确切地说，是突厥汗国南方弩失毕部的影响）催生了领土内男子服饰的趋同现象：特定类型的高皮靴的传播，贵族梳着不同形式的发辫（参见南墙上的12号人物，西墙上的21～23号人物）以及由特定的带銙、带扣和悬挂配件组成的蹀躞带。西突厥统叶护可汗（Ton-yabgy-qaghan）（618～630年）进行的一项重要的行政改革，或许为西突厥汗国内讲波斯语的臣属国引入新的服饰元素提供了契机③。其结果是被征服地区的当地贵族得到了突厥的头衔，并被纳入管理系统之中；尽管另有高级的政府专员（即吐屯）被任命来监察贡赋。

由于1号大厅中腰带的描绘在大多数情况都遭到严重破坏或是不清楚，装饰系统通常只能进行推测性的复原。实际上，阿弗拉西阿卜图像中所有的带銙都是黄金或者镀金的（那一时期的考古和石刻材料中对两种形式都有记录④）。尽管我们只是对阿弗拉西阿卜大使厅的壁画一掠而过，但是我们还是能够对我们感兴趣的西突厥汗国内一系列蹀躞带在装饰层面的本土化特点有所了解。突厥化的粟特与赤鄂衍那系统腰带首先以大量本地特色元素的保留为特点。

首先，佩戴这种固体黄金腰带的是贵族——迪坎人（突厥人不使用这种腰带），突厥人有其他的铊尾及泡钉类型。其次，巨大的长方形带銙不是阿弗拉西阿卜突厥腰带的典型式样。即使是在直接且完全采用突厥式腰带的情况下，我们也不能排除这种可能性，即相比直接认为其是突厥系统而言，腰带的文化内涵可能也有着不同的阐释。阿弗拉西阿卜壁画中的赤鄂衍那服饰系统为这个结论提供了依据。最后，尽管赤鄂衍那人佩戴的腰带与突厥人的1号官员以及第2组中最重要的人物（西墙上的18号人物）所戴腰带装饰相近，但是相比突厥人而言，他们没有佩戴项圈。佩戴着突厥第2组腰带的最重要的人（西墙上的4号人物，南墙上的10号人物）面向着赤鄂衍那大使队伍；反之，佩戴着具有与突厥第1组中最重要的人所佩腰带一致的14号人物处于婚礼队列最后的位置。

一些仅在粟特地区所见的突厥式腰带带銙类型的存在同样很重要⑤。

---

① Schefer，1981年，第84、387页，注释141。

② 例如，参见Gorelik，1985年，图版Ⅱ，3、4，图版Ⅲ，3。

③ 例如，参见Klyashtorny，Savinov，1994年，第22页。

④ 参见Dobzhansky，1990年，第78页；Belenitsky，Raspopova，1980年，第214页。

⑤ Raspopova，1980年，第95～97页，图36，7、23、24、32、33，图64，6～9。

突厥式蹀躞带的文化内涵以及突厥类型的特点目前还未有合理详细的论述[①]。对其文化内涵的研究，大多依据对阿瓦尔人（Avars）腰带的分析所得出的结论[②]。同时，这种直接类比需要非常小心，因为蒙古地区阿瓦尔人的祖先是突厥人的宿敌和统治者，属于另一个文化层，并且显然属于一个目前语言已经消失的特殊群体。

重要的是，在早期突厥题铭中，（黄金）材料和蹀躞带上带铐的数量专门用以强调为可汗提供优质个人服务的贵族男子身份[③]。627年，由西突厥统叶护可汗（Ton-yabgu）进奉给唐朝皇帝的盛装蹀躞带是一种突厥传统的皮质腰带（唐代正史弥补了其未提及的黄金质地），但是此处应当补充，这条腰带以宝钿做底，且镶有“万钉”（《旧唐书》卷一百九十四下《突厥传下》）。

这种在腰带上悬挂着的附加的末端呈圆形的尖扣带可能是萨珊波斯的一种习俗，也可能是由突厥人带来的。然而，最近在东欧南部的发现与这种认识相左。最新发现的一系列带有这种尖扣带的珐琅彩金银器来自1世纪的萨尔马提亚（科西卡、佩沃玛斯科伊、茨威特纳、波罗基）[④]。

6. 不同族群服饰中的彩饰纹样丝绸织物

上文已经提到了这些织物元素可能与萨珊波斯有关，特别是赤鄂衍那与粟特人所用服饰具有其特点。那么，是否可以从阿弗拉西阿卜的壁画人物中找到它们的分布规律？

首先，应当指出的是，（南墙和西墙上的）每幅画面中每种族群的代表（粟特和赤鄂衍那）所呈现的基本的装饰模式都没有重复。

其次，我们认为使用这些织物（即其中最昂贵的布料）作为肩衣的基础，不仅取决于人物的身份地位，而且取决于他们要（以不同的角色）参与到这样或那样的仪式中。因此，对粟特人来说，这种南墙上所见的彩饰衣服不仅出现在平台上迎接婚礼仪仗队列的四位贵族身上（1～4号人物），还出现在引导赤鄂衍那圣鸟（鹅）的年轻人身上（12号人物）。对赤鄂衍那人来说，三位参加撒马尔罕王宫接待宴会的人都被描绘出来（西墙上的2～4号人物），对于引导华盖马匹的婚礼仪仗成员来说同样如此（南墙上的13～15号人物）。

最后，具有特定纹样母题的彩饰丝绸织物的符号学意义在某些情况下可以延伸。例如，我们不难注意到，带有翼马图像作为衣服底纹的织物只穿于一类人身上，即推测的撒马尔罕国王（南墙上的3号人物）；同时，对于西墙上的突厥的主要人物36号人物（推测的可汗的吐屯），彩饰丝绸仅仅用于他们单色蓝袖外衣的边缘。这种主题的衣服仅仅出现于站立的突厥官员中的中心人物（5、6号人物），他们面向来自唐朝和赤鄂衍那的主要大使。在7～9世纪的粟特织物中，翼马并不是一种大量出现的主题元素，但对于萨珊波斯而言却作为常备元素而特意使用[⑤]。

至于赤鄂衍那人，翼马装饰出现于骑骆驼的年长大使的衣领上（南墙上的9号人物），同时我们还可以在婚礼队列前导的马服（13号人物）上以及最年长的“贵族女士”身上看到。最后，这

① Dobzhansky，1990年，第9页。

② Laszlo，1955年，第16、55、56页；Csallany，1962年，第454～460页。

③ Dobzhansky，1990年，第78页。

④ Simonenko，Lobay，1991年，图11、图27；Dvornitchenko，Fedorov-Davydov，1993年，图11、图20。

⑤ 参照Ierusalimskaya，1992年，第14页。

种母题元素还作为装饰出现在一位神秘人物的外衣袖子上，他是3号大厅所描绘出的身着此类衣服的唯一一人，也是所有突厥人中穿着彩饰丝绸衣服的唯一一人[①]。

或许，森穆夫在织物母题中扮演着特殊的角色。它作为装饰元素只出现于一个人的外衣袖子上，即赤鄂衍那大使的首领，亦是国务首领（西墙上的4号人物）。这种母题使用于萨珊波斯国王的服装之上。在8～9世纪北高加索（Northern Caucasus）的玛莎维亚平谷（Moshchevaya Balka），这种母题出现在当地阿兰人首领的外衣袖子上[②]。

7. 高丽人

两位高丽使者站在石国大使的身后，位于西墙的外围（24、25号人物）。粟特官员并没有特别留意他们，他们也没有带任何的礼物。这两位大使的形象在很多方面都很神秘。他们穿着黄色的开襟外衣（chogori），宽衣宽袖（具有贵族特征），宽大的裤子（padi），脚踝部绑着绳子。

关于头饰，他们戴有在头顶两侧插两根巨大鸟羽的假髻，中国正史中关于高丽和百济的部分对此有过记载[③]。同时，这样的形象还可见于高句丽墓葬壁画中[④]。他们根据等级的不同而衣着有所差异[⑤]。

8. 唐朝人

五位唐朝大使在1号大厅中被清楚地描绘了三次，这造成了与文献记载的一系列混淆。在西墙上他们带着礼物行进（8～11、14号人物）；在北墙上他们骑在马背上追猎雪豹（1～5号人物），同时，他们跨越河流（考虑到大使的行进路线，应当是阿姆河）（6～10号人物）。应当指出的是，如果在撒马尔罕官方宴会场景中唐朝官员的服饰是按照细节如实描绘，那么与此相反，北墙上的形象则是按照图式描绘（缺少了关于头饰和腰带的细节刻画）。

唐朝官员的服饰在所有的场景中都是同一种类型，更准确地说，是一种标准化的。大使首领与其他人的服饰有所差异，且大小不同（其人物形象是正常人物形象的二倍大小）。在猎捕雪豹的场景中，他不是杀死一只，而是两只野生动物（北墙上的1号人物）。在大使头部，我们看到一种特别的发髻形式，即平顶的“幞头”。这种类型的幞头频繁出现于7世纪30～60年代的图像材料中[⑥]（图四，9）。G. M. 梅特迪诺娃认为幞头起源自游牧民族（塞种人和斯基泰人）的带遮檐的毡状头饰[⑦]。同时，这种头饰是一种方头巾复杂演化的结果[⑧]。在7世纪，它对于中国的唐朝来说具有特别的意义，其周边的“蛮族”不得使用。

---

① Al'baum，1975年，图版V。

② Ierusalimskaya，1992年，第14页。

③ Jarylgasinova，1972年，第136、137页。

④ Jarylgasinova，1972年，第10、58页；Freski，1979年，第60、61、158页。

⑤ Bitchurin，1950年，第58页。

⑥ Fu Sinyang，1978年，42页，图二、图三。

⑦ Maitdinova，1987年，第130页。

⑧ 例如，参见Sychev，1975年，第56～60页。

官员们穿着标准化的黄色大衣。只有他们衬里的颜色不同。在宫殿接待大厅的人物衬里同样是黄色（西墙上的9号人物）；在“旅行”场景中，人物的衬里是红色的（北墙上的4号人物和船中的人物）。

一种典型的官员服饰包括黄色的长袖大衣和头顶的幞头，这构成了唐代墓葬所见人物形象的一个程式化的缩影[①]。

西墙上的每一个唐朝人都佩戴着两条腰带——一条是剑具带，一条是蹀躞带（图四，10）。前一种为黑色皮质，带在下方，有一排长方形带銙组成，每一个带銙上在四角有4枚小的带钉，其中间有1枚大的带钉。在L. I. 阿尔鲍姆的著作中，蹀躞带被描绘为黄色[②]；但是I. A. 阿罕塞瓦的记录却相反，它们在壁画中是没有颜色的。如果L. I. 阿尔鲍姆的信息准确，那么西墙上所有中国人物的都可视作最高等级即第一、二品级的官员（根据初唐典籍的记载），这出现于一个出使遥远的且并不太重要的大使身上，是绝对不可能的[③]。在唐高宗（650～683年）统治时期内的675年，即出使的可能时间以降，所有的官员开始佩戴13环的蹀躞带[④]。

北墙上的唐朝官员足踏与突厥官员形制类似的乌漆低筒靴[⑤]。7号人物在最初的摹本[⑥]中，其膝下高靴的上缘，按照同时期突厥的流行式样被削尖（图四，11）。唐代的中国在这一时期的官方接待中采用了此种鞋具。B. I. 马尔沙克推测北墙上骑马猎手中的一人（两人大小的1号人物）应当是中国皇帝的形象。M. 莫德支持这种观点，并认为他就是唐太宗（626～649年）[⑦]。然而，笔者始终不同意他们的观点。我们知道，唐代的中国不允许有这样的表现，即形象化的天国太阳不应该与其他狩猎者有着相同的外表并且身着同样的普通官服。

9. 于阗新娘及其侍女

学者们的关注点大多集中于北墙上载着十位女子的大船图像（11～20号人物）。“龙舟场景”业已得到了完全不同的解释。其中有一些严格的等级划分和服饰细节。

根据L. I. 阿尔鲍姆的推断，新娘（即11号人物）被描绘为两位男子高度的大小，站立在船的中央。我们可以看到只有她佩戴着耳环和项链（其上镶嵌着一种蓝色的宝石，即青金石和蓝宝石）（图四，4，5）。她身边所有随行人员的面孔都朝向她（除了船尾正在把舵的女子）。公主穿着一件红色高腰长裙，腰间系着一条宽的黄色（黄金锦缎）紧身褡。裙子的腕下部分是条纹状的（我们可以看到两条红色垂直条纹，一条浅蓝色条纹，一条黄色条纹，一条深蓝色条纹）（图四，6）。长裙之上是一件蓝色长袖外衣。外衣的袖子很宽，并且比手臂要长，前胸饰有黑底黄花的条带（图四，7）。

---

① 例如，参见1973年出土于吐鲁番阿斯塔那墓地的一个小雕像：Shosoin bunka，1986年，图79。

② Al’baum，1975年，图版IX。

③ Tsihai，1948年，第1380页；Kryukov等，1984年，第156页。

④ Laufer，1912年，第286、287页。

⑤ 参照：Kryukov等，1984年，第157页。

⑥ Al’baum，1975年，图19、图版XXXVI。

⑦ Mode，1993年，第14、84页。

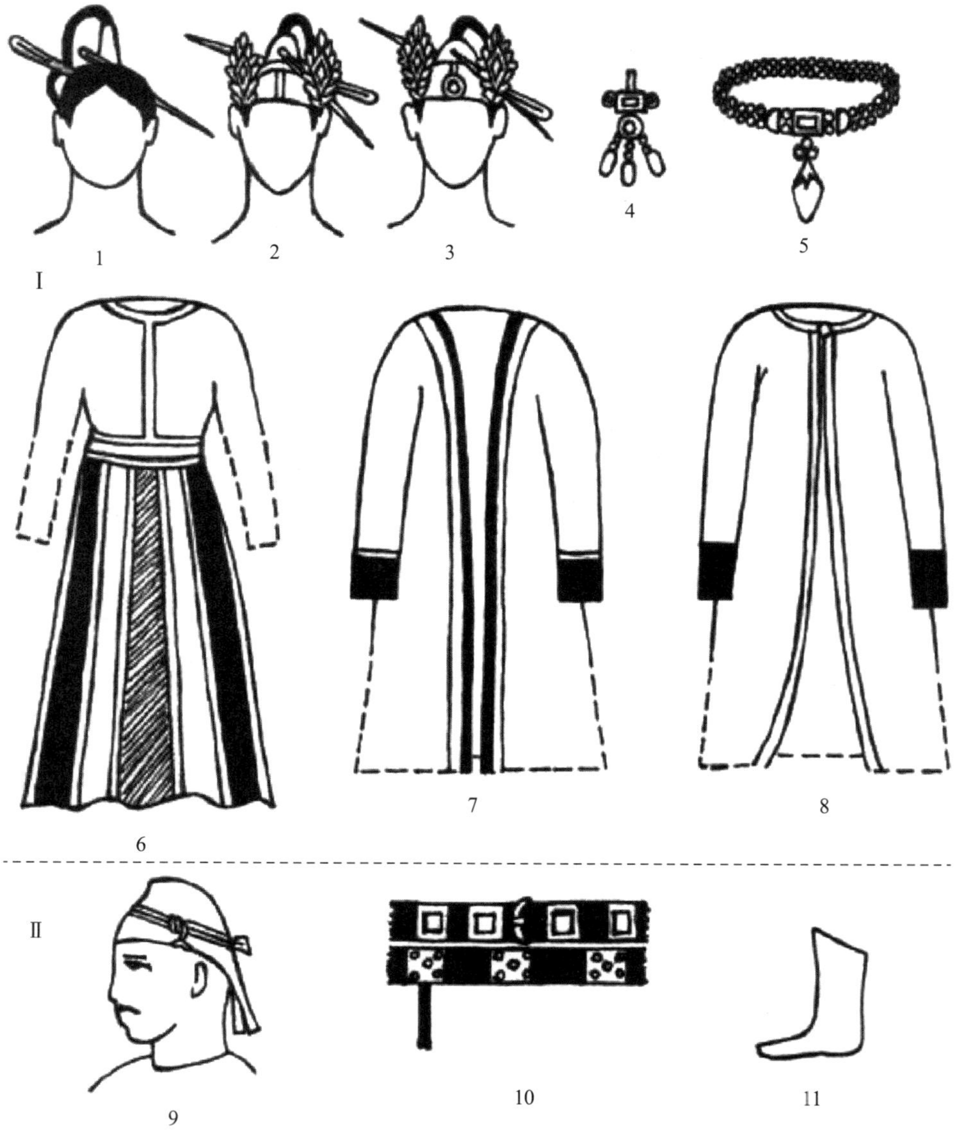

图四 于阗女子服饰（Ⅰ）与唐朝大使服饰中的一些元素（Ⅱ）

1. 北墙上人物14、16 2. 北墙上人物12、13、17～19 3～5. 北墙上人物11 6. 北墙上人物11、17 7. 北墙上人物11、12、17、18 8. 北墙上人物16、20 9. 西墙上人物14 10. 西墙上人物9～11 11. 北墙上人物7a

公主由五位“宫女”紧密环绕，六人具有一种相似类型的头饰。她们的头发都聚拢成一条发辫，并由一枚黄金发弁束在一起，发辫沿头后自由垂下。在寺庙中，这种发饰有两个垂直的扁平钻石形状的金箔，其上镶有绿松石，固定于两枚黄金或镀金的头针上。为了区别于其他人，公主前额处还戴有一枚黄金碟饰（图四，3）。

五位“宫女”和公主不同于船上的其他女子，不仅是在头饰上，也在于她们以红色为主的内衬衣着。在公主右手边（观者视角）有一位有趣的女子与之穿着相似（除了耳环、项链和额前碟饰，这些是公主的专属），且服装颜色相同（12号人物）。公主左手边有一位身着锦缎袖衫和蓝色外衣的女子（17号人物），她拉着身旁之人的手。后者（18号人物）身着一件蓝色长袖外衣，前胸装饰着褐色的毛皮（图四，7）。

上述三位女子和公主都身着开襟的长袖肩衣，胸前都装饰着特殊颜色的织物。12、17、18号人物围着公主，坐在前面的显著位置上。背景中在其之上描绘有其他的“宫廷女子”站立其间，她们头戴黄金“翼形”头饰，身着红色高腰长裙，但是缺少上身的礼服。

船尾处的两名女子无疑属于仆人之列。公主身后有两位女乐伎，她们的形象未能很好地保存。她们都身着红色长裙，其中下部的一人（15号人物）像她的女主人一样穿着式样相同的蓝袖外衣（其边缘装饰着花形纹样）。她的头发由一枚发结束起，并固定在一枚黄金发针上。这种前额带饰的图像在L. I. 阿尔鲍姆的摹本中显然并不确切（图四，3）。

船尾处的两名女舵手与船桨并立（16、20号人物）。她们的服饰有两点特别之处。首先，她们上身的长袖外衣在脖颈处打了一个结，其下她们的外衣边缘向两边敞开（图四，8）。其次，像贵族女子的发型一样，她们的头发结成了发辫，并由一枚黄金发弁向上束起，但是接下来她们的发辫与其他的头发第二次固定在一起。其中有两枚巨大的金发针，就像现代的带长眼的缝合针一样（16号人物）（图四，1），与贵族女子的发针相类似。

我们将从种族与政治的视角来厘清船上女子的从属关系。为了这样做，我们将先指出她们衣着中与众不同的特点。

1）束发成辫并在头顶用发锥或头饰中小洞固定的传统。在不同的伊朗族群的服饰中，文献记录在案的始于阿契美尼德王朝/斯基泰时期：它出现在斯基泰国王希洛斯（Scylos）（公元前6世纪末）的一枚指环上的神像上；它也出现于同时期的一只雅典出土的花瓶上，其上绘有斯基泰卫士的图像[①]；它还可见于萨彦-阿尔泰的墓葬中（如巴泽雷克5号墓中的大约公元前5～前4世纪的女性头饰[②]，以及图瓦墓葬中的女性头饰[③]）。在中世纪早期，只有一个族群尚且保留着这种两性束发的传统，即位于东突厥地区的于阗塞人。从一系列出土于于阗王庭的陶器（借助钱币我们可以准确知道其时代是2～4世纪）上，我们观察到一些男子的形象可能是宫廷仪式的参与者[④]。以后一时段为例，在塔里什拉克（Tarishlak）壁画中所见礼拜队伍中的一名侍候便使用了这种发式[⑤]。与粟特类型最相近的发式仅见于片治肯特的男子头上，研究者常常将其误认为是武士的兜鍪[⑥]。这些与我们所述的类型在装饰（三重垂线）和设计上（头顶的开口形式有所差异）皆有不同。

2）与“龙舟场景”中相同的在2～4世纪的于阗（也包括在欧亚大陆其他地方）所见的“丑角形象”，被描绘为戴有半球形的头饰，两边有两个钻石形的金“翅膀”，结合了上述的传统，将发辫穿过放在头饰顶部的开口。

3）带有大量不同颜色窄垂直条的女子高腰长裙。在中世纪早期，除了我们所说的“龙舟场景”，它们只出现在一个地方，即于阗国境内的巴拉瓦斯特（Balavaste）[⑦]。在于阗语中，它们可能的

---

① Yatsenko，2000年b，第26、28页，图版1，5；2002年，图版22，13和图版23，17。

② Rudenko，1953年，第23页；Yatsenko，1999年，第161页；2002年，图版46，4。

③ Semenov，1993年，第74页。

④ Stein，1907年，第Ⅱ卷，图版XLIV；Dyakonova，Sorokin，1960年，图16、图19；Dyakonova，1978年，第226页上的图。

⑤ Stein，1921年，第Ⅳ卷，图版CXXⅥ。

⑥ Zhivopis'，1954年，图版Ⅶ，XXXⅦ。

⑦ Gropp，1974年，第169页。

称谓是“古纳”（guna）[①]。在其他地方（如于阗的北方邻国龟兹，见于克孜尔和库木吐喇石窟壁画中），这种服饰的条纹数量较少，并且更宽大[②]。

因此，L. I. 阿尔鲍姆所得出的直观结论即从“龙舟场景”中，我们可以看到对“东突厥地区之一”的居民的描述是肯定的[③]。在拂呼缦统治期间中国直接占有于阗（地方王朝得到保留）；西突厥传统的装饰方式被引入于阗的首都。因此我们有理由推断，唐朝的大使可以护送于阗的新娘——来自维兹塔王朝国王（Rrund）的女儿，前往撒马尔罕。

G. M. 梅特迪诺娃的一篇专文对“龙舟场景”中的女子进行了族属的分类，她认为她们是外出郊游的撒马尔罕本地人。她的结论缺乏论据，并引起了严肃的反驳。

G. M. 梅特迪诺娃的主要论据是，在中世纪早期的中亚地区，只有撒马尔罕的贵族女子会身着长袖大衣[④]。但是她所观察的长袖大衣的原型是在贵霜王朝时期同一城市中的陶器上。然而，阿契美尼德 / 斯基泰时期的伊朗贵族身穿的长款开襟肩衣礼服，从阿尔泰到波斯被称作“康提”（kandys），与阿弗拉西阿卜所见“船中女子”的服饰差异仅仅在于较窄的假袖。进一步补充的话，公元前5～前4世纪的欧洲斯基泰女子衣着与“康提”类型服饰很相似，符合其所有的基本特征（更宽大的袖子，沿着前胸边缘的装饰，以及袖口的装饰，等等）。它被记录在“王座女神与站立青年”的织锦装饰中，并在斯基泰地区广泛传播[⑤]。至于于阗，自2世纪以来，贵族女子们开始穿着这种带有不同形状袖子的长袖大衣[⑥]。

进一步探讨，G. M. 梅特迪诺娃认为公主所戴耳环的类型与阿弗拉西阿卜贵霜王朝时期陶器上所描绘的很接近，尽管她承认是部分而不是完全相似[⑦]。她的观点至此穷尽。

船中两位于阗女子身上的植物纹样的织物十分有趣。显然它们是本地四首（丝质肩衣被于阗人称作“thauna”[⑧]）。丝绸制品进入于阗和疏勒不晚于5世纪，之后便向西突厥地区传播[⑨]。根据玄奘的记载，7世纪的于阗以高品质的丝绸制品著称[⑩]。

在 G. V. 希什吉娜的团队完成阿弗拉西阿卜壁画新一版的摹本后，“龙舟场景”中一个细节被注意到：其上有一位中国画匠的私印，用象形文字表现，但复制的技术一般。我们应当认为，这可以很容易地用绘画传统中明显的元素来解释，用以描绘船只中人物姿态的细节。显然，撒马尔罕的艺术家使用了于阗美术的粉本来表现这一不寻常的具有“种族意义”的母题，并加入了一些与场合相适应的细节。这很有可能，因为在7世纪前半期，来自粟特的画家康萨陀和来自于阗的画家尉迟乙

---

① 参见 Bailey，1982年，第15、16页。

② Grünwedel，1912年，图17、图191、图216、图366。

③ Al'baum，1975年，第19、70页。

④ Maitdinova，1984年，第23、24页。

⑤ 例如，参见 Schiltz，1994年，第187页，图版134。

⑥ 例如，参见 Dyakonova，1980年，图版Ⅱ，2右侧。

⑦ Maitdinova，1984年，第25页。

⑧ 参见 Bailey，1982年，第15、16页。

⑨ Lubo-Lesnitchenko，1994年，第70～173页。

⑩ Si-Yu-ki，1906年，第309页。

僧正如他们所说的那样伟大，他们创造并丰富了中国的绘画，并在当时的中国赢得了巨大声誉。

船旁边的一对鸳鸯，在中国绘画传统中被当作婚姻幸福的标志（这种母题被借用于7～9世纪的粟特丝织品上并非偶然[①]）。然而，船附近主要的标志性形象是前面的一条吞食青蛙的蛇。公主近前的人物正用手指着这一场景，显然，这一场面正在被船中的人们讨论着。对于伊朗人中的异教徒而言，这种迹象具有非常重要的意涵。例如，早在19世纪时，唯一见过蛇口中吞食青蛙的人会变成奥赛梯人（Ossets）中的巫师[②]。

M. 莫德倾向于认为船上的人是一位有侍女相伴的中国公主。他将这一场景指定为一个真实的事件——西突厥射匮可汗（qaghan Shekui）一次成功的联姻。646年，他向唐高宗派遣了一名使者，（根据莫德的观点）同年，这次联姻获得了成功[③]。

遗憾的是，这个观点看起来并不令人信服。首先，头饰和发型的特殊形式，女子所穿服装的装饰与7～8世纪的唐朝服饰并不相同。明显蒙古人种外形的女子具有古代于阗人的特征，根据中国正史记载，应当是与其南方邻居吐蕃人联系的结果。

其次，射匮可汗的使者并没有获得成功；不但联姻没有成功，唐高宗在回应中还要求他把东突厥地区一些富裕的城镇归还。

最后，即使这次联姻发生过（与中国正史相违），但在648年“幸福和平”的时间也要远比想象得要少得多。在那一时期，西突厥已经开始直接与唐朝对抗，其军队在龟兹全军覆没[④]，其大部分领土立即转而纳入唐朝版图。

三、大使们到达撒马尔罕的时间及环境

在20世纪90年代初的时候，M. 莫德在其专题论文中做了一个非常有趣且重要的尝试，用以证明大使厅西墙、北墙、南墙上的壁画组合，在细节上与早在648年真实发生过的政治事件相联系[⑤]。

M. 莫德的观点基于以下几个基本的假设：① 西墙上的4号人物代表的是萨珊波斯最后一任国王伊嗣俟三世（Yazdgard Ⅲ）（被杀于651年）；② 北墙上的11号人物是一位唐朝公主，她在西突厥射匮可汗于646年请求和亲后被带来；③ 北墙上的1号骑马狩猎者是唐太宗（626～649年）；④ 唐朝的大使与其敌对国高丽在停战情况下，几乎同时来到撒马尔罕（其中一次停战发生在645年）[⑥]。这些假设中除了最后一条，其余上文中都有过分析。

是否有可能确定大使到来的确切时间？笔者的观点与M. 莫德一样，答案是肯定的。唐朝大使

① 参见 Ierusalimskaya，1992年，第13页。

② Totrov，1978年，第54页。

③ Mode，1993年，第49、79～81页。

④ Bitchurin，1950年，第298页。

⑤ Mode，1993年。

⑥ Mode，1993年，第47页。

的描绘是其关键点，那时期中国正史中对所有这些时间进行了较为严谨的记载。笔者的第一个观点的推论业已简短给出[①]。它与M.莫德的观点实际上是同时得出的，但是不以笔者的意志为转移，出于某些原因，这些观点没有在合适的时候以笔者的母语（俄语）出版。

来自粟特的不同代表团自7世纪20年代开始几乎每年来到唐朝。然而，唐朝只有两支代表团在7世纪前往粟特（更准确地说，是通过派遣使者去那里）。一支是604～618年前往布哈拉以及其他地区的使团，另一支是662年由王名远率领的前往吐火罗及其周边国家的使团。在唐代中国的外交场合中，这两件事都是罕见的。关于他们向皇帝提请的结果，文献中有详细的记载。

只有第二批使团的出使时间在拂呼缦统治撒马尔罕的时期，且当时的中国已进入唐朝。我们有一个长的事件线索与之联系。事件参与者有唐朝的高宗皇帝，拂呼缦自己，萨珊波斯最后一任国王的儿子卑路斯（Peroz）以及两位已经成为唐朝“傀儡”的西突厥可汗[②]。

早先，在650～656年，拂呼缦的使者曾经觐见高宗[③]。无疑，这件事只可能发生在656年，即沙钵略可汗掌权（650～658年）（频繁对唐朝发动战争并试图重建西突厥汗国）并且粟特和吐火罗走向衰微之时。像以往一样，皇室正式下达这项任务，希望将下一个“西方蛮族”纳入唐廷的统治之下。于是，拂呼缦被授予都督头衔，从而成为新政权的“康居都督”。在新的既定政治形势下，出使成功意味着国际社会对粟特新地位的承认，在长期受到突厥统治统治之后重新组织起来。

在658年，唐廷为了阻止西突厥汗国复辟，从阿史那王室家族成员（早先逃到中原）中挑选了两人，建立了两个“傀儡”政权来管理西突厥部众，经略西突厥故地。两个半独立汗国的存在，是为了说服西方突厥人民，使其对直接的领土利益不感兴趣[④]。直到661年，很明显地看出该地区的游牧人群并不情愿服从“傀儡”政权的统治（此外，对西突厥而言，唐廷的真正计划在650年的夏天方才施行，前西突厥可汗被唐朝大将俘获）。就在中国大使于662年刚刚抵达撒马尔罕的时候（详见下文），臣属的突厥汗国内部系统发生了巨大变化：其中一位可汗谴责了另一位（统治都陆部族的），指责其背叛了唐廷。随后后者在唐朝的军营被处决[⑤]。阿史那步真正式掌控了此前唐朝控制下的前西突厥故地。但是由于许多地方相隔较远，这种控制缺乏有效性。“傀儡”统治者治下的游牧从属开始分化，突厥领土走向分裂。在这种形势下，粟特作为潜在的合作伙伴，其地位势必上升，尽管其名义上尚处于步真可汗的统治之下。拂呼缦钱币上的波斯语词汇“mlk”非常重要，在临近的萨珊波斯，这是一个传统的大统治者的头衔——即中央权力在国家广大地区的实际代理。

在661年4月到662年1月，前萨珊波斯国王伊嗣俟三世的儿子卑路斯上书高宗，请求军事援助以抗击阿拉伯。我们有理由相信，书信由使团经过西突厥领地送达长安（卑路斯第一次上书请求出兵是在642年，即太宗时期，但是这一请求并未得到实际支持）。

当时的唐朝还没有机会影响到西突厥及波斯在主要事务上的进程。溺于对高丽的大规模战争，

① Yatsenko，1995年，第13～15页。

② 以下描述中的更多细节可参见：Malyavkin，1989年，第68、75、77页，以及中国的正史材料。

③ Malyavkin，1989年，第77页。

④ Malyavkin，1984年，第140页。

⑤ Gumilev，1993年，第244页。

皇帝对国内人民持续压迫，膨胀的皇权与炫耀的欲望占据了上风。业已向中原唐朝派出使者的波斯和西突厥做出决定，与那些不愿离开唐朝的 16 个国家一起设置了八个都督府。这个事件显然发生在 661 年的五至六月，到六月时王名远（被派往吐火罗地区的）向高宗上书请功立碑，以彰显自己安抚新领地的功绩。不久之后，王名远作为使团首领前往西突厥和波斯，并在回程途中完成了《西域图记》的奏表（*The Travel Writings about the Western Lands*）并呈献皇帝。我们不知道使团的确切路线。前往吐火罗的传统道路一般要经过于阗、疏勒、费尔干纳山谷、北边的吉萨尔山脉。沿着这条最短的路线至西端，撒马尔罕就在眼前[①]。但是，考虑到一项特殊的外交任务（搜集广大领土内的政治军事情报，改变政权分裂的局面），他几乎无法穿越这个最大的政治中心。这座古代城市境内 32/1 号大厅所绘的壁画为我们提供了其到来的证据。

唐朝大使到达撒马尔罕的时间很可能是 662 年的春夏之际（在画面描绘场景中我们看到的是夏装）。当然，我们无法确定这次建立反阿拉伯联盟计划的具体结果。在不久之后的 676 年，呼罗珊政权向撒马尔罕的第一次袭击证实了阿拉伯的严峻威胁。

与其他讲波斯语的国家（如于阗和赤鄂衍那）进行王朝联姻，旨在增强新生粟特政权的影响力。662 年，两个国家（于阗和赤鄂衍那）遭到了新一轮严重的外来威胁（毫无疑问，他们按照惯例向西突厥和唐朝提出请援）。但鉴于西突厥力量的严重削弱以及唐朝远在天边，对他们而言，谋求强大近邻的援助最为现实（当时的粟特暂时由拂呼缦统治，对其最为重要）。请求这种援助最简便易行的方式便是建立王朝联姻。

662 年，阿拉伯一路扩张至吐火罗的南境并占领了喀布尔，这引起吐火罗政府和其小邻邦赤鄂衍那的高度警觉。

同年里与于阗维兹塔王朝（Vidzhita Dynasty）的联姻看起来及其自然。于阗是粟特在丝绸之路上最重要的贸易伙伴，于阗商人从转手贸易中用宝石和其他奢侈品获得了近一半的利润。然而，阴云正在这些富人们头顶渐渐聚拢；662 年，文化繁荣的于阗正置于唐朝军队的驻守之下，自 647 年以来由唐朝中央政府建立的“安西四镇”中的于阗镇离这里不远[②]。然而，662 年，近邻中一支新的强大力量——吐蕃崛起，并开始干预唐代西域的政治秩序。起初，唐蕃冲突集中于对东部吐谷浑地区的争夺（敦煌文书记录了 659 年唐朝军队在乌海之战中的辉煌胜利）。662 年，吐蕃出其不意地袭击了正在前往镇压叛乱的唐朝军队。在不久之后的 665 年，吐蕃袭击了于阗； 670 年，吐蕃终于将其攻陷并长期控制[③]。

高丽大使的描绘帮助我们厘清了拂呼缦接待宴会上许多其他重要的背景信息。

晚些时候日本学者影山悦子指出，高丽大使的描绘完全遵照着一种格套，因此他不可能是真实使者的形象（影山悦子：1999, 1）。她的观察很有趣，但笔者认为这些形象并不支持她的观点。首先，在我们已知的中国发现的高丽使者的形象中（敦煌 220 窟，642 年[④]；章怀太子墓，706～711

---

① Borovkova，1989 年，图 6、7。

② Malyavkin，1988 年，第 309～311 页。

③ Vorob'eva-Desyatovskaya，1992 年，第 158～159 页。

④ Sabaku，1996 年，图版 25。

年[①]），其中只展示了一个高丽人，而不是像阿弗拉西阿卜壁画中那样有两人。其次，中国所见的图像描绘中仅有的朝鲜大使常常身着华贵的仪式礼服，而且并未携带武器；但是阿弗拉西阿卜壁画中的高丽使者则衣着朴素（身着短上装，腰悬佩剑）。这很可能是一种由阿弗拉西阿卜当地艺术家从唐朝的符号化图式中借鉴的，但又不完全按照其格套场景进行描绘。

最大的使团，即唐朝使团正朝向西墙上的队列。我们可以很自然地想到在队列末端的是唐朝最忠实联盟的政府代表——于此之后不久在唐高宗的帮助下统一了朝鲜半岛的新罗。但是我们无疑会失望，朝鲜史籍记载，早在648年，新罗统治者就在其法令中引入的汉式服装和头饰；不久之后便在宫廷侍女中适用开来[②]。于是，我们应当做出假设，阿弗拉西阿卜壁画中的朝鲜大使，表现的是当时唐廷的敌人——百济（覆亡于663年）或是更强大的高丽，其抵抗力量于668年前在新罗的协助下被彻底摧毁。其中后一种假设似乎更合理。我们很难推测两位穿着朴素（根据当时朝鲜的标准判断）且未携带礼物的是高丽使者（被敌人包围并处于亚洲的末端）。他们似乎想要从拂呼缦那里有所回报。不过可以肯定的是，同一时间里他们与王名远使团的会面未能得到唐廷的批准，但是得到了独立的粟特新政权的承认。

对许多研究者来说，撒马尔罕宫殿所见高丽使者的描绘引起了巨大的分歧，它甚至被当作反映壁画是在描绘想象中的人物角色、而非真实历史事件的论据。持此种观点的研究者自然不会考虑到662年时中亚和东亚政治局势的特殊性，也不会考虑到高丽统治者外交政策和路线的特点，同时更不会考虑到发生在662年里的这些政治事件的有趣巧合。

在与唐朝的对抗中，高丽获得了北方森林部落的支持和帮助。然而，其在西北部与草原上的游牧族群接壤，这些游牧族群参与到唐朝边境的军事行动中。因此，在7世纪时，朝鲜频繁地出使西突厥并不令人惊奇[③]。但是在662年，由女可汗毕速都（Bisudu）领导的西突厥发动起义，并被唐廷镇压而彻底覆灭[④]。另一方面，西突厥可汗阿史那弥胜（A-shih-na Misheng）（661年阵亡），在此前634～645年与高丽的残酷战争中，作为唐朝军阵成员扮演了举足轻重的角色[⑤]。在高丽长期的敌人步真死后不久，这位疑似的高丽使者便到达了撒马尔罕。也许，这个巧合并不是偶然。高丽的官方可能会使用某些原因来恳求步真可汗或拂呼缦这些唐朝的忠实同盟，以此获得其帮助来斡旋与唐朝的和平谈判。他们不太可能请求（在整个丝绸之路上的各条商路上具有影响力的）粟特商人来帮助他们在未来的战争中对抗唐朝。从画面中高丽使者所处的位置判断，他们的任务以失败告终。

因此，大使接待的场景实际上描绘出东突厥与西突厥历史上一个戏剧性的转折点。其中许多在今天观者看来很难以理解的隐喻和暗示，在当时的壁画中是显而易见的。

遗憾的是，壁画中所反映的以及笔者所主张的政治事件的观点，并不像M.莫德所说的那样浪漫多彩、引人入胜。他认为，壁画描绘了当时最伟大的政治家（波斯国王伊嗣俟三世、唐朝高宗皇

---

① Zhongguo，1989年，图版118。

② Kim Busik，1959年，第154、169页。

③ Bitchurin，1950年，第244、245页。

④ Gumilev，1993年，第243页。

⑤ 同前揭文，第231页。

帝、西突厥射匮可汗)。依笔者来看，这些场景在很大程度上反映了撒马尔罕地方统治者地区性的野心和抱负（与邻近地区的赤鄂衍那王室进行王朝联姻，在过去一个世纪接见了独一无二的唐朝大使，两位高丽使者对撒马尔罕居民进行了一场美妙的访问等）。主要的注意力集中在来自邻近小国的两位新娘的到来。

大约在662年前后的一小段时间里，粟特获得了相对独立的自治权，比周边的强邻更加独立。由于其处于唐朝利益的边缘地区，对于忙于处理其他问题的唐高宗而言，这里很难被控制。唐廷的“傀儡”力量——突厥的步真可汗几乎没有面临任何威胁。至于阿拉伯，他们这一时期的扩张朝向东南，幸运的是，他们进攻撒马尔罕尚在14年之后。

同时对于撒马尔罕画匠来说，美化拂呼缦（及其僚佐）的对外政策，并不一定要虚构一些事件（像一些研究者所认为的那样）来误导观者。中亚地区在7世纪50～70年代时历史政治的变迁，以及撒马尔罕在当时国际政治进程中的积极参与，使得这些事件成为可能，而没有必要去虚构。

在对壁画所描绘的关于政治事件的部分进行总结时，笔者想要对两位研究者的重要著作进行强调、因为长期以来，这些著作是所有阿弗拉西阿卜壁画研究者的基础。

L. I. 阿尔鲍姆最早开始这项艰巨的工作。他依据保存相对残缺的现状，充分地根据他的直觉和丰富的知识进行研究。在他的著作中，他所得出的结论（就所描绘图像的历史解释而言），甚至在此后25年间许多学者的不断研究中，被完全公允、鲜有例外地公认为是始终真实的。M. 莫德的著作同样重要。其第一次有理有据地证明了描绘图像确切时间的可能性，而且其中许多细节自身的真实性也第一次得到了证明。笔者的文章只是在更多确切的图像描绘指导下与更大量文献参考的基础上，继续深入并证实他们著作中的主要观点，其中与上述两位作者的分歧只是局部的。

笔者确信在不久的将来，一些关于“大使厅”壁画的一些新的引人入胜和匠心独运的解释将会出现。不过，研究者的想象不应替代所有真实和现实的知识。

四、关于阿弗拉西阿卜壁画中的一些固定程式

画匠们在构图时将每五个人物分成一个单元（在西墙上，五位唐朝大使排成一列，在其之后是五位外国大使自粟特翻译人员即20号人物向右排列，五位突厥官员坐在地毯上，位于现存右侧一组中较低处的一排；在北墙上，有五位唐朝猎手；十位于阗女子坐在船中；在南墙上的赤鄂衍那使团中，有五位女子在前，五位女子跟随其后）。这些应当被视为一种固定程式。

接下来的一种固定程式目前（在许多情况下）尚令人困惑：相同族群的人物所着服装的颜色或是微红色，或是白色。在一种特定情形下还可发现如下的规律：当3个人物一个接一个被描绘时，其中靠中间一人的脸是红色的（在西墙上这些红脸的人是，2～4号人物中赤鄂衍那大使；15～17号人物中，似乎位于上一层的突厥人；9～11号人物中，在靠下部描绘的唐朝人。甚至有一种论断称，那里展现的是“红色”匈人和“白色”匈人①)。与此同时，所有的于阗女子面部皆呈白色，所

① Litvinsky，1996年，第136页。

有的石国大使面色皆是微红。有人认为，面部颜色的更替变化，是画匠们出于构图整齐匀称及画面组成平衡协调的目的画成的。

第三种固定程式，与西墙上彼此相邻成对的人物所着主要服装的颜色有关。其中，在“红-白”衣色组合中，身着红衣的男子总是被描绘在身着白衣男子的左侧（这些组合有18、19号人物，26、27号人物，28、29号人物，39、40号人物，42号和其上部的人物）。

在最具代表性的大使的整个服饰中，赤鄂衍那大使以及站在平台上相互面对的粟特人的服装使用了三色组合：白色、红色和蓝色（浅蓝色），笔者认为这不是偶然的。对现今一些粟特和吐火罗远古居民的后代群体——塔吉克人而言，其日常的服饰中必须要包含这三种颜色。我们可以说这对一些讲伊朗语的人群而言同样适用①。在塔吉克-乌兹别克地区，这三种颜色可见于与萨满有关的服饰中②。也许并不是偶然，这三种颜色在巴特克里亚地区大量贵霜时期城镇的壁画中占据主导③。兴都库什的达尔德（The Dards of Hundukush）（印度-阿尔赞语）有一个关于三棵圣树的神话——三棵生长在宇宙中心的圣树即分别是白色、红色和蓝色④。在印度传统中，三种主要的瓦尔纳（varna）通常与上述的三种颜色有关（有时蓝色由黑色替代）⑤。

关于金银物件上的宝石和半宝石（项链、腰带、手镯和耳环等）等镶嵌物都被描绘成蓝色或白色（透明？）。其中一些体量较大的宝石并不像最珍贵的那种（如蓝宝石和珍珠），在此类情形下，我们认为这些价值略逊的宝石（发现于粟特边境）是青金石和水晶石。（从中国的材料判断）它们是一种仅仅产自粟特和石国的石头⑥。

因此，调查所见的阿弗拉西阿卜壁画中的人物服饰提供了许多惊喜。今后（在附有粟特文题铭的绘图摹本的完整修订本出版后），这一主题的信息量或许会实质性地增加和扩展。

参考文献

Adylov Sh T.1983. O koroplastike Bukharskogo Sogda-IMKU 18.

Agadzanov S G. 1980. Brachniye i svadebniye obryady oguzov Sredney Azii i Kazakhstana v Ⅸ-ⅩⅢ vv. SNV 22.

Ahrarov I, Usmanova Z I. 1990. Terrakoti Bukhary.-Kul’tura Srednego Vostoka. Izobrazitel”noye I prikladnoye iskusstvo (Ed. by G.A. Pugachenkova). Tashkent.

Ahunbabaev H. 1990. Dvorets ihshidov Sogda tret’ey chetverti Ⅶ v.n.e. na Afrasiabe. Kultura drevnego i srednevekovogo Sogda. Tezisy dokladov sovetsko-francuzskogo kollokviuma (Tashkent).

Al’baum L I. 1975. Zhivopis’ Afrasiaba. Tashkent.

Arzhantseva I A. 1987. Poyasa na rospisyakh Afrasiaba. IMKU 21.

Arzhantseva I A, Inevatkina O N. 2003. Rospisi Afrasiaba: noviye otkrytiya, kotorym chetvert’ veka. Tsentral’naya Aziya. Istochniki, istoriya, kul’tura. Tezisy dokladov konferentsii (Ed. by T.K. Mkrtychev). Moscow.

① Rassudova，1970年，第19页；Yatsenko，2002年，第595、596页。

② Basilov，1982年，第173、174页。

③ 参照：Vorob’eva，1995年，第47页。

④ Iettmar，1986年，第217页。

⑤ 例如，参见Ivanov，1980年，第166、167页。

⑥ Schefer，1981年，第300、305页。

At-Tabari 1889. Annales quos scripsit Abu Djafar Mohammed ibn Djarir at-Tabari cum aliis (ed. M.J. Goeje) (Lugduni Batavorum.-Ser. Ⅱ). Batavia.

Azarpay G.1981. Sogdian painting (The pictoral epic in Oriental art). Berkeley, Los Angeles, London.

Azbelev P P. 1993. Sibirskiye elementy vostochnoevropeyskogo geraldicheskogo stylya-PAV 3.

Bailey H W. 1982. The Culture of the Sakas in Ancient Iranian Khotan. Delmar.

Bartol'd V V. 1964. Turkestansky kray v ⅫI v.-Bartol'd V.V. Sochineniya v 9 tomakh. Vol. Ⅲ . Moscow.

Basilov V N. 1982. Tashmat-bola-Glazami etnografov (Ed. by Yu.V. Bromley). Moscow.

Belenitsky A M. 1973. Monumentalnoye iskusstvo Penjikenta. Zhivopis'. Skul'ptura. Moscow.

Belenitsky A M, Marshak B I. 1979. Voprosy khronologii zhivopisi rannesrednevekovogo Sogda. USA Ⅳ.

Beyhaqi H A. 1992. Clothing of Khorosan-Encyclopaedia Iranica V/ 7 (Ed. by Yarshater). Costa Mesa.

Bitchurin N Ya. 1950. Sobraniye svedenii o narodakh, obitavshikh v Sredney Azii v drevniye vremena II. Moscow.

Borovkova L A. 1989. Zapad Tsentral'noy Azii vo Ⅱ v. do n.e.- Ⅶ v.n.e. (istoriko-geograficheskii obzor po drevnekitayskim istochnikam). Moscow.

Charikov A A. 1989. Noviye nakhodky srednevekovikh izvayanii v Kazakhstane. SA, 1989, 3.

Chavannes E. 1903. Documents sur les Tou-kiue (Turcs) Occidentaux. Sbornik trudov Orhonskoy ekspeditsii VI. St.-Petersburg.

Csallany D. 1962. Der awarishe Gürtel-Acta archeologica XIV /3-4. Budapest.

Dobzhanskii V N. 1990. Naborniye poyasa kochevnikov Evrazii. Novosibirsk.

Dvornichenko V V, Fëdorov-Davydov G A. 1993. Sarmatskoye pogrebeniye skeptukha I v.n.e. u sela Kosika Astrakhanskoy oblasty-VDI 1993, 3.

D'yakonova N V. 1978. Fol'klorniye motivy i apotropei v izobrazitel'nom iskusstve Vostochnogo Turkestana- Kul'tura Vostoka. Drevnost' i rannee srednevekovye. Leningrad.

D'yakonova N V. 1980. K istorii odezhdy v Vostochnom Turkestane Ⅱ - Ⅶ vv.n.e.-SNV 22.

D'yakonova N V, Sorokin S S. 1960. Khotanskiye drevnosty. Terracota i shtuk. Leningrad.

Dzharylgasinova R T. 1973. Drevniye Koguryostsy. Moscow.

Evtyukhova L A. 1952. Kamennyie izvayzniya Yuzhnoy Sibiry i Mongolii-MIA 24.

Feng Hantsi. 1959. The Study of the Belt the Wang Tsang burial (In Chinese)-Kaogu, 1959, 8.

Freski. 1979. Freski perioda Koguryo. Phenyang.

Frye R N. 1993. Sasanian-Central Asian Trade Relations-BAI 7.

Fu Sinyang. 1978. Discussion of the question concerning the dating of the picture of Tsi Tsang “The spring walk” (In Chinese)-Wenwu 1978, 11.

Fukai S, Horiuchi K, Tanabe K, Domyo M. 1984. Taq-i Bustan, Ⅳ . Text. Tokyo.

Gadzhieva S Sh. 1981. Odezhda narodov Daghestana XIX -nachala XX vv. Moscow.

Ghirshman R. 1962. Parthes et Sassanides. Paris.

Gorelik M V.1985. K ethnicheskoy identifikatsii personazhey, izobrazhënnikh na predmetakh Amudar'inskogo klada. Khudozhestvenniye pamyatniky i problemy kul'tury Vostoka (Leningrad).

Gropp G. 1974. Archäologische Funde aus Khotan, Chinesisch Ostturkestan. Die Trinkler-Sammlung in Übersee-Museum. Bremen.

Grünwedel A. 1912. Altbuddhistische Kultst ätten in Chinesich Turkestan. Berlin.

Grünwedel A. 1920. Alt-Kutcha. Berlin.

Gunter A C, Jett P. 1992. Ancient Iranian metalwork in the Arthur M. Sacker Gallery and the Freer Gallery of Art. Washington.

Harper P O. 1971. Sources of certain Female Representations in Sassanian Art-Atti del Convegno Internazionale sul Tema “La Persia nel Medioevo” (Accademia Nazionale dei Lincei). Roma.

Ierusalimskaya A A. 1978. Alanskii mir na Shělkovom puti (Moshchevaya Balka-istoriko-kul'turnii complex VIII-IX vv.). Kul'tura Vostoka. Drevnost' i rannee srednevekovye. Leningrad.

Ierusalimskaya A A. 1992. Kavkaz na Shělkovom puti. Katalog vremennoy vystavky. St.-Petersburg.

Invernizzi A. 1990. Facial Marks in the Parthian World-SRAA 1.

Ivanov Vyach Vs. 1981. Tsvetovaya synvolika v geograficheskikh nazvaniyakh v svete dannykh typologii (k nazvaniyu Belorussii)-Balto-slavyanskiye issledovaniya-1980. Moscow.

Jettmar K. 1986. Religii Hundukusha. Moscow.

Kageyama E. 1999. Chinese way of depicting foreign delegates discerned in the paintings of Afrasiab. Abstract of paper on the IV Conference of the Societas Iranologica Europaeo. Paris, 06.09.1999.

Kageyama E. 2002. A Chinese way of Depictions Foreign Delegates Discerned in the Painting of Afrasiab-Iran: Questions et Connaissance (Ed. by P. Huyse). Paris.

Karamysheva B H. 1986. K voprosu o kulturnom znachenii konnikh igr v Sredney Azii-Proshloye Sredney Azii. Dushanbe.

Kim Busik. 1959. Samkuk sagi. Moscow.

Kislyakov N A. 1958. Nekotoriye materialy k voprosu ob ethnogeneze tadjikiv-KSIE XXX.

Klyashtornyi S G, Savinov D G, 1994. Stepniye imperii Evrazii. St.-Petrsburg.

Kryukov M V, Malyavin V V, Sofronov M V. 1984. Kitaysky ethnos v sredniye veka (Ⅶ - ⅩⅢ vv.). Moscow.

Laszlo G. 1965. Etudes archeologiques sur l'histoir de la societe Avars. Budapest.

Laufer B. 1912. Jade (a study in Chinese archaeology and religion). Chicago.

Litvinsky B A. 1996. The Heptalite Empire-History of the Civilizations of Central Asia, Ⅲ (Ed. by B.A. Litvinsky). Paris.

Lobachëva N P.1979. Sredneaziatsky kostyum rannesrednevekovoy epokhy (po materialam stennikh rospisey)-Kostum narodov Sredney Azii (Ed. by O.A. Sukhareva). Moscow.

Lubo-Lesnitchenko E I. 1994. Kitay na Shělkovom puti. Shělk i vneshniye svyazi drevnego I srednevekovogo Kitaya. Moscow.

Lukonin V G. 1977. Iskusstvo Drevnego Irana (Moscow).

Maitdinova G M. 1984. K interpretatsii zhivipisy Afrasiaba Ⅶ v.n.e. (stsena v lodke)-Izvestiya Otdeleniya obshchestvennikh nauk Tajikskoy SSR 1994, 2. Dushanbe.

Maitdinova G M. 1985. Otrazheniye v zhenskikh kistyumakh Tocharistana i Sogda kul'turnikh vzaimosvyazey rannego srednevekovya-IMKU 21.

Maitdinova G M. 1991. Kostyum rannesrednevekovogo Tocharistana (po pamyatnikam istorii I iskusstva). Ph. Dr. Diss. Manuscript. Tashkent.

Maitdinova G M. 1992. Kostyum rannesrednevekovogo Tocharistana: istoriya i svyazi (Dushanbe).

Malyavkin A G. 1984. Marionetky iz roda Ashihna-Vostochnii Turkestan I Srednyaya Aziya: istoriya, kul'tura, svyazi. Moscow.

Malyavkin A G. 1988. Istoriya Vostochnogo Turkestana v Ⅶ-Ⅹ vv.-Vostochnii Turkestan v drevnosty i rannem srednevekovye I. Ocherky istorii (Ed. by B.A. Litvinsky). Moscow.

Malyavkin A G. 1989. Tanskiye khroniky o gosudarstvakh Tsentral'noy Azii. Novosibirsk.

Meshkeris V A. 1989. Sogdiyaskaya terracotta. Dushanbe.

Mode M. 1993. Sogdien und die Herrscher der Welt. Türken, Sasaniden und Chinesen in Historiengemäden des 7 Jahrhunderts n. Chr. Aus Alt-Samarqand. (Europäische Hochschulschriften. Reihe XXⅧ. Bd. 162). Frankfurt am Main.

Motov Yu A. 1997. O datirovke mechey c nastennikh rospisey rannesrednevekovikh gorodov Sredney Azii-Kultury stepey Eurazii vtoroy poloviny I tysyacheletiya n.e. (voprosy khronologii) (Ed. by D.A. Stashenkov). Samara.

Motov Yu A. 1999. Izobrazheniye misteriyi prazdnika Mithragan v nastennykh rospisyakh Afrasiabskogo dvortsa-Istoriya i archeologiya Semyrech'ya (ed. by A.N. Maryashev). Almaty.

Narshakhi M. 1897. Istoriya Bukhary. Tashkent.

Northern Qi Tomb 1990. Northern Qi Tomb with Murals on Southern Outskirts of Taiyuan (In Chinese)-Wenwu 1990, 12.

Orfinskaya O V. Textil' Ⅷ-Ⅸ vv. iz kollektsiyi Karachaevo-Cherkesskogo muzeya: tekhnologicheskiye osobennosty v kontekste kultury rannesrednevekovoy Euraziyi. Ph. Dr. Diss. Manuscript. Moscow.

Osmani tarihleri 1949. Osmani tarihleri 1. Istanbul.

Pugatchenkova G A. 1978. Les trésors de Dal'verzin-tepe. Leningrad.

Rapoport Yu A. 1977. Kosmogonitchskii syuzhet na khorezmiyskikh sosudakh-Srednyaya Aziya v drevnosty i srednevekov'e. Moscow.

Raspopova V I. 1980. Metallicheskiye izdeliya rannesrednevekovogo Sogda. Moscow.

Rassudova R Ya.1970. Materialy po odazhde tadjikov verkhov'ev Zeravshana-SMAE ⅩⅩⅥ.

Rosenfield J M. 1967. The Dynastic Arts of the Kushans. Berkeley, Los Angeles.

Sabaku. 1996. Sabaku no Bijutsukan, Eien naru Tonko. Tokyo.

Sarianidi V I. 1985. Bactrian Gold from the excavations of the Tilla-tepe necropolis in Northern Afganistan. Leningrad, Vienna.

Schiltz V. 1994. Scythes et les nomades des steppes Ⅷ siecle AV.J.-C.-I siecle APR. J.-C. Paris.

Schulze P. 1920. Alte Stoff.Ein leitfaden für Sammler und Leibhafer. Berlin.

Semënov Vl A. 1992. Rekonstruktsiya scyfskogo pogrebal'nogo obryada (po materialam raskopok v Tuve-Antichnaya tsivilizatsiya I ververskii mir Ⅱ (Ed. by B.A. Raev). Novocherkassk.

Schafer E H. 1981. Zolotiye persiki Samarkanda. Moscow.

Sher Ya A.1966. Kamenniye izvayaniya Semirechya. Moscow, Leningrad.

Shirokova Z A. 1976. Traditsionnaya odezhda zhenshchin Gornogo Tadjikistana. Dushanbe.

Shosoin bunka. 1986. Shosoin bunka-no furasubo-o tadtsunete. Igruko-ro: do ten. Tokyo.

Silvi Antonini C. 2003. De Alessandro Magno all' Islam. La pittura dell' Asia Centrale. Roma.

Simonenko A V, Lobai B I. 1991. Sarmaty Severo-Zapadnogo Prichernomorya v I v.n.e. (Pogrebeniya znaty u sela Porogi). Kiev.

Si-Yu-ki 1906. Buddhist records of the Western World (Transl. by S. Beal). London.

Stein A. 1907. Ancient Khotan Ⅱ. Oxford.

Stein A. 1921. Serindia IV. Oxford.

Sychëv A P, Sychëv V L. 1975. Kitayskii kostyum. Simvolika, istoriya, traktovka v iskusstve (Moscow).

Totrov V K. 1978. Kul't zmei v verovaniyakh i mifologii osetin-IYuONII 23.

Tsihai. 1948. Tsihai (The Sea of Words) (In Chinese). Sanghai.

Vorob'ëva S N. 1995. Tekhnika ispolneniya rospisey Erkurgana-Problema restavratsii kul'turnogo nalsediya narodov Sredney Azii i tekhnologii drevnikh i srednevekovikh remeslennikh proizvodstv (Materialy i tezisy mezhdunarodnoy konferentsii). Samarkand.

Vorob'ëva-Desyatovskaya M I. 1992. Tibetsy-Vostochnii Turkestan v drevnosty i rannem srednevekovye II. Ethnos, Yaziky. Religii (Ed. by B.A. Litvinsky). Moscow.

Yatsenko S A. 1995. O tochnoy date i obstoyatel' stvakh pribytiya posol' stv, izobrazhennikh na rospisyakh Afrasiaba" , Uzbekistan-vklad v mirovuyu tsivilizatsiyu. Bukhara i mirivaya kultura (Tezisy) Ⅲ /1. Bukhara.

Yatsenko S A. 1999. Kostyum plemen pazyrykskoy kultury Gornogo Altaia kak istoricheskii istochnik-VDI 1999, 3.

Yatsenko S A. 2000a. Kostyum-Vostochny Turkestan v drevnosty i rannem Srednevekovye Ⅳ. Arkhitektura. Iskusstvo. Kostyum (Ed. by B.A. Litvinsky). Moscow.

Yatsenko S A. 2000b. Kostyum Scythii v arkhaicheskoye (Ⅶ-Ⅵ vv. do n.e.) i "klassichskoye" vremya: voprosu ob ethnicheskikh iamemeniyakh-Antichnaya tsivilizatsiya i varvarskii mir (Materialy 6-go arkheologicheskogo seminara) (Ed. by B.A. Raev). Krasnodar.

Yatsenko S A. 2001a. The Costume of the Yuech-Chihs / Kushans and its Analogies to the East and to the West-SRAA 7.

Yatsenko S A. 2001b. O nekotorykh voprosakh izucheniya "arkheologicheskogo" kostyuma. Mechanizmy kostyumnykh svyazey narodov Velikoy stepy-Kultury evraziyskikh Stepey vtoroy poloviny I tysyacheletiya n.e. (iz istoryii kostyuma) 1 (Ed. by D.A. Stashenkov). Samara.

Yatsenko S A. 2002. Kostym iranoyazychnich narodov drevnosti i metody ego istoriko-kul'turnoy reconstruktsii. Ph. Dr. Diss. Manuscript. Moscow.

Yatsenko S A. 2004. The Late Sogdian Costume (5th-8th cc. AD)-Ēran ud Anērān. Studies Presented to Boris Ilich Marshak in Occation of His 70th Birthday (Ed. by M. Compareti, P. Raffetta, G. Scarcia). Rome. [Print version forthcoming]

Zhivopis'.. 1954. Zhivopis' drevnego Pyandjikenta. Moscow.

Zhongguo.., 1989. Zhongguo meishu quanji, huihuajuan 12, mushi bihua.

Ziapur D. 1965. Purshak-e bastani-ye Iranian az kohanterin zamanta payan-e shahishahi-ye Sasanian Teheran.

缩写

BAI：亚洲研究所公告：新系列（布隆菲尔德山）

IMKU：乌兹别克斯坦物质文化史（塔什干）

IYuONII：南奥塞梯通报（第比利斯 / 茨欣瓦利）

KSIÉ：苏联科学院人类学研究所简报（莫斯科）

MIA：苏联考古学的材料与研究（莫斯科）

PAV：圣彼得堡考古学通报（圣彼得堡）

SRAA：丝绸之路艺术与考古（镰仓）

SNV：东方国家与人民（莫斯科）

SA：苏联考古学（莫斯科）

SMAÉ：人类学、博物馆与民族志论集（列宁格勒，现圣彼得堡）

USA：中亚考古学的进展（列宁格勒，现圣彼得堡）

VDI：古代历史先驱（莫斯科）

（本文原载 S. A. Yatsenko. "The Late Sogdian Costume (the 5th - 8th cc. AD)", in *Ēran ud Anērān*: *Studies presented to Boris Ilich Marshak on the Occasion of His 70th Birthday.* Ed. by M. Compareti, P. Raffetta, G. Scarcia. Electronic Version, Oct. 2003. Cf. http://www.transoxiana.org/Eran/Articles/yatsenko. html. Print Edition: Vinice, 2006. 又载：Sergey A. Yatsenko. "The Costume of Foreign Embassies and Inhabitants of Samarkand on Wall Painting of the 7th c. in the 'Hall of Ambassadors' from Afrasiab as a Historical Source", *Transoxiana*, vol. I, no.8, Junio 2004. Cf. http://www.transoxiana.org/0108/yatsenko-afrasiab_costume.html Transoxiana 版有大量增补，此据该版译出）

撒马尔罕壁画所见中国绘画因素
——高丽使节是否在拂呼缦王治时到访

〔日〕影山悦子 著　　王 东 译

1965年春，撒马尔罕郊外的城址阿弗拉西阿卜发现的壁画，引起了中亚研究者们的注意。壁画很早就被介绍到日本①。壁画的发掘报告发表不久，其日语版便出版。据发掘者解释，阿弗拉西阿卜壁画描绘了在撒马尔罕王拂呼缦治时，赤鄂衍那、中国和印度使节带着新娘和礼物到访的场景，还有拂呼缦到场欢迎使节的场景，这一观点流传较广②。

然而，关于阿弗拉西阿卜壁画的解释，此后的讨论还在继续。特别是最近发表的论文，不仅探讨图像，还对壁画绘制时中亚的政治状况、风俗习惯等进行了综合研究。本文前半部分介绍这些新提出的论文，这些论文与发掘者的解释有很大不同。后半部分说明，在阿弗拉西阿卜壁画中，能见到很多来自中国美术的因素，特别是在描绘高丽使节的问题上，提出笔者的观点。

一、阿弗拉西阿卜壁画研究史

（一）发　　掘

阿弗拉西阿卜遗址，位于现在撒马尔罕（乌兹别克斯坦）市区以北的古撒马尔罕城址。壁画发现于大约在遗址中心位置的第三防御墙内。这一地点（23号地点）的发掘调查，始于锡斯金（V. A. Shishkin），阿尔鲍姆（L. I. Al'baum）继续进行。调查的结果是，建筑基址的1～3号和9号室都发现有壁画，但一般说的阿弗拉西阿卜壁画指的是1号大厅的壁画，本文所说也是指该房间的壁画③。1号大厅，是11米×11米的正方形房间，入口在东侧。沿着四壁设有高0.5米的黏土台阶。这些台阶中，只有正面中央的台阶比其他台阶宽，推测是放置王座一类的地方。墙壁的上部残缺，

---

① 香山，1966；土居，1971；穴泽、马目，1976；间野，1977：60～74。

② Al'baum 1975年的日语译本于1980年出版（Al'baum，1980年）。举一个接受阿尔鲍姆说法的例子，1989年出版的《周刊朝日百科世界的历史29——街道和都市》（第176～177页）认为，壁画描绘了来撒马尔罕访问的各国使节的想象图。

③ 1号大厅出土的壁画的原物，在位于阿弗拉西阿卜遗址内的乌兹别克斯坦文化艺术历史博物馆展览。2号室的壁画尚未发表，3号大厅绘有着豪华织物衣服的人物的辫子和腰的一部分，9号室发现了以孔雀和水果为主题的装饰纹样，拱门下绘有男神和女神（Al'baum，1975: 15-19，日语译本第62～66页）。

西侧和北侧最高处 2.7、南侧最高处 2.5、东侧最高处 1～2 米（这些都是从台阶开始计算的高度）[Al’baum，1975：11-12（59）]。

1978～1985 年，阿昆巴巴耶夫（Kh. G. Akhunbabaev）再次对 23 号地点进行了调查（Akhunbabaev，1987: 10）。根据他的报告，这一地点从 6～8 世纪，经过 5 个阶段的修建和改建。含有 1 号大厅的建筑物属于第 2 期。他推测，第 1 期（6 世纪）是作为撒马尔罕王的郊外行宫而修建的，第 2 期（7 世纪中叶）改建为王的宫殿群，同时修建了围绕宫殿的防御墙（第 3 防御墙）。

（二）铭文和壁画

阿弗拉西阿卜壁画正壁人物 M27① 的长衣上有 2 行的巴克特里亚语和 16 列的粟特语。巴克特里亚语铭文的保存状况差，无法解读。粟特语铭文的解读，由俄罗斯粟特语学者 V. A. 里夫什茨（V. A. Livshits）进行，阿尔鲍姆的报告中引用了他的翻译。根据里夫什茨的翻译，壁画的粟特语铭文记载了赤鄂衍那的使节在拂呼缦前问候的情形②。此外，据俄国的货币学者 O. I. 斯米诺娃（O. I. Smirnova）研究，铭文中出现的“βxwm’n,”与货币铭文上出现的“βxwm’n/’βxwm’n”是同一人，即汉文史料中的 7 世纪中叶撒马尔罕的王拂呼缦（Smirnova，1970:143-144）。

接下来，简要说明壁画的整体面貌。正壁（西壁）壁画分为数排，仅残存下面三排（图一，1）。着长衣、蓄辮发的人出来迎接身着各式服装的人（第 1 排）。蓄同样辮发的人或围坐在一起（第 2、3 排）。从各段中间描绘的人像就可以知道，图像虽然分成数段，但整体表现的是一个场景。右壁（北壁）在靠近正壁一侧的三分之一处，描绘了 2 只浮在水上的船（图一，2）。其中一只乘有 10 位女性（R11～R20），中心的女性（R11）画得比周围的女性大，另有几位女性手持乐器。在靠近前壁一侧的三分之二处，是狩猎的场景。其中，只有一个人（R1）画得大，比较显著。左壁（南壁）在前壁（东）侧描绘有建筑入口一类的事物，其中站立 4 人（L1～L4）。朝那边骑士队伍在行进（Al’baum，1980：图 8）。象在前，其后是骑白马的 3 位女性（L6～L8）、骑骆驼的 2 位男性（L9、L10），马和四只白鸟、白布覆口的 2 人（L11、L12）、骑着一匹大马的男性（L13）和骑马的 2 位男性（L14、15），其后还可见 3 匹马的头部和前蹄。队伍的上方，还残存一些动物的脚，可想而知，这是一个大部队。与其他壁面相比，前壁保存状态较差（Al’baum，1980：图 25～图 27）。根据入口，可以分为两个场面。左侧描绘的是裸体的少年们在水边拉弓射箭，并拉着幻想中动物的尾巴。另外，还残留怀抱婴儿的女性（？）、长尾动物和人脚的一部分。右侧残留有人骑的抬着前脚的马、坐在椅子上的人和跪在他前面的人。

---

① 原来四壁按照东西南北称呼，本文采用如下称呼：从入口进来正面的墙壁称作正壁（西壁），右侧的称作右壁（北壁），左侧的称作左壁（南壁），入口所在的壁称作前壁（东壁）。本文更改称呼方式的理由是，正面的墙壁在片治肯特是家的守护神的图像所在的墙壁，故推测他们把正壁看的非常重要。人像的编号使用阿尔鲍姆的编号。M27 即正壁（Main Wall）第 27 个人像。右壁（Right Wall）简称为 R、左壁（Left Wall）为 L、前壁（Front Wall）为 F。

② 本文通篇都没有引用铭文的译文。参照 Al’baum，1975:55-56(96) 和间野，1977: 64。除 M27 之外还存在 6 处短的铭文。参照 Al’baum，1975: 43，46(88，90)；Belenitskii and Marshak，1981: 62；Marshak，1994: 8。

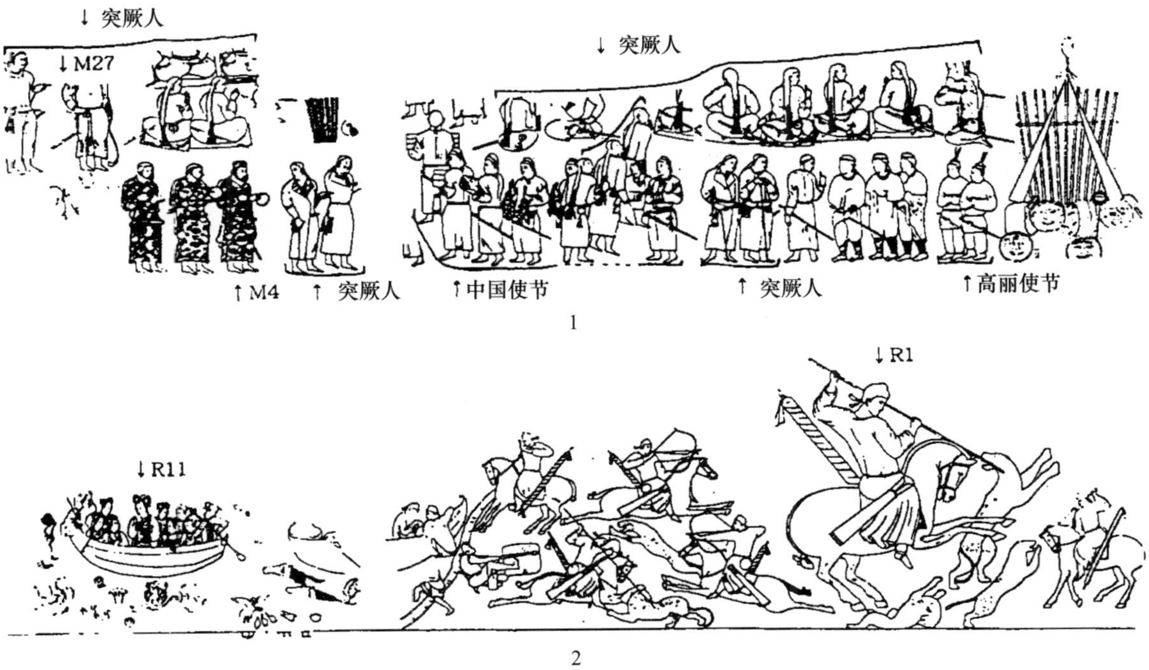

图一

1. 阿弗拉西阿卜壁画正壁全图（7 世纪下半叶） 2. 右壁全图（7 世纪下半叶）

（1. Al'baum 1980，图 4；2. Al'baum 1980，图 16）

（三）壁画解释相关的前人研究

1. 阿尔鲍姆的解释（Al'baum，1975[①]）

阿尔鲍姆参考铭文的内容，认为正壁第 1 排着各式服装的人是撒马尔罕王拂呼缦治时到访的外国使节。具体而言，有赤鄂衍那（M2～M4）、中国和东突厥（M8～M14）、石国（M21～M23）使节，推测还有高丽派来的使节（M24、M25）。蓄辫发者特征与石人相似，应该是突厥人。该场景的主角拂呼缦，原本绘在图像中间的上部，后来破损，没有流传到现在［同著，20～40（67～85）、58～60（98～100）、73～75（110～113）］。右壁是来撒马尔罕的中国和东突厥使节[②]，R11 的女性是撒马尔罕王治下出嫁的公主［同著，60～73（100～110）］。左壁描绘的是赤鄂衍那的使节，鞍马和四只鸵鸟应该是给拂呼缦的礼物。象的上方，本来绘有赤鄂衍那的公主，画面中心的 L13 人像，推测是使团首领［同著，40～58（85～98）］。前壁的保存状况不好，无法解释。不过，从其他壁面的内容来看，应该是来撒马尔罕的印度使节［同著，79～86（115～121）］。结论是，全部画面描绘了赤鄂衍

① Al'baum，1975 是壁画发掘完后，发掘报告和解释所有壁画的单行本（发掘中途，阶段性报告的翻译见 Shishkin，1969 和 Al'baum，Brentjes，1983），原著仅发表了壁画的部分图，日语译本（加藤九祚译，1980 年）揭载了正壁、左壁和右壁的所有图（推测复原出来的部分也有）。正壁为图 4（本文图一，1），左壁为图 8，右壁为图 16（本文图一，2）。这些图译者在发表译本的时候是阿尔鲍姆送来的。感谢加藤先生惠告。顺便说一下，壁画全图虽于 1978 年绘成，但并未发表，正壁和右壁的全图由莫德亲自绘成（Mode，1993：15，n.17，图 4，17）。

② 阿尔鲍姆排除了右壁描绘的人物和 M7～M14 是中国和东突厥使节的可能性。（穴泽、马目，1976：19；上野，1980；Marshak，1994：11；姜，1996：163-165）。

那、东突厥、中国和印度派使节到撒马尔罕，拂呼缦和随从到场欢迎使团的场景。

2. 安东尼尼的解释（Antonini，1989）

与阿尔鲍姆的观点一样，他认为正壁描绘了外国使节带着送给拂呼缦的礼物来访的场景和宴会的场景。外国使节来访，是为了庆贺新年（Nowruz），参加拂呼缦登基典礼（得到突厥可汗的允许，从撒马尔罕的阿弗欣就任粟特的“伊吉希德”）。壁画表现了登基典礼和祝贺新年的场景。她的研究特点是，她关注到了左壁戴着白面罩（拍汪）的两人（L11、L12）。阿尔鲍姆解释为，他们带来的马和鸟是献给拂呼缦的礼物。安东尼尼通过与波斯银器和中亚纳骨器等上戴着拍汪的人物进行比较，做出新的解释，认为二人是祭司，带着的动物是献祭的牺牲。她推测骑象的是王妃，L13是拂呼缦。右壁描绘的人像不是中国人，还是在撒马尔罕举行的登基典礼和祝贺新年的一个场景。狩猎是祝贺新年中必需的环节，由波斯银器图像类推，男性狩猎和女性船游描绘在同一画面，可举塔克·伊·布斯坦（Taq-i-Bustan）大洞浮雕的例子。前壁推测描绘的是与祝贺有关的游戏的场景。

3. 莫德的解释（Mode，1993）

莫德对阿弗拉西阿卜壁画的解释，出版了题为 *Sogdien und die Herrscher der Welt, Türken, Sasaniden und Chinesen in Historiengemälden des 7. Jahrhunderts n.Chr. aus Alt-Samarqand* 的单行本。他屡次访问阿弗拉西阿卜的博物馆，观摩原作，指出了阿尔鲍姆描述的几处错误①。他主要依据汉文史料，详细考察了阿弗拉西阿卜壁画制作的时代索格狄亚那对外的政治情况。这样的考察，是研究历史题材的阿弗拉西阿卜壁画必不可少的工作。莫德以前，阿尔鲍姆只是稍微考虑了一下与西突厥的关系，萨珊波斯和中国还没有进入考察的视野。

通过署名，莫德认为，阿弗拉西阿卜壁画描绘的是历史上占有重要地位的人物。正壁描绘了萨珊波斯的伊斯提泽德三世（Yezdigird Ⅲ，M4）、曾经的撒马尔罕王西希庇尔（M4A）、当时的撒马尔罕王拂呼缦（左侧第2段描绘的9根棍子象征昭武九姓的联合，王的形象可能描绘在它的旁边）和西突厥乙毗射匮可汗（右侧第1段描绘的11根棍子象征西突厥咄陆部五姓、弩失部五姓和可汗的联合，可汗的形象可能描绘在它的旁边）。中间上部应该是粟特神祇的图像（同著，19～75）。左壁描绘的是史国和撒马尔罕的王西希庇尔的后继者拂呼缦在史国为西希庇尔举行追悼会的场景。L11、L12是祭司，L13是拂呼缦（同著，77～86）。右壁描绘的是中国，狩猎场景的主人公是唐太宗，船游场景的主人公是唐太宗的女儿，还有王妃嫁与西突厥射匮可汗的场景（同著，87～96）。最后，前壁壁画的题材是古代突厥民族的始祖传说（同著，97～104）。他是根据《新唐书》卷二百二十一《西域传》“何国条”的记载②，推测当时索格狄亚那有表现其周围诸王像的习惯。

莫德认为，阿弗拉西阿卜壁画的主题是宣传拂呼缦王权的正统性和得到西突厥的承认。正壁表

---

① 例如，M27（铭文记载的人物）实际上是向后描述的。此外，M4和M5的中间还有一个人像描绘的痕迹，给它编号为M4A。

② “城左有重楼，北绘中华古帝，东突厥，婆罗门，西波斯，拂菻等诸王，其君旦诣拜则退。”

现为在世界诸王前拂呼缦的王权得到承认。左壁表现为他为前任举行追悼会，说明自己是正当的后继者，他的王权的后盾是西突厥的权力。右壁表现和唐王朝的姻亲关系。前壁表现始祖传说。那么，如果正壁中间上部描绘的是神像的话，这些神祇也应该表现王权的正统性。

他推测壁画描绘的应该是648（±1）年发生的事。这是上述人物都存在的时期，是所有人物比定的前提。莫德不仅关注各壁中心人物的比定、当时索格狄亚那的政治形势的重建等，还考察了马具的样式、长袍的纹样等细节。

4. 马尔沙克的解释（Marshak，1994①）

与莫德一样，马尔沙克也认为制作阿弗拉西阿卜壁画的目的是宣传拂呼缦王位的正当性。正壁、左壁和右壁提示了他得到王位的根据。

正壁，是向撒马尔罕神祇表明法律敬意的典礼，这样就证明了拂呼缦政权的正当性，拂呼缦成为宗教的和神圣的法律的代表。1981年的论文中，里夫什茨发表了若干新解读的铭文。这些铭文并非壁画制作时写的，而是后来的访问者所书。虽然如此，马尔沙克还是根据这些铭文将M4比定为拂呼缦。根据片治肯特居址正壁上部描绘的家庭守护神图像类推，阿弗拉西阿卜壁画同样的位置应该也描绘有粟特神祇。所以，描绘的使节不是来访问拂呼缦的，而是向神明致以敬意（同论文，6～8）。右壁和前壁的右侧有三处具有明显的唐朝特征，分别表现了富足（右壁的船游）、勇敢（右壁的狩猎）和贤明（前壁的右侧）（同论文，8～11）。这也为拂呼缦王权的正当性寻找了一处根据，即表现被唐任命为都督的重要性。左壁描绘了拂呼缦举行祭祀先祖灵魂（弗拉瓦西）的仪式，这是为了让人们想起他是前任者们正统的后继者。对举行先祖崇拜仪式的解释，可与安阳附近发现的粟特人墓石浮雕进行比较研究②。此外，行列的大小，与建筑的残缺有关，行列图在左壁并没有完结，应该是接续着前壁的左侧。前壁的左侧表现的是将拂呼缦的先祖们送往天国过幸福生活的场景，拂呼缦也身在其中。另外，前壁的左侧可能是象征世界秩序的宇宙的图像（同论文，8～18）。

5. 壁画解释相关的前人研究成果和问题

阿弗拉西阿卜壁画解释的相关研究虽然始于阿尔鲍姆，但关于正壁以外的壁面，他的解释，即赤鄂衍那、中国和印度使节团访问撒马尔罕，并没有被接受。现将前人研究成果总结如下。

正壁的内容是基于历史事实创作的，描绘了拂呼缦统治时期，中国使节（M8～M14），高丽使节（M24、M25）和其他使节到达撒马尔罕的场景。M1、M5～M7、M15～M19和M26～M42是突厥人。中间上部原本描绘的是什么图像，学者们意见不一致。有两种可能性：粟特神祇或拂呼缦。右壁描绘的是中国人。同一画面中出现的船游和狩猎应该是受波斯的影响，另外还有表现中国人优点的意图。左壁描绘的并不是结婚典礼，而是先祖崇拜这种宗教意味较强的队伍。前壁，由于保存状况很差，解释不固定，其内容具有空想性，推测是神话或神祇。总体而言，莫德和马尔沙克

---

① 关于正壁，Belenitskii and Marshak，1981: 61-63的观点没有变化。

② 这一浮雕，可参考Scaglia，1958。*Sérinde*，*Terre de Bouddha*，*dix siècles d'art sur la Route de la Soie*，Réunion des Musées Nationaux (ed.) 1995: 25也揭载了该浮雕的一部分照片。最近也出现了同类的墓葬石刻［Lerner, 1995；MIHO MUSEUM编《MIHO MUSEUM南馆图录》1997：图125］。然而，*Serinde*，图25的图版说明中，F. 葛乐耐（F. Grenet）可能不是对着原物讨论的。

认为壁画的制作意图是宣传拂呼缦王位的正当性。然而，莫德认为西突厥是拂呼缦王权的后盾，而马尔沙克认为被唐朝任命为都督使得拂呼缦的王权正当化。

在各个场景的解释上，研究者对人物的比定有不同意见。这样的比定很难判断哪个是正确的。另外，莫德将M4A比定为西希庇尔王，应该是有问题的。他遵从斯米诺娃的意见，认为撒马尔罕出土的钱币上刻的名字šyšpyr是《新唐书·西域传》"史国"条的史国王沙瑟毕，认为左壁表达的是拂呼缦在史国为他的前任沙瑟毕举行追悼会的场景。关于这一问题，早在1984年冈本提出，钱币上的šyšpyr是康国王代（世）失毕的可能性，比史国沙瑟毕的可能性要高。因此，莫德对左壁的解释是没有根据的，对正壁的解释也不得不重新检讨[①]。

第一个问题，是铭文的利用。1975年，里夫什茨准备了最终的文本和大多数注释的译文，现在还没发表[②]。铭文是解读壁画内容非常重要的手段，所以研究者们都很期待，即使里夫什茨的翻译还处于"试验"阶段，还是不得不引用他的内容来解释壁画。然而，里夫什茨本人还没有发表最终的译文，完全相信他的翻译，不得不说是危险的。

其次，壁画装饰的1号大厅所处建筑的性质也是一个问题。前人一致认为，该房间归拂呼缦所有。阿昆巴巴耶夫推测，该建筑在7世纪中叶改建，与唐朝在此时任命拂呼缦为都督有关。铭文和壁画的内容让我们想到，1号大厅是拂呼缦宫殿的一部分，但王宫不建在城外军寨。马尔沙克为了解决这个矛盾，提出了1号大厅所在建筑是拂呼缦即位前私邸的观点。

二、阿弗拉西阿卜壁画所见中国绘画的影响

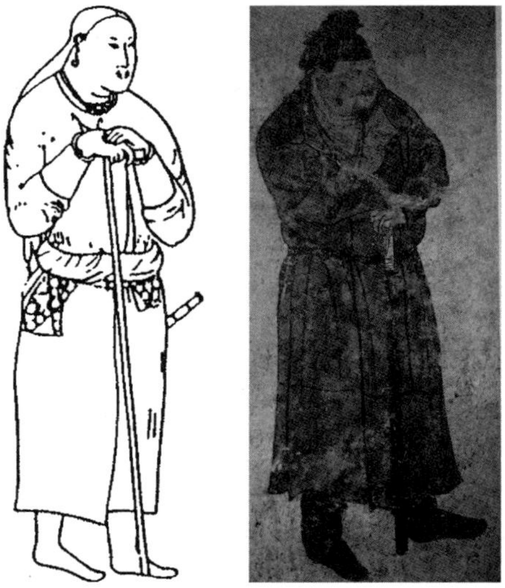

1　　　　2

图二

1. 阿弗拉西阿卜壁画M19　2. 唐李贤墓仪仗图

（1. Al'baum 1980，图5；2.《美术》墓室，图117）

（一）图案和画面构成

阿弗拉西阿卜壁画所见中国的影响，最明显的是正壁和右壁描绘的中国人的图像。他们的服饰或者女性手持的乐器与敦煌莫高窟壁画或西安近郊唐墓壁画上的图案类似（姜，1996）。在右壁狩猎的场景中，马侧腹缠绕的红布与李贤墓（706～711年）狩猎场景中骑士举的红旗（五旒旗）可能有关（Mode，1993：82、83）。

除了已经指出的外，阿弗拉西阿卜壁画与唐墓壁画类似的图案还有两处。一个是M19人像。M19不仅与李贤墓墓道东壁的仪仗图中手放在杖上的姿势相似，就连威严的神态也非常类似（图二）[③]。另一个是M27人像，左手所持之物，阿尔鲍姆推测是马球杖［Al'baum，1975: 25-26（71）］。笔者

① 关于这一点，吉田，1996: 70，71，n.5早已指出。

② 最终原稿准备在Al'baum，1975: 52 (94) 中报告。

③ 隋固原史射勿墓（610年）墓道和过洞天井的执刀武士图，有类似的人像。参考罗丰：《固原南郊隋唐墓地》，文物出版社，1996年，彩色图版1-4。

认为，持的方式虽然不同，但应该是模仿永泰公主墓（706 年）前室东壁的宫女和苏思勗墓（745 年）墓室北壁的男侍手持如意的形态（《美术》墓室：图 119,《世界》：图 15）。

另外，值得注意的是，阿弗拉西阿卜壁画描绘的题材中，有三处与李贤墓壁画一致。阿弗拉西阿卜壁画的狩猎场景（右壁）、外国使节觐见的场景（正壁）和女性游船的场景（右壁），与李贤墓壁画的狩猎出行图（墓道东壁）、客使图（墓道两壁，图三，2）和宫女图（前室、后室）的题材一致（《美术》墓室：图 114、图 118、图 115、图 116）。这些题材不仅仅是李贤墓的特征，也应该是唐代墓葬壁画的一般特征[①]。然而，被推定为撒马尔罕王的宫廷或者私邸的建筑壁画，很难被认为是模仿唐代墓葬壁画制作的。阿弗拉西阿卜壁画应该是模仿宫廷画制作的，而不是唐代墓葬壁画。原因是，从《历代名画记》等记载的唐代宫廷画家的活动和现存他们作品的摹本来看，唐墓壁画应该是以当时的宫廷画的题材和技法为范本的（Fong，1978，1984）。另外，据宋董逌《广川画跋》卷二《上王会图叙录》，北宋朝廷秘阁所藏贞观年间（627～649 年）的《王会图》描述了外国使节来朝贡的场景（长广，1959：22-24）。另外董逌还说，该图除描绘外国使节外，还描绘了仪仗、文官和乐队等。这些题材，在唐墓壁画中也屡见不鲜，由此可推测，这应该是唐代宫廷画和墓葬壁画中共有的题材。所以，阿弗拉西阿卜壁画的画家，在决定构图时，应该参考了唐代宫廷画。

1

2

图三

1. 阿弗拉西阿卜壁画 M24、25　2. 唐李贤墓客使图

（1. Al'baum 1980，图 7；2.《美术》墓室，图 118）

（二）高丽使节是否在拂呼缦王治时到访

阿尔鲍姆根据汉文资料的记述和图像资料，将 M24、M25 的人像比定为高丽使节［Al'baum，1975: 74～75（111～113）］（图三，1）。穴泽、马目研究了高句丽古坟舞蹈塚的壁画和李贤墓《客

---

① 狩猎图在李寿墓（630 年）也有描绘。另外，美丽的宫廷女性的形象在该墓壁画中也很多见，她们手持各种乐器。关于隋唐墓葬壁画描绘的题材，王仁波在 1989 年的文章中进行了总结。

使图》(图三，2)中描绘的具有相同特征的人像，进一步证实了阿尔鲍姆的比定(穴泽、马目，1976：22～32)。此外，西安出土的都管七国六瓣银盘上，有铭文“高句丽”和头上插有两根羽毛的人像，所以阿弗拉西阿卜壁画和李贤墓壁画中插有羽毛的使节，无疑是高丽使节了(云，1984：图6)。之后的研究者接受了这一观点，认为高丽人的确到访了撒马尔罕[①]。笔者认为，虽然M24、M25的确是高丽使节，但高丽使节是否到访了撒马尔罕，还未成定论，以下叙述理由。

在中国描绘外国使节到来的场景中，高丽使节很普遍，推测来源于敦煌莫高窟的《维摩诘经变图》。莫高窟有67幅《维摩诘经变图》，时代从隋到宋(敦煌研究院编，1996,《敦煌石窟内容总录》)。隋代在西壁的龛左右分别描绘有文殊和维摩诘，唐代则常见于东壁门口的左右。维摩诘和文殊的左右位置，虽然是因时而变的，但维摩诘的周围一定是外国使节(蕃王)，文殊的周围则是汉帝[②]。大多数情况下，蕃王集团的前面几个人是南方民族，他们半裸、肤色重、裸足，与他们后方的人们相比，容貌、衣冠都有明显的区别。很明显，各国使节是来访问维摩诘的[③]。戴着特殊羽冠的高丽使节，经常站在南方民族后列的末尾(维摩诘旁边)。

据藤枝的考察，描绘外国使节时“按照各种各样的组合定型”(藤枝，1958，1964：289～290)。现在比藤枝考察时可参照的图版多了一些[④]。笔者根据最新的资料，确认了他的推测是正确的，即外国使节团大致是依靠同一稿本绘成的。这里只探讨高丽使节，关于外国使节总体的构图，另文检讨(影山悦子，1998)。

莫高窟的《维摩诘经变图》中，可以确定表现外国使节到来的图，都是唐以后的作品。隋代壁画褪色严重，虽然无法确认人物容貌的区别，至少服装可以区别。唐以后的作品中，笔者找出，可以参照的外国使节的图有15例，其中11例有高丽使节或其变形的人像(图四)[⑤]。实际上，三分之二以上的绘有高丽使节的图，描绘外国使节时，都存在一个稿本，这个稿本中就有一个人是高丽使节。

这样形式化的外国使节图，不是在敦煌首创，应该是在中原地区产生后传播到敦煌的[⑥]。实际上，中原地区存在形式化的外国使节图，李贤墓的《客使图》就是在这样的图的基础上绘成的。在墓道东西两壁，描绘有三位鸿胪寺文官，其后跟着三位外国使节。高丽使节在东壁(《美术》墓

---

① 莫德和马尔沙克认为，M24、M25描绘的是高句丽遣来的使节。既然描绘的是高句丽的使节，壁画的制作年代应该在高句丽灭亡(668年)之前(Mode，1993: 47；Marshak，1994: 8)。

② 但是，经典的原文并没有表现外国使节，其变文一开始就提到“诸国王，兼诸王子”(藤枝，1958)。另外，220和335窟的《维摩诘经变图》，文殊旁边的汉帝的后方是外国使节。

③ 这些使节的图像是获知当时中国周边民族的服饰的重要资料。各个使节具体是哪个民族，大多我们无法获知。

④ 恐怕1958年藤枝见到的外国使节图仅仅是伯希和的照片(61、108、138、146、237、355窟)和敦煌艺术展展出的作品(159、194、220窟)。笔者除此之外还参照了6例(9、12、98、103、156、454窟)，合计15例。

⑤ 220、335(初唐)，159(中唐)，156窟(晚唐)描绘有戴羽冠的使节，无疑是高丽使节。另外，194(盛唐)，237(中唐)，9、139(晚唐)，61、98、108窟(五代)，羽毛的颜色多少有点差异，描绘的应该也是高丽使节。这些使节很多，确定是高丽人的例子都在同样的位置(前列的末尾或者位于戴着加耳朵的帽子的使节的旁边)。因此，后期的图像，虽然羽冠的颜色逐渐发生了变化，不过是高丽使节图的变形罢了。

⑥ 《维摩诘经变图》的外国使节和已经亡佚的阎立本(初唐宫廷画家)的《西域图》或《职贡图》的关系，潘洁兹已经指出(藤枝，1958)。

图四　敦煌莫高窟第 220 窟维摩诘经变图中的外国使节图（642 年）
（《壁画》敦煌，初唐，图 71）

室：图 118）。当然，高丽使节的确为了朝贡访问中国，但《客使图》并非完全再现各国使节朝贡的一瞬间。应该是以既存的外国使节图为稿本绘成的，这幅图中高丽人也是使节的一员。

与此相同，阿弗拉西阿卜壁画的高丽使节也不完全是这样的。制作壁画的画家一定知道在表达“四夷朝贡”时采用的稿本，因此用这个描绘了高丽使节。阿弗拉西阿卜壁画高丽人的前面，是手持毛皮的使节，敦煌《维摩诘经变图》中也有身着毛皮的使节（103、104 窟）。由此可推测，阿弗拉西阿卜的画家很可能参考了中国形式化的外国使节图。

以上推测正确的话，根据阿弗拉西阿卜壁画上出现的高丽人，不能断定他们确实访问过撒马尔罕。虽然这种可能性也不能完全否定，但至少可知撒马尔罕的画家熟知中国绘画的表现方法。

三、面向壁画的新解释

正壁描绘的使节访问的场景，具体是什么样的场景呢？最后，笔者摸索出一种新的可能的解释，请读者批判。

正壁描绘的一组使节，从服饰上看，应该是中国使节。这一时期，唐朝派遣到撒马尔罕的使者记录，见于《唐会要》卷 99“康国条”：

> 显庆三年（658），高宗遣果毅董寄生，列其所居城为康居都督府，仍以其王拂呼缦为都督。

正壁的中国使节，有可能就是董寄生。这样的话，正壁描绘的应该是拂呼缦就任康居都督的仪式①。

如果描绘的是西突厥灭亡后的都督就任仪式的话，为什么会有那么多的突厥人在场呢②？阿尔鲍姆和莫德解释为，这些是拂呼缦王的臣下［Al'baum，1975：27（73）；Mode，1993：33-34］。马尔沙克却认为他们是中国皇帝的奴隶，其根据是里夫什茨新解读的铭文中有“束缚着工作”（M5的左手）一句，马尔沙克还举出突厥人从铁门到高丽远征，为中国皇帝流血的记录（Marshak，1994：8）。

笔者认为，壁画描述的突厥人是撒马尔罕王个人的戍卫队。其后的阿拉伯统治时期，形成了护卫哈里发个人的赭羯戍卫队，构成这个戍卫队的民族也应该是突厥人（Beckwith，1984）。他们被重金购入，之后还给他们足够多的酬金，因为他们的战斗能力很强，还被要求为主人战死。这样的戍卫队并不是阿拉伯人自己创立的，而是从中亚的突厥人和粟特人那里继承来的，不过之后伊斯兰化了。阿弗拉西阿卜壁画描绘的突厥人，应该是为拂呼缦王服务的突厥人。如前嶋1965和白桂思（Beckwith）所引用，《大唐西域记》记载赭羯是勇烈之人，撒马尔罕就有。因此，拂呼缦统治时期，已经存在赭羯。此外，塔巴里（al-Tabari）记载8世纪初的撒马尔罕王塔尔浑（突昏）时期也存在赭羯（al-Tabari，ii，1159），据此可推测，拂呼缦时期也同样有赭羯。因此，阿弗拉西阿卜正壁表现的是唐朝派遣的使节，任命撒马尔罕王拂呼缦为康居都督的场景，还描绘了外国使节和拂呼缦王个人的戍卫队。

四、结　语

据第二章研究，阿弗拉西阿卜壁画，除各个图案外，其构图形式、表现方法，都受到了唐朝宫廷绘画的影响。这种影响应该是阿弗拉西阿卜壁画的特征。此外，索格狄亚那遗迹的壁画也受到同样的影响，不过现在还无法明确，或者还没有出土吧。这样的问题，有待今后的课题进行研究。

第三章针对以往没有考察的内容进行探讨，虽然对阿弗拉西阿卜正壁的内容提出了新的解释，但壁画整体的解释没有最终完成。阿弗拉西阿卜壁画保存状态不错，还有铭文可以说明内容，解释的条件是不错的。尽管如此，壁画的解释也没有取得一致的意见。这说明了壁画解释存在困难。然而，阿弗拉西阿卜壁画的研究史中，研究成果很丰富，很多观点都接近了正确的解释。本文能够推进阿弗拉西阿卜壁画的研究，实属幸事。

附记：本文在写作过程中，得到荒川正晴、森安孝夫和吉田丰先生的指导。在表达深深的谢意之时，需明确指出，文章的责任由笔者承担。

---

① 通过以上叙述，马尔沙克指出，壁画的内容与拂呼缦王就任都督有关，但正壁与此无关，右壁与中国人描绘的背景有关。

② 最近发现的巴克特里亚文书中，是在Rob（现在的Rui，巴米扬之北）制作的奴隶买卖契约文书。据解读者说，契约是678年的，保人是神和领主，还有带突厥系名字和称号的人（Sims-Williams，1996: 646-647）。从这个新资料来看，西突厥灭亡后，巴克特里亚宫廷里还是存在突厥人的。阿弗拉西阿卜的壁画，正壁画面大半都是突厥人，而且人像描绘的都一样，没有个性，应该与上面文书提到的突厥人一样。

参 考 书 目

Akhunbabaev Kh G. 1987. Domanshine khramy rannesrednevekovogo Samarkanda, *Gordskaja kul'tura Baktrii-Tokharistana i Sogda.* Tashkent: 10-21.

Al'baum L I. 1975. *Zhivopis' Afrasiaba. Tashkent.*

Antonini C S. 1989. The paintings in the palace of Afrasiab (Samarkand). *Rivista dégli Studi Orientali* 63: 109-144.

Beckwith C I. 1984. Aspects of the early history of the Central Asian guard crops in Islam. *Archivum Eurasiae Medii Aevi* 4: 29-43.

Belenitskii A M, Marshak B I. 1981. The paintings of Sogodiana // Azarpay G. *Sogdian Painting.* Berkeley, Los Angeles, London: Univetsity of California Press: 13-77.

Fong M H. 1978. Tang tomb wall paintings of the early eighth century. *Oriental Art* 24/Summer: 185-194.

Fong M H. 1984. Tang tomb murals reviewed in the light of Tang texts on painting. *Artibus Asiae* 45: 35-72.

Hinds M. (translated and annotated). 1990. *al-Tabari, Ta'rikh al-rusul wa'l-muluk. The history of al-Tabari*, vol. XXIII, New York: State University of New York Press.

Lerner J. 1995. Central Asians in sixth-century China: a Zoroastrian funerary rite. *Iranica Antique* 30: 179-190.

Marshak B I. 1994. Le programme iconographique des peintures de la《Salle des ambassadeurs》à Afrasiab (Samarkand). *Arts Asiatiques* 49: 5-20.

Mode M. 1993. *Sogdien und die Herrscher der Welt, Türken, Sasaniden und Chinesen in Historiengemälden des 7. Jarhunderts n. Chr. Aus Alt-Samarqand.* Frankfurt am Mian, Berlin, Bern, New York, Pairs, Wien.

Scaglia G. 1958. Central Asians on a Northern Ch'i gate shrine. *Artibus Asiae* 21: 9-28.

Sims-Williams N. 1996. Nouveaux documents sur l'histoire et la langue de la Bactriane. *Comptes rendus de l'Academie des Inscriptions et Belles-Lettres*: 633-654.

Smirnova O I. 1970. Sogd (K istorii izutchenija strany i o zadatchakh ee issledovanjia). *Palestinskij sbornik,* vyp. (21): 94. Leningrad: 121-150.

Yoshida Y. 1996. Additional notes on Sims-Williams' article on the Sogdian merchants in China and India // Cadonna A. and Lanciotti L (eds.) *Cina e Iran, da Alessandro Magno alla dinastia Tang*: 69-78.

アリバウム，L. I.（加藤九祚译）（1980）《古代サマルカンドの壁画》，文化出版局。

アリバウム，L. I., B. ブレンチェス（大林太良监译）（1983）《黄金の番人——古代の中部アジア》泰流社。

穴泽咊光、马目顺一（1976）《アフラシャブ都城址出土の壁画にみえあれる朝鮮人使節について》，《朝鮮學報》80，第 1-36 頁。

土居淑子（1971）《中央アジア出土アフラシャブ壁画》，《國華》937，第 18～21 頁。

藤枝晃（1958）《維摩變の一場面——變相と變文との關係》，《佛教藝術》34，第 87～95 頁。

藤枝晃（1958）《維摩變の系譜》，《東方學報》36，第 287～303 頁。

影山悦子（1998）《敦煌莫高窟維摩詰經變相圖中の外國使節について》，《神戸市外國語大學研究科論集》1，第 65-81 頁。

香山陽平（1966）《アフラシャブの發掘——サマルカンド新發見の壁画》，《東海史學》1，第 25～35 頁。

姜伯勤（1996）《敦煌壁画与粟特壁画的比较研究》，《敦煌艺术宗教与礼乐文明》，中国社会科学出版社，第 157～178 页。

前嶋信次（1965）《安史の亂時代の一二の胡語》，《石田博士頌壽記念東洋史論叢》，第 411～423 頁。

間野英二（1977）《中央アジアの歷史》，講談社新書。

長廣敏雄（1959）《閻立德と閻立本》，《東方學報》29，第 1～50 頁。

岡本孝（1984）《ソグド王統考——オ＝イ＝スミルノワ說批判を中心として——》，《東洋學報》65，第 237～270 頁。

王仁波（1989）《隋唐时期的墓室壁画》，《美术》墓室，第 21～34 页。

シシュキン .V. A.（1969）《古代文化の寶藏——アフラシャブ——ヤクボフシキー他著（加藤九祚译）》，《西域の秘寶を求めて——スキタイとソグドとホレズム——》，新時代社，第265～299頁。

上野アキ（評）（1980）《アリバウム著・加藤九祚译<古代サマルカンドの壁画>》，《月刊シルクロード》第6、9、15頁。

云翔（1984）《唐章怀太子墓壁画客使图中“日本使节”质疑》，《考古》第12期，第1142～1144页。

参考图版

Grottes de Touen-Houang: carnet de notes de Paul Pelliot: inscription et peintures murales (1981-1992), Mission Paul Pelliot, Document conservés au Musée Guimet XI, 1-6, Paris.

《美术》墓室：宿白主编（1989）《中国美术全集》绘画编12，墓室壁画，文物出版社。

《美术》敦煌：段文杰主编（1985）《中国美术全集》绘画编14、15，敦煌壁画上、下，上海人民美术出版社。

《壁画》：段文杰主编（1989～1991）《中国美术分类全集 中国壁画全集》敦煌，隋、初唐、盛唐，五代・宋，天津人民美术出版社，辽宁美术出版社。

《世界》：米泽嘉圃编（1963）《世界美术大系》8，中国美术I，讲谈社。

敦煌文物研修所编（1980～1982）《中国石窟敦煌莫高窟》第1～5卷，内容总录，平凡社・文物出版社。

敦煌研究院・江苏美术出版社编（1994～1995）《敦煌石窟艺术》莫高窟，9/12窟（晚唐），61窟（五代），156/161窟（晚唐），江苏美术出版社。

丝绸之路与东亚文明

〔日〕江上波夫　著
董　耘　译
王晓琨　审　校

Silk Road 一词，在日文里叫作シルクロード，德文叫作 Seidenstraße，中文称为“丝绸之路”。这个名词在 19 世纪时首次被德国地理学家费迪南·冯·李希霍芬（Ferdinand von Richthofen）提出，用来指称贯穿中亚的古代交通干线，此干线连接了东方的中国与西方的地中海地区。然而，今天这个名词普遍被用来称呼连接欧亚大陆东西两部分的商业路线，在古代形成时的相关地域。这个名词包含了所谓的“绿洲路线”（Oasis Route），绿洲路线连接了中亚沙漠与半沙漠地区中的商队城市；也包含“草原路线”（Steppe Route），指的是由骑马的游牧部落所控制的商业路线，这些游牧部落所居住的欧亚草原一直延伸到绿洲路线的北方；还有“南洋路线”（Southern Sea Route）[①]，南洋路线连接了南海、印度洋、阿拉伯海、红海与地中海。由此看来，李希霍芬使用的 Seidenstraße 一词是复数形态，显然比英文所使用的单数名词更为恰当。

一、丝路的绿洲路线

在这三个路线当中，“绿洲路线”是最为人们所熟知的，它的名气不只是因为它在东西方贸易与文化交流上的历史意义，更是因为绿洲路线并不是天然形成的，而是由人类持续不断的努力建构而成的，这一特色使得绿洲路线散发着强大的魅力。大约一千年来，无数的人们旅行于此路线之上，甚至甘冒生命危险，常常只是为了最终能实现他们的梦想。因此，人类与这条路线之间的系绊可说是比所有其他路线都要更坚韧。当我想到这条路时，我看见无数的人物兴起又逝去，他们的声音时而响亮时而低微，我想这可能是因为有太多的人在这条路线上丧失了生命。

从中国的唐代到汉代，相当于西方的罗马（包括拜占庭帝国）与波斯萨珊王朝的时代，大约是公元前 2 世纪到公元后 8 世纪之间的一千年，绿洲路线是非常繁荣且具有活跃的贸易活动的。在此时期中，绿洲路线的东方终点是长安（西安），西方终点是罗马；时代更晚，东方终点变成了洛阳，而西方终点则是拜占庭（君士坦丁堡）。整条路线的长度约为 9000 千米，穿越许多危险的区

① 中国学者习惯称之为“海上丝绸之路”，译者注。

域，像塔克拉玛干沙漠——这片沙漠直到最近仍被称为“未知领域”（terra incognita），以及天山、昆仑山、帕米尔高原（the Pamirs）、卡拉库姆沙漠（the KarakumDesert）、克兹勒固姆沙漠（the Kyzylkum）与兴都库什山（the Hindu Kush）。然而在这些陡峭山脉的山脚下，有着大小各异的、坐拥溪流或泉水的绿洲。在这些绿洲当中，城市被打造成以城门和城墙作为保护，建筑被绿树、农田、果园所围绕，其中点缀有清澈的池塘与花床。来自各地的旅人聚集于绿洲，渐渐形成了市集、露天交易场所，他们在这里交换从各自的地区所带来的货品。如此繁荣的景象与周遭干旱不毛、无人居住的土地形成鲜明的对比。绿洲城市的人们形成了共同的商队，从事东西贸易的居间活动，并且也成为这条繁忙的、欧亚之间东西文化交流运输管道的一部分。

以历史学家的观点看来，使人们得以从一个绿洲旅行到另一个绿洲的“绿洲丝路”是人类活动的重大里程碑，标志了人类对大自然的威胁与险境的征服，建构了一条长达千里，却又是穿越中亚、结合东西、距离最短的交通干线。与此同时，由于绿洲丝路是人为形成的道路，它所遭遇的变迁跟人类历史中其他事件比起来，确实多了更多的动荡。尤其是受到路线两端主要文明发展的强烈影响，这两个文明指的是中国文明与地中海文明，同时也受到马背游牧民族的迁移影响，这些民族来自路线北方的北欧亚地区。这些绿洲丝路上的来来往往都剧烈地动摇着这个环境以及沿线的绿洲商队城市，使得他们不可避免地经受着这个时代的繁华与消亡。

穿越整个内陆亚洲、约4000千米的绿洲丝路实际上位于中亚的中心位置。在古代，人们需要与多种恶劣的自然环境搏斗，其中包括广阔而炎热的沙漠，白雪覆盖、寒风吹拂的山顶，还有幽深陡峭并流有汹涌的山泉的山谷，山势十分高拔险峻。人们也时常遭受土著的袭击。这样的地点有无数个，但有四个主要的地区位于亚洲内部，少有人类得以进入。这四个地方列举如下：白龙堆（位于罗布泊附近的沙漠）、塔克拉玛干沙漠、印度河上游的帕米尔高原及其陡峭山壁。这些地区的险峻通道一直到20世纪上半叶都没有改变，探险家、学者、外交官以及美国、俄国、日本、中国军队等，都以游记和各式纪录证实了这点。毋庸置疑的是，绿洲路线远比草原路线要危险得多，草原路线所经的环境相对温和。那么，为什么这么多人——国王、贵族、将领、官吏、商人、工匠、僧侣、传教士、学者、音乐家、舞者、艺术家、士兵、流亡者与难民冒着生命危险选择绿洲路线呢？这可能是因为草原路线大部分地区都被骑马的游牧民族所占据，禁止了一切可行的通道，同时也是因为草原路线缺乏城镇、市集与住宿之处。草原路线没有可以供给商队或旅人的饮水补给、食物，或是其他旅行必需品，如娱乐与医疗服务等。相较之下，绿洲路线沿线的商队城市持续供应着商旅规模各异的住宿、市集。很多商队城市都提供有普遍便利的日常生活所需，允许旅客长期停留，甚至还有设施与场所可供长途运输之用。

这些城市可说是绿洲路线的基础，使得该路线得以逐渐发展成东西贸易与文化交流的主动脉，但这些城市是何时在欧亚的沙漠与半沙漠地区中出现的，目前尚未有充分的答案。然而，最近由苏联考古学家所主导的对中亚沙漠绿洲（主要集中在西部地区）的挖掘调查揭露了数个要塞城镇的遗存，这些城镇的年代都可以追溯到公元前6～前4世纪。这些城市包括了土库曼共和国雅兹省的要塞城市遗址（年代约为公元前8～前4世纪）、乌兹别克的凯尔哲理捷尔（KyuzeliGyr）的要塞城市遗址（年代约为公元前6～前5世纪）和柯以凯尔甘卡拉（koi krylgankala）的圆形要塞城市遗址。所有这些带有城墙或配有堡垒的城镇遗址，都被认为可能是在遭受骑马的游牧部落的攻击时，保护当地的居民安全。其中，柯以凯尔甘卡拉的圆形建筑被双重的厚实墙壁所环绕，这是最大限度地确保其安全。

这些要塞城市的年代都约为公元前 6～前 4 世纪，位于西域西部沙漠地区。通过这些考古发现可以看出，绿洲城市早在阿契美尼德时期就已经存在于西域西部阿契美尼德帝国的外围地区了。这些绿洲城市很可能也从事东西运输、交通、贸易、处理货物的中转活动。然而，这些活动所获得的大部分利益，都由控制绿洲城市的游牧国家以税收或收租的方式所吸收。取代月氏控制西域绿洲城市的匈奴是这样，随后获得中亚控制权的骑马游牧民族亦是如此。在此背景之下，有些物产如软玉（出产于昆仑山，一般认为被禺氏人也就是月氏人运送到了中原）、绿松石和蜻蜓眼珠（来自西亚，可能被月氏人跟软玉一起带到中原）必然受到了中原人民的喜爱。相反地，以“丝国之丝与锋利铁刃”（Seres silk and iron blade）著称的中国丝绸与铁器，被认为由赛里斯人也就是后来的月氏人带往西方，且这样的过程事实上是由许多绿洲商业城市接力完成的，这些绿洲城市包括西域地区，最远至西亚的安息帝国，安息帝国是由骑马的游牧民族通过征服其他部落所建立的，可说是当时最有权势的王朝。在安息帝国中，这些产品会带来附加价值，并且被输出到包括罗马在内的地中海周边国家。很有可能安息帝国也同样地从罗马、叙利亚等国家获得特别的商品，如玻璃容器、蜻蜓眼珠、亚麻布、地中海风格的金银器与陶器等，再将之转售到更东方的区域，因此得以在东西贸易中获得双倍的收入。

从这些例子中可以很明显地看出，西域特色产品是由绿洲城市以商队的方式进行运输的，但在这样的运输与贸易活动中获利的其实是位于商业路线两端的匈奴、月氏、安息帝国等强大的骑马游牧民族。中国西汉时汉武帝年间的记录，与当时地中海地区自罗马帝国年间所保留的记录也都清楚地佐证了如此的事实。此外，从 19 世纪末期开始，特别是近年来，考古学研究已经在密集经营并关注绿洲路线准确的途径、商品的沿线运输、人们如何从事运输与其他活动、语言的使用与传播、宗教、学问、艺术、思想以及文化的其他多个面向。这些研究活动已经进行一个史无前例的规模，并且有着紧密的国际合作。稍微看一下这个丝路之展就可以看到有多少国家致力绿洲路线的研究，其中不只有丝路沿线的国家，如中国、蒙古、印度、巴基斯坦、阿富汗、苏联以及西亚和地中海国家，也包括欧洲国家与日本。

二、丝路的草原路线

接下来就要简短地谈谈草原路线了。自史前时代开始，草原路线一直都是游牧民族从东到西或从西到东的通道，这可能是因为草原路线拥有碧草如茵的牧草地，使得他们沿路都可以喂养牲口。欧亚游牧原住民的细石器文化早在史前时代就已经存在于草原路线沿线了，这是一个受到认可已久的事实，善于使用细小石刃的新石器文化，以及南西伯利亚与中亚半农半牧的安德罗诺沃文化之类的青铜器文化，还有畜牧成分大于农耕的卡拉苏克文化，这些文化也都是如此。这使人联想到草原路线的兴起是源于史前时代畜养牲口的游牧部落的迁徙。这一点可以在以下的事实中得到充分的确认：古代北欧亚的骑马游牧部落发展出了普遍被称为斯基泰-萨玛尔提风格或斯基泰-西伯利亚风格，这种风格的特点是金器、银器、青铜制品上饰有动物图案，这些部落通过草原路线将这种风格传播到东方与西方，虽然很多学者曾对此种金属文化的起源表达不同的看法，但目前尚无明确的结论。然而，已经有证据显示这种金属文化是在公元前6～前4世纪得到散播，散播到了哈萨克平原、阿尔泰山脉、欧亚大陆中部叶尼塞河上游的半平原半林地地区，甚至远至西方的南俄罗斯草原与多瑙河流域，东方的蒙古的半平原半沙漠地区、中国长城附近地区。毋庸置疑，此种金属文化属于古代骑马的游牧部落，而草原路线恰恰穿过了此文化所散播的区域。

然而，少有能够证明欧亚草原路线存在的沿线城市或村落遗址被发现。这是因为控制与利用草原路线的族群，也就是留下了风格不同的墓葬与饰以动物图案的金属文化的北欧亚骑马游牧民族，在古代历史记录中常被称为“住帐篷的人”或是“住在马车上的人”。他们从事畜牧业，在广大的平原上季节性迁徙。他们偶尔会入侵农村、压制森林中的狩猎族群，并掠夺或是索要贡品。他们本身既不定居在任何特定地方，也不建造任何城镇。

草原路线并不是现代人所以为的是一条“道路”，而是从东到西绵延不断的平原，并且担任了北方欧亚地区的交通动脉的角色。草原路线与海洋略有点相似，不论是骑乘骆驼、马匹，还是赶着马队或是牛群，人们就像是漂浮在汪洋中的小船一样，可以凭借着这一路线前往任何想去的地方。这对北欧亚的骑马游牧部落来说是个方便的要道，使他们得以迁徙到任何方向，同时还可繁育他们的牲口或是在任何地点进行交易。草原路线是一片肥沃的草原，也是军事活动的舞台。草原路线实际上是一个经济与文化的庞大输送管线，它从东到西输送的不只是货物，还包括来自世界不同角落的信息与技术，这些都被带往了中亚的骑马游牧部落。草原路线也使得居住在欧亚北方的骑马游牧民族的迁徙成了可能，草原路线扮演了天然高速公路的角色，自东到西穿越了骑马游牧的生活方式、动物图案与金属文化等文明所传播的区域。

住在草原上的骑马游牧民族饲养牛、马、羊等家畜，生产羊毛、毛毡和日用品，也购买来自中国的丝织品、刺绣、铜镜、宝石工艺品，来自西伯利亚的兽皮、黄金，来自西域的软玉与羊毛织品，以及更精致的羊毛织品与马匹，来自伊朗的地毯与绿松石，来自东地中海的玻璃器皿与蜻蜓眼珠。这些产品部分被游牧民族自身所使用，但也被用来赠送给邻近国家的国王与贵族，或被卖往外地。很多历史记载可以证明：这些骑马游牧部落持续地要求中原大量供应他们丝绸，以此作为贡品或贸易。例如，匈奴的统治者（单于）要求汉宣帝以及其后的中国皇帝供应大量的、远超自身消费量的丝制衣裳，并且每次都索要更多。说到丝绸被作为贸易的主要项目，松田寿男博士收集了许多中国保存的历史资料，创造使用了“绢马交易”一词，这个词曾在他的著作《绢马交易研究札记》《绢马交易的历史记载》中被使用。之后，专攻北亚历史的日本历史学家继续绢马交易的研究，并且发现这样的交易形式从汉代一直持续到明代。绢马交易在汉朝与匈奴、鲜卑之间一直被活跃的实施着，并且在后来的北齐、隋代、唐代和突厥之间，唐代与回纥之间，宋代与契丹、西夏之间，明代与北元之间，也都是如此。由于绢马交易的缘故，必定有数量惊人的丝绸外流至长城以北，进入了骑马民族的领土，并且从那里进入了西方世界。在我看来，绢马交易不仅仅是一个经济或商业行动，马背族群向中原要求大量丝绸的真实意图是为了削弱中原的经济状态，弱化中原的国力。或许他们试图借由消耗中国运输往西亚和地中海世界的丝绸供应（这些丝绸会通过中亚那些受到中原控制的绿洲城市进行运输），来破坏中原与绿洲国家所从事的东西方丝绸交易，并借此垄断东西之间的丝绸贸易。

简单来说，北亚骑马游牧民族的侵略性不只是对东西方文明人群的、实质意义上的战争，更注重竞争贸易中的领导地位。数个历史事实都可为此提供证据：和田、粟特以及其他绿洲路线沿路的中亚国家，在4～5世纪开始生产他们自己的丝绸产品；粟特商人不只在绿洲路线表现杰出，也和草原路线的突厥、回纥等骑马民族建立了强而有力的联系，试图往西方扩展他们的丝绸贸易。

中国的丝绸产品和刺绣从很早开始就已被投入贸易，并且持续了比我们所预期的还要更久的时间，最近的考古调查使得此一事实更加被确认，这些考古调查是由苏联学者所主导的，并由后来的苏联学者与其他学者接续，主要关注以科技史的角度勘查出土丝绸材料的挖掘。在这样的情况下，越来越多的关注被聚集到了草原路线上，并且将之认定为另一条丝路。

在下文中，我将会谈到流动于东西方之间的货物与人群之特点，以及借由丝路被带往中国与日本的重要异域文化。

三、丝路上的人群、商品与宗教

沿着丝路尤其是绿洲路线被运送及贩卖的商品，在式样与质量上都各有其特点，这其实也没什么好奇怪的。它们被装载在骆驼上运送，经常在长途且艰难的旅行中以接力的方式走过漫长的距离，这都是为了要被商人进行交易，或是被交给外地的统治者当贡品。首先，它们必须是稀有且足够漂亮的外地商品，才得以受到皇室与贵族的赞赏。它们也被要求必须时尚，并且适合作为馈赠的礼物。于是，被运输于丝路沿线的商品满足了这些要求，被从普通商品中分别了出来。它们价格高，它们的美学与文化价值受到了国际化的评价，而其确切的价值更是不受时空所限制的。同时，几乎所有丝路沿线运输的商品都具有优雅的形态、繁复且华贵的装饰、艺术性的细节与典雅的品位。简单来说，丝路沿线的商品都被赋予了文化价值与宫廷气派的精致感。然而，丝路商品还有另一个重要的必备条件：结构稳固，以及重量轻巧、可携带，才可承受长途运输。

以下几项都是满足以上的条件后，被挑选为可以通过丝路传送的商品或贡品。

1）宝石，如来自昆仑山的软玉，来自伊朗的绿松石，来自阿富汗的青金石、石榴石；来自陆地与海洋、用来装饰的自然产物，如来自印度的龟壳和象牙、来自波斯湾和红海的珊瑚和珍珠。

2）染品与织品，像是中国的丝绸锦缎、刺绣、斜纹织品、薄纱；以及来自西域、阿富汗、印度西北、波斯等地区织工紧密的羊毛织品、地毯、毛毡等。

3）容器，如来自东地中海的和伊朗的金器、银器、玻璃器，以及来自中国的漆器、白瓷、彩陶。

4）中国汉代、北魏、隋代、唐代的铜镜，还有来自伊朗和东地中海的金银饰品和蜻蜓眼珠。

5）来自东方也有来自西方的剑、铠甲和马具，上面都有精美的装饰。

6）来自东西方的舞者和音乐家专用的衣服、面具与乐器。

7）画作、雕刻、金属制品、书法、书籍、文房四宝、玩具，以及其他艺术和工艺作品。

8）香料和药物。

基于上述所提到的理由，所有这些产品都具有复杂精细的形状与精致的装饰。例如，容器基本上由优雅的水壶、狭长带嘴的瓶子、高足碗等所组成，还包括形状有趣的容器，如角形的饮器、口沿有鸟头的碗，以及椭圆形的或八瓣的细长形碗。装饰的图案也很多元，举例如下：生命树、互相撕咬的动物、阿拉伯式花饰、带有翅膀的天马、飞行的仙女、狮头、咬着花梗的鸟儿，还有鹿、羊、凤凰等动物，也有带翅膀的人。它们各有其特色，但都优雅且艳丽，符合高贵的宫廷气质。

穿越丝路的人们，包括商业城市的居民，数量大也非常多元。吸引人们来到丝路的因素想必也是非常多样的，但绿洲和沙漠路线在所有人眼中看起来都是一样的。旅人对于该地的经历和观察有着高度的相似性。然而，在下文可以看到的人群速写中，这个大自然舞台上演员的行为可以说是色彩斑斓且丰富多元的。在中国到西方这一区域的旅人中，有一个中国人叫作张骞，常被称为“东方的哥伦布”，他发现了帕米尔高原旁的希腊化印度文明；汉朝的李广利将军翻过了天山，在西域找到了良马；有一位中原女子叫作细君，她嫁给了乌孙的君主，牺牲自己成为对外政策的一部分，后来创作了一首悲伤的歌谣，借此追思她在故乡的幸福往昔；东晋的佛教僧人法显在罗布泊和帕米尔的沙漠中经历了艰困的旅程，拜访了印度所有的佛教相关地点，然后循着南洋丝路回到中国，途中还拜访了锡兰与爪哇；玄奘也是一名佛教僧侣，他从敦煌开启他的旅程，走访了西域，最终抵达印度，在那里他获得了许多佛教经书，当他回到中国之后，他将这些经书翻译成中文，并奉太宗敕命编写了不朽的《大唐西域记》。顺带一提，在中国进修的日本僧侣智达与智通据说曾经是玄奘的学生，他们可能曾有机会习得他们的老师在西域的经验。

在更早的时候，晋朝的诗人潘尼作了一首《琉璃碗赋》，他在诗作中引用了“济流沙（塔克拉玛干沙漠）之绝险，越葱岭之峻危”。作为诗中主角的琉璃碗必然和伊朗北部所出土的刻花玻璃碗型式相同。日本奈良正仓院所典藏的半透明刻花琉璃碗和出土自安闲天皇陵墓的刻花玻璃碗，两者型式也相同。这些稀有又脆弱的玻璃制品和伊朗所发现的彼此相像，它们在被搬运的旅途中想必受到了无数双手最完善的保护，通过帕米尔高原与塔克拉玛干沙漠，抵达终点西安或是洛阳。当然，琉璃碗不是唯一被从西方运到东方的玻璃制品。许多历史记载和考古发现指出，公元前5～前4世纪的地中海地区的蜻蜓眼珠、罗马人在1世纪吹制的玻璃产品，还有之后4～6世纪伊朗人或美索不达米亚人的刻花玻璃（琉璃碗），以及拜占庭晚期和伊斯兰时期吹制的玻璃制品，以上这些都被带往了东亚地区，受到该地的高度重视。在这当中必定存在粟特商人所建立的“人物链”，粟特商人几百年来穿越大陆中心，这样的活动不只形成了源自东方的“丝绸之路”，更出现了源自西方的“玻璃之路”。

粟特商人马尼亚克（Maniach）在丝路的国际贸易中扮演了重要的角色，被西突厥的室点密可汗（Dizaloubos）派遣为经济事务的主责，为了销售中国丝绸产品而在西突厥本营的尤达斯山谷（Yulduz Valley）、泰西封（Ctesiphon，萨珊王朝的首都）、拜占庭（西罗马帝国首都）等地之间旅行。作为交换，由西罗马帝国所派遣的希腊人泽马奇斯（Zemarchos）也负责着相关事务并拜访西突厥可汗的本营。这个历史事件证明了，丝路确实在骑马游牧民族的奇妙国度与定居文明的堡垒城市之间构成了链接。

在更晚的历史中，道教大师长春真人应成吉思汗之邀，拜访了山东与蒙古。但听说成吉思汗和他的军队正位于西域，长春真人经由草原路线和绿洲路线抵达了阿富汗，在那里他见到了“世界的征服者”，并且教给了其道教的基本义理。

巴·扫马（Bar Suama）是基督教聂斯托里教派（景教）北京地区的教士，他和他的门徒马古斯（Markos）在忽必烈的允可下，穿越西域，前往耶路撒冷的圣墓。到了马拉加（Malaga），也就是伊儿汗国旭烈兀（忽必烈之弟）所建立的波斯地区的首都后，他们和阿尔贡王（King Argun）以及聂斯托里教派的大教长（Catholicos）会面。在这位大教长去世之后，马古斯被选为新的大教长，成为雅巴拉哈三世（Yaballaha Ⅲ）。与此同时，蒙古与欧洲军队形成同盟，提出了兴起新圣战的建议，欲驱赶来自叙利亚和巴勒斯坦的阿拉伯伊斯兰势力，从而解放耶路撒冷。巴・扫马被委派为此计划的交涉代表，前往欧洲拜访教宗尼古拉斯四世和英法两国的国王。其后，双方同意了新圣战的成形。在此事件之后，梵蒂冈决定派遣一个正式的大使与天主教传教士，前往元朝忽必烈可汗所在的大都（最大的首都，又称汗八里）。这位大使兼传教士名叫孟高维诺（Monte Corvino），他经由南洋路线抵达中国。然而当他到达首都时，忽必烈（世祖）已经驾崩了。于是孟高维诺就去谒见了汪古王乔治（忽必烈的孙子）的宫廷，并且劝说他从聂斯托里教派转为皈依天主教。孟高维诺建立了东亚第一个罗马教会，这个教会位于首都，而且是歌德式的建筑。（乔治王的部族遗存在今日的内蒙古被找到。）孟高维诺又前往北京，自元成宗处获得作为梵蒂冈大使和基督宗教传教士的正式批准。梵蒂冈指定孟高维诺为“汗八里教主”，并且不断地派送基督宗教的教士到中国去协助他。因此，天主教的宣教任务得到了密集的执行，甚至触及了中国南方的泉州和中部的扬州。在孟高维诺去世之后，这种紧密的关系维持到了元末，时长约半个世纪。皇帝和教宗分别掌控着亚洲与欧洲，他们之间的友谊显示了绿洲路线和南洋路线首次连接了东西方的政治与文化。这样的联系终止于元朝的灭亡，但即使在这个空前的历史大事记，或是由友情所维系的连接之后，这条道路仍被欧洲人长久地记得，其中包括马可・波罗，他将此路称为“通往中国的路”必须强调的是，这个历史事件成为 16 世纪欧洲人将目光转向东亚的动机。

在循着丝路自西旅行到东的旅行者当中，也有人将佛教从印度或中亚传到了中国。这些人大部分来自贵霜和印度西北到帕米尔之间。从汉朝后期到东晋年间，他们先将佛教传播至丝路沿线，再穿越西域，最后到达中国。在洛阳和其他中国城市中，他们致力于佛教的传扬，将佛经翻译成汉语。例如，在汉朝后期，来自安息的安世高和来自贵霜的支娄迦谶（Lokaraksha）分别翻译了小乘佛教和大乘佛教的经典。支娄迦谶的译作包括《道行般若波罗蜜经》《无量清净经》《般舟三昧经》《首楞严经》。在更晚的三国时代，来自贵霜的支谦（他的祖父曾归化中原）成为一名佛教僧侣并翻译大乘和小乘佛教的经典。前面一种佛经中包括《阿弥陀经》《菩萨本愿经》《维摩诘经》，而后一种则包括《须摩提长者经》以及《长阿含经》《中阿含经》的新译本。西晋的竺法护（摩罗刹）据说是一个出生在敦煌的贵霜人。他启程前往中亚寻找佛教的真义，在那里他学会了三十六种语言并搜集了许多梵语经书。回到中国之后，他翻译了多种佛教手稿，包括属于佛经五大种类（又称作《般若经》《宝积经》《大集经》《华严经》《涅槃经》）的大乘佛教经典，还有《正法华经》《普曜经》《菩萨十地经》，以及大乘佛教中提出生命秩序的《净律经》《文殊悔过经》。至于小乘佛教，他也翻译了为数不少的阿含经，包括《杂阿含经》《中阿含经》《增一阿含经》《长阿含经》。竺法护的翻译似乎涵盖了现存经典的各种种类，有句话说：“经法所以广流中华者，护之力也。”在稍晚的东晋年间，来自龟兹的鸠摩罗什翻译了一些大乘佛教的经典，包括《般若经》的完整与简要版、《大智度论》《弥勒下生经》《十住经》《摩诃般若波罗蜜大明咒经》，对大乘教义向公众的传播做出了不可磨灭的贡献。来自龟兹的佛图澄（Buddhashimha），年代和竺法护相仿，前往克什米尔学习佛法，后抵达洛阳，并在这里教导出道安等一批值得敬重的僧侣。因此汉朝后期到南北朝和隋唐时，很多来自西方的僧侣来到中国弘扬佛法，沿着绿洲路线旅行（也就是扩展到塔克拉玛干沙漠北端与南端的路线）。与此同时，为数不少的和尚踏上了前往中亚与和印度的旅程以探寻佛学真义、收集并抄译经文。于是绿洲路线被称为“佛教走廊”，自西域延伸到中原。绿洲路线沿线点缀有佛教寺院和遗址，这里有很多佛教僧侣，并且不论种族还是语言，大多数人们都是佛教徒。普遍来说，中国主流的佛教教派是大乘佛教。在西域，几乎所有塔克拉玛干沙漠南缘的地区，如楼兰、米兰、和田、莎车等，都属于大乘佛教。然而南边的路线在东晋之后逐渐被沙漠所掩埋，居民的数量也大幅减少。南边路线的商旅城市大都消失了，只有和田和莎车的人民仍维持着大乘佛教的信仰。在塔克拉玛干的北边路线上，小乘佛教自南北朝和隋唐时代开始兴盛起来。在韩国和日本接受了来自中国的佛教之后，小乘佛教就变成了这两个远东国家的主要佛教教派。综上所述，可以用一句话将绿洲路线总结为“探询佛教真义的通道”。在此路线上，无数的佛教僧侣穿越山川、幽谷和沙漠，寻找佛教寺院与遗址。他们一路上遇到许多种不同的部族与文化，并继续步履坚定地迈向佛教之地，因为佛教的教义是众生皆平等、万物皆空幻，而佛教之地正是奠基于此概念之上的无限宇宙。这些人的努力具体成形为不可胜数的佛教石窟寺、绘画、雕像，并且被保存至今。在某种意义上，丝路是一条伟大的道路，它“见证了人们对佛教信仰的信心”，这与丝路周遭的艰难自然环境形成了鲜明对比。

四、来自丝路的伊朗文化及其对中国和日本的影响

以下将提到的著名人物将不只是丝路的旅行者。事实上，不少人仅为了生存而在丝路沿线移动，不持有特定目的。他们可能认为如果他们抵达了长安、洛阳或巴格达、拜占庭，则他们的人生将会有更好的发展。这类流动人口的人数在7世纪后半时急遽增加。他们开始形成庞大的人流向东方移动。在这群人中，包括乞丐、沿途从事贸易的西方富商、在骆驼背上愉悦地奏乐的音乐家；也可能有社会地位高尚的人士，由商队陪伴着，或是孤独的诗人，独自宁静地臆测世界的剧变。虽然他们的社会阶级和职业大为不同，但萨珊王朝的人们在其帝国于7世纪中叶崩溃之后，也承受了同样的命运并向东漂流，认为中国的唐朝将会成为他们的庇护所。

在萨珊王朝灭亡的九年之后，一位自命为奥斯曼（伊斯兰世界的第三个哈里发）使节的人，抵达了长安的宫廷。

与此同时，卑路斯——萨珊王朝末代君主伊嗣俟之子，也派他的使节前往长安，请求中国大唐帝国的皇帝伸出援手协助萨珊重建。然而，奥斯曼的行动太迅速，以至于7世纪中叶时其势力已经扩展到了西域的阿姆河，威胁要入侵粟特地区的米国。在此情况下，不只是萨珊王朝疆域中的人民，粟特地区的伊朗人也开始逃离他们的家园。当阿拉伯人逐渐进入粟特与阿富汗地区的时候，这些难民的人数必定也在增加。在这些时日中，由于当时西藏的吐蕃力量逐渐强大，西域的突厥也正在兴起，唐朝无法动员其全部军事力量予阿拉伯-伊斯兰人以回击。然而对波斯人和粟特人来说，唐帝国是唯一一个可以确保安全的地方。毫无疑问的是，在萨珊王朝灭亡后约七十年的玄宗（开元与天宝年间）时代，上千万的伊朗难民流入长安和中国其他主要城市。在开元与天宝年之后，中国

人对伊朗文化的倾向逐渐明显，特别是在主要城市如长安和洛阳。伊朗文化似乎在中国快速地传播。这个现象可能和大量涌进的伊朗难民有关。石田千之助在他名为《长安之春》的著作中提到了这个历史事件：

> 唐代的中国被异域文化所充满，这个潮流在开元与天宝年间变得更加明显，尤其长安更是波斯文化的中心。《新唐书》中的一个章节列举了关于官方交通工具、服饰的规定，其中特别提到波斯服饰、帽子、鞋子、食物和音乐在开元和天宝年间之后在中国流行了起来。这个章节是这样说的："人们喜爱波斯音乐，贵族常吃波斯饮食和穿戴波斯服饰"，并且"在开元前期，骑马伴随皇帝的朝臣皆穿戴波斯帽子与化妆。寻常人家也以为模仿"。其中也特别提到开元年间妇女开始穿戴波斯鞋履。姚汝能所著的《安禄山事迹》提到一则评论："天宝初，贵游士庶好衣胡服，为豹皮帽，妇人则簪步摇，衩衣之制度，衿袖窄小。识者窃怪之"。虽然此种流行不只在国际首都流传，也在中国各地蔚为风尚，首都仍然是此类流行事件的重镇。在更晚的年代中，元稹在他的《法曲》中评论道："自从胡骑起烟尘，毛毳腥膻满咸洛。女为胡妇学胡妆，伎进胡音务胡乐……胡音胡骑与胡妆，五十年来竞纷泊"。王建在他的《凉州行》中记录了位于遥远边境的波斯人很喜爱中国时尚，同时在中国的中心地区，中国的上层与下层阶级也吸收波斯文化，家家学习胡乐。

前文所述的"波斯服饰、化妆、饮食、音乐与戏剧"特别指称带有翻领的衣服、蓝色描眉、酒、玻璃杯、油煎与烤的饼、马球、波斯舞蹈以及鲁特琴和竖琴。唐代文学和历史记载中的叙述不只是虚构，而是历史事实，并得到近年中国考古学的显著进展所佐证。

关于伊朗对唐代文化的影响，或是丝路文化对中国形成的重大影响，也有其物质证据。这些证据是从唐朝被带出的物品，如今被保存在奈良的正仓院、法隆寺以及其他更多寺院中。这些工艺作品乘坐日本出使中国的使节船只，在平安时代初期被运贩日本的奈良。一点都不夸张地说，这些物品代表了那个时代的文化，扮演了文化使节的角色，被唐朝派遣到日本。这些品项牵涉面很广，所以很显然这些物品的挑选不只是为了迎合日本使节、留学生、僧侣的需求或个人品位，还为了响应政府的要求，进口较全面的、可以代表中国文化的精选物品。唯一的疑点是，这些收集中少有金银或珠宝制品。我假定可能有如下几个原因：第一，金银制品和珍贵的珠宝对于日本使节来说太昂贵，难以负担。选择其他价格较低廉的产品可能更符合经济因素。第二，那个时代的日本人可能普遍不喜爱金银珠宝，或者他们受到佛教的影响，追求简朴的生活。第三，可能由于某种情况的缘故运送金银或是高价装饰品十分困难，例如，可能是对于高价金属或宝石的禁运或重税。真正的原因仍然不清楚。无论如何，在中国出土的唐代器物中有不少的金银制品与珍贵装饰品，并且历史记载也见证了贵族和富有人家的喜爱与频繁使用。必须注意的是，所有这些器物都在设计、技术、形状、质地、类型等方面体现了明显的伊朗风格。伊朗或是丝路（包含西域、印度西北、阿富汗、西亚）对唐大有影响，虽然影响的程度想必会因地而异。

简单来说，中国在开元和天宝年之后，或说在玄宗之后，伊朗文化和丝路文化的特征传遍中国，尤其是在长安、洛阳等大城市。如此之事件必定是为一文化冲击，改变了唐代的社会与文化。

这也直接与波斯、粟特地区大量、集体向东方迁移的伊朗人群有关，这波移民潮主要是由萨珊王朝的崩塌造成的，并且也间接跟唐朝积极的中亚政策有关。致力于遥远的东西方文化交流，这可以追溯至十六国与北魏年间，骑马的游牧部族对中国北方受到北朝控制的地区所造成的影响。在这些直接原因中，其中一个重要因素特别应注意。在那个时代，长安和洛阳有庞大的、来自伊朗的波斯和粟特人。他们从事多种不同的职业，从商人、手工业者、军官和士兵、政治家、学者、僧人、艺术家、音乐家、舞者，到今人仍存在的职业等都有。这些人使得伊朗或丝路商品与时尚在中国社会中的传播更加快速且深远，就像唐朝的诗作中常提到的一样。以学术的视野看来，由留学中国的日本学生和僧侣带往日本的商品中，包含了不少“经由中国风格诠释的伊朗或丝路产品”，这句话确有其道理。

自630年首次派遣遣唐使以来，至840年为止，日本经历了两百余年的遣唐使时代。在此期间，日本先后向中国派遣了15批遣唐使，并举全国之力学习当时中国先进的城市文明。特别是对具有国际性、贵族化背景的唐文化精粹更是进行了全方位的汲取，并借此取得了显著的成效，从而为此后日本的发展奠定了基础。然而，被丝绸之路文明化后的中国唐代文明带有一种明显的国际普遍性和王朝华丽风。其极具感染力的流行风尚虽说以中国为中心爆发式地向邻国普及，但这种文明却在尚未稳固之前就意外地于唐代中国，同一时期的日本、新罗、渤海、契丹、党项等匆匆终结。这种现象从根本上表明了以带有浓厚世界帝国性、国际性为特征的中心大城市古代王朝文明时代的终结，世界史的舞台由此转向了以带有较强民族自主性并赋有地方庶民特征的民俗文化传统为特征的中世纪。

附记：2013年，习近平主席提出了“一带一路”倡议，丝绸之路无疑是这个构想的关键词。近年，以丝绸之路为主题的考古文物展正吸引着全世界的目光，据不完全统计，丝路文物展在亚、欧、美等范围已举办20多次，是最流行的世界展览母题之一。以丝路文物为主题举办国际展览，始于1988年在奈良举办的“丝绸之路文明展”。展览是为庆祝奈良县设县100周年、奈良市设市90周年而举办的，1988年4月24日至10月23日在奈良县立美术馆进行。来自丝绸之路沿线的中国、印度、巴基斯坦、伊朗、伊拉克、叙利亚、苏联、法国、意大利、韩国等国家和地区的600余件文物参加展出，其中中国文物63件。文物主要选自陕西、山西、内蒙古三个地区。该展览在当时引起巨大的社会反响，吸引了日本及全球超过22万观众前往参观。

本文是日本著名学者江上波夫（1906～2002年）先生为本次展览的图录——《丝绸之路文明展——绿洲路线与草原路线》写的序言，图录由奈良县立美术馆主编发行，日文和英文对照，原文的页数：第12～24页，1988年），原文的题目是：《丝绸之路与日本》，本译文名字为译者重拟，主要根据英文说明进行的，并参照了部分日文，日本学者森谷一树博士帮忙核对了部分日文。

核密度估计在中国西北地区宁夏青铜器铅同位素组成中的应用

徐幼刚　Jessica Rawson　Mark Pollard
马　强　罗　丰　姚佩萱　沈川洲

一、研究背景介绍

中国青铜时代中原地区和欧亚草原之间的边界地带孕育出许多独特的考古学文化。这个地域对中西方文化交流的重要性在20世纪80年代被童恩正所认识，将其命名为半月形地带，或可称作圆弧形地带[1, 2]。此地区从东起渤海湾到黄河上游，往西抵达甘肃和宁夏，沿线地貌和环境的变化有显著的不同。然而，在各个历史时期，分布在这半月形地带的多样化社会却拥有相似的物质文化遗存，特别是在装饰品、武器、马具、工具等方面，其文化面貌基本一致。这种相似性在东周时期（公元前771～前221年）特别突出。此时北方社会人群开始采用欧亚草原的骑马传统，并将其投入战争和掠夺之中，同时亦开始使用铁器[3, 4]。这些新的现象可能刺激春秋战国时期的政治与军事的动荡，在中原强权国家彼此竞争的同时，也影响了半月形地带社会的发展。

本文专注讨论公元前6世纪末到前3世纪的墓葬出土青铜器。这个时段在欧亚草原考古文化中被称为早期铁器时代[5]，但青铜还是主要的金属合金。位于半月形地带的大多数墓葬属于一群穿戴各种带饰和装饰品的人们。他们使用具有本地特色的青铜武器，其形制近似于南西伯利亚同时期的塔加尔文化（约公元前800～前300年）。这些南西伯利亚的大型墓地大量出土各式各样的文物，其豪华程度大于同时代欧亚草原地区的墓葬[6～10]。

这些位于半月形地带的高规格墓葬中，要属甘肃张家川马家塬墓地最为突出。出土了各式各样材质的金属文物，包括金、银、铜和铁质等，其类型与制造工艺昭示着其与欧亚草原的联系。位于中国东北的夏家店上层文化（约公元前1100～前600年），尽管贵金属发现的不多，但夏家店的人们其实已能够开采许多当地的金属资源[11]。虽然半月形地带有各种金属遗物和冶炼遗存的发现，但我们还不清楚整套金属生产流通和交换的冶金体系。了解这方面的讯息将有助于我们解释半月形地带的人们如何大量获取金属资源，并且制造成器物，最后作为墓葬的陪葬品。

在同时段和稍早时期，半月形地带也存在不同于草原文化的文化，如河北北部的燕国[12]和中山国[13]、甘肃东部的秦国等[14～16]。这些地方出土的墓葬有些早于宁夏王大户墓地几百年，出土了制作精美的青铜器。其类型与功用属于典型的中原式青铜体系，但其青铜礼器又带有半月形地带的风格，如器物扉棱上的动物纹饰[17]、金器的使用和其他动物纹题材的器物等[18, 19]。

早前的相关研究中使用较为笼统的名称来称呼出土于半月形地带的青铜器，以区别于典型的中原式器物，如北方式或鄂尔多斯式青铜器[20~22]。然而这种以偏概全的称呼容易让人产生误解，以为半月形地带是代表一个同质的文化。事实上，从出土文物和葬俗的多样性我们可以知道这些文化有地区的差异性[23, 24]。以此概念为出发点，这篇文章利用青铜器的铅同位素来探究区域的生产特色在大范围金属流通中所扮演的角色。半月形地带的器物其实在类型学上也存在地域的差异[25, 26]。

金属器的铅同位素可以用来辨别不同地区的金属生产，特别是当本地矿藏本身因为地区地质环境的不同产生多变的同位素组成，当这些特殊的矿石被冶炼且制作成金属后，器物的铅同位素将表现不同矿床彼此间的差异，因此，能利用此差异来区别不同的金属供给。古代南美洲安地斯地区出土的铜器探源就是一个很好的例子[27]。从智利和秘鲁的西海岸到东边的安第斯山脉，由于矿床形成的特殊地质条件，其分布几个彼此间铅同位素差异很大的省份。这种独特的同位素化学的地理分布有助于金属的溯源，特别是对那些东西向散布在海岸和山脉之间的器物来说更是如此。同样，在中国铅同位素考古中也利用同位素的异质性来讨论金属的矿源，如商代殷墟时期的高放射性成因铅[28]，金正耀指出，这种特殊的铅在殷墟一、二期被大量使用，但在殷墟末期几乎被正常铅所取代。这代表商朝一次很重要的资源或是贸易的转折点[29]。本文章所探讨的王大户青铜器并不像殷墟的青铜器那样有如此大的同位素特殊性，但铅同位素异质性不大的器物还是能透过本文的方法来呈现不同金属来源的差异。

二、数据库和文献回顾

本文分析30个从宁夏南部王大户墓地出土的青铜器[30]，辅以中国东北大井古代多金属矿的矿石[31]和夏家店上层文化的冶铸遗物[32]来比较王大户的数据。为了更清楚地了解王大户墓地和其他地区的金属交流，我们的对照数据库还包含了东京国立博物馆的北方式青铜器[33]和宝鸡西边早期秦国墓地出土的传统周文化青铜礼器[34]。

王大户墓地位于宁夏回族自治区的东南部，属于东周时期秦国北方的地区。根据所发掘7座墓葬的器物类型和4个^{14}C测量数据（表一），将其年代定为公元前1世纪中期。墓葬形制为洞室墓，带有墓道、壁龛和殉牲区域，类似马家塬洞室墓[35]。墓主人身上佩戴青铜、费昂斯和绿松石材质的饰件，并随葬大量马、牛、绵羊和山羊的头、蹄骨（图一）。这样的随葬品组合在半月形地带的墓葬中很常见。

日本东京文化财研究所是第一个开始有系统地使用铅同位素来研究半月形地带青铜器的单位[36]。研究的材料来自东京国立博物馆馆藏的青铜器，以其来探查此地区的金属矿源。日本学者用传统的二维散点图来区别两种不同的铅同位素区块。其中一种矿源和东周青铜器的铅同位素相关，而另一近似于中国东北出土的东周时期青铜器。虽然这项研究勾勒出半月形地带金属交流的大致情况，但很可惜的是，大多博物馆藏品没有器物的出土地点和相关考古背景，很难由此观察出区域交流间细致的变化。在以下的讨论中我们会再次提及日本所分析的这批数据，用来与那些从考古发掘

表一　王大户墓地的 ^{14}C 数据

Lab No.	样本	发掘号	未校正 ^{14}C 年代	校正 ^{14}C 年代
BA071444	wood	M1C2	2300 ± 40	427BC (0.2%) 423BC
				417BC (62.9%) 346BC
				321BC (32.3%) 206BC
BA071445	wood	M1C2	2470 ± 40	768BC (95.4%) 430BC
BA071446	wood	CC1	2345 ± 35	537BC (95.4%) 363BC
BA071447	wood	M6C1	2330 ± 35	513BC (92.0%) 357BC
				282BC (3.2%) 256BC
				242BC (0.2%) 239BC

注：校正数据使用 Oxcal v4.2 软件测得

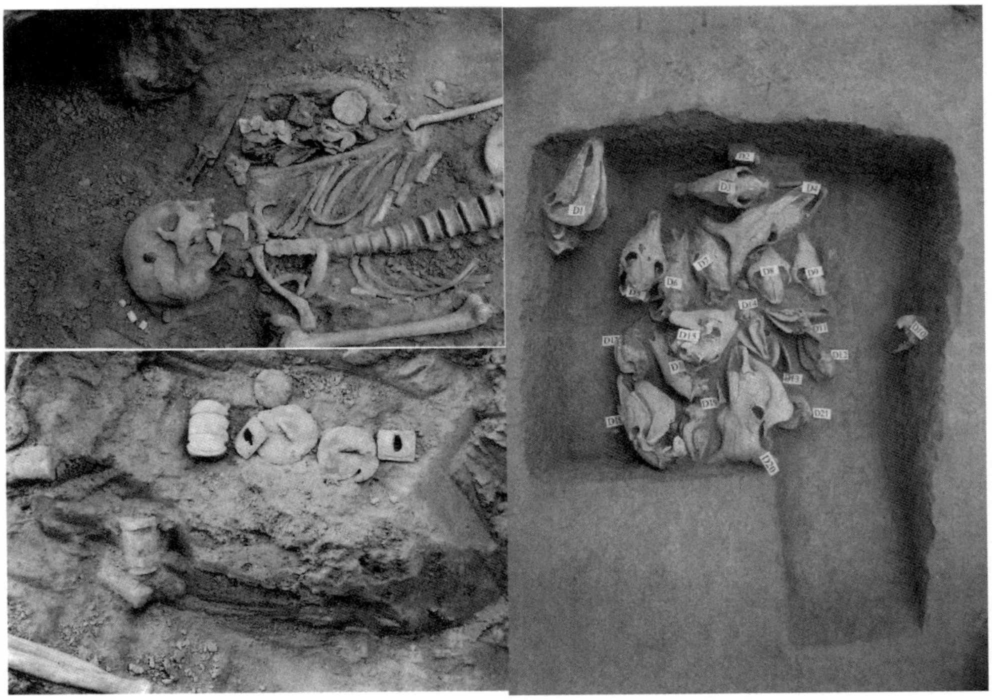

图一　王大户 M1 随葬品和殉牲

（资料来自宁夏文物考古研究所，2016 年，图二，2、15、16）

出土的器物进行对比，这些金属样本通常有较好的同位素特征，因而有利于精细溯源。

辨别主要冶炼中心是了解金属流通很重要的一个环节。为此我们收集了许多来自中国东北的大井古矿和夏家店上层的冶铸遗物的铅同位素数据来进行对比。北京科技大学的科技考古团队的研究显示，大井多金属矿集区被认为是早期铁器时代半月形地带一处很重要的青铜生产基地[37～40]。大井为一岩浆热液矿床，主要为斑岩型铜 - 钼矿床和硅卡岩型铜、钨、锡、铅锌和铁矿化带。董利军探查了大井矿址和其 100 千米范围内的 14 个有关夏家店上层的冶铸遗迹和遗物，结果发现，大部分的冶炼遗址所用的原料都来自大井，只有 2 处遗址的铅同位素和大井迥异，代表不同的来源。夏家店上层的青铜器铅同位素研究也显示大部分器物使用大井的矿料[41]。

早期的秦国虽然使用典型的中原式青铜礼器，但因其地理位置靠近半月形地带，秦国文化一直和生活在中国西北地区的草原社会有很深的交流。因此我们也把包括秦国的青铜器生产来检视中原文化和北方草原文化的金属交流互动。秦国青铜铅同位素数据来自贾腊江的研究[42]，他认为主要的矿源来自秦岭山区。

三、分析细节

首先用钢丝线锯对王大户墓地的30个铜器进行采样，再用300号砂纸去除样品表面的锈蚀，露出底下的金属以方便X射线荧光分析仪的检测。样品的化学组成是用牛津大学科技考古实验室的X射线荧光分析仪来分析。数据的获得是通过硅（锂）固态检测器、铑靶、电压40kV、电流0.3mA、测量时间为200秒。X射线的光束被聚焦形成一个椭圆形的点（2厘米 ×1厘米），打在样品上激发其X射线特征能量。接着用铜合金的标准品来校正检测器接收的能量讯号从而计算样品中元素的含量[43]。

样本铅同位素测量前的化学处理在台湾大学地质科学系的等级10000的无尘室进行，使用的试剂为超纯等级[44]。样品先用钻石线切割机取下少量子样本。为了降低表面可能的污染，切下的样本浸泡在浓度为5%的硝酸中，后放入超音波震荡机震荡15分钟。子样品的重量为0.05～2.19毫米。放入干净的铁氟龙材质器皿中，加入浓度为40%的王水来溶解样本，并放在加热板上温度180℃热回流隔夜。之后蒸干溶液再加入1毫升的1M硝酸。铅的提取是使用树脂交换柱（Eichrom 100-150-mesh Sr-Spect resin），其方法参照Gale进行修改[45]。最后提取的溶液经过再加热烤干，而后加入1毫升的1%硝酸和氢氟酸等待上机测量。

铅同位素的测量使用双聚焦磁场式多频道感应电浆耦合质谱仪（Thermo Electron Nepture multi-collector inductively coupled plasma mass spectrometer）。分析过程参照Lo的研究[46]。为了处理质量分化效应，每个样本在实际测量之前都加入铊溶液。铊的校正值采用 $^{205}Tl/^{203}Tl=2.3889$，并使用指数函数校正模型[47, 48]。仪器调校以合乎Lo长期测量国际铅同位素标准品（NIST SRM 981）提供的再现性数值为基准。其平均为（平均值加减二倍标准偏差）$^{206}Pb/^{204}Pb=16.9411\pm0.0075$，$^{207}Pb/^{206}Pb=0.9148\pm0.00011$ 和 $^{208}Pb/^{206}Pb=2.16752\pm0.00031$。王大户青铜样本的化学组成和铅同位素见表二。

表二 王大户铜器主量元素和铅同位素组成

发掘号	样品编号	器物	地点	$^{206}Pb/^{204}Pb$	2-σ abs. error	$^{207}Pb/^{204}Pb$	2-σ abs. error	$^{208}Pb/^{204}Pb$	2-σ abs. error	Cu%	Sn%	Pb%
M2：3	WDH-1	泡	王大户	17.7340	0.0024	15.5710	0.0025	38.3879	0.0063	80.9	6.73	8.88
M1：4	WDH-2	泡	王大户	17.4693	0.0021	15.5112	0.0023	38.1519	0.0060	83.29	7.19	10.8
M2：2	WDH-3	泡	王大户	17.7728	0.0018	15.5764	0.0020	38.4083	0.0050	84.67	4.16	7.39
M2：16	WDH-4	泡	王大户	17.7317	0.0022	15.5693	0.0024	38.3840	0.0060	75.19	7.7	9.93
M2：7	WDH-5	铃	王大户	17.6003	0.0032	15.5380	0.0033	38.2619	0.0085	81.07	8.44	6.66
M1：25	WDH-6	马衔	王大户	17.7475	0.0020	15.5727	0.0021	38.4143	0.0054	80.47	5.23	7.07

续表

发掘号	样品编号	器物	地点	$^{206}Pb/^{204}Pb$	2-σ abs. error	$^{207}Pb/^{204}Pb$	2-σ abs. error	$^{208}Pb/^{204}Pb$	2-σ abs. error	Cu%	Sn%	Pb%
M6 ： 08	WDH-7	泡	王大户	17.8317	0.0021	15.5980	0.0023	38.3857	0.0058	64.42	18.62	11.42
M2 ： 21	WDH-8	泡	王大户	17.8160	0.0045	15.5856	0.0047	38.4254	0.0120	85.68	5.15	2.9
M2 ： 33	WDH-9	泡	王大户	17.8174	0.0036	15.5865	0.0036	38.4295	0.0093	83.74	4.84	8.6
M1 ： 33	WDH-10	泡	王大户	17.4706	0.0022	15.5122	0.0024	38.1562	0.0062	82.04	6.51	5.13
M6 ： 43	WDH-11	泡	王大户	17.6358	0.0026	15.5414	0.0027	38.3101	0.0070	81.89	8.42	6.47
M1 ： 2	WDH-12	马衔	王大户	17.8058	0.0032	15.5892	0.0033	38.4915	0.0086	86.56	5.01	4.36
M2 ： 6	WDH-13	泡	王大户	17.6350	0.0021	15.5460	0.0023	38.2449	0.0058	76.97	5.85	8.51
M6 ： 3	WDH-14	泡	王大户	17.6345	0.0029	15.5401	0.0031	38.3068	0.0080	83.78	5.46	5.04
M2 ： 22	WDH-15	泡	王大户	17.8178	0.0020	15.5877	0.0022	38.4309	0.0055	77.75	4.6	10.49
M2 ： 18	WDH-16	泡	王大户	17.7747	0.0035	15.5785	0.0036	38.4098	0.0092	83.52	4.54	6.74
M2 ： 4	WDH-18	泡	王大户	17.6368	0.0021	15.5480	0.0023	38.2632	0.0059	69.04	5.97	8.74
M6 ： 37	WDH-19	泡	王大户	17.7150	0.0019	15.5685	0.0021	38.3546	0.0053	76.84	4.45	8.83
M1 ： 32	WDH-20	泡	王大户	17.4694	0.0031	15.5123	0.0033	38.1555	0.0083	73.71	5.15	7.87
	WDH-21	剑柄	王大户	17.3571	0.0020	15.4853	0.0022	38.0595	0.0056	64.53	14.01	18.26
M2 ： 11	WDH-22	泡	王大户	17.5963	0.0021	15.5354	0.0023	38.2521	0.0059	67.08	7.42	8.01
M6 ： 07	WDH-23	剑身	王大户	17.7125	0.0023	15.5631	0.0025	38.3331	0.0064	79.62	6.32	10.61
M2 ： 10	WDH-24	泡	王大户	17.5709	0.0020	15.5507	0.0021	38.3476	0.0055	73.78	7.62	8.12
M6 ： 6	WDH-25	残片	王大户	17.5245	0.0032	15.5243	0.0033	38.2114	0.0085	76.94	5.86	16.27
M1 ： 66	WDH-26	泡	王大户	17.4519	0.0031	15.5081	0.0033	38.1389	0.0081	71.83	4.97	9.38
M6 ： 38	WDH-27	泡	王大户	17.5235	0.0035	15.5232	0.0036	38.2100	0.0092	77.88	5.44	10.05
M7 ： 25	WDH-28	泡	王大户	17.9216	0.0033	15.6092	0.0034	38.5459	0.0086	85.58	0.1	2.98
C1 ： 1	WDH-29	斧	王大户	17.9716	0.0028	15.6459	0.0028	38.5651	0.0074	79.43	5.17	8.73
M3 ： 3	WDH-30	矛	王大户	17.9285	0.0029	15.6042	0.0030	38.5527	0.0076	71.14	4.2	7.35
	WDH-31	残片	王大户	18.0122	0.0026	15.6188	0.0027	38.8599	0.0068			

四、铅同位素数据的呈现方式与核密度估计

考古的铅同位素数据传统上用二维的散点图来表示，通常用 ^{204}Pb 或是 ^{206}Pb 当分母。早期有些学者为了凸显数据视觉上的差异性而使用 90% 的椭圆信赖区间，借以区别不同的矿源以利于器物的溯源[49]。这种统计方式受到很多批评，因为此方式的常态分布的假设是不切实际的。已有研究指出，铅同位素数据常常是非常态分布的[50]。有鉴于此，另有一批学者提出更具有统计合理性的核密度估计来界定矿床的铅同位素分布[51, 52]。尽管核密度估计在 20 世纪末便引进考古学的应用上[53, 54]，但是没有广泛采用来解释铅同位素。反倒是在地理信息系统上核密度估计被大量应用，发展出许多便利的套装软件[55]。

核密度估计是一种非参数统计分式，将连续变量如直方图或散点图转变为平滑的概率密度函数，

也被称作为核密度函数。窗宽 h 用来决定函数的平滑程度。此统计方法有以下三个优点：第一，核密度估计不需要预先假设数据是否遵守常态分布，这对铅同位素数据的分析很有帮助，因为我们无法保证数据一定是遵循此原则。但数据越近似于常态分布，核密度估计的结果越好。第二，核密度估计可呈现比传统直方图更平滑的分布，而直方图的形状会因选择的起始点或间距的不同而不同。第三，核密度估计能很方便地呈现多维数据，但直方图多数只能处理一维的数据。

单变量核密度估计函数（$\hat{f}_h$）在数学上定义为：

$$\hat{f}_h(x)=\frac{1}{n}\sum_{i=1}^{n}K_h(x-x_i)=\frac{1}{nh}\sum_{i=1}^{n}K\left(\frac{x-x_i}{h}\right)$$

这里 n 代表样本数，h 代表窗宽，而核密度函数 K 是每个样本概率密度函数的总和。 窗宽的选择对核密度估计函数的形状和之后的解释至关重要。窗宽如果太宽则核密度函数会过于平顺而隐藏重要的细节。但如果窗宽太窄，函数的分布会产生许多峰值而变得不连续。有许多数学上的估计来找寻单变量核密度最合适的窗宽，但没有一个公认的方法来估计多变量核密度的窗宽。比较常用的方法在数学上定义如下[56]：

$$h=\left\{\frac{4}{(d+2)n}\right\}^{1/(d+4)}$$

其中 d 代表维度的数量，而 n 代表样本数。当数据越接近多维变量的常态分布，所估计的窗宽越近似最适化。更深入的计算细节可参考 Bronk Ramsey 的文章[57]。

我们使用 Christopher Bronk Ramsey 所开发的免费软件 OxPlot 来计算核密度估计（在线操作平台 https：//c14.arch.ox.ac.uk/oxplot/OxPlot.html）。此软件的很重要的优点是计算两组不同数据分布的重叠程度。在原本的应用中，这种方法被用来示踪某一地点发现的火山灰的化学组成能否对上火山喷发的来源。这样的应用逻辑同样适合探究金属器的化学成分和铅同位素组成。Bronk Ramsey 叙述有关数学计算的细节来比较两组不同数据的化学成分，现简要叙述如下。

假设我们有两组数据 X 和 Y，各有 n 和 m 的样本数。我们可以计算出 X 和 Y 的核密度估计函数来回答以下问题：数据 Y 的分布属于数据 X 的分布的可能性有多大？从数学上，此种平均概率可以表示为：

$$q_x(x)=q_x(x_1,\cdots,xd)=\frac{1}{n}\sum_{i=1}^{n}\mathcal{N}_d(x_i,h^2\sum x)$$

$$q_{x\bar{j}}(x)=\frac{1}{n-1}\sum_{i=1,i\neq j}^{n}\mathcal{N}_d(x_i,h^2\sum x)$$

此绝对数值的平均值对解释的帮助不大，因为此数的变化取决于维度 d 的多寡。比较好的做法是将计算结果归一化处理，得到一个包含两种概率的比值：

$$B_{YX}=\frac{\frac{1}{m}\sum_{i=1}^{n}q_x(y_i)}{\frac{1}{n}\sum_{j=1}^{n}q_{x\bar{j}}(x_i)}$$

$$\text{and } B_{XX}=1$$

此比值代表数据 Y 属于数据 X 的子集合的可能性。当比值近似于 1 时，我们可以说 X 和 Y 的数据分布是相似的（相反地，B_{XY} 代表 X 属于 Y 的子集合的可能性）。当数据 Y 分布在数据 X 最密集分布的地方时，此比值有可能大于 1。另外，决定某种阈值来体现两组数据的异同通常是武断的。严格说来，在统计学上无法显示两种数据分布的相同性，但我们可以说当 B_{YX} 小于 0.05 时，有 95% 的概率两组数据分布是不同的。反过来说，我们很难界定一个值来确认两组数据分布是相同，但很明显，当比值越接近或大于 1 时，我们越不能排除不同数据来自同样分布的可能性。

五、分析结果与讨论

1. 王大户青铜器的铅同位素特征

图二中 1 显示王大户铜器的和大井现代矿石的铅同位素二维散点图[58, 59]。这些数据的显著特征在于数据都分布在同一直线，其决定系数（R2 coefficient of determination）近似于 1。在地质化学上这种铅同位素的线性关系被解释为多阶段铅的演化（二次等时线）或是铅构造模型下两种不同储存库的混合[60]。例如，大井矿床在原本的文献中被解释成为上地幔铅和造山带铅的混合。然而在考古学上，器物铅同位素的线性关系也可能是人为的因素造成，如在铸造中加入两种不同矿源的金属。

大井矿床的线性关系也可能是仪器测量所造成的质量因素的同位素分馏。在热电离质谱法（thermal ionization mass spectrometry，TIMS）的测量中，加热过程会使元素里较轻的同位素优先蒸发，久而久之在分析过程中会造成系统上的偏离。这种因同位素质量不同而造成的偏差容易形成线性关系，必须透过一个常数 F（质量分馏因素）或是用同位素双稀释剂法来校正此误差[61]。虽然大井现代矿石的铅同位素的测量细节在文章中没有提及，但图二中 6 个大井古代矿石是由核工业北京地质研究院分析的，使用仪器为 ISOPROBE-T 热电离质谱仪，测量结果经过分馏校正[62]。这六笔数据本身也是分布在跟其他大井现代矿石相同的一条线上。所以这种线性关系不太可能是来自为仪器测量的偏差。

根据图二来判断，王大户铜器的铅来源不可能来自大井矿床，而其所表现的线性关系可能有两种解释。一种是其斜率代表二次等时线，可以用来推算成矿物质的模式年龄。另一种解释是直线代表两种不同铅源的混合，可能是地质或人为的因素。虽然我们无法完全确定王大户铜器里的铅的确切来源，但之后的讨论显示，其铅源可能是来自单一未知的多阶段演变的矿床。

图二中王大户和大井两组数据的区别可以很容易用肉眼察觉，而不需要任何统计上的方法。但当我们加入更多组的数据产生一定程度的重叠，解释将变得较为困难。图四包含夏家店上层文化冶铸遗物的铅同位素，有一部分是来自大井的古矿区。有些铅同位素比值完全落在大井矿石的比值上，而呈现相同的线性关系，但有些散布在此直线的两侧。使用核密度估计和计算概率函数的比值 B_{YX} 可清楚地看出铅同位素数据的分布趋势和统计学上数据的关系（表三）。因为夏家店上层和大井的 B_{YX} 值高达 0.95，我们可以说，夏家店的冶铸遗物铅同位素很有可能是大井铅同位素的子集合。这跟董利军的论点不谋而合，他主张遗迹发现的矿石和炼渣都可能来自大井矿床[58]。而图三清楚地表现大井矿床或是夏家店上层文化的冶金生产都跟王大户的铜器关联很小，即使它们都位于半月形地带的范围内。虽然量化的数据提供了一种统计学上的解释，但仔细观察数据的核密度分布，能发现夏家店上层的铅同位素并不像大井矿床一样散布在很窄的直线上。如果把夏家店两

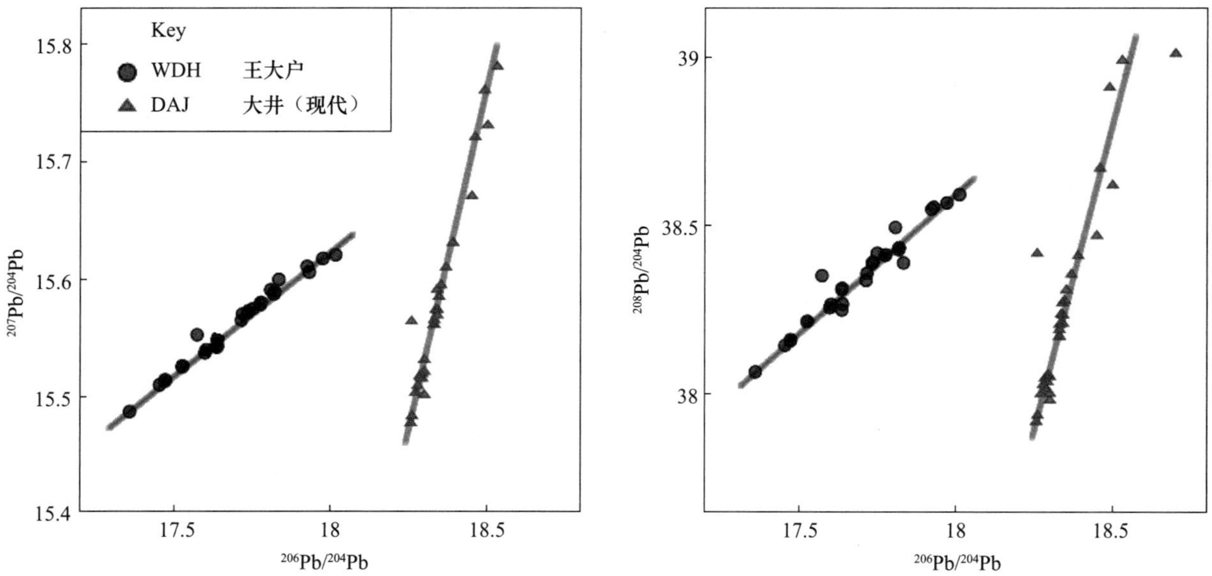

1

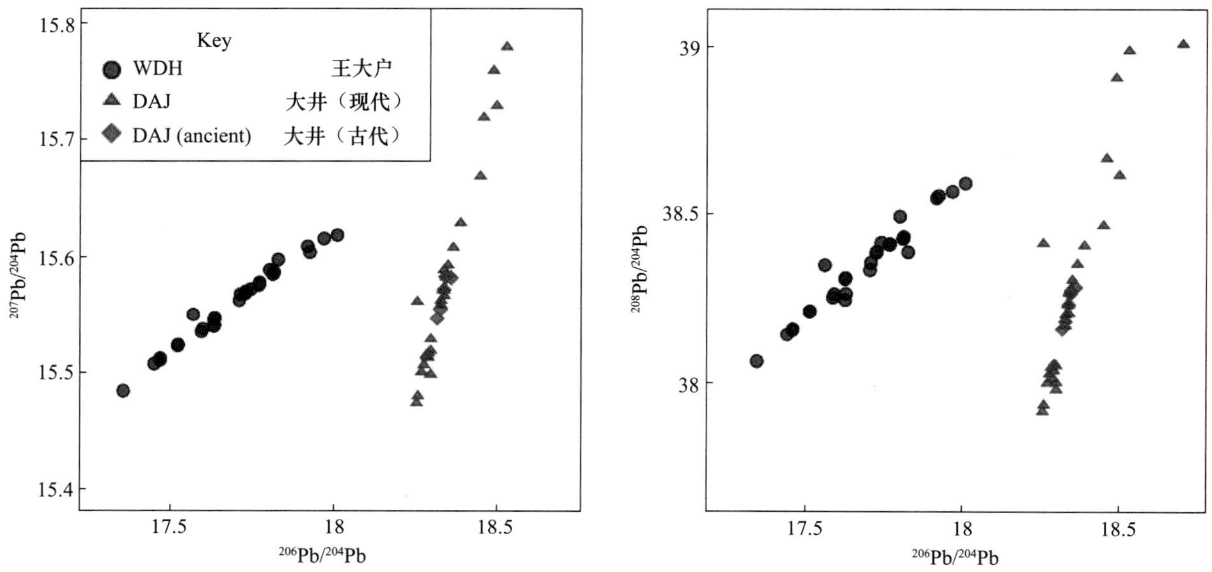

2

图二

1. 王大户铜器和大井现代矿石的铅同位素分布和线性关系　2. 王大户铜器、大井现代矿石以及大井古代矿石的铅同位素组成

表三　王大户铜器、大井现代矿石和夏家上层文化遗址的矿石和炼渣的铅同位素的核密度估计比值 B_{YX}

核密度估计的概率比值		*Y*			
		王大户	大井	夏家店矿石	夏家店炼渣
X	王大户	1.00	0.00	0.00	0.02
	大井	0.00	1.00	0.55	0.81
	夏家店矿石	0.00	0.95	1.00	1.14
	夏家店炼渣	0.00	0.95	0.91	1.00

组数据（矿石和炼渣）拆开来比较大井的同位素，会发现冶炼遗址的矿石（B_{YX}=0.55）并不像炼渣（B_{YX}=0.81）那样吻合大井矿床的数据。单从 B_{YX} 值来看会发现有统计学意义上的重叠，但我们还

是要观察原始数据的趋向。夏家店遗址的矿石和大井矿石不完全重叠，可能是因为现有大井矿床的数据不足以代表整个矿床，或是夏家店上层文化的人们使用另一些和大井不同铅同位素组成的矿源（董立军认为有些冶炼地点使用不同于大井的矿石）。同样，我们观察到夏家店炼渣的核密度函数形状向低比值的铅同位素（$^{206}Pb/^{204}Pb$ and $^{207}Pb/^{204}Pb$）倾斜，暗示当时的工匠冶炼铸造铜器时，可能混杂大井矿石和其他来源的低比值矿石。

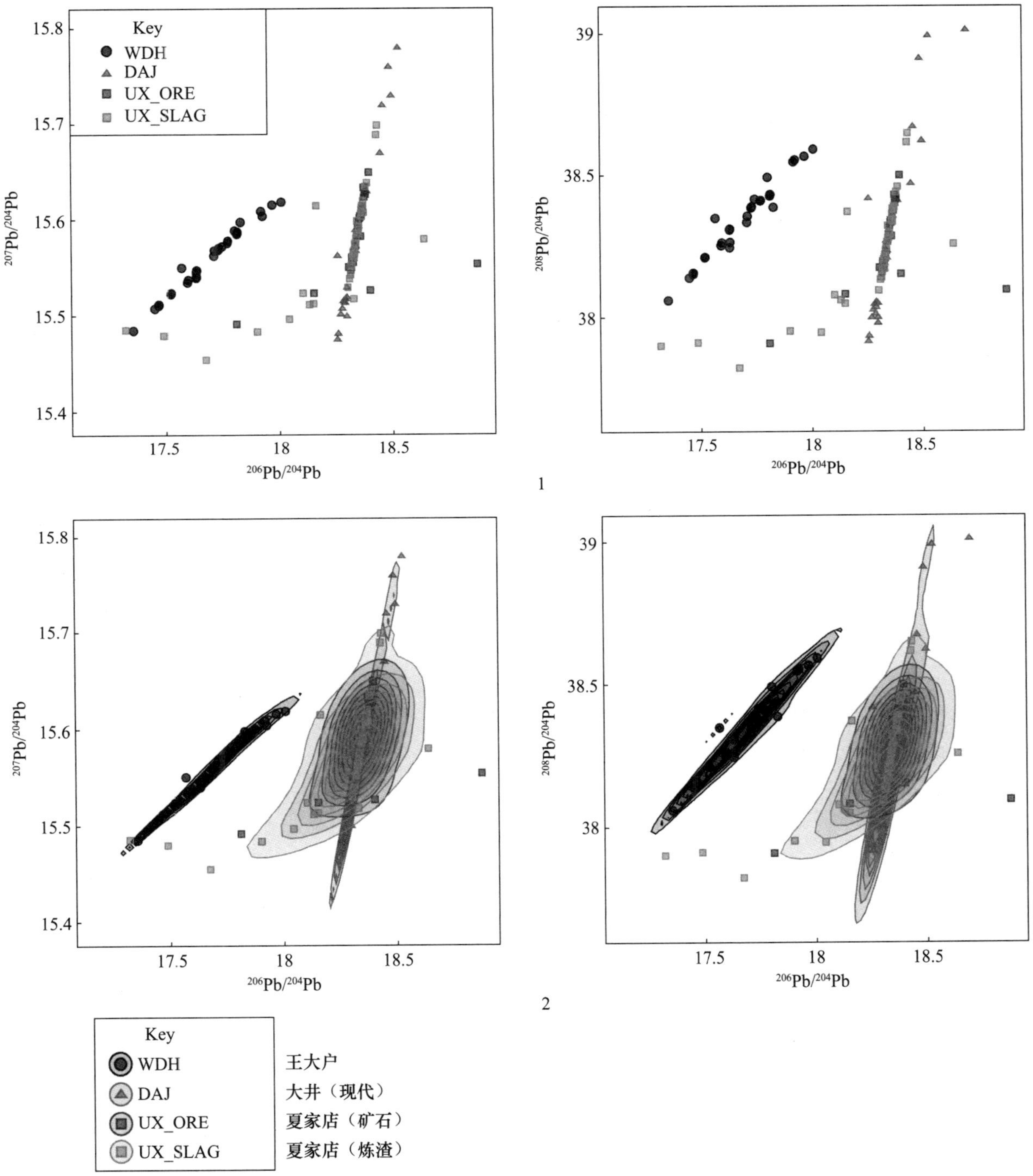

图三

1. 王大户铜器、大井现代矿石和夏家上层文化遗址的矿石和炼渣的铅同位素分布 2. 以上数据的核密度估计

2. 东京国立博物馆馆藏青铜器和王大户的比较

东京国立博物馆收藏大量的来自半月形地带公元前1200～前300年的青铜器，但很可惜大部分没有确切的出土地点。这些收藏中有70件东周时期的器物已被分析过铅同位素。假设这些数据代表整个半月形地带的铜器铅同位素组成，可以用来比较其他考古遗址出土的数据。图四显示东京

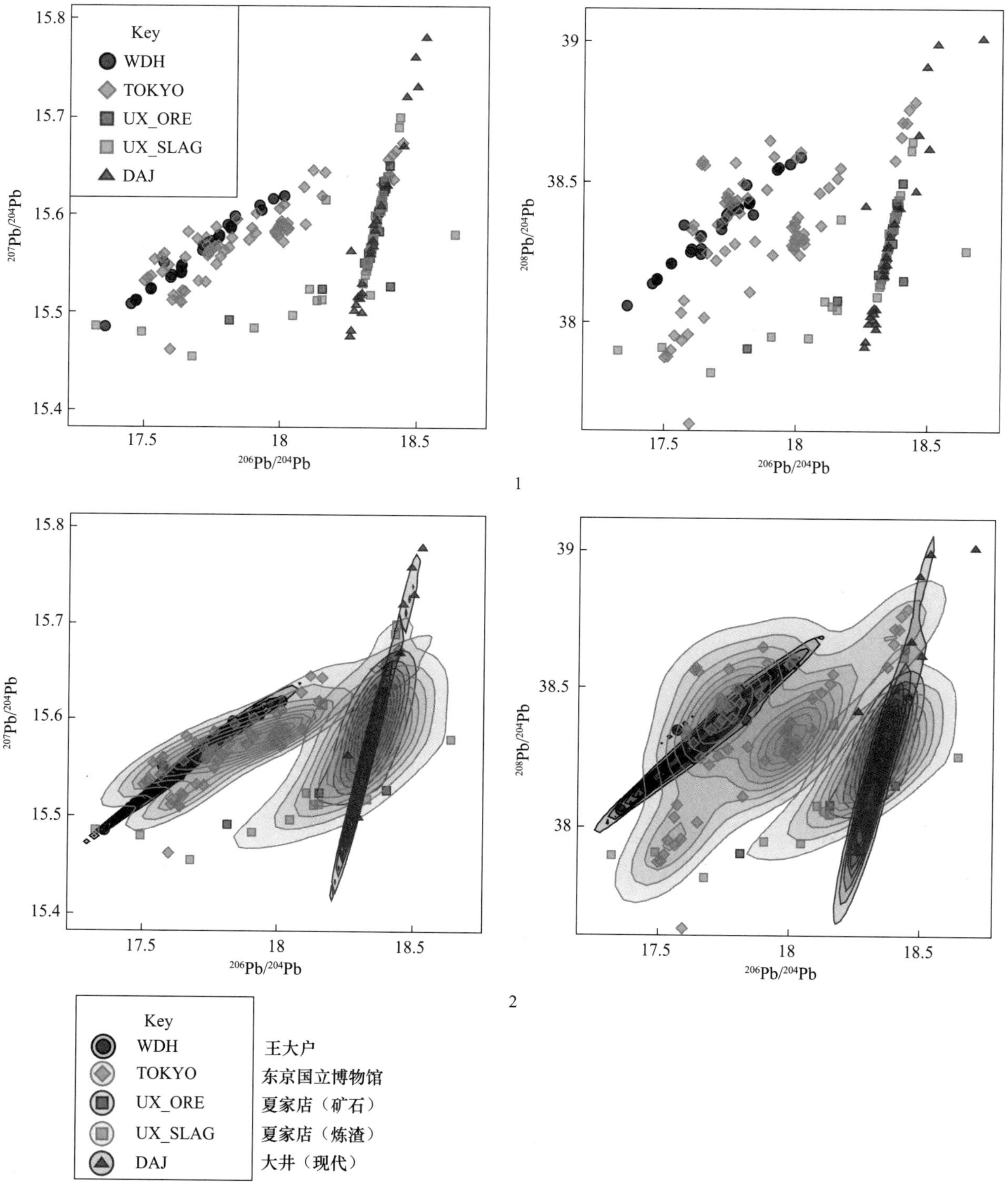

图四

1. 王大户铜器、大井现代矿石、夏家上层文化矿冶遗物石和东京国立博物馆馆藏半月形地带铜器的铅同位素分布
2. 以上数据的核密度估计

国立博物馆铜器的铅同位素和大井以及夏家店上层的数据重叠甚少。从 $^{208}Pb/^{204}Pb$ 和 $^{206}Pb/^{204}Pb$ 的核密度分布上来看，东京国立博物馆的数据主要集中在两个密度较高的部分，或称众数（mode）。其中一个众数和王大户铜器重叠而另一个众数介于王大户和大井数据的中间。王大户和东京的数据彼此间有很好的重叠（B_{YX}=0.77），但反过来的比值（B_{XY}=0.05）在统计学验证上却是不显著的（表四）。这代表王大户铅同素分布是组成半月形地带同位素的一部分，或是说半月形地带铜器里铅的来源有一部分来自跟制作王大户铜器的铅料相似，但却不能解释全部东京资料的铅同位素差异。另一方面，大井矿床和夏家店上层的铅料却跟日本的资料高度不相干，因为它们的概率密度比值甚小。

表四　王大户铜器、大井现代矿石、夏家上层文化矿冶遗物石和东京国立博物馆馆藏半月形地带铜器铅同位素的核密度估计比值 B_{YX}

核密度估计的概率比值		Y				
		王大户	东京博物馆	夏家店矿石	夏家店炼渣	大井
X	王大户	1.00	0.77	0.00	0.02	0.00
	东京国立博物馆	0.05	1.00	0.01	0.10	0.00
	夏家店矿石	0.00	0.03	1.00	1.14	0.95
	夏家店炼渣	0.00	0.02	0.91	1.00	0.95
	大井	0.00	0.01	0.55	0.81	1.00

日本的学者认为半月形地带的矿料有一部分是来自中原地区的金属生产[59]，我们可以借由相似中原地区礼器祭祀文化的早期秦国青铜器来探讨此一假设。贾腊江认为秦国这时期的铅料可能来自中原地区西方的秦岭山区[60]。我们发现，秦国的数据和王大户数据一样表现出线性关系，这意味着铅料可能来自某一特殊多阶段演化的铅。这些秦国的铅同位素恰巧落在东京国立博物馆所藏半月形地带铜器的其中一个密集区上，比值是 1.23（表五）。这样的分布和王大户数据所属的另一个密集区域形成一个强烈的对比。因此，我们可以推论，东京国立博物馆所藏的东周时期半月形地带的青铜器至少有两个重要铅同位素组成，一个是近似于秦国青铜器的铅料，也就是和中原地区的铜器有密切关系；另一个是非中原地区且可能是来自半月形地带本身的矿源，此矿料反映在宁夏王大户墓地的青铜器生产中。尽管在中国东北的大井矿区在同一时期被开采利用，其矿料很少出现在其他半月形地带和中原地区所生产的铜器里。下一步重要的研究是囊括考古出土的东周时期的中原和半月形地带的青铜器，检查它们是否属于秦国或王大户种类的铅同位素组成。这样能够更清楚了解中原国家和它们北方邻居之间的贸易网络以及边陲地带秦国和中原地区的关系。这样的认识也能有助于了解铜器熔融重铸的问题（中原式青铜器被铸成草原式的或反之亦然）。

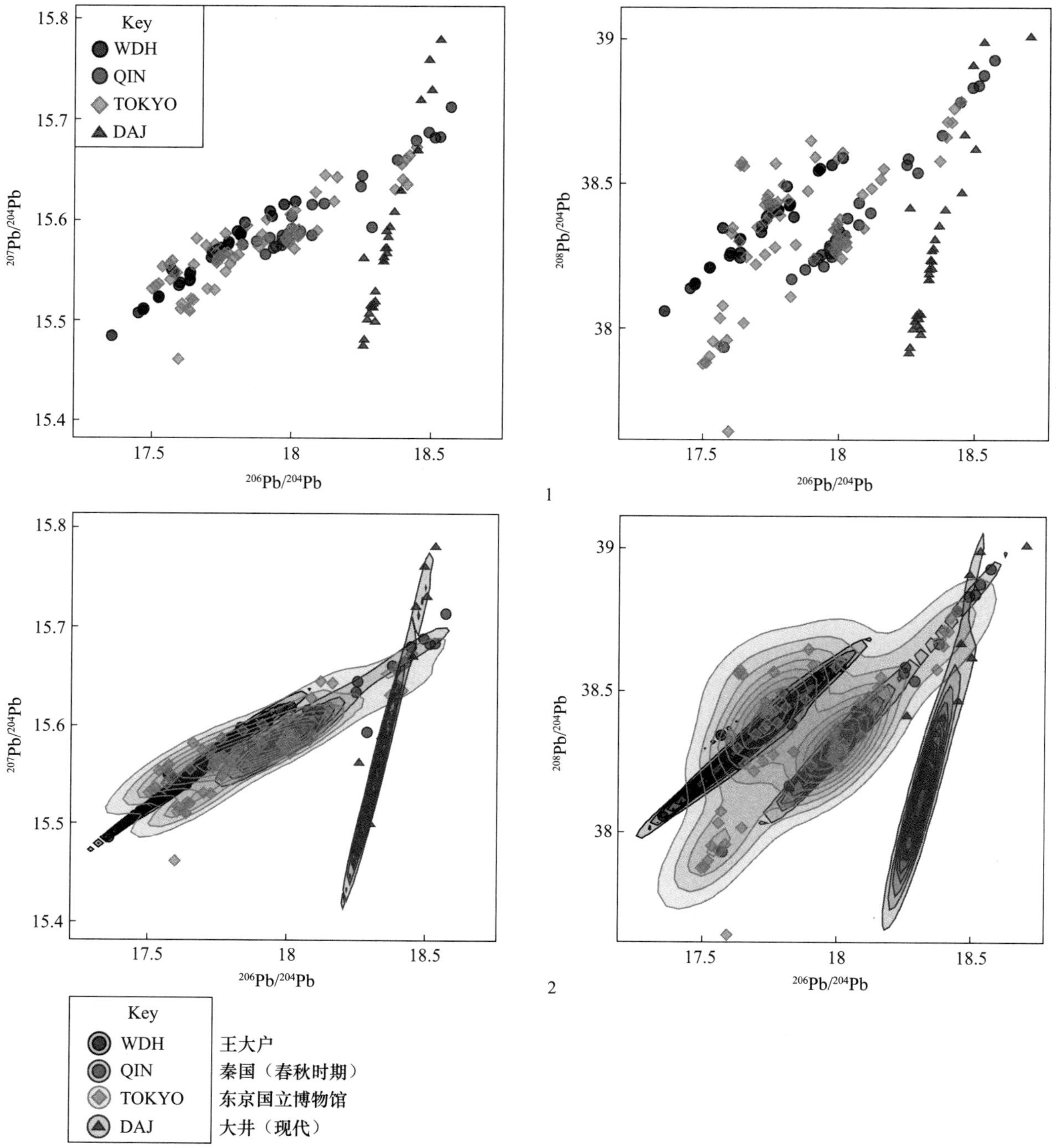

图五

1. 王大户铜器、大井现代矿石、东京国立博物馆馆藏半月形地带铜器和秦国春秋时期铜器的铅同位素分布 2. 以上数据的核密度估计

表五 王大户铜器、大井现代矿石、东京国立博物馆馆藏半月形地带铜器和秦国青铜器铅同位素的核密度估计比值 B_{YX}

核密度估计的概率比值		*Y*			
		王大户	秦国	东京国立博物馆	大井
X	王大户	1.00	0.00	0.77	0.00
	秦国	0.00	1.00	1.23	0.00
	东京国立博物馆	0.05	0.24	1.00	0.00
	大井	0.00	0.00	0.01	1.00

六、结　语

本文告诉我们，当研究金属器的铅同位素时，明确的考古出土的一组器物很可能会显示出特殊的同位素分布。从王大户墓地、秦国墓地一直到大井矿区和夏家店上层的铅同位素数据都有一定的线性关系，这可能代表矿源来自单一多阶段的矿床或是地质上或人为上的混合来源。大井同位素的分布斜率和王大户以及秦国不同，虽然后两者有相似的斜率，但彼此的概率密度比值很小，代表两个不同的来源。从这角度来看，东周时期半月形地带的青铜器的铅至少来自三种矿源：大井和矿源类似王大户和秦国的铅同位素组成。相反地，当同位素数据来自考古信息不明确的博物馆藏品时，其所显示的铅同位素分布也就相对模糊和分散。东京国立博物馆的数据就是这样的例子，阐释这样的数据需要对比其他考古出土的铜器数据。

核密度估计和相关的概略密度函数比值不仅提供一个有效的辨别不同铅同位素数据分布的差异，也可让我们用量化和统计学上的意义来决定数据间的相关性，而不仅仅只用肉眼来判断或是用90%的椭圆来套用在非常态分布的铅同位素数据上。多维的概率密度比值 B_{YX} 可解释为 Y 为 X 的子集合的可能性。此比值清楚显示王大户墓地的铅同位素和大井矿区、夏家店上层冶铸遗物和秦国铜器有显著的不同。另一方面，同一种方法可以推论东京国立博物馆的半月形地带铜器的铅主要有两个来源：矿源类似王大户的铅同位素和矿源类似秦国的数据。最后，核密度估计所提供的量化计算可以帮助考古冶金学家测试一些假设问题，如所研究的器物是否来自矿源 X，或是用矿源 A 制作的器物和用矿源 B 制作的器物其铅同位素分布是否相同。

致谢：我们由衷地感谢来自 European Research Council（FLAME 研究案）和 Leverhulme Trust Grants 的经费支持。也特别感激宁夏地方的博物馆和文物保管所提供的材料和相关数据。铅同位素的分析承蒙台湾大学地质科学系的质谱仪实验室的老师和助理的帮忙才得以顺利完成。

（Y.-K. Hsu, J. Rawson, A. M. Pollard, Q. Ma, F. Luo, P.-H. Yao and C.-C. Shen, *Application of Kernel Density Estimates to Lead Isotope Compositions of Bronzes from Ningxia, North-West China*, Archaeometry, Volume 60, Issue 1, 2018, pp.128–143）

注　释

[1] 童恩正《试论我国从东北至西南的边地半月形文化传播带》,《文物与考古论集》, 文物出版社，1986 年。

[2] Rawson J. China and the Steppe: Reception and Resistance, *Antiquity* 91, 2017, 375-388.

[3] Di Cosmo N. *Ancient China and Its Enemies: the Rise of Nomadic Power in East Asian History.* Cambridge: Cambridge University Press, 2002.

[4] Honeychurch W. *Inner Asia and the Spatial Politics of Empire: Archaeology, Mobility, and Culture Contact,* New York: Springer, 2015.

[5] David-Kimball J, Vladimir A, Bashilov L T. *Nomads of the Eurasian Steppes in the Early Iron Age.* Berkeley: Zinat Press, 1995.

[6] Bunker E C, Kawami T S, Linduff K M, Wu E. *Ancient Bronzes of the Eastern Eurasian Steppes from the Arthur M.*

Sackler Collections. New York: A.M. Sackler Foundation, 1997.

[7] Bunker E C, Watt J C Y, Sun Z X. *Nomadic Art from the Eastern Eurasian Steppes: the Eugene V. Thaw and Other New York Collections.* London: Yale University Press, 2002.

[8] Rawson J. Steppe Weapons in Ancient China and the Role of Hand-to-hand Combat, *Gugong xueshu jikan* 33, 2015, 37–95.

[9] 同[2]。

[10] 邵会秋、杨建华《从夏家店上层文化青铜器看草原金属之路》,《考古》2015年第10期。

[11] 内蒙古文物考古研究所《小黑石沟——夏家店上层文化遗址发掘报告》, 科学出版社, 2009年。

[12] 北京市西周燕都遗址博物馆《琉璃河遗址与燕文化研究论文集：纪念北京建城3060年》, 科学出版社, 2015年。

[13] 河北省文物研究所《战国中山国灵寿城：1975～1993年考古发掘报告》, 文物出版社, 2005年。

[14] Teng M Y, From vassal state to empire, an archaeological examination of Qin culture, in: *Birth of an Empire, the State of Qin Revisited* (eds. Pines Y, Falkenhausen L, Shelach G, Yates R D S), 71–112, Berkeley, Los Angeles, and London: University of California Press, 2014.

[15] Zhao H C, New explorations of early Qin Culture, in: *Birth of an Empire, the State of Qin Revisited* (eds. Pines Y, Falkenhausen L, Shelach G, Yates R D S), 53–70, Berkeley, Los Angeles, and London: University of California Press, 2014.

[16] Wu X L, *Material Culture, Power, and Identity in Ancient China.* Cambridge: Cambridge University Press, 2017.

[17] Rawson J, Carnelian beads, animal figures and exotic vessels: traces of contact between the Chinese states and Inner Asia, c. 1000–650BC, in: *Archäologie in China, vol. 1, Bridging Eurasia* (eds. Wagner M and Wang W), 2010: 1–42, Verlag Philipp von Zaber, Mainz.

[18] 甘肃省文物考古研究所《甘肃礼县圆顶山98LDM2，2000LDM4春秋秦墓》,《文物》2005年第2期。

[19] 早期秦文化考古联合课题组《甘肃礼县大堡子山早期秦文化遗址》,《考古》2007年第7期。

[20] Lin Y, 1986, A reexamination of the relationship between bronzes of the Shang culture and of the Northern Zone, in: *Studies of Shang Archaeology* (ed. Chang K C), 237–273, Yale University, New Haven and London.

[21] 田广金、郭素新《鄂尔多斯式青铜器》, 文物出版社, 1986年。

[22] 乌恩岳斯图《北方草原考古学文化研究——青铜时代至早期铁器时代》, 科学出版社, 2007年。

[23] 李海荣《北方地区出土夏商周时期青铜器研究》, 科学出版社, 2003年。

[24] 杨建华《春秋战国时期中国北方文化带的形成》, 文物出版社, 2004年。

[25] Linduff K M. The emergence of demise of bronze-producing cultures outside the Central Plains of China, in: *The Bronze Age and Early Iron Age Peoples of Eastern Central Asia,* (ed. Mair V H), 619–643, University of Pennsylvania Museum Publications, Philadelphia, 1998.

[26] Linduff K M, Drennan R, Shelach G. Early complex societies in NE China: the Chifeng international collaborative archaeological research project. *Journal of Field Archaeology* 29, 2004: 45–73.

[27] Macfarlane A W, Lechtman H N. Andean ores, bronze artifacts, and lead isotopes: constraints on metal sources in their geological context. *Journal of Archaeological Method and Theory* 23, 2016: 1–72.

[28] 金正耀《中国铅同位素考古》, 中国科学技术大学出版社, 2008年。

[29] Jin Z Y, Liu R, Rawson J, Pollard A M, (in press), Revisiting lead isotope data in Shang and western Zhou bronzes, *Antiquity* 91:1574-1587.

[30] 宁夏文物考古研究所《王大户与九龙山：北方青铜文化墓地》, 文物出版社, 2016年。

[31] 储雪蕾、霍卫国、张巽《内蒙古林西县大井铜多金属矿床的硫、碳和铅同位素及成矿物质来源》,《岩石学报》2002年第4期。

[32] 董利军《夏家店上层文化矿冶遗址的考察研究》, 北京科技大学博士论文, 2012年。

[33] 东京国立博物馆《中国北方系青铜》, 东京国立博物馆编集, 2005年。

［34］ 贾腊江《秦早期青铜器科技考古学研究》，科学出版社，2011 年。
［35］ Wu X L, Cultural hybridity and social status: elite tombs on China's northern frontier during the third century BC, *Antiquity* 87, 2013: 121–136.
［36］ 平尾良光《古代东アジア青铜の流通》，鹤山堂，2001 年。
［37］ 同［32］。
［38］ 刘建宇《陕北地区出土商周时期青铜器的科学分析研究》，北京科技大学博士论文，2015 年。
［39］ 李丽辉《辽西赤峰地区井沟子西区墓地出土青铜器研究》，北京科技大学博士论文，2015 年。
［40］ 杨菊《赤峰地区青铜时代晚期铜器的科学分析研究》，北京科技大学博士论文，2015 年。
［41］ 同［40］。
［42］ 同［34］。
［43］ Heginbotham A, Bassett J, Bourgarit D, Eveleigh C, Frantz T, Glinsman L, Hook D, Smith D, Speakman R, Suger A, Van Laugh R. The copper CHARM set: a new set of certified reference materials for the standardization of quantitative X-ray fluorescence analysis of heritage copper alloys. *Archaeometry* 57, 2015: 856–868.
［44］ Shen C C, Wu C C, Cheng H, Edwards R L, Hsieh Y T, Gallet S, Chang C C, Li T Y, Lam D D, Kano A, Horia M, Spötl C. High-precision and high-resolution carbonate ^{230}Th dating by MC-ICP-MS with SEM protocols, *Geochimica et Cosmochimica Acta*, 99, 2012: 71–86.
［45］ Gale N H. A new method for extracting and purifying lead from difficult matrices for isotopic analysis, *Analytica Chimica Acta* 332, 2012: 15–21.
［46］ Lo Y C. *High precision nanogram-quantity Pb isotopic determination on multi-collector inductively coupled plasma mass spectrometry (MC-ICP-MS) and a case study in Guandu plain*, Unpublished Master Thesis, National Taiwan University, 2012.
［47］ Thirlwall M F. Multicollector ICP-MS analysis of Pb isotopes using a ^{207}Pb-^{204}Pb double spike demonstrates up to 400 ppm/amu systematic errors in Tl-normalization, *Chemical Geology* 184, 2002: 255–279.
［48］ Baker J, Peate D, Waight T, Meyzen C. Pb isotopic analysis of standards and samples using a ^{207}Pb-^{204}Pb double spike and thallium to correct for mass bias with a double-focusing MC-ICP-MS, *Chemical Geology* 211, 2004: 275–303.
［49］ Stos-Gale Z A, Maliotis G, Gale N H, Annetts N. Lead isotope characteristics of the Cyprus ore deposits applied to provenance studies of copper oxhide ingots, *Archaeometry* 39, 1997: 83–123.
［50］ Baxter M J, Gale N H. Testing for multivariate normality via univariate tests: a case study using lead isotope ratio data, *Journal of Applied Statistics* 25, 1998: 671-683.
［51］ Beardah C C, Baxter M. Three-dimensional data display using kernel density estimates, in: *New Techniques for Old Times - CAA 98 - Computer Applications and Quantitative Methods in Archaeology* (eds. Juan A. Barceló, Ivan Briz and Assumpció Vila (eds.), BAR, Oxford 1999: 163–170.
［52］ Scaife B, Budd P, McDonnell J G, Pollard A M. Lead isotope analysis, oxide ingots and the presentation of scientific data in archaeology, in *Metals in antiquity* (eds. S M M Young, A M Pollard, P Budd, R A Ixer), Archaeopress, Oxford, 1999: 122–133.
［53］ Baxter M J, Beardah C C, Wright R V S. Some archaeological applications of kernel density estimates. *Journal of Archaeological Science* 24, 1997: 347–354.
［54］ Baxter M. *Statistics in archaeology*, Hodder Arnold, London 2003.
［55］ Conolly J, Lake M. *Geographical Information Systems in Archaeology.* Cambridge: Cambridge University Press, 2006.
［56］ Zhang X, King M L, Hyndman R J. A Bayesian approach to bandwidth selection for multivariate kernel density estimation, *Computational Statistics & Data Analysis* 50, 2006: 3009–3031.
［57］ Bronk Ramsey C, Housley R A, Lane S C, Smith C V, Pollard A M. The RESET tephra database and associated analytical tools. *Quaternary Science Reviews* 118, 2015: 33–47.
［58］ 冯建忠、艾霞、吴俞斌、刘国平《内蒙古大井多金属矿床稳定同位素地球化学特征》，《吉林地质》1994 年第

13期。
[59] 同[31]。
[60] Faure G, *Principles of Isotope Geology*. New York: John Wiley and Sons, 1986.
[61] Taylor N R, Ishizuka O, Michalik A, Milton J A, Croudace I W. Evaluating the precision of Pb isotope measurement by mass spectrometry, *Journal of Analytical Atomic Spectrometry* 30, 2005: 198–213.
[62] 核工业北京地质研究院《岩石中铅、锶、钕同位素测定方法》，1999年。

书　评

中国人从未主动利用丝绸之路吗？

——与葛剑雄教授商榷

罗　炤

2017年年底在网上看到了葛剑雄教授在上海图书馆增爱世界文化论坛上做的题为《丝绸之路与一带一路》讲座的报道，葛教授说："尽管丝绸之路在历史上起了很大作用，但中国人从未主动利用这条路，也很少从丝绸之路获利。""古代中国海上从来未开放外贸，还经常实行海禁、迁海，民间对海外的贸易长期被禁。只有元朝对外有短暂时间允许商人出海去外国贸易。""海上丝绸之路开辟的原因是公元755年，安史之乱后丝绸之路断绝，加之中国经济中心南移、海上运输巨大经济利益驱动、瓷器外销的可能，诸多原因共同推动了这条商路的产生。"看到这些文字，笔者非常诧异。但是，网上的报道是另外一位作者写的，不敢确定原话是否确为葛教授所说，因而没有特别在意。2018年7月又看到葛教授做了有关丝绸之路的演讲，再次强调：国内："绝大多数人根本不知道历史上中国并没有主动利用丝绸之路，它主要的动力是来自外界。"[1]这一次的报道文本在结尾特别说明："本文系葛剑雄教授在2018年'汉学与当代中国'座谈会上的演讲，根据现场录音整理，未经主讲人审阅。"因为是"根据现场录音整理"的文本，而且这次和7个月以前说的"中国人从未主动利用这条路，也很少从丝绸之路获利"完全一致，虽然"未经主讲人审阅"，但属于葛教授的原话应该没有问题。最近从社科在线上看到葛教授又在上海图书馆演讲《丝绸之路的历史回眸》，不仅再次说："(历史上)我们不主动经营外贸，主要利益都是由外方所得，而对民间贸易是一贯限制甚至禁止，或者课以重税，以致民间非走私就不能获利。"而且说："海上丝绸之路也不是中国开辟或者掌握的。是谁建的呢？阿拉伯人。""现在留下来的郑和的记录中，航海图里面用的概念是'针路'，这个概念就是阿拉伯人的概念；用的技术叫'牵星过洋'，也是阿拉伯人发明的，靠看星来定位。"这些有违史学常识的话，让笔者瞠目结舌。至此，不能不撰文与葛教授商榷了。

一、海上丝绸之路何时开辟

葛教授是研究中国历史地理的著名学者，《汉书·地理志》应当是烂熟于心的基础文献。《汉书·地理志》第八“下”记载：“粤地，牵牛、婺女之分野也。今之苍梧、郁林、合浦、交趾、九真、南海、日南、皆粤分也。……处近海，多犀、象、毒冒、珠玑、银、铜、果、布之凑，中国往商贾者多取富焉。”接下来详细地记述了“自合浦、徐闻南入海”，儋耳、珠厓郡的民风、物产、武器、历史沿革等，然后是航海至都元国、邑卢没国、湛离国的日程。从湛离国“步行可十余日，有夫甘都卢国。自夫甘都卢国船行可二月余，有黄支国，民俗略与珠厓相类。其州广大，户口多，多异物，自武帝以来皆献见。有译长，属黄门，与应募者俱入海，市明珠、壁流离、奇石异物，赍黄金、杂缯而往。所至国皆禀食为耦，蛮夷贾船转送致之，亦利交易，剽杀人。又苦逢风波溺死，不者数年来还，大珠至围二寸以下。平帝元始中，王莽辅政，欲耀威德，厚遗黄支王，令遣使献生犀牛。自黄支船行可八月，到皮宗；船行可二月，到日南、象林界云。黄支之南，有已程不国，汉之译使自此还矣”。这是中国古代文献首次对于汉武帝时期海上丝绸之路开通以及中国人“赍黄金、杂缯（丝绸）”，航海赴东南亚、南亚贸易，到已程不国（今斯里兰卡）返航的详细记录。

罗马帝国大博物学家普林尼（另一译名“白里内”，23～79年）的名著《自然史》（另一译名《博物志》）的相关记事，恰恰可以和《汉书·地理志》以上的记述相互印证。《自然史》说：赛里斯（中国）“其林中产丝，驰名宇内。丝生于树叶上，取出，湿之以水，理之成丝。后织成锦绣文绮，贩运至罗马。富豪贵族之妇女，裁成衣服，光辉夺目。由地球东端运至西端，故极其辛苦。赛里斯人举止温厚，然少与人接触，贸易皆待他人之来，而绝不求售也”。罗马 Claudius 皇帝（41～54年在位）时，锡兰（古称师子国，今斯里兰卡）“岛王乃遣拉切斯等四人为使者至罗马”，拉切斯的父亲曾到过赛里斯经商：“事实上彼等（赛里斯人）对于奢侈品的交易不自珍惜，而且对于货物的流通地点目的及其结果，心目中已经了然。”普林尼慨叹：“据最低之计算，吾国之金钱，每年流入印度、赛里斯及阿拉伯半岛三地者，不下一万万赛斯透司，此即吾国男子及妇女奢侈之酬价也。”[2]

5世纪初的名著《佛国记》记载：师子国“其国本无人民，正有鬼神及龙居之。诸国商人共市易，市易时，鬼神不自现身，但出宝物，题其价直，商人则依价直直取物。因商人来、往、住故，诸国人闻其土乐，悉亦复来，于是遂成大国”。这些文字可以进一步印证《汉书·地理志》和普林尼的记录真实可靠。

南宋时期祝穆《方舆胜览》卷四十二《雷州》“徐闻交易”条的记载，更加清晰地显现出汉朝时期中国官民双方主动利用海上丝绸之路获利致富的景象：“《元和志》：‘汉置左右候官在徐闻县南七里，积货物于此交易。谚曰：欲防贫，诣徐闻。’”

近几十年来，广东、广西考古工作者在徐闻县和合浦县沿海地区发现或发掘了大批汉代遗址，在徐闻出土了“万岁”文字瓦当以及玻璃珠、琥珀珠、玛瑙珠、水晶珠等海外舶来品；在合浦县堂排的4座西汉墓中，出土了天蓝、湖蓝、绿色的玻璃珠1656粒；在合浦母猪岭6座东汉墓中，发现玻璃珠860余粒。出土实物印证了《汉书·地理志》和《方舆胜览》的上述文字记载。

中外学术界早已公认汉武帝时期海上丝绸之路已经开辟，南北朝时期更有很多南亚和东南亚的僧人从海路来到中国，中国高僧法显也是搭乘商船从师子国经印度洋和南海回国的。作为知名的历史地理学家和关注丝绸之路的学者，葛教授不可能不知道上述史地古籍的记载，不可能一点也不知道多年来在徐闻和合浦考古发掘出土的文物，怎么能断言海上丝绸之路是“安史之乱后丝绸之路断绝”才“开辟”“产生”的呢？

葛教授说："海上丝绸之路也不是中国开辟或者掌握的。是谁建的呢？阿拉伯人。"以上《汉书·地理志》、普林尼《自然史》、《佛国记》和《方舆胜览》的记载清楚显示：早在公元前的汉武帝与罗马帝国时期，海上丝绸之路已经开辟，而且是由中国人、东南亚人、师子国人、天竺（印度）人、罗马人、波斯人和阿拉伯半岛居民等共同开辟的。需要注意的是，汉朝和罗马帝国时代的阿拉伯半岛居民，与7世纪伊斯兰教兴起以后的阿拉伯人有一定的性质上的差别，因而更不能笼统地说汉朝时期的海上丝绸之路是"阿拉伯人"建的。

二、星占、指南针与航海

葛教授说："现在留下来的郑和的记录中，航海图里面用的概念是'针路'，这个概念就是阿拉伯人的概念；用的技术叫'牵星过洋'，也是阿拉伯人发明的，靠看星来定位。不要以为中国古代有指南针，指南针只能小范围用，真正在海里是没有用的。"这里涉及的是航海史和科技史领域的重大问题，中外学术界长期讨论，有的早已明确解决，有的尚存分歧意见。葛教授不是研究航海史和科技史的专家，触及自己外行的领域，本当谨慎从事，没有想到他竟然在大众化的讲演中"一锤定音"，替皓首穷经潜心研究航海史和科技史的中外学者们下了结论。胆量虽可包天，学风却不敢恭维。

研究航海史和科技史的专家们都知道，马王堆出土的帛书中有《五星占》，其中记录了占星的角度单位"指"。公元前2世纪的《淮南子·齐俗训》中，已经记载："夫乘舟而惑者，不知东西，见斗极则寤矣。"这是中国最早的舟行水上占星导航的记载。有关航海与星占的书籍，《汉书·艺文志》著录了"《海中星占验》十二卷，《海中五星经杂事》二十二卷，《海中五星顺逆》二十八卷，《海中二十八宿国分》二十八卷，《海中二十八宿臣分》二十八卷，《海中日月彗虹杂占》十八卷。"公元前的中国古人已经积累了丰富的海中星占知识。

到北宋时期，中国进一步将指南针运用于航海事业，并将星占与指南针结合在一起导航。成书于宋徽宗宣和元年（1119年）的《萍洲可谈》记载了中国商人下南洋贸易（"北人过海外"）之事甚详，其中有"舟师识地理，夜则观星，昼则观日，阴晦观指南针"。这是世界航海史上最早使用指南针，以及将星占与指南针结合运用的记录。宣和七年（1125年）许兢所著《宣和奉使高丽图经》记载航海情状更加详细，对于观星导航、使用指南针确定海上方位之事，其卷三十四的记述十分具体："舟行过蓬莱山之后，水深碧色如玻璃，浪势益大。……是夜洋中不可住，维视星斗前迈，若晦冥则用指南浮针以揆南北。"《宣和奉使高丽图经》的这一记载与《萍洲可谈》的以上记述仅相差6年，一者说的是远航南洋的事情，一者讲的是北渡东海、黄海、渤海的状况，一南一北，且同时代，恰可相互印证。

现存最早的"针路"记录，出自成书于13世纪末的周达观《真腊风土记·总叙》，使用的是中国传统的干支、八卦"丁未针"和"坤申针"，而不是葛教授说的"（郑和）航海图里面用的概念是'针路'，这个概念就是阿拉伯人的概念"。《真腊风土记》所记之事早于郑和下西洋100多年，郑和航海图岂能舍弃自己的老祖宗早已熟练掌握、属于本土语言文化、长期行之有效的"针路"，颟顸地去采用"阿拉伯人的概念"？

中国从宋朝开始，航海已经普遍使用指南针导航，宋、元时期的著作中还有很多记载，限于篇幅，本文不能一一列举。断言中国古代发明的指南针“真正在海里是没有用的”，过于轻率，不应该出自葛教授之口。

至于“牵星过洋”的技术，学术界现存三种见解：第一种认为属于中国传统的航海天文学，第二种认为受到阿拉伯人航海术的影响，第三种认为是中国传统航海天文学和阿拉伯人航海术相融合的产物，目前尚无定论。作为外行人的葛教授，竟然断言“也是阿拉伯人发明的”，不该是学者应有的严谨态度。

三、古代中国海上从来未开放外贸吗？

葛教授所说“古代中国海上从来未开放外贸，还经常实行海禁、迁海，民间对海外的贸易长期被禁”，则更非事实。《汉书·地理志》和《方舆胜览》的上述记载已经证明葛教授此说之误，汉朝以后更有不胜枚举的中外文献和实物，能够证明中国古代海上贸易繁荣昌盛，本文难以具列，仅以宋朝为例。

《宋史·食货志》下·八记载：“雍熙中，遣内侍八人赍敕书、金帛，分四路招致海南诸蕃。商人出海外蕃国贩易者，令并诣两浙司市舶司请给官券，违者没入其宝货。”《宋会要辑稿·职官》四四记载：“端拱二年五月诏：‘自今商旅出海外蕃国贩易者，须于两浙市舶司陈牒，请官给券以行，违者没入其宝货。’”这是在北宋建国尚不足30年，由第二位皇帝宋太宗发下的诏令，反映出中国的商人们在此之前早已经出海从事国际贸易，而且还不需要得到官方的批准，从雍熙与端拱年间开始，北宋朝廷才要求他们必须到两浙市舶司申请许可证。此后，为便利海外贸易，宋朝政府又在沿海地区陆续增设了几个市舶司。这是政府行使正常的管理职能，现代世界的各国外贸企业也都需要到政府主管部门登记，申领资格证书。

宋高宗进一步将海外贸易作为南宋立国的根基之一，高度重视，频繁过问，宽待海商。《宋会要辑稿·职官》四四记载，绍兴七年（1137年）“闰十月三日，上曰：‘市舶之利最厚，若措置合宜，所得动以百万计，岂不胜取于民？朕所以留意于此，庶几可以少宽民力尔。’”因为宋高宗高度重视、用心扶植，绍兴年间海外贸易收入大增，缓解了南宋建立之初的危难。为鼓励海外贸易，增加财政收入，宋高宗甚至用加官晋爵的手段奖赏地方官员和中外商人。《宋史·食货志》下·七记载：“（绍兴）六年，知泉州连南夫奏请，诸市舶纲首能招诱舶舟、抽解物货、累价及五万贯、十万贯者，补官有差。大食蕃客啰辛贩乳香直三十万缗，纲首蔡景芳招诱舶货，收息钱九十八万缗，各补承信郎。闽、广舶务监官抽买乳香每及一百万两，转一官。又招商入蕃兴贩，舟还在罢任后，亦依此推赏。”

由于海外贸易利润丰厚，宋孝宗初年“海南州县”为了更快、更多地征收国内出海商船的税收，限定他们的航海时间，尽量缩短日程，要求尽快返航回港完税，阻碍了海外贸易的发展。《宋会要辑稿·职官》四四记载，隆兴二年（1164年）“八月十三日，两浙市舶司申：‘……缘其间或有盗贼、风波、逃亡事故，不能如期，难以立定程限。今欲乞召物力户充保，自给公凭日为始，若在五月内回舶，与优饶抽税。如满一年之内，不在饶税之限。满一年已上，许从本司根究，责罚施行。'”宋孝宗御批执行。由此可以进一步看出，南宋朝廷不仅允许国内的商船出海贸易，而且对于出海贸易的商人们还有所体谅，适度地呵护他们的利益，不许地方官员过度地索取。

南宋淳熙五年（1178 年）周去非撰写的名著《岭外代答》，其卷六《器用门·木兰舟》一节，是在以上历史背景中写出的，具体记述了航行到南海乃至更远方的商船及船上的情况，可以让我们更加清晰地了解南宋时期的海上丝绸之路："浮南海而南，舟如巨室，帆若垂天之云，柂长数丈，一舟数百人，中积一年粮，豢豕、酿酒其中，置死生于度外。径入阻碧，非复人世，人在其中，日击牲酣饮，迭为宾主，以忘其危。舟师以海上隐隐有山，辨诸蕃国皆在空端……盖其舟大载重，不忧巨浪，而忧浅水也。又大食国更越西海，至木兰皮国，则其舟又加大矣，一舟容千人，舟上有机杼、市井，或不遇便风，则数年而后达，非甚巨舟不可至也。今世所谓'木兰舟'，未必不以至大言也。"周去非在广西钦州、桂林地区为官前后 6 年，以上记载应该是他在钦州沿海亲见、亲闻，其中所记"豢豕、酿酒其中"以及船的航向，显然说的是中国的商人出海贸易之事，可与上述南宋朝廷极其重视海商市舶的政策相互呼应，更加全面地反映出南宋时期海上丝绸之路的景象。

事实上，在《岭外代答》成书近 60 年之前，《萍洲可谈》已经非常详细地记述了北宋时期广州等地的中国商人远航南洋贸易的各方面情况。如果说汉朝时期中国人远航海外还不够多、不够主动，宋朝时期的中国人则全方位跨海越洋，外出内引，迈进海上丝绸之路空前繁荣的时代，并且为元朝时期更大规模、更加开放的亚、欧、非三大洲海洋贸易奠定了坚实的基础。

《宋会要辑稿》和《萍洲可谈》《宣和奉使高丽图经》《岭外代答》都是研究宋代历史地理学的必读参考书，以上所列宋朝时期海上丝绸之路的重要史实，葛教授应该早已知晓，怎么还能说"古代中国海上从来未开放外贸"？

明朝前期和清朝初期，由于军事等原因，确曾"禁海""迁海"，而且"片板不许下海"，但均不能长久维持。法国学者弗朗索瓦·德勃雷所著《海外华人》一书的《序言》中记有伟大航海家郑和劝谏皇帝保留船队的话："欲国家富强，不可置海洋于不顾，财富取之于海，危险亦来自于海上…… 一旦他国之君夺得南洋，华夏危矣。我国船队战无不胜，可用之扩大经商，制服异域，使其不敢觊觎南洋也。"明朝中期以后，漳州的月港成为海外贸易的中心，厦门岛由此地位大大提升。郑成功能够长期抗清并收复台湾，与月港带动起来的闽南民间海商集团有很大的关系。清朝则更快地开辟了江、浙、闽、广四个对外通商口岸，尤其是批准广州十三行专门从事海外贸易，粤海关成了"天子南库"。乾隆时期虽然收缩到广州一个外贸口岸，但此时欧洲商人的对华贸易规模已经极大扩展，清朝政府、外商和十三行均从海外贸易中获取了巨大利益。

综上所述，葛教授说古代中国"经常实行海禁、迁海，民间对海外的贸易长期被禁"，与历史事实不符。

四、丝绸之路与中国的世界性影响

最让人难以认同的是，葛教授说"通过丝绸之路传入中国的（东西）可以用百位数来计算，但中国传到外国的却只有个位数”，意思是中国通过丝绸之路从外国受益极大，贡献于世界的却甚少。本文不想重复丝绸在罗马帝国的影响，以及17～18世纪欧洲启蒙时代的中国热等学术界尽人皆知的事情，在此仅指出以下两项。

1）1620年，英国哲学家弗兰西斯·培根在其划时代的名著《新工具》中写道：“我们还该注意到这些发明的力量、效能和后果。这几点是再明显不过地表现在古人所不知、较近才发现、而起源却还暧昧不彰的三种发明上，那就是印刷、火药和磁石。这三种发明已经在世界范围内把事物的全部面貌和情况都改变了：第一种是在学术方面，第二种是在战事发明，第三种是在航行发明；并由此又引起难以数计的变化来；竟至任何帝国、任何教派、任何星辰对人类事务的力量和影响都仿佛无过于这些机械性的发现了。”[3]马克思在《机器、自然力和科学的应用》一书中又进一步明确指出：“火药、指南针、印刷术——这是预告资产阶级社会到来的三大发明。火药把骑士阶层炸得粉碎，指南针打开了世界市场并建立了殖民地，而印刷术则变成新教的工具，总的来说变成科学复兴的手段，变成对精神发展创造必要前提的最强大的杠杆。”[4]火药、指南针、印刷术三大发明都源于中国，都是通过丝绸之路传入阿拉伯世界和欧洲的，尽管有些外国学者在细节和传播路线上提出了一些异议，但它们从中国传出的基本事实则是确定的。在13～14世纪，通过丝绸之路，中国的发明（以及《马可波罗游记》和东方传入的黑死病）促动了欧洲15世纪以后具有世界历史意义的伟大变革，尽管这三大发明在中国本土并未充分展现其威力。

2）17世纪以后的欧洲国家，特别是英国，和广州“十三行”交易，通过海上丝绸之路贩卖中国出产的茶叶，利润丰厚。英国征收100%以上的高额茶叶进口关税，引发北美十三州兴旺的走私中国茶叶的生意。为杜绝走私，英国制定了《茶叶法》，授予东印度公司在北美殖民地销售中国茶叶的垄断权，由此十三州的茶叶走私商和英国的利益冲突愈演愈烈，终于发生了1773年的“波士顿倾茶事件”，成为美国独立战争的起爆点。现今美国，在某种程度上可以说是从贩卖中国茶叶的商业纠纷中孕育、诞生的。

以上两大历史变革说明，通过丝绸之路，中国传到外国的即使“只有个位数”，但在这“个位数”中，却有翻天覆地的能量。事实上，经由丝绸之路从中国传到外国的，远远不止葛教授说的“只有个位数”。在这一研究领域，有些西方学者知道的比葛教授多得多。

五、“海上丝绸之路”是谁、何时提出的？

久仰葛教授大名，不过，从他一年来几次丝绸之路的讲演看，可能尚未对海上丝绸之路做过深入研究，“硬伤”不少。葛教授说：“比如说‘海上丝绸之路’，这概念是日本的学者到上世纪80年代才提出来的。”笔者很诧异，葛教授怎么会不知道，“海上丝绸之路”最早是法国杰出的汉学家沙畹（Emmanuel-èdouard Chavannes，1865～1918年）在1903年出版的名著《西突厥史料》（*Documents Sur les Tou-Kiue Occidentaux*）一书中指出的：“丝路有陆、海二道，北道出康居，南道为通印度诸港之海道。”冯承钧先生翻译了此书，并做了校勘史料、改错补漏、整合译名等工作，还对书中的文献资料添加附注，进一步提高了此书的学术价值，1934年由商务印书馆出版，此后

60多年，我国又有多家出版社多次重印。《西突厥史料》是中国历史地理学科的必读书，葛教授应该很熟悉（据说李希霍芬在1877年出版的、首次提出“丝绸之路”的《中国》第一卷的一幅地图上，标注了“海上丝绸之路”的名称，笔者未见原书）。1955年，季羡林先生发表长篇论文《中国蚕丝输入印度问题的初步研究》，重点论述中国蚕丝输入印度“有五条道路：南海道、西域道、西藏道、缅甸道、安南道”，南海道是季先生论证的首要路线。此文的论述“南海道”一节时引用了《汉书·地理志》的“自日南障塞、徐闻、合浦船行可五月，有都元国……”这条最早的史料，论证中国蚕丝从南海道的“雷州半岛发船”输入印度。1957年，季先生又发表论文《中国纸和造纸法最初是否是由海路传到印度去的？》，进一步研究了中国与印度的海路交通问题。至于现今使用的“海上丝绸之路”一词，日本考古学家三杉隆敏在昭和四十二年（1967年）出版的《海のシルクロードを求めて——東西やきもの交涉史（探寻海上丝绸之路——东西陶瓷交流史）》一书中首次使用。饶宗颐先生1974年6月发表的《蜀布与Cinapatta——论早期之中、印、缅交通》一文的《附论：海上之线路与昆仑舶》，研究了以广州为转口中心的“海道丝路”。1978年上海科学技术出版社出版的《航运史话》，在国内第一次记述了“海上‘丝绸之路’”。北京大学东语系教授陈炎先生从1980年开始进行“海上丝绸之路”专题研究，于1981年在中国中外关系史学会成立大会上提交《略论海上丝绸之路》一文，是中国大陆学者发表的第一篇以“海上丝绸之路”为题的专论。1989年陈先生出版专著《陆上和海上丝绸之路》，1996年又出版《海上丝绸之路与中外文化交流》一书，在国内做出开拓性的贡献。

葛教授说“海上丝绸之路概念是日本的学者到上世纪80年代才提出来的”，不知道是否读过以上学者的相关论著？

不揣冒昧，直抒己见，敬待葛教授批评。

注　释

[1] 见凤凰网历史栏目，7月31日报道。

[2] 张星烺编注、朱杰勤校订《中西交通史料汇编》（第一册），北京：中华书局，1977年，第20～22页。

[3]〔英〕培根著、许宝骙译《新工具》，北京：商务印书馆，1984年，第103页。

[4] 马克思著，中国科学院自然科学史研究所译《机器、自然力和科学的应用》，北京：人民出版社，1978年，第67页。

舶商与私贩

——《南海Ⅰ号沉船考古报告之二——2014～2015年发掘》的贸易史解读

黄纯艳

南海Ⅰ号是发现于我国广东省台山海域的南宋沉船，作为迄今发现的最大、最完整的古代海船，其发掘工作一直受到各方瞩目。南海Ⅰ号考古必将极大地推动宋代造船史、航海史、贸易史等方面的研究。本文仅从贸易史的角度对新近出版的《南海Ⅰ号沉船考古报告之二——2014～2015年发掘》（以下简称《报告之二》）做一解读。

一、南海Ⅰ号船型特点与船货构成

南海Ⅰ号是1987年8月中国交通部广州救捞局与英国海洋探测打捞公司合作在广东南海川山群岛附近搜寻一艘外国沉船时，意外发现的一艘中国古代沉船。1989年11月，中日联合对该沉船进行了首次水下调查；2001年4月，在香港中国水下考古研究与探索学会的赞助下，重启南海Ⅰ号调查工作，进行了数次水下调查发掘。2007年正式启动沉船打捞工作实行整体打捞。这是世界上首次采取此办法。南海Ⅰ号被整体移入修建在广东阳江海陵岛的水晶宫内。2009年和2011年进行了两次试发掘，最终确定了发掘方案。于2014年1月10日正式开始发掘工作。2018年5月文物出版社出版了由国家文物局水下文化遗产保护中心等机构组织编写的《报告之二》（本文引自《报告之二》的结论和信息不一一注出），实际反映了到2016年3月止的发掘工作。据国家文物局水下文化遗产保护中心技术总监、南海Ⅰ号考古队领队孙键先生2018年10月的介绍，目前船货发掘大约可以说一半，船体部分不到三分之一，争取到2019年年底全部揭露出来。预计发掘工作到2020年上半年完成，然后转入博物馆保护处理。《报告之二》反映的虽然只是阶段性的发掘工作，但已是对1987年沉船发现以来考古成果最完整的反映，从其船货构成及装载特点已经可以揭示丰富的贸易史信息。

目前发掘的7万件文物主要有以下几类：金属品，包括铁、银、金、铜器等，以铁制品数量最多；瓷器，包括景德镇窑、龙泉窑、德化窑、磁灶窑等江西、浙东、福建和广东窑口的瓷器；船上人员生活品，包括动物遗存、植物遗存、饰品等；船材，包括木质、石质等文物；人骨，青年男性指骨、牙齿等。本文主要从船体和船货文物的分析讨论南海Ⅰ号反映的历史信息。

据《报告之二》载，南海Ⅰ号最大宽度为9.7～10、残长22.1米，15个舱，可见3层舷板。该船船头方小，船尾阔大，甲板平敞，船底尖狭，9.7～10米（图一）。

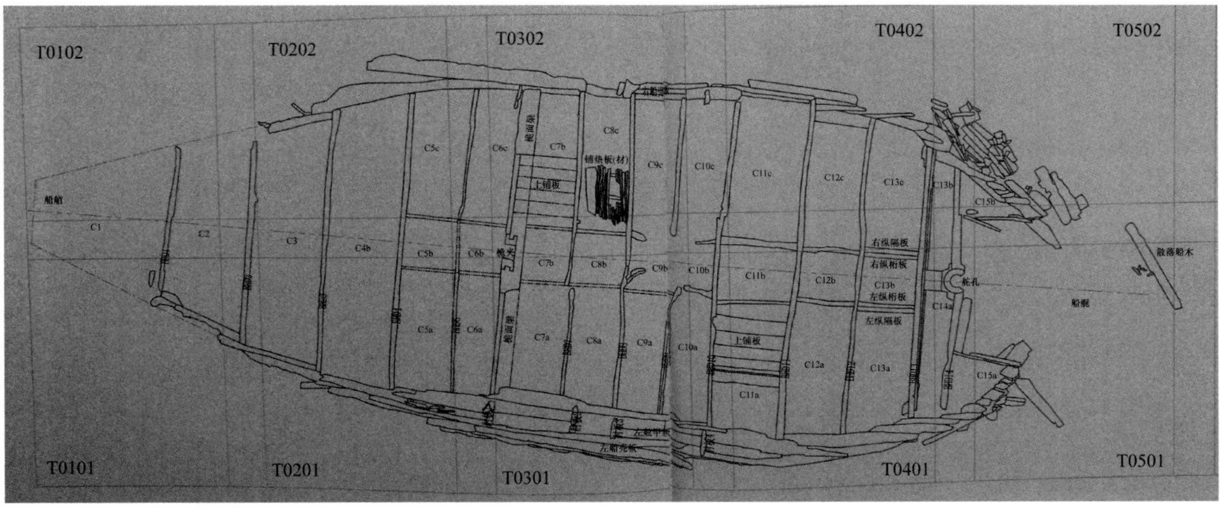

图一 南海Ⅰ号船体

宋代两浙濒海一带的魛鱼船（俗称钓橹船）船型就是“头方小，俗谓盗浪斗，尾阔可分水，面敞可客人兵，底狭尖如刀刃状，可破浪”[1]。宣和年间徐兢参加的宋朝出使高丽使团雇佣福建“客舟”，即商船，“上平如衡，下侧如刃，贵其可以破浪而行也”[2]。1974年泉州湾发掘的宋代海船就是“尖底造型，船身扁阔”的尖底船[3]。可见这是宋代用于深海航行的海船的基本形制。魛鱼船是一种中型海船，“可容五十人者，面阔一丈二尺身，长五丈”，是两浙沿海主要海船，建炎元年宋朝打造魛鱼船六百只，装备水战[4]。但是“魛鱼船乃是明州上下浅海去处，风涛低小，可以乘使。如福建、广南海道深阔，非明海洋之比”，因其形制太小，不适合在福建、广南海域航行[5]。

宋代以梁宽（又称面阔）表示船舶大小，计算船只大小“并以船中堵为则”[6]，即按船舶最宽处尺度为标准。南海Ⅰ号若按最宽处10米计，合宋代梁宽3.1丈（按宋淮尺计，每尺为31厘米）。在宋代海船中属于极大型船。南宋征调福建民船到明州和浙西防海，起征面阔为一丈二尺，可作中型海船标准，将征调大型船统称“二丈一尺以上（船）”。雇募福建和广东民间海船分三等：“上等船面阔二丈四尺以上，中等面阔二丈以上，下等面阔一丈八尺以上。”[7]徐兢使团雇佣福建“客舟”，“阔二丈五尺，可载二千斛粟”[8]，因为要炫耀于异域，所选亦是大型“上等”海船。除宋神宗和宋徽宗朝两次各打造了两艘作为出使高丽使节座船的“神舟”外，和《梦粱录》描述性而不一定反映实际的“海商之舰大小不等，大者五千料，可载五六百人，中等二千料至一千料，亦可载二三百人”的记载[9]，文献所见实际使用的海船最大的是南宋福建左翼水军“面阔三丈、底阔三尺，约载二千料”的战船[10]。梁宽3.1丈的南海Ⅰ号在宋代当属极大型海船。且其尖底造型、多根桅杆、三重木板、隔舱数多、容载量大等特点都近似泉州湾发掘的宋代海船[11]，应也是一艘福建海船。而且梁宽3丈左右的海船在当时南海贸易船中应不少，泉州湾南宋海船残宽9.15米，华光礁一号南宋海船残宽也是9米[12]，梁宽都在3丈左右。

《报告之二》反映的该船所载金属制品的材质包括金、银、铜、铁、锡、铅、锌等，以及水银。有铜钱17000文；金制品包括金质货币金叶子（8枚）和碎金（24件），以及金饰品。金叶子有铭文，载金银铺主或金银匠名。银铤、碎银（大多结成银块）共229块，290千克。银铤主要有四种规格，有铺名、重量、地址等铭文。有铜器皿、衡器、配饰、铜镜等铜器3812.12克。《报告之二》所反映的出土铁器在数量和重量上都不亚于瓷器。铁器基本上以凝结物的形式存在，总重量约90吨（《报告之二》出版后最新的统计已达120吨）。主要是铁锅、铁钉和铁条（坯件）。金属制品都主要发现于甲板以上。如铁器一般装载在瓷器上方，主要出现在第2层，广泛分布于各舱，第2～5、7舱主要是坯件，第5舱有少量铁锅，第6舱左侧为铁锅，右侧为坯件，第12舱有铁锅和坯件。最为密集的是第6、7舱，即主桅杆附近，出于船只稳定性。银器主要出土于第3、4层海泥中。

瓷器是最大宗的船货，特别是《报告之二》尚不能反映的甲板以下的发掘，主要是瓷器。甲板及隔舱板之间搭接的垫板主要装载的是铁器，舱内是码放整齐的瓷器。如第二舱甲板以上码放铁钉和铁锅，舱内码放瓷器。第三舱中部甲板以上码放铁钉和铁锅，舱内上层有铁钉，下方码放瓷器。此外，还有动物和植物遗存。动物遗存中羊最多（86件，绵羊较多），其次是家鸡（46件）和家鹅（40件），猪相对较少（9件），还有牛、淡水龟、蛙等，以及航行中捕捞的动物有鱼类、鸟类、软体动物、节肢动物等。沉船出土植物种类以核果类和坚果类为多，核果种类以适于腌制的果品为主。说明南海Ⅰ号沉船出土的植物种类都是为了远洋航海特意选备的。发现的遗物中还有人的指骨、肋骨片、下颌骨、臼齿。

南海Ⅰ号的价值首先在于其完整性。南海Ⅰ号虽然应发生过猛烈撞击或其他外力因素，船货有翻滚抛撒现象，但沉底基本是正坐下沉，向右舷稍有倾斜，沉船海域为泥质海底，很快被覆盖，所以船体和船货得到了较为完整的保存。在古代沉船考古发掘中是未曾有过的发现。其次是其丰富性。到2018年10月发掘的船货总计已达7万件，包括船货商品、船材和船上用具、船上人员生活用品等，能够集中反映宋代海上贸易状况。迄今发现的宋代海船浙江宁波和义路瓮城南宋沉船、福建泉州湾南宋海船、福建连江定海湾白礁一号、西沙群岛华光礁一号等船体完整性、船货遗存数量都远不及南海Ⅰ号。宋代文献记载的海船、航海和海上贸易虽然综合信息较为丰富，但如南海Ⅰ号完整的船舶结构，以及在一个船体上较为完整地反映船货，特别是船上生活的信息是历史文献所缺乏的。可以从技术史、贸易史、考古学等多个角度进行综合研究。

二、南海Ⅰ号发船方式问题

南海Ⅰ号装载的大量金属品，铜钱、金银和铁等在南宋都是禁止带出国境的物品。铜钱之禁是宋朝最严厉的透漏禁令，自宋太祖朝到南宋末，禁止将铜钱挟带出国境的禁令不断重申。宋仁宗朝就规定："以铜钱出外界一贯以上，为首者处死。""商客蕃客往南蕃者听逐人个带路费钱五百文"，过此数者罚，令"市舶司并缘海州军常切点检"[13]。南宋也保持了个人不能超过五百文的规定。宋孝宗朝令"蕃商海舶等舶往来兴贩，夹带铜钱五百文随行，离岸五里，便依出界条法"[14]。《报告之二》反映的南海Ⅰ号上发现了铜钱17000文，即17贯，可够17人杀头之罪。南海Ⅰ号这样的大型海船上可能有多少人呢？船上一定会有搭乘的商人，或如《梦粱录》所说中等海船亦可载二三百人，或如《萍洲可谈》所称小商随船出海，"分占贮货，人得数尺许，下以贮物，夜卧其上"[15]。搭乘人员各船可能不一，人数难以确定。但是船舶操作人员却有一定之规。宋代船舶梢工、水手等船员配置随船只大小而增减，即"其合用梢、手各视船丈尺阔狭而增损之"。福建征调民间海船，梁宽一丈二尺至一丈三尺船需梢工、招头、碇手各1人、水手13人，共16人。人员数量依次随梁宽增加，到一丈九尺船需梢工2人，招头1人，碇手3人，水手23人，共29人，二丈一尺以上船需梢工、招头各2人，碇手3人，水手33人，共40人[16]。徐兢所乘出使高丽的梁宽二丈五尺的“客舟”，共有篙师、水手共60人[17]。一丈九尺以上的船均配梢工2人。崇宁四年泉州商人李充船往日本，配有梢工1人，应是1丈9尺以下的船。该船共69人，应是包括了船员和搭乘人员的全部船上人员[18]。按以上配置，南海Ⅰ号应有船员60人以上，其中梢工2人。搭乘人员则不能确定。因而从人均挟带铜钱来看，17贯铜钱不能构成走私。

但是其所装载的金银和铁器确凿无疑构成了走私。南宋孝宗下令“禁蕃舶贩易金银”[19]。宋人认为与海外诸国贸易用瓷器茶酒之类，是“以吾无用之物易彼有用之货，犹未见其害”，但金银、铜钱、铜器之类皆为禁物[20]。铁是当时主要的军器原料，从北宋到南宋都禁止出境。北宋已规定，海路商贩者“不夹带违禁及堪造军器物色”[21]，“诸以熟铁及文字禁物与外国使人交易，罪轻者徙二年”[22]。

宋孝宗针对“多有东南海船兴贩铜、铁、水牛皮、鳔胶等物，虏人所造海船器甲，仰给于此”，“于沿海沿淮州军严行禁绝，如捕获客人有兴贩上项等事，与重寘典宪”[23]。

290千克的白银和120吨的铁器都是外销的商品，肯定属于违禁品。而且这样大量的违禁品都装载在船舶表层，几乎铺满整个甲板，难以从市舶港口正常出港。宋朝市舶港有严格的“检空”制度，商船出港之前，“差官检空，然后通放”。南宋还要求地方系统的机构派员参与检空，防止市舶官与商人串通：“广东、福建路转运司遇舶船起发，差本司属官一员临时点检，仍差不干碍官一员觉察。”“先报转运司差不干碍官一员躬亲点检”，再“差通判一员覆视”。所谓“不干碍官”即“不干预市舶职事者，差独员或差委清强官”[24]，即与市舶事务无干系官员。宋朝商人从港口发舶时载私货有两种可能，一是贿赂市舶及港口地方官，“官吏不廉不公，例有所受，而不从实检放”，“检空官一过其上，一望而退，岂尝知其内之所藏为数浩瀚”[25]。二是市舶或港口地方官为增加税收而放纵商人装载禁物的行为。“舶司拘于岁课，每冬津遣富商请验以往，其有不愿者，照籍点发。夫既驱之而行，虽有禁物，人不敢告，官不暇问。”[26]但如南海Ⅰ号表层装载如此规模巨大的铁、银、铜钱等禁物，覆盖了整个甲板，不似收买检空官的船只“盖船底莫非钱”。躲过市舶官、转运司、通判三层检查，几不可能。何况官员检查失责要“追官勒停，永不叙理”，而于“任内无透漏当与升擢差遣”。该船的上述禁物应为海上装载私货。

南海Ⅰ号应该是用甲板表面即舱内瓷器等合法商品接受市舶港的检空，然后到外海装载私货。在宋代这是常有的现象，即先“积得现钱，或寄之海中之人家，或埋之海山险处，或预以小舟搬载前去州岸已五七十里，候检空讫，然后到前洋各处逐旋搬入船内，安然而去”[27]。宋朝漫长的海岸线，“北自庆元，中至福建，南至广州，沿海一带数千里，一岁不知其几舟也”，走私是无法禁绝的。而且这在宋代，特别是贸易十分繁荣的南宋是普遍情况。如《诸蕃志》记载：阇婆国“番商兴贩，用夹杂金银及金银器皿、五色缬绢、皂绫、漆器、铁鼎、青白瓷器等交易”；三佛齐“番商兴贩，用金、银、瓷器、锦绫、缬绢、糖、铁、酒、米、干良姜、大黄、樟脑等物博易”；商人到佛罗安国、麻逸国等国也用金、银、铁等物[28]。华光礁一号南宋沉船除出土瓷器外，也有铁器、铜镜、铜钱等违禁品。这些商品应是利润最高的商品，如铜钱“每是一贯之数可以易番货百贯之物，每百贯之数可以易番货千贯之物”，“似此之类，奸民安得而不乐与之为市”[29]。

南宋积极鼓励民间商人出海贸易，亦积极招徕海外商人，但对朝贡却持极为消极的态度。截至目前，南海Ⅰ号的发现中可推算年代最晚的一枚铜钱是淳熙元宝。淳熙元年以后到南宋朝贡的南海诸国中除陆路朝贡的交趾外，仅占城、三佛齐、真里富三国。占城入贡有淳熙元年、三年及嘉泰元年三次。淳熙元年“淳熙元宝”尚不可能到达商人之手，即使淳熙三年有此可能，一则该年宋朝令占城“所贡物以十分为率许留一分，其余依条例抽买，给还价钱”，回赐是各类丝绸960疋、银1000两。且占城朝贡规定于泉州交割[30]。南宋对占城的朝贡总体上极为冷淡，嘉泰元年以后两国基本上断绝了朝贡关系。淳熙以后三佛齐朝贡仅淳熙五年一次，且“诏免到阙”[31]。真里富国的朝贡是到庆元府，规模都甚小，如开禧元年贡象1只、象牙2枝、犀角10株。且该年宋朝令其“今后免行入贡”[32]。按照宋朝对外发展政治关系的消极态度，对以上有朝贡关系的三国发生南海Ⅰ号这样大规模的朝贡往来几无可能。

三、南海Ⅰ号发舶港蠡测

如上所述，南海Ⅰ号应是福建海船，其沉没地在广东台山海域，目前尚未发现可以确知该船出海港的文字证据。只能从宋代贸易相关信息进行推测。首先，可以肯定的是福建海船甚至福建商人，不一定从福建发舶。如宋神宗朝，日本僧人成寻到明州登岸，搭乘的海船一船头曾聚、二船头吴铸、三船头郑庆分别来自南雄州（疑为南剑州之误）、福州和泉州，都是福建人[33]。崇宁四年前往日本的泉州商人李充是从明州发舶。按照南宋的制度，前往南海诸国贸易者，从泉州和广州均可发舶。商品更是流动的。金属品，包括铜钱、金、银、铁等在国内市场可以自由流通和贸易。瓷器等可以合法出口的商品更是可以通过内陆市场和近海市场在国内流动。各地商品通过近海市场和内陆市场汇集泉州或广州是毫无问题的。那么，南海Ⅰ号是从泉州发舶抑或广州发舶的可能性更大呢?

判断该船发舶港最重要的依据应是航线和发舶制度。按南宋贸易制度规定，前往南海诸国的船舶只能从泉州和广州发舶。泉州出海的航线，据《梦粱录》载：“若欲船泛外国买卖，则自泉州便可出洋，迤逦过七洲洋，舟中测水约有七十余丈，若经昆仑、沙漠、蛇、龙、乌、猪等洋。”[34]七洲洋在海南岛东部，即“七洲洋在琼岛万州之东南”，昆仑洋在“七洲洋之南”[35]。《真腊风土记》载：“自温州开洋，行丁未针，历闽广海外诸州港口，过七洲洋，经交趾洋，到占城，又自占城顺风可半月到真蒲，乃其境也。又自真蒲行坤申针，过昆仑洋入（真腊国）港。”[36]温州航路自泉州外洋后应与泉州航路重合。即泉州—七洲洋—交趾洋—昆仑洋。温州到真腊先行丁未针，即西南17.5°方向，过占城后行坤申针，即西南47.5°方向。泉州往阇婆国则行丙巳针，即东南17.5°方向。《诸蕃志》载：“阇婆国，又名莆家龙，于泉州为丙巳方；率以冬月发船，盖藉北风之便，顺风昼夜行，月余可到。”[37]即是沿着丙巳针方向昼夜直航。

从上可见，泉州至南海诸国的航线从海南岛以东深海直航，并不经过广东近海，何况南海Ⅰ号满载禁物，如果从泉州发舶，要离开远洋航线，并能顺海岸远航到上下川到海域，既无此必要，也无此可能。一是因为宋代贸易制度规定海船需明确发舶港和贸易目的地，且载之贸易公凭。如上举李充公凭明确记载其往日本国贸易，写明全船人员姓名、编甲、货物清单，并附市舶条法，规定需回明州接受抽解。往南海诸国贸易也是这样。《萍洲可谈》载："海外多盗贼，且掠非诣其国者，如请占婆公据而误入真腊，则尽没其舶货，缚北人卖之云。"[38] 海外的贸易国都清楚宋朝贸易公凭载明贸易目的国的制度，故不论从广州还是泉州发船都至少不会在中国近海离开航线。二是宋代有船舶放洋的监送制度。南宋规定："凡舶船之方发也，官必点视，及遣巡捕官监送放洋"[39]，即"差不干碍官一员觉察，至海口，俟其放洋方得回归"。目的是使"诸舶船（贩蕃及外蕃进奉人使回蕃船同）不得夹带钱出中国界"[40]。通判作为"覆视官不候其船放洋而辄回者徒一年"[41]。所谓放洋就是进入深海航线。如《萍洲可谈》所说广州发舶的"商船去时至溽洲少需以诀，然后解去，谓之放洋"，"过溽洲则沧溟矣"[42]。

由此而言，南海Ⅰ号最大可能的发船港就是广州。该船沉没地正处于广州往南海诸国的航线上。《武经总要》载：广州航路自广州"东南海路四百里至屯门山……从屯门山用东风西南行，七日至九乳螺州，又三日至不劳山（在环州国界）"。屯门山在珠江口东侧。自北而来的东北季风在广东沿海循岸而为东风。自屯门乘东风向西南方向航行，到九乳螺州（应在海南岛东南部）、占城国（即环州）。自屯门西南行的具体路线《萍洲可谈》有所补充："广州自小海至溽洲七百里，溽洲有望舶巡检司……过溽洲则沧溟矣。商船去时至溽洲少需以诀，然后解去，谓之放洋。"小海即广州市舶港："广州市舶亭枕水……其下谓之小海。"[43]

宋人没有记载溽洲的位置。溽洲位于今何处，学者多有争议。林家劲引清人杜臻《粤闽巡视记略》所载"广海卫城，本为新会县褥（溽）洲巡检司"，认为溽洲就是清代的广海，亦即明代的广海卫城。《报告之二》引光绪《新宁县志》所载"广海卫城……宋置巡检司于此，是为古溽州"，也认为溽洲即广海[44]。则广州往南海诸国的航向是自屯门向西南经广海湾，上川岛、下川岛海域，往海南岛以东海域即七洲洋，与泉州航线重合。《岭外代答》载："三佛齐之来也，正北行舟，历上下竺与交洋，乃至中国之境。其欲至广者入自屯门，欲至泉州者入自甲子门。"[45] 即过交趾洋后（应是进入七洲洋）广州航线和泉州航线出现分野，一往广州屯门，一往泉州甲子门。南海Ⅰ号正沉没于广州往南海诸国的航线上。合理的推论应是在溽洲望舶巡检司放洋后，在海上或海岛装载私货，然后不久沉没。所以从航路和发舶制度看，广州发舶的可能性最大。

南海Ⅰ号的发掘尚未完全结束，以上讨论主要是就《报告之二》发布的信息，结合宋代历史文献所做的论证和蠡测。我们期待接下来的发掘能发现更为直接和明确的证据，为以上问题及有关该船的更多疑问提供明确的答案。

注　释

[1]《宋会要辑稿》食货五〇，上海古籍出版社，2014年，第7125页。

[2] 徐兢撰、虞云国等整理《宣和奉使高丽图经》卷三四《海道一》，《全宋笔记》（第三编第八册），大象出版社，2008年，第129页。

[3] 泉州湾宋代海船发掘报告编写组《泉州湾宋代海船发掘简报》，《文物》1975年第10期，第5页。

[4]《宋会要辑稿》食货五〇，上海古籍出版社，2014年，第7125页。

[5]《宋会要辑稿》食货五〇，上海古籍出版社，2014年，第7130页。

[6]《宋会要辑稿》兵二九，上海古籍出版社，2014年，第9253页。

［7］《宋会要辑稿》兵二九，上海古籍出版社，2014 年，第 9253 页。
［8］ 徐兢撰、虞云国等整理《宣和奉使高丽图经》卷三四《海道一》，第 129 页。
［9］ 吴自牧《梦粱录》卷一二《江海船舰》，浙江人民出版社，1980 年，第 111 页。
［10］《宋会要辑稿》食货五〇，上海古籍出版社，2014 年，第 7130 页。
［11］ 泉州湾宋代海船发掘报告编写组《泉州湾宋代海船发掘简报》，《文物》1975 年第 10 期，第 5 页。
［12］ 孟原召《中国境内古代沉船的考古发现》，《中国文化遗产》2013 年第 4 期，第 54～65 页。
［13］ 张方平撰，郑涵梭整理《张方平集》卷二六《嘉祐编敕》，中州古籍出版社，1992 年，第 412 页。
［14］《庆元条法事类》卷二九《铜钱金银出界敕》，黑龙江人民出版社，2002 年，第 414 页。
［15］ 朱彧著、李国强整理《萍洲可谈》卷二，《全宋笔记》（第二编第六册），大象出版社，2006 年，第 149 页。
［16］《淳熙三山志》卷一四《版籍类五》，中华书局，1990 年，第 7902 页。
［17］ 徐兢撰，虞云国等整理《宣和奉使高丽图经》卷三四《海道一》，第 130 页。
［18］《朝野群载》卷二《异国》，《新订增补国史大系》，吉川弘文馆，1938 年，第 452、453 页。
［19］《宋史》卷三五《孝宗纪三》，第 678 页。
［20］《宋会要》刑法二，第 8372 页。
［21］ 苏轼著、孔凡礼点校《苏轼文集》卷三一《乞禁商旅过外国状》，中华书局，1986 年，第 889 页。
［22］《续资治通鉴长编》卷四八一，元祐八年二月辛亥。
［23］《宋会要辑稿》刑法二，上海古籍出版社，2014 年，第 8340、8387 页。
［24］《宋会要辑稿》职官四四，上海古籍出版社，2014 年，第 4215 页。
［25］ 包恢《敝帚稿略》卷一《禁铜钱申省状》，文渊阁《四库全书》第 1178 册，第 713 页。
［26］《宋会要》刑法二，第 8372 页。
［27］ 包恢《敝帚稿略》卷一《禁铜钱申省状》，文渊阁《四库全书》第 1178 册，第 714 页。
［28］ 赵汝适著、杨博文校释《诸蕃志校释》卷上《三佛齐国》《阇婆国》《麻逸国》，中华书局，1996 年，第 34～43、55、141～143 页。
［29］ 包恢《敝帚稿略》卷一《禁铜钱申省状》，文渊阁《四库全书》第 1178 册，第 713 页。
［30］ 周必大《文忠集》卷一一一《赐占城嗣国王邹亚娜进奉敕书》，《宋集珍本丛刊》第 52 册，线装书局，2004 年，第 185 页。
［31］《文献通考》卷三三二《四裔考九》，中华书局，2011 年，第 9164 页。
［32］《宋会要辑稿》蕃夷四之九九、一〇〇、一〇一，上海古籍出版社，2014 年。
［33］ 成寻著、王丽萍校点《新校参天台五台山记》卷一，上海古籍出版社，2009 年，第 1 页。
［34］ 吴自牧《梦粱录》卷一二《江海船舰》，浙江人民出版社，1980 年，第 112 页。
［35］ 陈伦炯撰、李长傅校注《海国闻见录校注》卷上，中州古籍出版社，1985 年，第 49、70 页。
［36］ 周达观撰、夏鼐校注《真腊风土记校注》总叙，中华书局，1981 年，第 15 页。
［37］《诸蕃志校释》卷上《阇婆国》，中华书局，1996 年，第 55 页。
［38］ 朱彧著、李国强整理《萍洲可谈》卷二，大象出版社，2013 年，第 133 页。
［39］《文献通考》卷九《钱币考二》，中华书局，2011 年，第 244 页。
［40］《宋会要》职官四四，第 4215 页。
［41］《宋会要辑稿》职官四四，上海古籍出版社，2014 年，第 4215 页。
［42］ 朱彧著、李国强整理《萍洲可谈》卷二，大象出版社，2013 年，第 148 页。
［43］ 朱彧著、李国强整理《萍洲可谈》卷二，大象出版社，2013 年，第 148 页。
［44］ 林家劲《宋代南海航线的潺洲——兼论〈萍洲可谈〉》，《海交史研究》1988 年第 1 期，第 226～229 页。
［45］ 周去非撰、杨泉武校注《岭外代答校注》卷二《三佛齐国》，第 86 页。